浙江省高等教育学会　浙江省高校课程思政教学改革联盟　组织编写

计伟荣　主　编

文思泽本 人文社科类

高校课程思政教学优秀案例

ZHEJIANG UNIVERSITY PRESS

浙江大学出版社

图书在版编目（CIP）数据

文思泽本：高校课程思政教学优秀案例：人文社科类 /
计伟荣主编. — 杭州：浙江大学出版社，2022.5（2022.6重印）
ISBN 978-7-308-22404-8

Ⅰ．①文… Ⅱ．①计… Ⅲ．①思想政治教育－教案
（教育）－高等学校 Ⅳ．①G641

中国版本图书馆CIP数据核字（2022）第040516号

文思泽本：高校课程思政教学优秀案例（人文社科类）

计伟荣 主编

责任编辑 郑成业 李 晨
责任校对 葛 娟 陈丽勋 朱 辉
封面设计 春天书装
出版发行 浙江大学出版社
         （杭州市天目山路148号   邮政编码 310007）
         （网址：http://www.zjupress.com）
排　　版 杭州林智广告有限公司
印　　刷 杭州宏雅印刷有限公司
开　　本 787mm×1092mm 1/16
印　　张 29
字　　数 568千
版 印 次 2022年5月第1版 2022年6月第2次印刷
书　　号 ISBN 978-7-308-22404-8
定　　价 108.80元

编委会

前 言

习近平总书记强调："思想政治工作从根本上说是做人的工作，必须围绕学生、关照学生、服务学生，不断提高学生思想水平、政治觉悟、道德品质、文化素养，让学生成为德才兼备、全面发展的人才。"[①] 在高等院校全面推进"课程思政"建设是贯彻落实这一要求的重要举措。

"课程思政"的主力军是广大教师，主战场是面向学生开设的每一门课程。在青年学生成长的关键阶段，一线教师责任重大，要积极运用习近平新时代中国特色社会主义思想铸魂育人，精心筛选教学内容，巧妙设计教学环节，以春风化雨的方式让"课程"与"思政"实现紧密融合。

近年来，浙江省高校课程思政教学改革联盟以习近平新时代中国特色社会主义思想为指引，认真学习贯彻习近平总书记关于教育的重要论述和全国教育大会精神，引领并帮助浙江省高校教师贯彻课程思政理念并付诸教学实践，共同研讨课程思政教学改革的理念、内容和方法，推进课程思政教学改革交流与合作，实现平台共筑、资源共建、成果共享，引领浙江省高校课程思政教学改革，为浙江省率先实现教育现代化做出贡献。

浙江是中国革命红船的起航地，是中国改革开放的先行地，也是习近平新时代中国特色社会主义思想的重要萌发地。习近平总书记明确嘱咐浙江要努力成为新时代全面展示中国特色社会主义制度优越性的重要窗口。红船精神、"绿水青山就是金山银山"理念、新发展理念、"八八战略"、"枫桥经验"等为课程思政建设提供了丰富的素材。省高校课程思政教学改革联盟引领各高校立足省情校情，坚持立德树人中心环节，大力推动以"课程思政"为目标的课程建设和课堂教学改革，深入挖掘课程和教学方式中蕴含的思想政治教育元素和德育功能，涌现出一批具有鲜明特色和借鉴价值的优质课程。

2021年，浙江省高校课程思政教学改革联盟面向全省各高校征集课程思政教学案例，经过各高校评选推荐、联盟组织专家评审，评选出30个特等奖和70个一等奖，将经济学、管理学、文学、法学、教育学等学科门类，涉及相关专业共计50门课程汇编入《文思泽本：高校课程思政教学优秀案例（人文社科类）》，将理、工、医、农等学科门类，涉及相关专业共计50门课程汇编入《理思行健：高校课程思政教学优秀案例（理工农医类）》。

本书内容涵盖经济学、管理学、文学、法学、教育学等学科门类，涉及相关专业共计50门课程。所选案例注重在专业知识中挖掘思政元素的切入点、动情点、融合点，呈现出不

---

① 习近平. 习近平谈治国理政（第二卷）[M]. 北京：外文出版社，2017：377.

1

同学科专业将知识传授、能力培养和价值塑造融为一体的独特育人价值；展示了学校类型丰富、相互支撑、百花齐放的课程思政建设局面，体现了教师铸魂育人的崇高思想和不辱使命的责任担当。

在本书付梓之际，特别感谢本书编委会、联盟秘书处单位——浙江工业大学。感谢所有提供课程思政教学案例的老师，感谢参与指导案例编写的浙江工业大学教务处全体工作人员，感谢大力支持课程思政建设工作的各高校和评审专家，本案例集的成功出版离不开大家的通力合作。

立德树人成效是检验高校一切工作的根本标准。面对新形势、新任务、新要求，通过课程思政建设，进一步提升教师立德树人思想境界、推进课堂质量革命、形成育人工作合力，任重而道远。希望本书的出版，能为高校教师开展课程思政教学提供启示借鉴，为各院校实施高质量课程思政工作提供参考。

目 录

浙江省高校课程思政优秀教学案例 特等奖

浙江省高校课程思政优秀教学案例 一等奖

浙江省高校课程思政优秀教学案例

特等奖

公共经济分析导论

朱柏铭 —

浙江大学　经济学院

一、课程概况

公共经济分析导论是一门对公共部门的活动开展经济分析的课程，重点阐述公共部门如何为弥补市场缺陷从事各种经济活动。主要内容包括：研究对象与研究方法、公共部门职能、财政政策、公共产品供给、寻租设租行为、外部性、政府规制、政府预算。课程采用讲授与讨论相结合的方法。课程注重讲授公共经济学的基础知识及思维方式，介绍经济学研究的思想和方法。课程内容具有较鲜明的时代特征，在学科交叉的教学方面有显著特色。

该课程由浙江大学经济学院开设，作为一门面向全校学生的"当代社会"类的通识课程，共32学时，安排在4个学期开课。

二、课程目标

（一）知识目标

期望通过本课程的教学，训练学生按经济学思维方式去分析问题，优化知识结构，提高思辨能力；增强理解经济现象、研究经济问题的能力。同时体现浙江大学KAQ 2.0的育人理念，实现知识传授、能力培养、素质提升、人格塑造的统一。

（二）价值目标

期望通过价值引领，提升学生的人格魅力，包括：培养学生坚定的理想信念、深厚的家国情怀和强烈的责任担当意识；促进知识传授与价值塑造的同频共振；提高学生经世济民、德能兼备的职业素养。

三、思政元素

（一）社会主义核心价值观

利益包括公共利益、他人利益，追求利益同样可以高尚；自利与自私的区别在于是否受制度的约束。

（二）制度自信教育

浙江省克服资源贫乏的短板，大力发展民营经济，创造了多个率全国之先的经典改革案例。

（三）国家利益至上

在进出口领域，关税政策、财政补贴等工具的运用，必须维护国家的整体利益和长远利益。

（四）民之所想、政之所向

浙江省教育、文体传媒、社保就业、医疗卫生、住房保障、交通运输等民生支出占新增财力的90%以上。

（五）遵纪守法教育

权力是为人民服务的，不是非法牟利的工具，从年轻时就树立端端正正做人、认认真真做事的信念。

（六）理想信念教育

一代代浙大科学家为社会发展提供了正外部性；道德的功能是预防和消除负外部性。

（七）人民利益至上

政府对水电气暖等行业的准入规制和定价规制，正是为了防止垄断行为对消费者造成福利损失。

（八）道路自信教育

人大对政府预算严格审批，使财政资金按公平、公正、公开原则分配和使用，避免被挪用、私吞、截留。

四、设计思路

课程的教学理念是在传授专业知识的同时，潜移默化地实现价值的引领。如在讲到外部性时，穿插袁隆平的杂交水稻技术使多国农民增产的事例，既表明这是一种正外部性，又说明袁隆平具有远大的理想信念，即"让世界远离饥饿"。

思政元素的筛选原则：一是专业相关，即与专业知识点相对应；二是见微知著，即从细小的事例、案例中解读价值观；三是贴近实际，选择发生在中国的事例、案例，让学生感到接地气。

实施途径有三种：一是课堂讲解；二是文献阅读；三是衍生教学。设计思路如表1所示。

表1　课程章节思政元素的设计思路

课程章节	重要思政元素	相关联的专业知识或教学案例
研究对象与方法	树立社会主义核心价值观	违背制度的约束是自私而非自利；勤劳取酬是自利，偷窃得益是自私
公共部门职能	制度自信教育	加强党的领导能避免X低效率；自2019年12月起，浙江省党政机关不再使用一次性茶杯

课程章节	重要思政元素	相关联的专业知识或教学案例
财政政策	爱国主义教育	进出口关税能维护国家利益：自2021年8月起，适当提高铬铁、高纯生铁的出口关税
公共产品	民之所想、政之所向	政府把改善人民生活放在首位：浙江省民生支出占新增财力的90%以上
寻租设租行为	遵纪守法和廉洁奉公精神	要正确看待和运用权力：淘宝网客户满意中心前主管靠删除差评获利
外部性矫正	理想信念教育	中国让世界远离了饥饿：袁隆平的杂交水稻技术使多国农民增产
政府规制	人民利益至上的价值观	避免自来水用户因垄断而受损：在自来水行业政府禁止多家供水却又限定水价
政府预算	道路自信教育	人大监督预算与西方有所不同：人大与财政部门可直接联网监督预算

五、育人元素实施案例

（一）案例1：从党政机关不得使用一次性杯具看政府部门的效率

1.教学内容

X低效率的原意是指免受竞争压力的厂商明显存在超额的单位生产成本。这一理论一直为人们所推崇，而且被引用到政府部门的分析中，认为政府部门同样缺乏成本最小化的动机，从而造成资源的浪费。引申意义是，政府部门没有竞争压力，其活动是低效率的。政府干预越多，情况越糟。

2.思政融入点

政府部门存在X低效率的断言无法解释中国的现实。因为该理论没有引入"党的领导"这个因素。中国自2012年以来，通过纪检、监察系统对政府部门的监督，行政成本有了大幅度的降低，尤其表现在会议费、接待费、差旅费等方面。新时代中国特色社会主义的制度优势打破了政府部门X低效率的僵局。

3.案例[①]

自2019年12月31日起，浙江省党政机关、国有企事业单位不得使用一次性杯具，单位内部办公场所、会议室接待统一使用瓷杯或玻璃杯，倡导干部职工办公或开会自带水杯。同时倡导无纸化办公，会议交流汇报宜采取电子形式，减少纸张使用比例，如需书面材料推行双面打印；倡导不使用一次性硒鼓及一次性签字笔，推广使用钢笔或更换笔芯循环利用等。

---

① 李剑平.浙江省规定：党政机关不得使用一次性杯具[EB/OL].（2019-12-12）[2022-03-04]. https://shareapp.cyol.com/cmsfile/News/201912/12/web303151.html.

4.实施方式

结合公共产品理论进行讲解。公共产品由政府提供，这就涉及效率问题。通过本案例告诉学生，如果把加强党的领导作为一种内生的约束机制，政府部门完全可以避免X低效率。

以前，党政机关、国有企事业单位在办公场所、会议室习惯使用一次性杯具。一次性杯具由纸张或者塑料加工而成。在它的前端，因为砍伐森林、采挖石油，消耗大量的资源；在它的后端，增加了垃圾的产量，污染了生态环境。

安排半小时左右的讨论和互动，了解学生们的看法，并予以点评和引导。

（二）案例2：从大学生寝室里的负外部性看道德的经济功能

1.教学内容

负外部性是指某个人的行为给他人造成额外的损害。负外部性的存在会造成产量过剩，即实际产量大于效率产量。"公地悲剧"是指有限的资源因不受限制地被自由使用，最终导致资源的耗竭。

2.思政融入点

大学生的寝室内部属于公共产权，由此导致两种情况：一是某一同学的行为让其他同学承担损失；二是有人过度享用公共资源，产生的成本让所有成员共同分摊。

通过案例的讨论和点评，让学生加深对负外部性和"公地悲剧"等概念的理解；同时说明，道德的经济功能是预防和消除负外部性，避免造成"公地悲剧"。任何社会，道德是不可或缺的。每个人做一件事，都必须考虑对他人的影响，顾及可能使别人产生怎样的感受、造成多大的损失。

3.案例

来自五湖四海的学生，性格、习惯各不相同，住在同一个寝室里，难免发生一些不愉快的事。以下是一些同学的吐槽。

同学A：半夜里发出声音。

夜半时分，寝室早就熄灯了。别人都在睡觉，夜猫子同学不想睡，不断地发出声音，搬动椅子、敲击键盘、打电话、吹头发。偶尔有几次也就罢了，时间长了真受不了。

同学B：台灯光线很刺眼。

夜深人静，我已经睡下了，可是对面同学的台灯还很亮，非常刺眼。她说她没有发出声音，让我睡我的好了，她多看一会儿书又怎么啦？我让她换一个调光灯泡，她还很不乐意。没办法，我只好去买一个床帘，稍微遮挡一下。

同学C：不愿主动搞卫生。

我住的宿舍大家不愿意主动搞卫生。每次盥洗台都是我整理好、擦干净；马桶总是我一个人定时刷，有时候我自费买来卫生纸，其他同学用得心安理得；浴室里到处都是头发，下水道堵上了都没人清理。虽说心中有点怨气，可想想自己是党员和学生干部，只好多做一点。

4.实施方式

结合负外部性和"公地悲剧"两个概念，帮助同学从经济学角度进行分析，引导他们开展互动讨论。

同学A室友发出的声音及同学B室友发出的灯光，都使其他同学遭受了额外的损失，属于负外部性行为。同学C的情况说明，其他同学享用了寝室的卫生设施，却没有付出应该承担的成本，也就是说，边际收益归自己，边际成本让大家分摊，这属于"公地悲剧"。同学C的做法就是启动道德的力量，避免"公地悲剧"。

安排半小时左右的讨论和互动，了解学生们的看法，并予以点评和引导。

（三）案例3：从淘宝网员工利用职权删除差评获利案看设租现象

1.教学内容

设租是指权力拥有者以权力为资本，参与经济活动，从中收取贿赂并与寻租者共同分享经济租。实质上是握有公权者以权力为筹码牟取自身利益的一种非生产性活动。

2.思政融入点

设租的主体未必是官员，只要有一丁点的权力，就会有设租的机会。所以，一方面，要减少不必要的政府干预，通过培育和完善市场竞争机制，达到优化资源配置的目的；另一方面，社会的运行肯定需要有人拥有权力，关键是要把权力关在制度的笼子中。

3.案例[①]

2011年12月，杭州市西湖区人民法院开庭审理了一起淘宝网员工利用职权删除差评获取利益案。被告朱某某于2010年10月到2011年4月期间，利用职权开展删除差评的"业务"，获利127900元。

淘宝网上买家的评论对网上店铺来说十分重要。提升商家店铺等级的主要标准是好评率，一个好评得一分，一个差评扣一分。差评过多，商家会被降级。消费者往往挑选等级高、信誉好的商家进行购物。

朱某某正是看准淘宝店主的这种心理，利用职务之便不断兜售自己的"生意"，也让一些商家有机会进行信用"舞弊"。

朱某某虽然不是政府官员，却拥有一定的权力，他利用这种权力进行设租，诱导别人来寻租，从中牟利。

4.实施方式

结合寻租设租理论进行讲解。朱某某的设租行为说明，必须把权力关进制度的

① 谭一帆，王楠青.杭州审理淘宝网一员工利用职权删除差评获利案[EB/OL].（2011-12-08）[2022-03-11].
https://tech.qq.com/a/20111208/000414.htm.

笼子。同时，作为青年学生，必须树立正确的人生观、价值观和世界观，不可贪图非法财物，务必认认真真做事、端端正正做人。

安排半小时左右的讨论和互动，了解学生们的看法，并予以点评和引导。

六、特色及创新

（一）特色

（1）定位于思维方式的训练。不是简单地传授专业知识，而是教会学生把现象和问题放在公共经济学分析框架内去透视。对于思政元素，也不是简单地灌输，而是摆事实、讲道理，使学生潜移默化地入脑、入心。

（2）坚持深入浅出的讲解。作为通识课，避开经济学本身纷繁复杂的数理模型，联系丰富多彩的事例和案例，把抽象的经济学概念与本土现实相联系，激发学生对经济学的兴趣，自觉地去思考一些问题。

（二）创新

（1）采用了"衍生教学"法。衍生教学是指教师鼓励学生围绕课堂内容寻找兴趣点，通过钉钉课群进行讨论，实现课外师生、生生之间的交流。

该方法的优势：一是对学生所关注的论题做进一步探究，课外交流有更充裕的时间保证。二是"学"对"教"的助推。教师本以为正确无误的观点，遭到了学生有理有据的反驳；理论界形成的共识，学生却做了另类的解读——这些都促使教师去反思和改进。三是增进师对生的人文关怀。点对点的交流使教师更方便了解学生的思想，发现他们的潜质，予以鼓励或纠偏。

（2）以"随堂听课心得"作为评价学生成绩的主要依据。要求每位学生在每次听完课之后，必须撰写一篇"随堂听课心得"，字数、体裁均不限，到期末叠加成一套。所选主题必须紧扣教师讲解的教学主题，而且要体现出观点的深刻性、创新性和挑战性。

该方法的优势：一是驱使学生到课堂听课，否则所写的心得往往深度不够；二是驱使学生及时消化课堂教学内容，而且要进一步提升；三是增进教师对学生的了解，教师可借此了解学生的心理感受，必要时予以引导。

七、教学效果

（一）来自教务系统的反馈

从"生评师"的结果看，优良率达到100%。

学生普遍反映，本课程有启发性和获得感，教师讲解既深刻又风趣。经常引用经济生活中的事例说明原理，培养学生的思辨能力；同时，通过精心选择内容和认真讲解，调节课堂气氛，课堂吸引力强。

（二）来自学生个体的反映

吴建伟（统计专业）：一个优秀的老师是能够在讲课过程中，把自己的思考、见解、理念以一种润物细无声的方式分享给学生们，让学生在获得知识的同时，对现实世界有新思考，对人生有新理解。在我看来，朱老师就是这样的。

干鑫君（应用生物科学专业）：您不是演员，却以幽默的语调和犀利的语言吸引我们渴望的目光，让我们能在轻松愉快的氛围中学习知识；您不是我们的父母，却以一种独特的方式教导我们学会做人。

宋源洁（理科实验班）：周三下午已经成为我每周最期待的时刻。全程不打瞌睡、不看手机，仰着头，在获取新知的积极思索和欢声笑语中度过短暂的三节课，仍意犹未尽。这门课让我看到了通识课程应有的样子，让我看到了理想的大学课堂的模样。

当代中国政府与政治

赵玉林、周亚越、傅　衍、王文欢、刘　柯

浙江工业大学　公共管理学院

一、课程概况

（一）课程简介

当代中国政府与政治课程通过国内外政府过程的比较分析、相关理论流派的系统梳理和时下重大问题的深度挖掘，帮助青年学生充分认识中国特色社会主义政治制度的本质特征和优越性，激发和增强青年学生的认同感、自豪感与自信心。该课程是行政管理专业本科生的基础理论课、必修课程，在浙江工业大学公共管理学院的人才培养计划中，该课程开设在大三学年下学期，共计48个学时，3个学分。

（二）教学目标

本课程秉承"以政厚德，为公健行"院训，严循国家级一流本科专业的建设标准，课程旨在培养具有公共情怀和创新精神、富有理论功底、能够解决实际问题的公共管理专业优秀人才。教学过程紧扣以下3点育人目标。

1.知识目标

（1）切实理解当代中国的政府过程和政治逻辑，体会民主、自由、权利、法治等理念的内在含义。

（2）理解党、政、军、法等制度要素之间的协作关系和运行机理。

（3）能够通过理论工具对当代中国政府过程和政治现象进行深度分析，对经济社会现象有效进行政治学解读。

2.能力目标

（1）具备撰写规范的政策报告、敏锐把握社会现实问题并提出具有针对性对策建议的能力。

（2）具备运用政治学、行政学的概念和理论进行表达交流，并与公众和媒体开展对话沟通的能力。

（3）具备理解政策实施过程中需要注意的环节和细节的能力，以及初步拥有解决公共治理难题的能力。

3.价值目标

（1）积极投身于公共服务和社会建设，以社会发展和政治进步为己任，勇于承担社会责任。

（2）充分认识中国共产党的坚强领导对中国政治稳定与发展的重要性与必要性。

（3）深刻理解当代中国政治体制的优越性，高度认同政府改革的努力和方向。

二、思政元素

在推进专业教学与思政教育融合发展过程中，课程突出理论性、比较性、经验性与时代性四大特色，结合重大、新近的改革创新实践，用事实说话，以理论论证，引导学生进行自主探索，启发学生形成个性体认，重点围绕制度自信、道路自信、知行合一与辩证思维四大思政元素开展教学（图1）。

（一）制度自信

依托政治学、公共管理学领域的最新理论成果，结合现实热点问题和最新改革实践，分析人民代表大会制度、政党制度、政治协商制度等各种制度的运行方式，深度剖析当代中国政治制度的核心特质和优越表现，增强学生的制度自信。

（二）道路自信

以当代中国国家治理、社会治理等各层面的典型案例和治理经验，让学生把握当前中国政治发展过程中的国情、党情与民情，让学生理解中央与地方关系、各层级政府行为等政治关系和政治行为，明确中国道路的发展方向和未来命运，坚定道路自信。

（三）知行合一

通过讨论式教学、任务驱动式教学，带领学生关注社会实践、注重实证调研，深入理解"最多跑一次""最多跑一地""未来社区""智慧治理"等改革实践，把中国政府与政治的理论及中国社会发展相结合，形成知行合一的科学实践观。

（四）辩证思维

结合当代中国不同时期的社会矛盾、内外环境及社会结构的变化发展，分析政治制度、主要政策的适应性与有效性，全面认识当代中国政治过程的动态发展和自我完善。

图1　课程思政融合路径

三、设计思路

课程设计思路如表1所示。

表1 课程设计思路

课程章节	重要思政元素	相关联的专业知识或教学案例
绪论	制度自信 道路自信 时代精神	政治体制与政治社会情境的匹配关系：政党制度与民族关系、国家法规与风俗民情等需要匹配和适应，让学生理解当代中国制度体系的合理性与合法性
第一章 政府过程学说及其对研究中国问题的适用性和理论优势	制度自信 国家软实力 改革创新 实事求是	"农村包围城市"的革命战略：充分解读本土化的发展经验才能形成富有贡献的理论成果，鼓励学生自信分析中国政府过程的优越性
第二章 党、政、军、法的基本架构	制度自信 道路自信 依法治国 制度现代化	国家监察体制改革：国家政治发展在程度和范围方面不仅存在增量式进步，同样存在突破式变革，帮助学生认识当代中国制度体系的进步性
第三章 当代中国的主要社会利益群体	以人为本 权利平等 过程正义 法治观念	知识分子参与政府过程的主要方式：分析典型利益群体的参政议政模式和政治行为特征，让学生理解政治生活的复杂性和制度设计的巧妙性
第四章 社会成员进行意见表达的方式和特点	社会平等 制度自信 贵和尚中 大局意识	网络民主的蓬勃发展：分析互联网时代社会成员表达意见的新特点和新形式，帮助学生认识政治发展与技术进步之间的互动关系
第五章 意见综合的层级、方式和效果差异	制度自信 程序正义 辩证思维 社会公平	政府工作报告的形成过程：分析政府工作报告形成所历经的汇总、反馈、审核与发布过程，帮助学生理解政治运行过程的复杂性与可行性
第六章 我国政府过程中的典型决策活动	公平正义 道路自信 辩证思维 群众路线	三峡工程的决策过程：分析重大政治决策的形成过程，展示政府过程的复杂性与严谨性，帮助学生体认政治决策的艰难与责任
第七章 党政系统实施决策的方式和步骤	依法执政 知行合一 社会责任 实事求是	"搭班子"的注意事项：分析党政领导搭班的原则、方式和可能出现的问题，让学生理解政策实施过程的精细性和艺术性
第八章 中国政企关系的复杂性	辩证思维 依法治国 群众路线 制度自信	允许私营企业主入党：分析这一重大变革所经历的争议与决策活动，让学生理解我国政治发展的重大意义和基本规律

课程章节	重要思政元素	相关联的专业知识或教学案例
第九章 社会组织管理的方式与特点	法治思维 知行合一 社会责任 公平正义	社会组织孵化中心：分析政府、社会、市场在制度建设中的相互关系，让学生认识当代中国治理能力与治理体系现代化的重大进步
第十章 处理央地关系的一般原则和中央—省级行政区划间的关系	制度自信 辩证思维 实事求是 改革创新	分税制改革与中央权威：分析央地关系转变的历史过程和未来税制改革的背后逻辑，帮助学生认识国家制度建设的进步过程和光明前景
第十一章 县政的特点与县市政府过程	知行合一 社会责任 实事求是 辩证思维	县域"社会矛盾纠纷调处化解中心"：分析县域治理节点的承上启下作用，帮助学生理解基层社会治理能力的提振路径
第十二章 村民自治的发展历程与未来展望	制度自信 公平正义 实事求是 辩证思维	乡贤议事会：分析基层民主和社会自治的创新方式，帮助学生认识基层民主的发展进程
第十三章 市—区、市—街道政府过程	依法治国 程序正义 社会责任 实事求是	温岭民主恳谈会：分析基层民主制度建设的典型创举，帮助学生理解我国政治民主发展的基层实践
第十四章 城市社区居民委员会的职能定位与现实运作	程序正义 依法治国 社会责任 辩证思维	老旧小区加装电梯：分析城市社区治理体系和治理能力提升的经典案例，帮助学生理解当前城市治理能力的重大进步
第十五章 中国政治发展的基本路径与未来展望	制度自信 家国情怀 道路自信 创新精神	系统分析当代中国政治发展的坚实基础、优势领域、基本原则和光明前景，坚定学生对中国特色社会主义道路和制度体系的理解和自信

四、实践案例

（一）案例1：田野式教学——基层社会治理的新发展

德清县莫干山镇深入践行"绿水青山就是金山银山"理念，依托优异的自然环境和深厚的人文底蕴，迅速发展成为全国驰名的民宿旅游度假区、国际乡村旅游集聚区。在2019年，全镇共有在册登记民宿800余家，接待游客270万人次，实现旅游收入25亿元。伴随乡村经济的快速增长，莫干山镇社会结构和社会问题也随之产生了深刻变化。

莫干山镇依托文化积淀和历史传统，竖立起以"黄芽茶室"为品牌标识的民宿社会治理工作站：伴着莫干山"黄芽茶"的清香雅态，在"心正气和、穷理居敬、激浊扬清、法流湛寂"茶道真谛的熏陶下，民宿社会治理工作站承接起治理规划、矛盾化解、治安防控、自治协同、智慧服务、环境治理等民宿治理职责体系。在全国其他地区出现民宿"毁约潮"的时候，德清基本没有类似情况出现，反而实现了快速健康发展，成为全国民宿发展的标杆。师生前往莫干山镇调研情况如图2所示。

图2　师生莫干山镇调研留念

经过深入讨论和细致分析，师生将莫干山"黄芽茶室"的突出特点概括为"四共一体"（图3）。莫干山镇政府围绕"生态立镇、旅游强镇"的总体战略，紧密结合民宿集聚区的社会特点，坚持以党建统领为核心，不断创新社会服务管理理念，逐步探索出民宿社会治理新模式：一是"共建"，以品牌建设为目标，激发社会认同；二是"共赢"，以优势互补为原则，促进社会合作；三是"共享"，以收益分配为中心，从源头化解矛盾；四是"共治"，以纠纷化解为原则，推动多元协同。

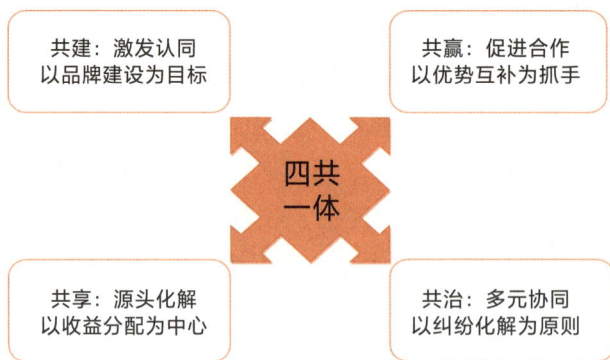

图3　"四共一体"民宿社会治理模式

（二）案例2：讨论式教学——城市政府过程的新样态

从"鼓励有条件的加装电梯"到"支持加装电梯"，"既有住宅加装电梯"连续两年被写入政府工作报告。伴随国务院三部委联合发出《关于做好2019年老旧小区改造工作的通知》，老旧小区加装电梯在各省区市全面推开。作为一项"民生工程""德政工程"，在实践过程中却也引发了不少争论："一票否决"是否合适、底层业主是否该出资、政府补贴是否可行、相邻楼栋是否参与、后续运维是否存在风险等成为社会舆论关注的焦点，因为加梯而引发化"玉帛"为"干戈"的邻里纠纷也频频出现。

通过"讨论式教学"引导学生结合现实深入思考政府过程中意见表达、意见综合的有效性，鼓励学生探索政府过程中的"党委领导、政府负责"的具体表现（图4）。

党员发挥模范带头作用，赢得了群众的拥护和支持。联系和协调社区居民参与和支持老旧小区加装电梯，费时费力，不仅退休党员干部积极奔走，年轻的党员干部更是发挥了十分突出的带头作用。

图4　学生调研成功加梯小区

各级政府统筹协作，发挥政府特长，尽心尽力改善老旧小区生活品质。政府为鼓励居民积极参与和构建示范效应，为较早一批成功加梯小区补贴约20万经费。政府通过资质审核和主持竞价，引导大型电梯公司以低价为整片小区提供电梯加装服务。政府积极进行引导和帮助，推动小区建立"电梯自管公约"，为小区提供专家评定服务等。

五、教学效果

"当代中国政府与政治"是本科高年级的专业提升拓展课。坚持问题导向与时政导向，课程建设日趋成熟，教学质量持续提升。学生在学科竞赛、学术论文、政策咨询等领域取得了优异成绩，给予了积极的课后反馈。

（一）学生参加竞赛、发表论文和获得采纳的政策报告

1.学科竞赛

（1）指导学生入选2020年度《南风窗》评选的"调研中国"十五强团队，是浙江省内唯一入选调查团队。其余团队来自四川大学、香港中文大学等名校。

（2）指导学生参加浙江省第十六届"挑战杯"大学生课外学术科技作品竞赛，获得省级三等奖。

（3）指导学生取得2019年国家级大学生创新创业训练计划项目1项。

（4）指导学生参加2020年浙江省大学生公共管理案例大赛，获得一等奖。

2.学术论文

以下学生在学习课程后与团队教师合作在CSSCI期刊发表学术论文：

（1）任莹：《指尖上的形式主义：压力型体制下的基层数字治理》，《电子政务》2020年第4期。

（2）唐朝：《寻求社区公共物品供给的治理之道——以老旧小区加装电梯为例》，《中国行政管理》2019年第9期。

（3）张芝雨：《正义视角下邻避冲突主体的对话研究——基于厦门、什邡、余杭邻避冲突中的网络信息分析》，《浙江社会科学》2018年第7期。

（4）虞昊：《官僚场域中偏正结构形成的权力运作分析》，《公共管理学报》2018年第3期（《中国社会科学文摘》2019年第1期转载）。

（5）虞昊：《被问责官员复出的正义性分析》，《江汉论坛》2017年第12期。

3.政策咨询

师生共同撰写政策报告获得省长批示3项、省级领导批示4项、中宣部采纳5篇，一篇政策报告由民盟中央选为2021年全国政协提案。

（二）学习体会

2019届行政管理专业毕业生许添琦（华东师范大学社会学专业在读研究生）：从课程开篇的中国政府绪论到结尾中国政府发展的未来展望，严密的逻辑、丰富的个案，将"当代中国政府与政治"这样一个复杂的问题层层剖析为诸如政企、央地、县政、社区等多个章节内容，并且随着课程的不断推进，不同章节之间的联系也不断增强，最终形成了对"当代中国政府与政治"的完整学习。老旧小区加装电梯是当时课堂上我所在小组的汇报内容。记得当时老师为我们提供了诸多研究方向，并

且主动带领我们前往实地进行调研。这很大地激发了我的研究兴趣，并且使我最终决定继续求学！

2020届行政管理专业毕业生黄陈萍（南京大学行政管理专业在读研究生）：这是一门行走的理论课，"公共管理的实验室就在社会"，案例式研究、体验式学习，理论与实践的深入融合，打破了学校小课堂与社会大课题的壁垒，将课本知识从枯燥理论转化为真实体验，让同学们对当代中国的政治过程与治理逻辑有了更为切实且深刻的理解。这里有对话的共同体，师生对话，生生交流，围绕议题，互相阐述观点，集体头脑风暴，没有身份的限制，是学术自由和平等的交流。这也是情怀的接续跑，老师带领我们深入理解政治关系和政治行为在理论与现实之间的实践张力，教导我们明晰公管人的使命与担当，"以政厚德，为公健行"，坚定"四个自信"，为推动国家治理体系和治理能力现代化贡献青春智慧。

行政管理1701班学生张一帆：老师以其幽默风趣的教学风格和博古通今的知识储备，将这门听上去索然无味的课程上得精彩纷呈、引人深思。在课堂上，我厘清了中国政治发展的基本政治制度框架，掌握了现代政府理论的思维分析方法，也对我国社会政治现状进行了深入的思考。除此之外，我还学习到了如何将问题分析透彻——"价值判断＋事实支撑＋逻辑归纳"，老师课堂上所分享的这种分析框架我始终铭记在心，受益匪浅。在新冠肺炎疫情的影响之下，这门课程前半学期的教学集中在线上。不同于线下教学，网络直播上课给师生互动、学生提问等带来了不少困难。老师也努力克服阻碍，积极与学生连线，启发学生思考。当代中国政府与政治是复杂的、有趣的，老师作为引路人带领我初步领略了我国政治发展的风采，未来我也会不断深入挖掘下去，为推进中国政治体制改革和建设具有中国特色的社会主义民主政治做出贡献。

音乐鉴赏

王 蕾

宁波大学 音乐学院

一、课程概况

音乐鉴赏是一门全校通识核心课程，面向全体非音乐类的公选学生。核心理念是"审美导向、多觉联动、能力本位、重在体验"。本课程的建设目标是"思政铸魂、美育启智、艺术润心"。

课程负责人亲历了大学美育的点滴与收获，更目睹了美育新时代的前进与发展，其音乐鉴赏通识课程，在这15年间历经了三个阶段（图1）。

公共艺术教育的普及尝试阶段（2006—2014年）：负责人开启了音乐欣赏等系列艺术选修课程，并在2009年开启探究式教学，引入国外三大音乐教学法，尝试以体验为核心，结合本土实际，定期邀请音乐名师进课堂，教学效果大大提升。

公共艺术教育的质量探索阶段（2014—2018年）：2015年起全方位开展线上线下混合式教学，逐渐采用"五步教学法"的实践探索，充分利用智慧教学工具"超星学习通"，贯穿线上线下学习数据，检验学生的线上学习情况，打造了一支理论水平高、音乐实践能力强的课程团队，与宁波音乐厅等机构建立长期的合作关系，开设校外课堂。2017年负责人主持的配套线上慕课音乐与健康被认定为首批国家精品在线开放课程。选课人数直线上升，连续多年学评教成绩名列学院前茅。

公共艺术美育的质量提升阶段（2019年至今）：同步于近年来国家对美育的大力倡导，负责人开启了引领教学团队覆盖全校的限定性选修课音乐鉴赏的教学探索，全校共计2000多名学生选修了该课程。2019年，负责人主持的慕课聆听中国再度被认定为国家级线上一流"金课"。目前线上线下的选课人数已经突破20万人，选课高校接近160所，这门课程也实现了从量变走向质变的华丽转身。

经过15年的教学改革，音乐鉴赏在学校里面始终是最受学生欢迎的课程之一。2020年新冠肺炎疫情期间，本课程采用全部线上直播教学的模式，也创造了学校单个教学班超过700人的最多选课人数纪录，主讲教师连续8年教学业绩考核为A。

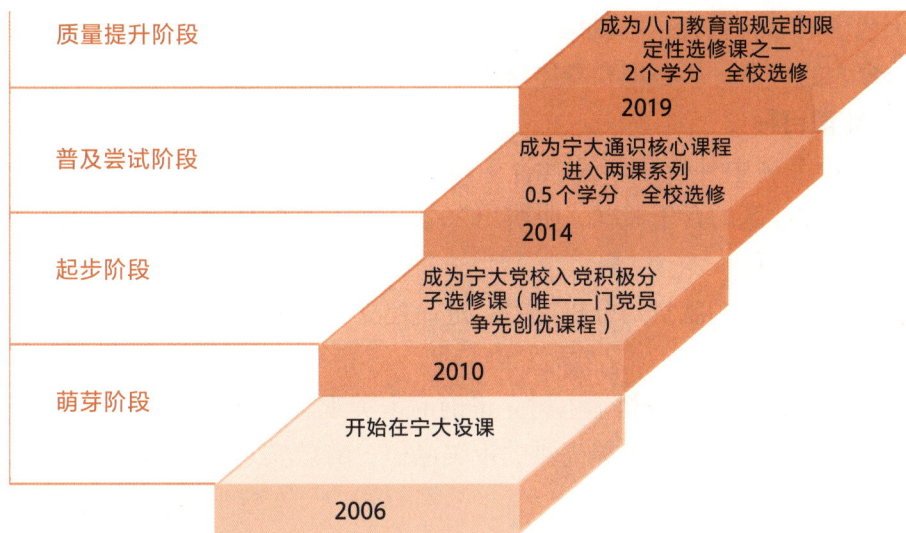

质量提升阶段 　成为八门教育部规定的限定性选修课之一 2个学分　全校选修 2019

普及尝试阶段 　成为宁大通识核心课程 进入两课系列 0.5个学分　全校选修 2014

起步阶段 　成为宁大党校入党积极分子选修课（唯一一门党员争先创优课程）2010

萌芽阶段 　开始在宁大设课 2006

图1　课程发展阶段

　　授课教师基本情况：王蕾，主持讲授音乐教育类课程17年，主持的音乐与健康、聆听中国两门美育课程目前已被评为2017年和2019年国家级精品在线开放课程，选课人数在全国突破15万人，选课高校突破百所；王蕾也是高校音乐领域唯一一位主持两门国家级线上一流"金课"的负责人。王蕾所获得的奖项和荣誉有：2016年浙江省教育系统"三育人"先进个人；2016年浙江省高校青年教师教学技能大赛文科组特等奖；2017年浙江省师德先进个人；2014年宁波大学"最美导师"；2018年首届真诚奖教金"教学特别贡献奖"；2019年浙江省高校优秀共产党员；2020年宁波大学阳光教授；2019年首届浙江省高校"互联网＋教学"优秀案例评选特等奖；2017年浙江省高校微课教学比赛一等奖；2020年宁波音乐奖；2021年浙江省首届高校教师教学创新大赛特等奖；2018年、2020年两获宁波市高校教学成果奖一等奖；2021年荣获首届全国高校教师教学创新大赛一等奖暨全国高校教师教学创新设计奖。

二、课程目标

　　作为"双一流"建设高校的美育课程，音乐鉴赏是一门全校通识核心课程，"思政铸魂、美育启智、艺术润心"是本课程的建设目标。

　　（一）思政目标

　　（1）立德树人，以"歌声中的党史"为主题。利用经典音乐作品"外化于行，内化于心"的力量，让"一段旋律，一颗种子，一生相伴"。

　　（2）以文化人，结合传统地方文化，聚焦浙江音乐家，打造具有浙江特色的通识核心课程；重视音乐口述史，挖掘地方音乐文化，培养学生的家国情怀；创作红船题材的课堂情景剧，培养学生爱国情怀。

（3）艺术润心，将音乐与健康合理结合。本课程充分运用"美育启智"的优势，突出音乐育人的特征，从心理和身体培养学生的正能量。

（二）知识目标

熟记15位著名中外音乐家及其音乐作品，掌握8种音乐风格和流派发展演变，熟悉重点国家和地区的音乐概况，听辨出20段中外著名的乐曲旋律并进行分析。

（三）能力目标

具有对音乐作品的欣赏与分析能力，进而建立对音乐欣赏的基本认识。

（四）素养目标

以艺术审美为核心，培养学生树立正确的审美观念，既理解尊重世界多元文化，更大力弘扬中华优秀传统；培养高雅的审美品位，有效实现艺术美育的"立德树人"和"文化自信"等目标。

三、思政元素与设计思路

思政育人元素是核心内容，融入课程全程。在课程的设计中深度挖掘音乐的力量，从它的影响、本体、感悟等多方面入手，结合当下时事来拉近青年与音乐作品的距离，用作品来讲故事，用故事来突出作品的情感。从音乐的创作、演唱、改编等方面入手，深层次聆听和解构音乐，带领学生深入音乐的本体，了解音乐带给人们的情感体验，帮助学生进一步了解我国的历史，了解和感悟英雄主义情怀以及树立积极向上的人生观。对音乐作品的历史价值、音乐创作者的历史贡献、音乐本身带给人们的情感体验以及音乐给人们带来的多方面影响有更多认识，带给学生全新的学习体验。

围绕10个思政育人元素展开教学内容供给，思政点和教学内容对应如图2所示。

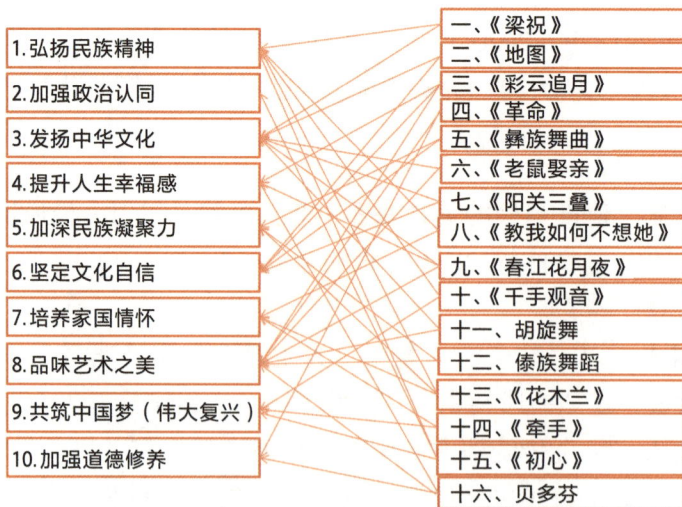

图2　10个课程思政点与鉴赏曲目之间的内容供给对应关系

课程思政教育资源

（1）线上"金课"资源：负责人主持有两门国家级线上"金课"——音乐与健康和聆听中国，均为音乐鉴赏类课程。

（2）基地：与宁波市交响乐团、宁波音乐厅、宁波音乐港长期保持合作，成立实践基地。

（3）教材：已出版《西方音乐艺术》《经典红歌赏析》等纸质教材。

传统的音乐欣赏课程偏重讲解式的教学，如何在传授知识的同时提升学生的音乐综合能力，培养学生的审美情操，坚定学生的文化自信是本课程建设的重点。

教学内容上以问题为导向，以"八问"引发学生深思且贯穿课程始终（表1）。

表1　教学内容

问题	价值与理念
1. 音乐是什么？	音乐是情感的艺术，生命中不可缺少的一部分
2. 你听得懂音乐吗？	"音乐何须懂？"
3. 为什么学音乐？	通过音乐热爱生活，通过生活体验幸福，通过幸福热爱祖国
4. 什么是好音乐？	让人感动的音乐
5. 怎么听音乐？	多感官体验，运用联觉，你的音乐世界更美好
6. 音乐有什么用？	铸魂、启智、润心、健体
7. 红歌是什么？	一切符合社会主义核心价值观的歌曲
8. 你会唱家乡的歌吗？	弘扬优秀传统文化，坚定文化自信

四、实施案例：中国声乐作品——《我的祖国》

（一）情景视频导入（图3）

通过时事以及教师的一段亲身经历引出声乐作品《我的祖国》的欣赏视频，以"你们人生中第一首启蒙歌曲是什么？"为题引入对《我的祖国》的欣赏。用家人的演唱来反映歌曲流传度之广，留给人们的记忆之深刻。

图3　情景视频导入

在20世纪80年代，音乐的传播渠道基本是广播和电影，《上甘岭》作为当时极具影响力的黑白电影，以抗美援朝的战役作为切入点表现了人民深刻的爱国情怀，《我的祖国》作为影片的主题音乐广为流传。

播放主题音乐的电影片段，感受朴实无华的歌词表现出的深深的爱国主义情怀，以及描写祖国山河场景的词句中所透露出的抗美援朝战士对于祖国、对于故乡的无限怀念与依恋。

（二）教学过程设计

（1）视频播放著名歌唱家郭兰英女士演唱的版本，并引出歌曲的词作者乔羽的创作灵感与创作经历。运用家乡故土美丽的大河场景来反衬战争的残酷，以及抗美援朝战士对于祖国深深的依恋。

（2）乔羽老先生在歌词的创作过程中运用了中国诗词常用的"赋比兴"传统创作手法，用"大河"这样没有明确指向性的名词给予聆听者以心理暗示，类比家乡的"母亲河"从而唤起聆听者对于家乡故土的无限依恋。

（3）歌曲的曲作者刘炽运用了中国传统民歌《卢沟问答》的音乐旋律素材进行创作，基于人们对于传统音乐极具民族特色的感知能力，唤起人们对于祖国的无限热爱（图4）。

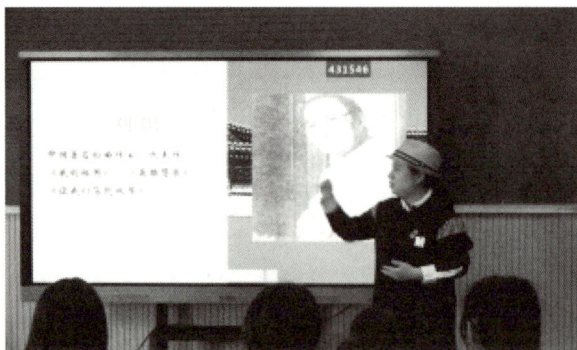

图4　音乐素材分析

（4）分析音乐中的一个主要元素——歌词在联觉上的关系对应。

（5）在音乐的欣赏中引出音乐的创作特点：歌曲前段运用中国传统的民族调式以及规整的4/4拍节奏，使音乐更具流动性，音乐波动较大，很有律动感。运用传统"鱼咬尾"的创作手法增加音乐的民族性，运用民歌所特有的民族意识的联觉——包括特定的地方方言以及具有特色的地方性旋律，以凝练的语言来表达民歌中包含的真挚情感。

（6）演唱和聆听乐曲，感受乐曲的情绪变化和旋律线条带给人的情感体验。

（7）介绍电影音乐的三种境界，引出音乐与电影不可分割的关系问题，体现出作品《我的祖国》在音乐演唱和文化传播中做出的重要贡献。

（8）以郭兰英演唱的《我的祖国》为例，讲述选定歌曲演唱者背后的故事，简单介绍著名歌唱家郭兰英的生平、演唱特色以及其演唱经历，突出其极具民族特色的、具有深厚戏曲演唱功底的声乐演唱特点，以及这样的演唱对于表现《我的祖国》的作用。

（9）歌曲的副歌部分运用了进行曲风格的合唱方式来呈现，采用了大量的"英雄音程"——四度跳进，凸显乐曲的恢弘气势，表达了作品的英雄主义情怀。

（10）以青年歌唱家龚爽的演唱版本作为对比，引导学生对比1956年郭兰英演唱的《我的祖国》和2017年龚爽演唱的《我的祖国》这两个不同版本的演绎，感受乐曲的演唱方式和演唱风格的变化，以此来体会音乐作品的不同演绎引起的情绪变化（图5）。

（a）　　　　　　　　　　　　　　　　　（b）

图5　演唱版本对比

（11）中国民族音乐的发展一直都在不断的继承与创新之中，戏曲与民歌是中国民族音乐的原始土壤，在今天世界大融合、文化多元性的发展趋势下，我们应该在科学的、系统的发声基础上建立起符合大众审美需要、符合当今趋势的声乐演唱教学观念。

（12）对比金志文演唱的《我的祖国》与2021年的微电影《重逢》，用青年人日常聆听的不同的流行演唱方式来阐释新时代新青年历久弥新的爱国情怀。

（13）对比感受三个不同版本的《我的祖国》，感受音乐处理的变化带给音乐的变化（图6）。

图6 《我的祖国》三个版本对比

（三）课堂小结

心有所信，方能行远。青年一代有理想、有本领、有担当，国家就有前途，民族就有希望。正如李大钊先生曾经说过的那样：以青春之我，创青春之中国。聆听作品，现场演唱歌剧《红船》里面李大钊的咏叹调《我有一个梦》（图7）。在中国共产党成立100周年之际，用清澈的爱，感怀我们的祖国。

图7 演唱《我有一个梦》

五、特色及创新

（一）课程与教学改革要解决的重点问题

音乐鉴赏是一门全校公选课，选课学生的年级跨度大、学科背景多样化、音乐鉴赏基础差距大，因而一般音乐鉴赏课主要存在如下痛点：

（1）传统课堂老师放音乐，学生坐着听，缺乏师生有效互动。传统课堂偏重讲解式的教学，基本上都是以老师播放音视频，然后加上讲解来进行教学，缺乏对音乐的深刻体验，学生几乎没有音乐实践机会。

（2）学生欣赏水平参差不齐，缺乏合理的渐进性课程设计。传统课堂以基本音乐理论为主，面对非音乐专业学生缺乏合理的分层分类的课程设计，教学效果很难被检验。

（3）期末论文缺乏多维度评价，学习过程无法追踪。

音乐鉴赏具有"答案不唯一"等特点，传统课堂往往通过递交一篇音乐感想的论文来对期末成绩进行判定，缺乏过程性考核，教学效果无法全过程评价，最终导致学生参与度不高。

（二）课程与教学改革的特色与创新

（1）创新构建"多感官联动"教学理念，使得音乐课堂实践性有路可循。"多感官联动教学法"能调动多种感官参与，发挥动觉、听觉、视觉、唱觉、触觉等联动效应，使听、说、动、唱、奏、舞、编、创、演等相互交融，从而感受体验审美对象，让学生全身心投入音乐，培养美好的情操。

（2）全程渗透"美育＋思政"，注重挖掘歌曲背后的故事，历史性地涵盖革命和发展的主旋律。将美育与思政教育深度融合，开设"歌声中的党史"作品解读课程，让人喜闻乐见。该课程精选了从中国共产党成立至今的诸多有代表性的红色经典歌曲，通过深入挖掘、阐释歌曲背后一个个鲜活生动的故事，唤起学生的文化记忆，进行歌曲赏析与演唱。以史为鉴，以歌为载体，创立"会唱歌的麦田"公众号，实现红色经典的新时代解读。

（3）原创红色音乐课堂，以情景剧入脑、入心，在国内高校率先推广音乐健康教学。课程负责人是浙江省高校优秀共产党员，一直积极传递"乐享人生"的理念，她坚信要播撒阳光到别人心中，总得自己心中有阳光。课程团队的3人都是市级课程思政导师，团队原创10余首红色经典歌曲，在课堂中排练红色情景剧让思政教育入脑更入心。

在国内高校率先推广音乐健康教学，使大学生们了解一些基础的音乐治疗方法可以用于日常的自我心理调节，将音乐教育与我国人民对美好生活的积极向往相结合。

（4）"引进来，走出去"，邀请传统音乐艺人进课堂，开设校外现场体验课，拓宽学生的音乐视界。教师以音乐口述史的方式来讲授经典音乐背后的故事，邀请传统艺人进课堂，与宁波交响乐团长期合作，尝试以高雅的音乐会触发艺术灵魂的孕育滋养。

六、教学效果

（一）教学评价

经过15年的教学改革，团队荣获70多个国家级及省部级教学类和专业竞赛的奖项，线上线下选课学生突破15万人，王蕾老师也是高校音乐领域唯一一位主持两门国家级线上一流"金课"的负责人。团队创新构建"多感官联动"教学理念，以学生为核心运用"五法十二类"提升学生的课堂参与度，运用新的方法形成音乐通识课程的听觉化、视觉化、表演化和立体化教学，全程渗透"美育＋思政"，并在国内高校率先推广音乐健康教学，将音乐教育与我国人民对美好生活的积极向往相结合，力图打造一个有生命力和活力的音乐课堂。

（1）**学生评价**：2017年1份3178名选课学生课后的问卷调查显示，学生普遍表示：教师的个人魅力很大，"让律动和音乐时刻伴随学生的健康成长与毕生发展"；"红歌原来可以这样唱，唱到我心里去了"。

（2）**校外评价**：省委领导2018年来校调研时听取了课程负责人的专题汇报，对课程建设成果予以高度评价，对人才培养成效予以充分肯定。次年还来信："祝贺你们取得的成绩，祝越来越好。"

（3）**专家评价**：教育部音乐舞蹈学科教指委委员吴修林教授认为本课程"时间起步早、起点高、综合性强，探索出多感官联动教学法，'美育思政＋X'模式具有先进性和创新性，取得了丰硕的成果"。

经过2017—2020年四个教学轮次，稳步取得教学成果，学生学习积极性明显提升，上课抬头率、到课率、参与率都稳步提高；课程有助于学生实现精神愉悦以树立正确的价值观和幸福感，从而更好地提升学习效率。

（二）示范辐射

（1）通过网络课程和讲座（包含上线"学习强国"平台），实现超过1000万人次的学习。2018年起，课程负责人受邀在国内外30余所高校进行课程思政的推广示范教学，并获一致好评。

（2）西部学校辐射：西部地区有5所高校采用该课程的线上课程，实现线上资源共享。

商品检验

干 宁 ——

宁波大学 材料科学与化学工程学院

一、课程概况

　　商品检验是国家级一流课程和浙江省课程思政示范课程，是宁波大学国家一流专业——化学专业的必修课程，由材料科学与化学工程学院开设，是材料、化工和食品等专业的选修课。共64学时，安排在第五个学期开课。商品检验课程的慕课网址为：https://mooc1-1.chaoxing.com/course/89852108.html?edit=true。课程主要讲授食品、化妆品、服装、电子电器、洗涤用品等质量问题的检验方法、操作以及相关法律法规。我们将一些最新的社会热点问题，如食品中非法添加剂、化妆品中性激素等融入教学，激发学生持久的学习兴趣和热情。

　　在思政教学中不仅要帮助学生在思想上树立正确的价值取向，在认识世界的方法、理论等方面加以正确引导，而且要使思政元素"如盐入水"一样融入专业课教学，学生的专业能力和思想道德水平同步提升，实现知德合一。

二、课程目标

（一）知识目标

　　理解和掌握日用商品的基本检验原理和方法，以及相关的法律法规，并通过开展实验加深对知识的理解。

（二）能力目标

　　胜任实际商品检验工作，掌握各种最新检验方法，全面提高创新能力。

（三）价值目标

　　（1）通过学习检验专家助企维权、科技扶贫、冲破国际封锁开发急需的检验仪器，提升中国产品国际形象的事例，培养学生形成正确的"三观"和自强不息、坚忍不拔的品质；加深对中国文化认同，增强民族自信心和自豪感，致敬科学家精神。

　　（2）通过学习生物芯片等前沿商品检验技术，启发学生的科学创新思维和创造力，拓宽学术和国际化视野；培养学生科技人文情怀，提升专业自豪感、工程素养和职业道德。

　　（3）通过学习商品检验现场检验仪器的使用方法和实验，增强学生绿色环保和法治意识，贯彻生态文明理念，培养责任担当。

（4）通过开展结合社会热点问题的商品检验实验（如食品中瘦肉精和致病菌检测），培养学生团队协作能力以及严谨求实的科学态度。激发学生创业和市场意识，树立社会主义核心价值观。

三、思政元素

开发了五大思政案例库（科学家事迹、诺贝尔奖、国产仪器、社会热点检验案例、检验法规体系），以此为基础提出了"案例导引、多维切入的课程思政实施路径"，有机融入思政元素。通过产学结合、思政融合、资源整合"三合"和场景真实化、操作规程化、作业团队化、难点仿真化、案例典型化、仪器综合化"六化"等实践手段，开展菜单式项目、研究性团队、探究式研讨、全时空云课堂、全方位评价为一体的"MTSAE"思政教学改革。学生的专业能力和思政水平同步提高，实现知德合一（图1）。

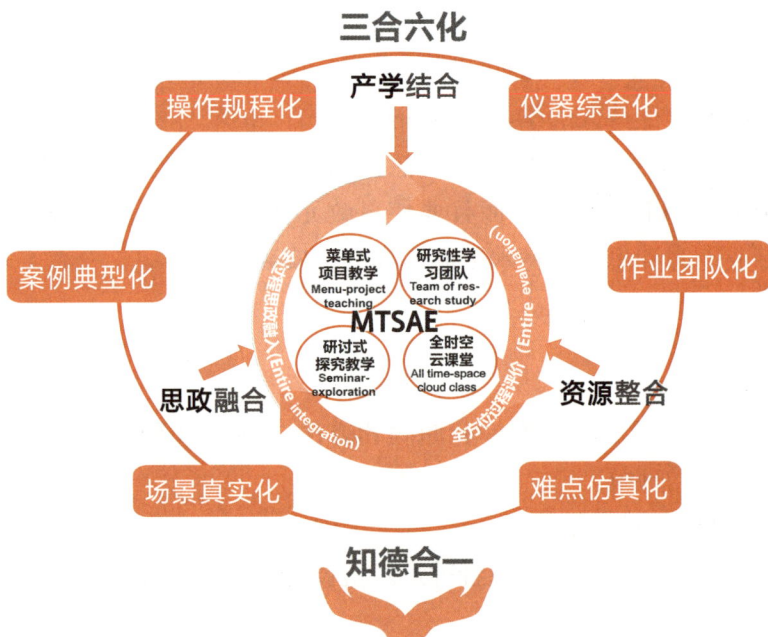

图1 "三合六化、知德合一"的课程思政教学模式

本课程的主要思政元素包括9种，对专业能力支撑度见表1，其中1～5是强支撑，也是我们重点切入的部分。本课程已经在4届学生中开展思政教学，开发了思政案例库25个，构建了"案例引导、多维切入"的课程思政实施路径（图2）。再经由案例教学作为切入点，将"家国情怀""科学精神""责任当担""创新精神""环保意识""职业素养""认知逻辑""辩证思维"等思政要素多维导入。

表1　商品检验课程主要的思政元素和对专业能力支撑度

思政元素	1 科学精神	2 家国情怀	3 创新意识	4 责任担当	5 法治意识	6 环保意识	7 团队协作	8 认知逻辑	9 辩证思维
支撑度	H	H	H	H	H	M	M	M	L

H—强支撑；M—中等支撑；L—弱支撑

本课程还特别注重理论联系实际，开设了一批结合社会生活热点的实验项目（如食品中瘦肉精、化妆品中致病菌、家具和服装中甲醛检验等），并在其中融入团队协作、沟通交流、严谨求实、环保责任等思政元素。通过课程微视频、翻转课堂、原文阅读、案例研讨、开放性课题等，多维度全方位地切入思政教育，贯穿于教学导引、新课讲授、课堂总结、课后作业和教学评价等教学全过程。

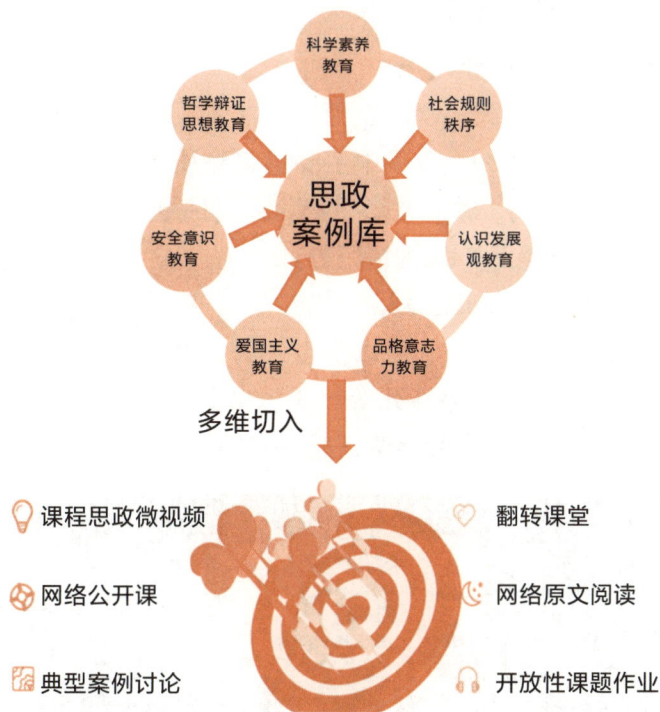

图2　"案例导引、多维切入"的课程思政实施路径

四、思政案例的设计策略和教学方法

（一）案例设计策略

首先确定商品检验种类、危害、检测方法和原理知识点和思政元素，进而挑选合适的案例进行汇总，以此为基础构建思政案例库。为满足教学需求，完善和添加

案例，在编撰案例库时，根据内容设置案例名称，然后按照课程教学大纲中的章内容进行一级分类，再根据案例的来源（科学研究及产业实际）进行二级分类，最后按照案例名称的首字母进行排序，对案例库中的案例建立规范的目录和索引。同时为了方便引用，对案例的原始来源、关键词、收编人等信息进行了详细的备注；实现了对案例的存储、分类、检索、编辑、资源共享、更新维护、案例评价等功能的系统、科学管理，使案例库更好地服务教学。

（二）教学方法

（1）发掘商品检验方法中的科学价值观。（2）彰显中国化学界老前辈楷模示范性。（3）突出检验仪器开发中突破"卡脖子"技术难题及国计民生关联度。（4）强化实验中思辨思维和团队合作精神培养，塑造学生积极向上的"三观"。（5）强化法制与环保意识的教育。

五、实施案例——食品中重金属离子检验

（一）通过课堂讨论，开展知识回顾

中国有句老话：民以食为天，食以安为先。首先让同学们讨论食品中主要的危害因子有哪些、检测难点是什么。食品中主要危害物质很多，但归类后则主要包括三大类：有机污染物、重金属、致病性微生物。通过回顾我国食品安全形势等内容，培养学生社会责任感、忧患意识、家国情怀等。

（二）通过具体案例，开展新课引入

重金属对我们有哪些危害呢？它可以伤害人的神经组织，以及肝、肾等重要器官，并导致白血病、佝偻病、骨骼坏死等严重致畸致变性疾病，危害极大（图3）。通过重金属危害案例，加强学生的社会责任感、家国情怀、忧患意识和环保意识。

图3　食品中重金属及其危害

（三）学习"绿水青山就是金山银山"理念和土壤污染防治法的案例，培养学生社会责任感、环保意识和法治意识

根据新浪网报道，在湖南部分地区出产的大米中，发现超量的镉，这些镉从哪里来？据调查发现，来源很多，一是产地原来为废弃的矿山，土壤中含有过量重金

属；而长期施用的农药化肥中也含有镉。加上生物富集、积累和放大，食品中的镉含量大幅超标。以上案例表明土壤安全是农产品安全的基础，直接关系到人民身体健康。2005年，习近平在浙江安吉余村调研时，首次明确提出了"绿水青山就是金山银山"的理念。2018年，我国通过了《中国人民共和国土壤污染防治法》，由此土壤污染防治进入了新纪元。法律的出台契合了当前时代的要求和特点，不仅可以破解农村发展与脱贫攻坚短板，也为老百姓吃上放心的食品打下了坚实的基础。由此培养学生的家国情怀、社会责任和环保意识。

（四）中国科学家二十年攻坚克难，研发世界首台原子荧光仪，破解重金属检测难题的案例，让学生致敬科学精神，培养团队合作意识

络合滴定、分光光度法等检测方法每次只能测定一种金属，非常烦琐耗时，不适合于多种重金属残留现场分析。针对上述问题，中国科学家郭小伟二十多年磨一剑，研发出世界上首台原子荧光仪（图4），这是具有跨时代意义的产品，该硬核技术打破了国外封锁，成为中国的骄傲，可同时测定砷、锑等九种常规重金属元素，灵敏度可达ppb（十亿分比浓度）。该仪器具有完全知识产权，技术国际领先，并且已经占领国际市场。难能可贵的是：郭教授团队在资金极为匮乏和设备极为简陋的条件下，先后突破了100多项关键技术才取得成功。这体现了坚持不懈、追求真理、为国奉献的科学家精神，而只有团结协作，联合攻关，才能实现科技突破，由此培养学生的科学精神和合作意识。

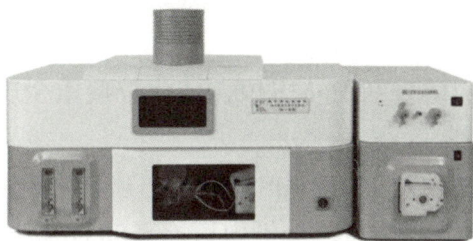
（a）

（b）

图4　郭小伟团队突破国外技术封锁，研发出世界上首台原子荧光仪

（五）海关人员勇于担当，创新检验技术，破解紫菜砷超标之谜；助企维权，打破国际贸易壁垒，体会责任意识和社会主义核心价值观

2016年，泰国海关对中国进口的紫菜和冬虫夏草进行检测，发现砷超标10倍，便要求下架和退回这批紫菜，进而索要巨额赔偿。大家都知道砷是砒霜（As_2O_3）的主要成分，难道中国的紫菜中含有砒霜吗？面临退货和巨额赔款，中国企业一筹莫展。

值此危机时刻，浙江海关的技术人员主动出击，为企业排忧解难，短时间内利用我国自主研发的原子荧光仪和色谱联用，开发出一种砷形态检测方法，成功破解了紫菜砷超标之谜（图5）。紫菜中的砷以无毒的有机砷为主，有毒的无机砷为辅，并显著低于国家标准允许含量，这一无可辩驳的实验结果，让泰国海关心服口服，紫菜顺利通关。正是由于海关卫士勇于担当，创新方法，才改变了中国紫菜在国际市场上的命运，体现出我国政府部门的责任意识、全心全意为人民服务的社会主义核心价值观。

图5　海关人员主动出击，开发新技术破解中国出口紫菜砷超标之谜

（六）突破国外"卡脖子"技术，成功研发ICP-MS仪，成功登顶重金属检验"奥林匹克"巅峰，学习创新开拓的时代精神

2020年，来自浙江杭州的聚光科技成功研发出ICP-MS仪及其芯片。使我国成为继美、德、日后，第四个拥有该技术的国家，该技术3分钟内可检测80种金属元素，被称为目前重金属检测领域的"奥林匹克"。开发这一重金属检测方法需突破的难点是芯片，也是国外严密封锁的技术，我国企业科技人员经过5年的刻苦攻关，突破了这一国外"卡脖子"技术，铸造了中国"芯"。该研发团队由一些来自浙江大学的90后科技人员组成，体现了"少年强则中国强"。学生由此加深对中国高科技的认同，增强自信心和自豪感，向创新创业精神致敬（图6）。

图6　聚光科技推出首台国产ICP-MS仪，合力铸造中国"芯"

（七）教学团队开发茶叶产地溯源和鉴假方法，检验兴农；利用老区红色资源，让思政课堂落在大地上，引导学生继承红色基因和培养辩证思维

近三年来本课程学生利用专业知识，在遂昌县的贫困山区帮助茶农开展茶叶品质检测和鉴假工作。遂昌当地居民以生态茶叶种植为主要经济来源。但是由于一些不法商贩用伪劣茶叶假冒高山生态茶，严重扰乱了市场价格，造成茶农增产不增收。当地政府迫切需要开展茶叶鉴假和原产地保护工作，以保障茶农的收益。教学团队查阅大量资料，进行了上千次实验，终于开发出基于重金属铅同位素比值确定产地的方法，打击了假冒伪劣，维护了茶农利益。我们还充分利用了当地丰富的红色资源，开展思政教育，比如共建党支部，组织"重走红军路"等活动。学生既参加了检验扶贫，又受到了红军思想教育，传承了红色基因，思政收效显著。有关事迹也被中国教育网、《中国教育报》、《钱江晚报》报道（图7、图8）。

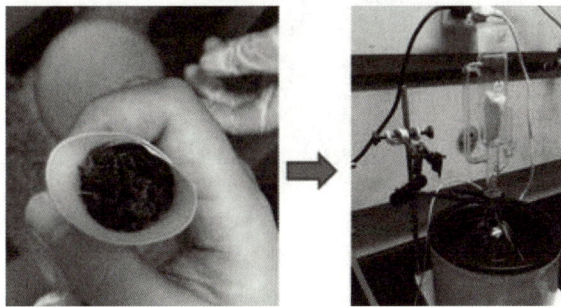

（a）

（b） （c）

图7　商品检验团队学生开发茶叶产地鉴定方法，助农扶贫；采样途中结合当地红色资源开展思政教育

（a）

（b）

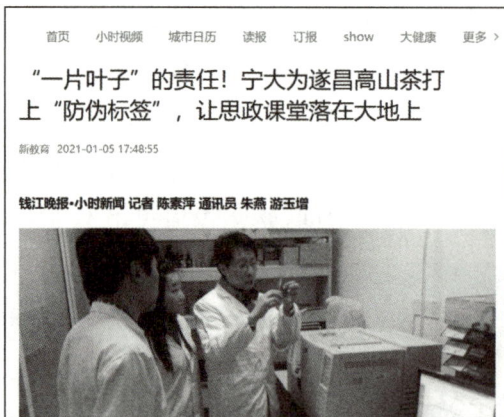

（c）

图8　中国教育新闻网、《浙江教育报》、《钱江晚报》的报道

六、创新及特色

（一）建构了"三合六化、知德合一"的MTSAE课程思政教学模式

引导学生用辩证唯物主义的观点分析和解决专业问题，树立正确的三观，将思政内容内化，学生的专业和思政素养同步提升，实现知德合一。

（二）开发了"案例导引，多维切入"的课程思政实施路径

开发了五大思政案例库，包含25个思政案例，在此基础上通过课程微视频、翻转课堂、原文阅读、案例研讨、开放性实验等，将思政元素多维度全方位地嵌入专业内容，贯穿于教学和评价全过程。

（三）将科研融入思政，为红色基因提供传承路径

带领学生利用专业知识研发了高山茶防伪方法，帮助地方脱贫致富。并将当地丰富的红色资源融入课程教学，通过"重走红军路"等活动，将科研融入思政，将思政落在大地上。

七、教学效果

本课程思政已经实施了五年，学生学习热情和主观能动性逐年提升。在专业教学中建立了五大思政案例库，包含25个具体案例。这些案例彼此具有很强的递进性和逻辑关联，内容接地气且引人入胜，具有一定的高阶性、创新性和挑战度，使得学生在学习中不会感到思政内容的生硬插入和说教感，在不自觉中体会出很多做人、做事、做学问的道理。我们挑选的案例内涵丰富，内容生动，并融知识性、趣味性和思想性为一体，体现了思政和专业教学的有机融合。充分挖掘了科学精神、创新创业、爱国主义、责任担当、艰苦奋斗、环保意识、团队协作、辩证思维、认知逻辑等多种思政元素，并通过慕课、人物访谈、科技扶贫、课堂讨论、团队实验等方式，多维度、全方位、立体化与专业教学有机融合。使得案例有很强的感染力、带入感和时代精神，实现了知德合一。

历届学生反映良好，有40余位学生在网站上留言盛赞"三合六化、知德合一"的思政教学模式，认为所学密切联系实际并在潜移默化中提高了思想道德水平，老师的学评教成绩一直位列学院前几位。同时本课程思政建设团队密切分工合作，将思政育人目标落实到位，主讲老师获得宁波市优秀课程思政教师荣誉称号，商品检验被列为省课程思政示范课程（图9）。而本课程采用的一些创新性思政实施路径，也被中国教育新闻网、《浙江教育报》、《钱江晚报》等媒体报道，受到读者好评，有10所高校的教学团队来本课程团队取经，并在10多门课中开展相关思政教育改革。

（a）

序号	学校名称	课程名称	课程负责人	其他团队主要成员
84	宁波大学	教育学	周国平	王贺元
85	宁波大学	沟通智慧	赵振宇	陈红霞、薛昱超、赵瑛
86	宁波大学	音乐鉴赏	王蕾	俞子正、廖松清、张晶晶、沈浩杰
87	宁波大学	GIS设计与应用	孙伟伟	杨刚、刘圆圆、王利花、孙超
88	宁波大学	广告学概论	汤志耘	李乐、邵慧、赵书松
89	宁波大学	力学	熊永建	顾晓、贾曼、连增菊
90	宁波大学	医学遗传学	季林丹	徐进、金晓锋、段世伟、郁芮
91	宁波大学	商品检验	干宁	徐清、吴大珍、赵传状
92	宁波大学	学科竞赛指导	周艳	杨鸿砚、黄少华、官勇、汪琨

（b）

图9 课程及课程负责人所获荣誉

品牌管理

郑　佳、胡保亮、张素平 ——

杭州电子科技大学　管理学院

一、课程概况

品牌管理是杭州电子科技大学工商管理专业的核心课。课程团队在中国大学MOOC（慕课）平台、智慧树在线教育平台开设优质慕课，校内教学基于线上慕课资源采用SPOC（小规模限制性在线课程）形式进行混合式翻转课堂教学。该课程以任务为导向，将品牌创建和管理的全过程作为一个完整的体系介绍，为学生提供从品牌设计到品牌定位、品牌传播、品牌扩张的全流程指导。学生学习的过程就是创立和发展一个品牌的过程。基于品牌强国战略，该课程以"讲好中国品牌故事、弘扬中国品牌精神"为主题，融入大量经典和最新案例，将理论知识和实践经验相结合，系统阐述品牌管理的基础理论和分析工具，让学生在自主创建品牌的过程中，在品牌管理领域获得更深入的专业领悟，树立正确的品牌观。

该课程由杭州电子科技大学管理学院开设，面向市场营销、工商管理和人力资源管理专业大三学生。课程2学分，48学时，其中，线上16学时，线下32学时。

二、课程目标

2014年5月10日，习近平总书记在河南考察时，提出"推动中国制造向中国创造转变、中国速度向中国质量转变、中国产品向中国品牌转变"[1]的重要战略。"三个转变"这一重要论述，充分体现了以习近平同志为核心的党中央对品牌建设的高度重视，为打造中国品牌指明了前进方向，提供了重要遵循和行动指南。为大力宣传知名自主品牌，讲好中国品牌故事，提高自主品牌影响力和认知度，自2017年起，我国将每年5月10日定为中国品牌日，展示了我国实施品牌战略的坚定决心，对提升全民族品牌意识有着重要意义。习近平总书记提出的"三个转变"为构架课程思政的顶层设计奠定了基石，指明了方向。

杭州电子科技大学坚持"以人为本、追求卓越"的育人理念，致力于培养具有家国情怀、国际视野、创新精神和实践能力的高素质人才。品牌管理课程是国家一

---

[1] 走好建设之路　习近平这样擘画 [EB/OL].（2021−05−10）[2022−03−02]. http://m.gmw.cn/baijia/2021−05/10/34832761.html.

流本科专业、浙江省"十二五"新兴特色专业——工商管理的核心课，工商管理专业以培养适应产业发展和时代需求的应用型新商科人才为目标。

基于国家品牌强国战略、学校办学定位和专业人才培养要求，该课程设计以下思政育人目标（图1）。

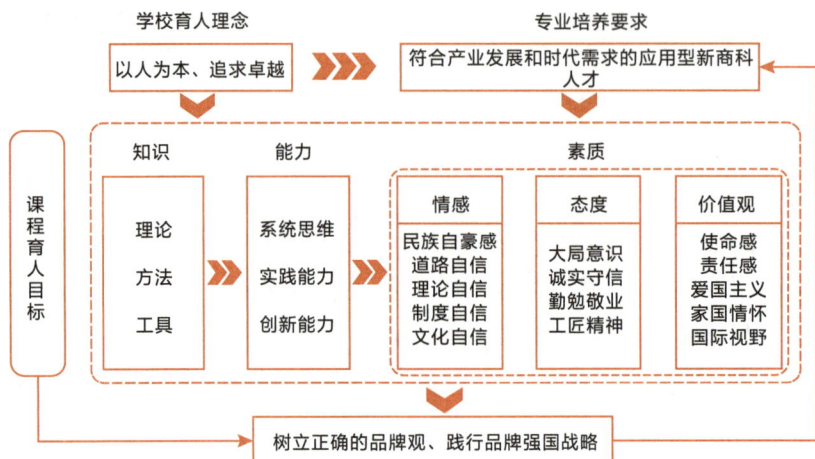

图1　课程育人目标

（一）知识目标

（1）理解品牌对企业发展的重要意义，深刻洞察新商业环境下品牌管理领域前沿趋势。

（2）系统掌握品牌管理的基础理论和分析工具，充分掌握品牌创建和规划的策略和方法，通过理论学习和实践亲历具备品牌管理系统思维和战略思维。

（二）能力目标

（1）能应用系统化的理论、方法和工具分析企业现实的品牌问题，进行日常的管理决策。

（2）能科学制定"品牌设计—品牌定位—品牌传播—品牌扩张"的策略规划与决策，培养学生的科学精神、系统思维、辩证思维和创新能力。

（三）价值目标

（1）了解中国民族品牌发展历程，树立民族自豪感，坚定"四个自信"和实现品牌强国的理念。

（2）深刻领会以社会主义核心价值观为基础的中国品牌文化和中国品牌精神，培养大局意识和诚实守信、勤勉敬业的工匠精神。

（3）培养振兴民族品牌的使命感和责任感，树立正确的品牌观，在以改革创新为核心的时代精神和以爱国主义为核心的民族精神指引下，引导学生将理论知识和实践经验运用到我国自主品牌的创建和管理上，具有家国情怀和国际视野。

三、思政元素

该课程系统设计教学内容，以"树立正确的品牌观、践行品牌强国战略"为顶层设计的核心，各个章节全面融入思政育人元素（图2）。

此外，该课程设置了"兼容并包，与时俱进：老字号的传承和创新"和"移动互联时代的品牌营销"两个专题，融入了中国品牌文化和品牌精神并体现了时代性，拓展了工匠精神、与时俱进等育人元素。进阶专题的设计有利于启发学生深入思考，实现对育人元素的拓展。

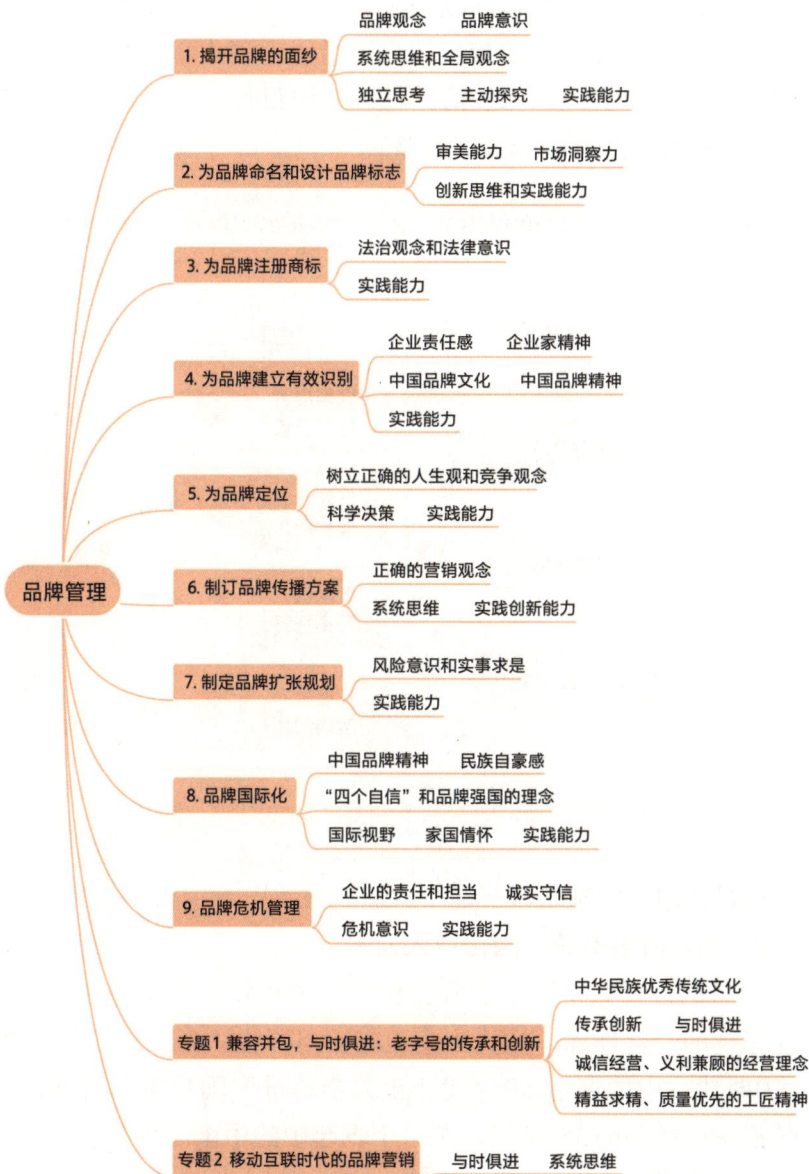

图2　思政育人元素映射思维导图

四、设计思路

该课程以"立德树人"为根本任务，深挖课程育人元素，不断探索课程思政建设的模式和方法，将课程思政与一流课程建设融合，基于OBE教学理念和"两性一度"金课标准，建立"3—3—4—3"课程思政教学体系（图3）。课程以"讲好中国品牌故事，弘扬中国品牌精神"为主题，依托3类资源（自建慕课、自编教材、品牌研究院），融合3种模式（混合学习"在线＋面授"、翻转课堂"课前＋课中＋课后""PBL＋TBL＋CBL"）协同育人（校内学生＋平台用户），以学生为中心，注重学生产出，从基础、提高、拓展和挑战四个层次，通过在线学习、案例分析、主题研讨、实践任务等方式，打造深度参与的学习情境，深化学习品牌管理理论，系统提高品牌管理实践能力，实现"知、信、行"三维目标，引导学生塑造基于社会主义核心价值观的品牌观，践行品牌强国战略。

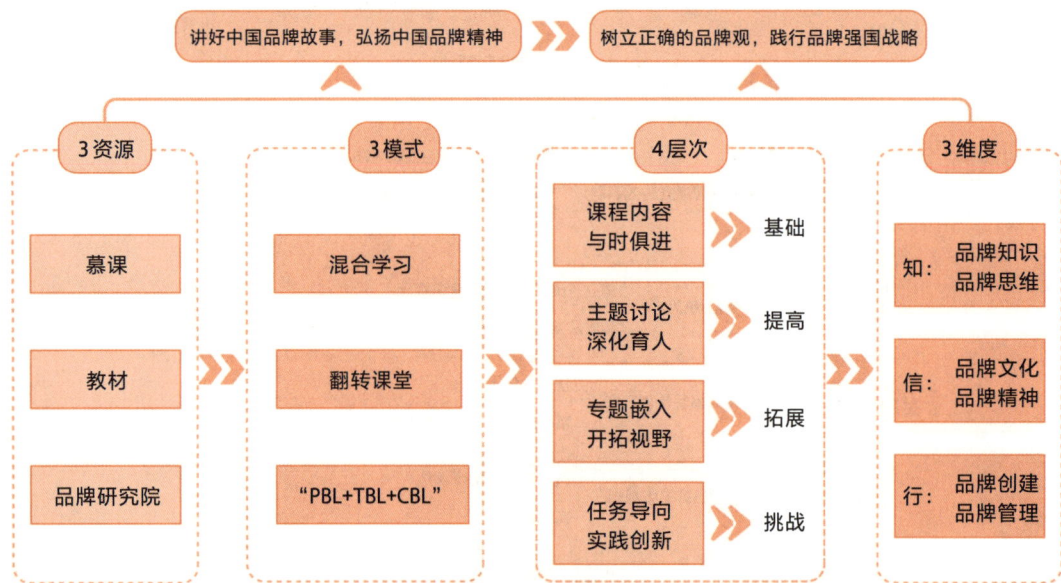

图3 "3—3—4—3"课程思政教学体系

课程思政的具体组织实施从以下两个方面展开。

（一）在线讨论以时事引导，深化育人元素

在线讨论题目的设置紧密联系实际，例如"2020年新冠肺炎疫情暴发，哪些事例体现了企业怎样的经营理念？你认为企业应承担哪些社会责任？""中国品牌历经了中国制造1.0时代、中国创造2.0时代，正大步跨进中国自主品牌在国际舞台展示中国形象、传播中国精神的3.0时代。哪一个崛起中的中国品牌让你印象深刻？你对这一品牌未来发展的期许是什么？"，等等。

（二）课堂活动模块化，内化育人元素

各模块对应基础、提高、挑战和拓展四个层级的教学目标，基于全过程的学情调研和把控，动态调整教学任务。每次课根据教学目标选择不同模块和适合的教学策略，融入相应的育人元素。通过案例分析、情景模拟、主题辩论、实践任务等模块，激发学生学习热情，"真学真练真感受"，实现育人元素内化（图4）。

其中，实践任务贯穿始终，任务设置由易到难，挑战度高，学生学习的过程就是创立和发展一个品牌的过程。学生在创立自己的品牌过程中，不仅实现了育人要素的内化，也培养了学生的系统思维，培育出丰硕的创新成果。

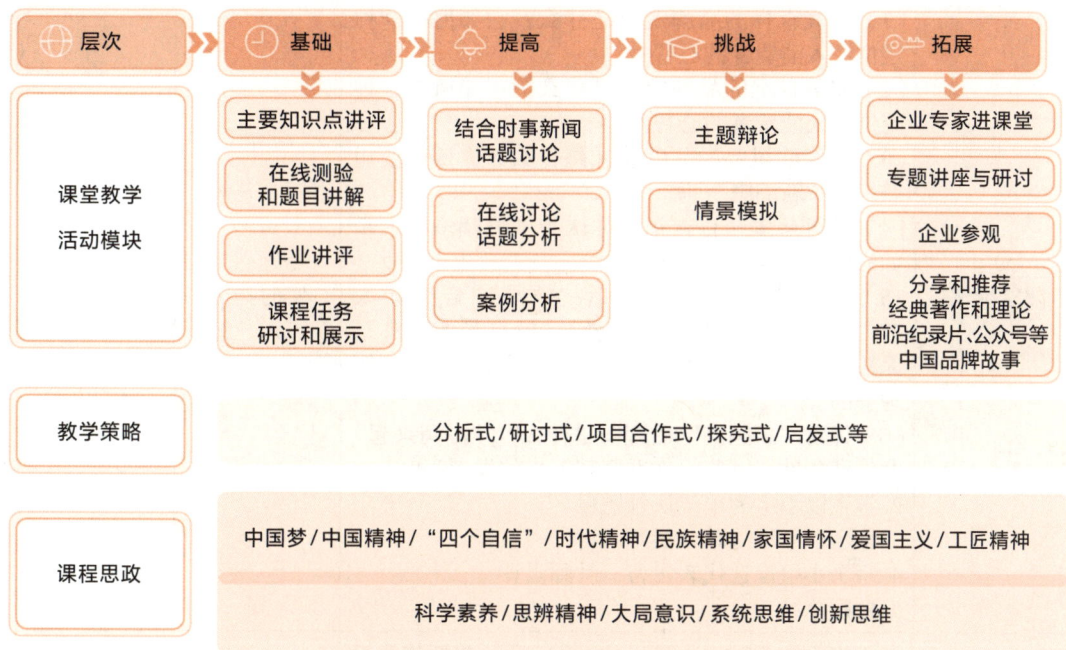

层次	基础	提高	挑战	拓展
课堂教学活动模块	主要知识点讲评 在线测验和题目讲解 作业讲评 课程任务研讨和展示	结合时事新闻话题讨论 在线讨论话题分析 案例分析	主题辩论 情景模拟	企业专家进课堂 专题讲座与研讨 企业参观 分享和推荐经典著作和理论、前沿纪录片、公众号等中国品牌故事
教学策略	分析式/研讨式/项目合作式/探究式/启发式等			
课程思政	中国梦/中国精神/"四个自信"/时代精神/民族精神/家国情怀/爱国主义/工匠精神 科学素养/思辨精神/大局意识/系统思维/创新思维			

图4　课堂教学模块化设计

五、实施案例

课程思政教学案例如表1所示。

表1　课程思政教学案例

课程名称	品牌管理	授课教师	郑佳	周次	11
专业班级	2018级人力资源管理	学生数	24	课时	1
教学主题	主题研讨：国潮兴起				
学情分析	教学对象：人力资源管理专业大三学生 学科基础：已经学习过前导课程——市场营销学，学科基础较好 学生特点：思维活跃、发言积极性高、乐于和老师交流、团队合作意识强				

续 表

教学目标	本次专题研讨是基于时事文章的讨论，链接第五章品牌定位和第六章品牌传播，设置层层深入的6个问题，问题设置有难易程度的区分，使能力较强的同学可以挑战更高难度，中等的同学可以找到适合自己的问题，基础薄弱的同学也可以在同伴学习中获得提高。该专题聚焦中国自主品牌的成长，思政育人元素自然融入其中，引导学生关注中国品牌文化和品牌精神，树立振兴民族品牌的使命感。		
环节	教学步骤	教师活动	学生活动
课前	学生阅读教师推送文章：《完美日记、花西子、元气森林等国潮品牌崛起，背后原因没那么简单》 ——公众号"首席品牌官"	资源推送 在线指导	阅读推送文章 查阅相关资料
课堂教学	1. 教师简单介绍文章主要内容，发布讨论题目： （1）元气森林的品牌定位是什么？它如何把这种定位注入消费者的心智？ （2）完美日记的品牌定位是什么？它如何把这种定位注入消费者的心智？ （3）你对波司登的品牌认知是什么？你认可波司登属于"新潮牌"吗？ （4）妙可蓝多 vs 百吉福，你认为妙可蓝多在未来如何使自己保持市场领先？ （5）对于文章中的这句话：效果广告是让人"买"，品牌广告是让人"爱"。没有爱的"买"，无法持久；没有买的"爱"，不是真爱。你是如何理解的？ （6）你对"新国潮"的理解是什么？"国潮兴起"背景和条件有哪些？你看好其未来的发展吗？ 2. 学生以小组为单位认领题目 3. 学生以小组为单位展开研讨 4. 每个小组推选代表发言，教师点评 5. 教师总结	专题引导 实时指导 点评总结	分组讨论 代表发言
课后	各小组系统总结本次研讨的6个问题（包括其他组认领的题目），在线提交总结报告。	指导批阅	撰写总结报告

六、特色及创新

（一）根据目标导向的问题进行顶层设计，确定课程思政建设的"魂"

课程思政育人目标与国家战略、学校育人理念和专业培养目标相融合，基于"如何培养具有实践能力的品牌管理人才"和"如何引导学生将理论知识和实践经验运用到我国自主品牌的创建和管理上"两个问题进行顶层设计，确定育人目标——引导学生确立正确的品牌观，践行品牌强国战略。

（二）课程思政建设和教学模式改革同向同行，建立"3—3—4—3"教学体系

将课程思政与一流课程建设相融合，基于"两性一度"金课标准，以"讲好中

国品牌故事，弘扬中国品牌精神"为主题，建立"3—3—4—3"教学体系，基于3类资源、3种模式，从4个层次，实现"知、信、行"三维目标。

（三）系统化内容和进阶专题相辅相成，育人要素"如盐在水"，全面融入

系统化设计教学内容，为学生提供品牌创建和管理的全流程指导，全方位融入育人要素，"兼容并包，与时俱进：老字号的传承和创新"和"移动互联时代的品牌营销"两个专题，融入了中国品牌文化和品牌精神并体现了时代性。

（四）主题研讨和实践任务有效协同，育人要素内化于心，外化于行

通过在线学习、课堂主题研讨、案例分析、情景模拟、主题辩论、实践任务展示等多种形式，打造深度参与的学习情境，帮助学生创立自己的品牌，启发思考，实现育人要素的内化并培育创新成果。

七、教学效果

（一）课程教学效果好，学生评价高

该课程学评教全校排名名列前茅，团队教师多次被评为"教学之星"。在期末的调研中，同学们纷纷表示，虽然课程节奏快、任务繁重，但创建了自己的品牌，学习兴趣被全面激发，沟通能力、创新能力、实践能力等都大大提高，收获满满。很多同学感慨："中国自主品牌发展任重道远，吾辈当自强！"

（二）多学科项目实践融合，产生了丰硕的创新成果

基于学生品牌创建的实践任务，该课程与产品包装设计、创业团队管理、Web应用开发技术等课程跨专业合作，实现多学科项目实践融合并产生了丰硕的创新成果。近三年学生参与各项学科竞赛，获国家及省部级奖项20余项。

（三）助力学生创业项目，响应扶贫政策，推广新疆农副产品

杭州电子科技大学管理学院市场营销专业学生努尔艾力·依比布拉创办了小艾商贸有限公司，注册了"艾叔"品牌，致力于农业扶贫，帮助新疆农民销售农副产品，促进家乡经济发展。通过品牌管理课程的学习和教师团队的帮扶，小艾商贸有限公司制定了系统的品牌规划和项目落地方案，"艾叔"品牌迅速成长，品牌效应初显。

（四）课程改革效果显著，示范作用明显

该课程在中国大学MOOC（慕课）平台和智慧树在线教育平台开设多期慕课，3000余名其他高校学生及社会学习者参与学习。本校教学采用SPOC模式，500余位学生参加。该课程被评为2019浙江省本科高校线上线下混合式一流课程、2020浙江省本科高校线上一流课程和2021第一批浙江省课程思政示范课，获浙江省高校2020"互联网＋教学"优秀案例一等奖。

管理学原理

岑 杰 ——

浙江工商大学 工商管理学院

一、课程概况

（一）1.0版本，从知识型课堂到能力型课堂转型

自2015年以来，"管理学原理"开始进行线上资源建设，并同步实施翻转课堂改革；2017年以来，"管理学原理"课程主张"深度学习课堂"建设、"点菜式"知识学习模式、"能力构建型"课堂建设，完成了从"知识传授"课堂到"知识传授＋能力培养"课堂的转变。

（二）2.0版本，零散植入育人元素，尝试成果导向育人

自2017年以来，在"管理学原理"中零散地植入育人环境和内容，尝试挖掘课程中的育人元素，并初步形成了"知识＋能力＋价值"三重的课程思政化转型目标和方向；有意识地将案例分析、实地调研、红色经典、数字经济等富有鲜活育人元素的活动和任务纳入"管理学原理"的课程中，受到学生好评。

（三）3.0版本，系统构建三重嵌套育人目标，系统导入行动学习法

自2018年以来，"管理学原理"课程将"知识内容"维度重构为"传统管理知识＋新兴管理知识"，将"能力培养"维度刻画为"三力"（即思维力、沟通力和创造力），将"价值塑造"维度凝练为"自信育人—精神育人—三观育人"；同时导入行动任务激发学生的参与。

二、课程目标

（一）知识目标

"新""旧"有机融合——经典管理知识和新兴管理知识相结合，增加知识的本地性、现实性和思政性。"管理学原理"自2015年以来，实施线上线下混合式教学模式，将经典的和传统的管理学的学习在线上实现，线下主要进行能力培养、素质拓展和知识创造，并增加了部分知识模块（表1）。

表1　知识传授目标：新增知识模块

知识模块	新增知识点	思政目的概要
模块1：环境	1. 四换三名与战略举措 2. 智能制造与商业模式 3. 红船精神及其环境背景 ……	关注中国实践， 了解中共党史， 增加制度自信， 塑造正确的世界观、 人生观和价值观
模块2：计划	1. 四换三名与战略举措 2. 智能制造与商业模式 3. 中国共产党的愿景和使命 ……	
模块3：组织	1. "组织上入党和思想上入党"与组织文化 2. 新型举国与创新强国 3. 平台组织与生态系统 4. 党的建设与组织活力 5. 作风纪律建设与组织管理 ……	
模块4：领导	1. "马克思主义作为党的旗帜"和文化领导力 2. 数字经济与数字领导 3. 云上工作与管理协调 4. "党指挥枪"与双重领导 ……	
模块5：控制	1. 平台垄断与有序竞争 2. 数据安全与网络安全 ……	
模块6：创新	1. 卡脖技术与创新追赶 2. 个体创造与数智创新 3. 党的领导与管理创新 ……	
模块7：管理思想	1. 习近平在浙江的创新思维 2. 习近平谈治国理政与战略思想 3. 鞍钢宪法和组织凝聚力 ……	

（二）能力目标

"三力"能力架构——能力目标和知识目标互嵌，着重培养学生三维能力，即思维力、沟通力与创造力，贯彻落实习近平总书记对年轻干部"想干事、能干事、干成事，不断解决问题、破解难题"的殷切期盼和要求[①]（图1）。

[①]　想干事、能干事、干成事[EB/OL].（2020−10−13）[2022−03−10]. https://me.mbd.baidu.com/r/EBOyRp97kmQ?f=cp&u=28b366a3fe75f2bd.

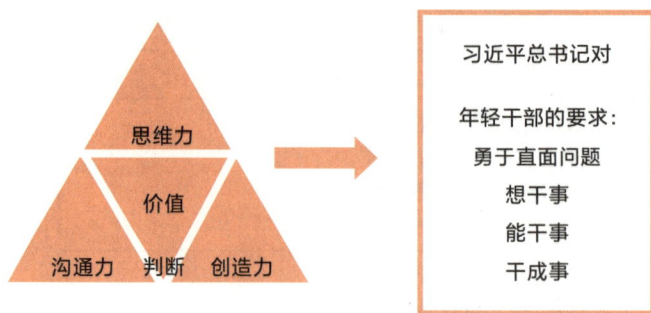

图1　能力培养目标："三力"能力架构

（三）价值目标

"三化"实现机制——针对价值塑造过程"如盐入水、润物无声"的要求，增强价值目标与能力目标、知识目标的互嵌，探索"体系化、行动化、显性化"的价值塑造目标实现机制。一是体系化，将三重目标的融入进行体系化改造。二是行动化，即运用行动学习法的理论，设计有针对性的活动和任务。三是显性化，即通过特定任务和情境的设置，将思政目标由隐性转化为显性。

三、思政元素

基于行动学习法，设计多样化的行动任务和方案，将"知识传授—能力培养—价值塑造"三重目标嵌入20多个行动任务中，有效应对课程思政化无抓手、无体系、无过程、无体验、无评估的"五无"困局。课程凝练出"自信育人—三观育人—精神育人"的育人方案和育人目标（表2）。

表2　思政元素、教学方法、行动方案：三者匹配

章节	教学内容概述	思政元素	教学方法
第1章 管理基础	1.1 管理的作用和本质 1.2 管理的认知 1.3 管理者的职能和技能	·精神育人：创造精神 ·三观育人：社会主义核心价值观	1. 行动学习红色专题：革命人的管理素养 2. 案例分析 3. 线上线下混合
第2章 管理环境	2.1 组织环境分析 2.2 组织环境的新变化及组织的应对方式	·自信育人：制度自信 国家自信	1. 行动学习红色专题：红色管理案例编写 2. 线上线下混合
第3章 管理决策	3.1 决策概述 3.2 决策过程及影响因素 3.3 决策方法	·精神育人：创造精神 探索精神	1. 行动学习情境模拟：COVID-19：危机决策模拟 2. 班级讨论 3. 线上线下混合

章节	教学内容概述	思政元素	教学方法
第4章 目标设置	4.1企业的目标体系 4.2目标设置与分解 4.3目标管理	·自信育人： 国家自信 制度自信 ·精神育人： 创造精神 ·三观育人： 社会主义核心价值观	1.行动学习社会实践：走访数字化转型实践企业 2.案例分析 3.线上线下混合
第5章 计划工作	5.1计划工作概述 5.2计划的编制与执行 5.3战略规划	·自信育人： 国家自信 制度自信 ·精神育人： 创造精神	1.行动学习红色专题：中国政府"五年规划"背后的战略思维 2.班级讨论 3.线上线下混合
第6章 组织设计	6.1组织设计的任务与影响因素 6.2组织设计基本原则与关键要素 6.3组织结构设计	·自信育人： 文化自信 ·精神育人： 探索精神 ·三观育人： 社会主义核心价值观	1.行动学习案例分析：双童：一根吸管的智慧 2.案例分析 3.线上线下混合
第7章 人员配备	7.1招聘.甄选与培训 7.2绩效管理 7.3个人与组织职业生涯管理	·精神育人： 探索精神 创造精神	1.行动学习管理方案：个人职业理想与职业生涯规 2.班级讨论 3.线上线下混合
第8章 组织变革	8.1基本概念 8.2组织变革的影响 8.3组织变革的策略与方法	·精神育人： 探索精神 创造精神 ·三观育人： 人生观	1.行动学习特色专题：走访浙商博物馆 2.案例分析 3.线上线下混合
第9章 领导	9.1领导与领导者 9.2领导行为 9.3领导艺术	·精神育人： 创造精神 探索精神	1.行动学习角色扮演：和颐酒店事件的信任危机 2.班级讨论 3.线上线下混合
第10章 激励	10.1需要.动机与行为 10.2激励理论	·三观育人： 社会主义核心价值观 人生观	1.行动学习情境模拟：如何激励上司 2.案例分析 3.线上线下混合
第11章 沟通	11.1沟通基础 11.2人际沟通 11.3组织沟通	·三观育人： 社会主义核心价值观 人生观	1.行动学习特色专题：一封家书 2.班级讨论 3.线上线下混合

续 表

章节	教学内容概述	思政元素	教学方法
第12章 控制基础	12.1 控制概述 12.2 控制的基本过程 12.3 有效控制	·自信育人： 国家自信 制度自信 ·精神育人： 创造精神	1. 行动学习讨论辩论：平台垄断与有序竞争 2. 案例分析 3. 线上线下混合
第13章 控制方法	13.1 预算控制 13.2 非预算控制 13.3 质量控制	·自信育人： 国家自信 制度自信 ·精神育人： 创造精神	1. 行动学习讨论辩论：平台垄断与有序竞争 2. 案例分析 3. 线上线下混合
第14章 创新管理	14.1 创新概述 14.2 创新的动力.过程与管理 14.3 技术创新和组织创新	·自信育人： 国家自信 制度自信 ·精神育人	1. 行动学习管理方案：卡脖技术与创新追赶 2. 案例分析 3. 线上线下混合
第15章 西方管理理论发展历程	15.1 古典管理理论 15.2 现代管理理论 15.3 当代管理理论的新思潮	·自信育人： 国家自信 制度自信 ·精神育人	1. 行动学习社会实践："八八"战略中的管理思维 2. 班级讨论 3. 线上线下混合

四、设计思路

（一）挖掘"知识—能力—价值"的融合点，做到抓手明确、体系完备

针对现有"管理学原理"课程思政建设过程中知识体系滞后、能力要求零散、育人内容模糊，以及三者间相互割裂、协同性和相互嵌入性差的现状，将本课程中的育人内容划分为自信育人、三观育人和精神育人（图2）。

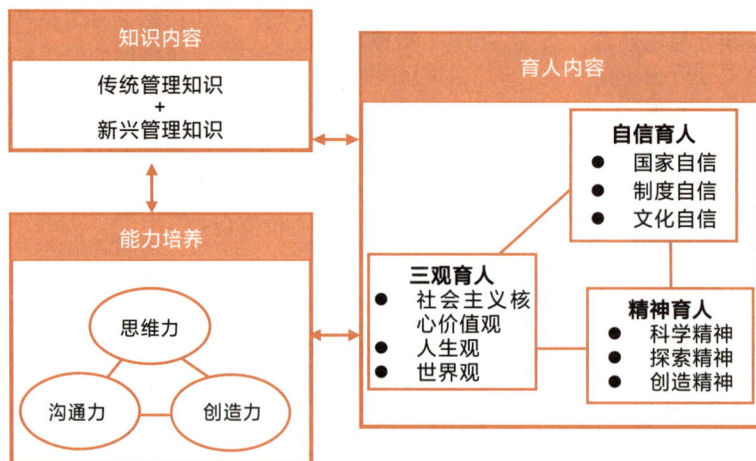

图2 专业知识—专业技能—育人内容的有机融合体

（二）基于行动学习法，契合课程思政和立德树人的内在规律

能力培养和价值塑造的特性要求教育工作者不能急功近利，基于行动学习法，通过讨论、案例分析、角色扮演、情境模拟、社会实践及一些具有鲜明育人特色的专题，将知识传授的范式转化为能力培养和价值塑造的范式（图3）。

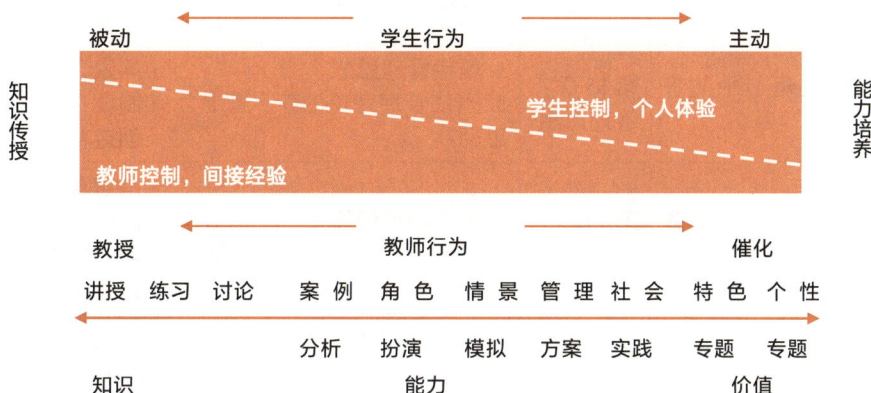

图3　行动学习法和价值塑造、能力培养的契合

（三）行动学习法驱动课程思政的落地举措1：任务设置

行动学习法对"管理学原理"课程思政化转型的驱动力主要体现在"行动"的设置中，借由多样化的行动，使得"知识—能力—价值"三者有机地融合和有效地实现（表3）。

表3　行动学习法的落地1：任务设置

类型	行动名称	章节	涉及知识点	能力培养目标	价值塑造目标
红色专题	红色管理案例编写	第2章 管理环境	组织环境的新变化及组织的应对方式	思维力	制度自信 国家自信
特色专题	走访浙商博物馆	第8章 组织变革	1. 组织变革的影响因素 2. 组织变革的策略与方法	思维力 创造力	探索精神 创造精神 人生观
特色专题	一封家书	第11章 沟通	1. 人际沟通 2. 组织沟通	沟通力	社会主义核心价值观 人生观
情境模拟	COVID-19：危机决策模拟	第3章 管理决策	1. 决策的过程及影响因素 2. 决策方法	创造力 沟通力	创造精神 探索精神
角色扮演	和颐酒店事件的信任危机	第9章 领导	1. 领导行为 2. 领导艺术	创造力 沟通力	创造精神 探索精神

续　表

类型	行动名称	章节	涉及知识点	能力培养目标	价值塑造目标
管理方案	卡脖技术与创新追赶	第14章 创新管理	1. 创新的动力.过程与管理 2. 企业技术创新	思维力	国家自信 制度自信 探索精神 科学精神
社会实践	"八八战略"中的管理思维	第15章 管理思想	1. 现代管理思想 2. 当代管理理论的新思潮	思维力	国家自信 制度自信 创造精神
社会实践	走访数字化转型实践企业	第4章 目标设置	1. 企业的目标体系 2. 目标设置与分解	创造力 沟通力	国家自信 制度自信 创造精神 社会主义核心价值观
案例分析	双童：一根吸管的智慧	第6章 组织设计	1. 组织设计的基本原则 2. 组织结构的设计	创造力 沟通力	文化自信 探索精神 社会主义核心价值观
讨论辩论	平台垄断与有序竞争	第12章 控制基础	1. 控制的基本过程 2. 有效控制	思维力 创造力	国家自信 制度自信 创造精神

（四）行动学习法驱动课程思政的落地举措2：评估体系

行动学习法不同于一般的知识传授性学习方法，特别在面向思政化转向时，要将价值塑造和能力培养落到实处。课程开发专门的评估方案，将多样化的行动纳入"知识—能力—价值"等全方面的评估当中（表4）。

表4　行动学习法的落地2：评估体系

	获得知识	一般问题解决能力	创造性问题解决能力	价值塑造1：精神维度	价值塑造2：三观维度	价值塑造3：自信维度
案例分析						
角色扮演						
情境模拟						
管理方案						
社会实践						
讨论						
练习						
讲授						

（五）行动学习法驱动课程思政的落地举措3：激发措施

基于行动学习法的管理学原理课程思政化转型要求学生深度参与到任务导向型的课堂中去，这就需要充分激发学生的积极性和创造。一是引入竞争机制，充分激发学生的竞争和胜利意识。二是引入互评机制，提升学生的评价能力和参与感。三是引入仪式机制，进行评比和表彰，并设计礼物和点评，打造充分的仪式感课堂。四是引入分享机制，每个小组在每次课堂中都能够表达自己的观点和想法。

五、特色及创新

（1）打造"知识—能力—价值"三重嵌套的管理学原理课程思政育人目标体系，并在三者间形成映射矩阵，有效解决三者间相互割裂、协同性差的缺陷。

（2）基于行动学习法，挖掘契合课程思政和立德树人内在规律的教学方法，设计20多项行动任务，充分考虑课程思政化的长期性、缓慢性、体验性、潜在性等特性。

（3）从学习任务、评估方案、激发学生等方面探索行动学习法驱动课程思政化的落地举措，并在"管理学原理"课程中进行探索，取得了一定成效。

六、教学效果

（1）基于行动学习法，学生的课前、课中和课后的参与性、积极性大幅度提升，表现为"抬头率、点头率、回头率"三率的提高。将思政教育、"三全"育人融入每次课堂中，学生的课堂主体感得到显著增加，表现为在课堂上抬头率和点头率提高；且在修完大一的"管理学原理"课程之后，大多数学生会根据课程口碑来选修教师大三的课堂，表现为"回头率"的提高。

（2）基于多样化课堂互动，在玩、聊、做、演的过程中，"如盐入水、润物无声"地融入育人元素，学生的自身获得感不断增强。通过角色扮演、情境模拟、社会实践等环节，学生在"行动"过程中感受到三观的渗透、自信的增强、精神的熏陶；通过不断地互动和任务执行，学生形成强烈的内省意识，并将其内化为自身的思考和感受，从而发生行为的改变。

（3）"知识—能力—价值"三者深度融合，大大提升了学生的专业认同感和价值认同感，基本达成了课程思政的育人要求。本课程将"知识传授—能力培养—价值塑造"三重目标嵌入于行动任务中，从而有效应对课程思政化无抓手、无体系、无过程、无体验、无评估的"五无"困局，这大大提升了学生对于专业、对于价值观的感受和认可，基本达成了课程育人的目标。

经济管理类跨专业综合实训

刘龙青、鲁银梭、孙　艳、汤晓蔚、杨丽霞、吴燕华、甄立华

浙江农林大学　经济管理学院

一、课程概况

　　"经济管理类跨专业综合实训"是一门注重融汇经济管理类本科生大学阶段所学理论知识，注重学生综合分析问题能力、实践能力等提升的实训类课程。本课程作为经济管理类所有专业在大学阶段的最后一门必修课程，主要依托虚拟商业社会环境综合实践（virtual business social environment，VBSE）平台，模拟现实商业环境，以生产制造企业为中心，根据真实企业及商业环境组织的要求，由学生扮演不同的角色，参与制造企业、供应商、经销商、外贸企业、连锁企业、服务公司、工商局、税务局、社保中心、银行、会计事务所、物流公司、虚拟客户市场、虚拟供应商等若干组织的经营管理活动，可模拟实现多人协同经营。教学过程中，创新教学方法，引入智慧化教学手段，采用"团队式指导、公司化运作"的课堂管理模式，以期达成夯实专业知识、贯通学科领域、感知商业社会、熟悉业务处理、增强应用能力、培养有全局思维和跨界视野的实务型管理人员的目标。

　　课程是面向经济管理类所有专业开设的一门专业必修课，共64学时，2学分，安排在第七学期。

二、课程目标

（一）思政目标

　　以红船精神为指导，在"一体两翼四步五度"（图1）的思政育人模式框架下，以课内职场情景模拟实战为核心，"晨会夕会思政知识引领、课前课后思政案例支撑"为两翼，遵循"习、演、比、创"四步循环式递进式学习法，期望达成以下思政目标。

　　（1）具备家国情怀认同度。

　　（2）具备首创精神实现度。

　　（3）具备系统思维深入度。

　　（4）具备诚实守信融入度。

　　（5）具备大局意识感知度。

致力于塑造学生的社会主义价值观、荣辱观。

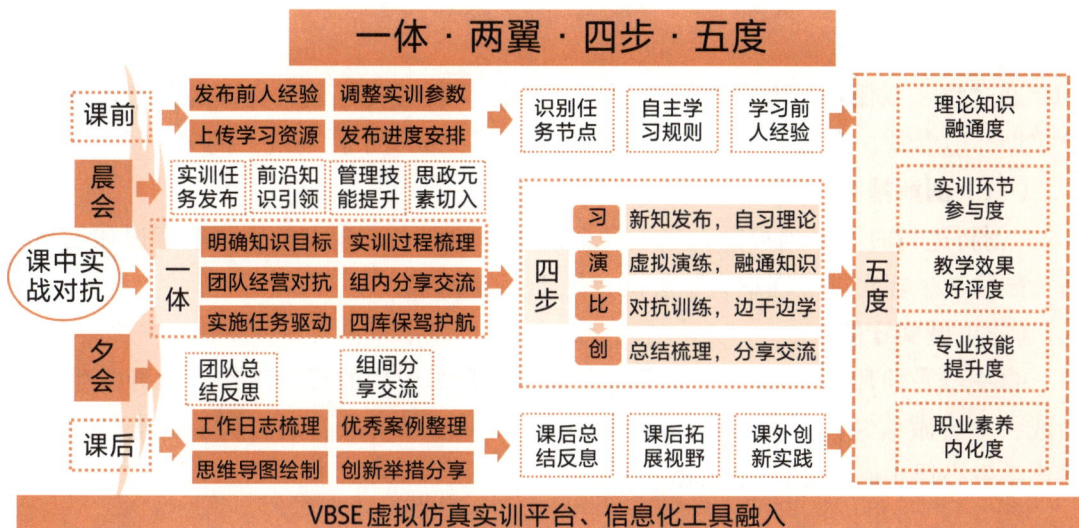

图1　思政育人模式框架

（二）知识目标

（1）能够回顾大学阶段所学相关基本理论、方法，夯实理论知识。

（2）能够思辨不同商业情境中的理论、方法、原则和规范。

（3）能够融会贯通理论知识体系。

（三）能力目标

（1）能够综合运用大学阶段所学理论知识，形成战略分析能力，提升业务处理能力、谈判沟通能力。

（2）能够针对复杂商业情境，有效处理突发事件。

（四）素养目标

通过学习和践行企业家首创精神和奋斗精神，旨在培养学生：

（1）大局意识。

（2）系统思维。

（3）创新理念。

（4）良好的职业素养。

（5）职业发展观。

三、思政元素

"经济管理类跨专业综合实训"是一门融汇经济管理类本科阶段所学理论知识，注重学生综合分析问题能力、实践能力及职业素养等提升的实训类课程，采用"团队式指导、公司化运作"的课堂管理模式。课程重点培养学生的大局意识、创新精神、诚实守信。

（一）大局意识

通过将"双循环新发展格局"等理论和时事案例实时融入实训的各个环节，调节实训环境参数，在实践中培养学生的大局意识，平衡个性与统一的关系。

（二）创新精神

"创新进行时"系列视频及名人名企案例等的引入，激发学生创新意识和创新热情，鼓励学生在实训过程中大胆尝试，勇于探索。

（三）诚实守信

自主经营阶段引入热点典型反面案例，结合实训中的税务工作，引导学生引以为戒，坚持诚信经营，增强依法纳税意识；实训总结阶段，通过树立守法经营典型强化学生心目中诚实守信的信念。

四、设计思路

（一）教学内容

课程分为实训动员、岗位认知、固定经营、自主经营及总结与颁奖五个部分，模拟商业环境。结合各环节的内容特点，运用合适的方法，将思政元素融入课程中（表1）。

表1　课程章节思政元素设计思路

教学环节	思政元素	教学思路及方法
实训动员	家国情怀 诚信守法	1. 结合当下国际国内经济大形势，分析在实训过程中，如何处理个人、集体、国家之间的利益关系等 2. 通过案例讲解强调企业经营中诚信的重要性，并在考核机制中引入"社会贡献率"指标，引导学生做守法、诚信的合格公民
岗位认知	规则意识 职业精神	1. 通过晨夕会，教师告知各CEO员工学习规则的途径和方法，并强调员工学习规则的重要性 2. 通过相关视频的不断播放，强化员工的规则意识和职业精神
固定经营	爱岗敬业 知行合一 创新精神 诚实守信 职业文明	1. 严格执行晨夕会及按时上下班制度，培养学生爱岗、敬业的职业素养 2. 通过"名人名企"等案例的学习，培养学生的创新经营、规则意识，明确诚信的重要性 3. 建立公司文化氛围，要求服装统一，设立岗位牌、卫生责任制等制度，培养学生的职业文明意识 4. 借助每天的晨夕会，与各企业CEO及外围机构负责人探讨如何公平、公正地处理企业间的业务关系和公司内部员工的管理问题

教学环节	思政元素	教学思路及方法
自主经营	大局意识 合作共赢 创新精神 公平民主	1. 教师设置市场突变环节，制造市场混乱，再做好大局意识的引导，培养学生的大局意识及冷静处事的能力 2. 建立会计师事务、工商、税务等外围机构的不定期检查制度，以增强企业的守法、守纪意识 3. 企业内部，当存在岗位任务分配不均时，鼓励学生相互帮助，及时组织企业团建活动等 4. 市场规则、考核规则等做到"提前征求意见、发布草案、形成规则"三步走，充分考虑群众意见，树立规则先行的职场意识
总结与 颁奖	自省精神 诚实守信 社会责任	1. 团队进行总结经营复盘，总结反思经营过程中每一次成功的或失败的经验及团队合作中的问题和经验，做到自我反思、自我批评、自我提升 2. 颁奖典礼，通过对诚实守信、守法经营、纳税大户及社会贡献高的组织和个人进行奖励，激发同学们诚实守信的意识，提升同学们的社会责任意识

（二）育人元素

学生在学习本课程之前，鲜有接触到职场环境，对战略决策、职业技能、职场素养等知之甚少。为鼓励和引导学生立足当下世情、国情，透视历史、现实和未来，教师组将最新修订的法规条文、名人名企事迹及时事热点融入思政库，并通过晨会夕会引领、课前课后自主学习，提升学生时政意识，引导学生养成关心国家大事的习惯。同时，根据时下国内外贸易形势，课中及时修改经营参数，创建突发商业事件，培养学生大局意识、协作意识及应变能力。

（三）教学方法

在红船精神的指引下，采用"一体两翼四步五度"的思政育人模式，借助案例讨论、师生互动、生生互动、启发思考、总结反思等形式（图2），将思政全程融入实训过程之中，以学生为中心，力求做到思政润人细无声。

晨会引领、生讲生评、虚拟情境、案例点评、实战演练等**教学新形式10余种**。

图2 教学形式和方法灵活多样

五、实施案例

（一）案例1：名人名企案例——董明珠的日常管理[①]

本案例教学用在自主经营阶段开始时。在晨会上，用此案例引导学生在商战中应结合瞬息万变的市场环境，积极创新，无论外界如何变化，都要维持"坚守原则、诚信经营、维护公平"的初心不变。

生产有明显季节性产品的公司，基本上都要面对"淡季产能过剩资金不足、旺季产能不足供货压力巨大"的窘境。（引导学生思考：如何解决这种制造企业常见问题？）

1994年底，董明珠首创了"淡季返利"，即依据经销商淡季投入资金数量，给予相应利益返还。（引导学生思辨：企业家要不要具有首创精神？）1995年格力淡季回款比上年增加3.4倍，达11亿元。1996年的空调销售淡季，格力靠淡季返利拿回了15亿元回款。

董明珠开创性地将与客户之间的"钱—货"关系，变成了"钱—利"关系。

1995年，格力又首创"年终返利"（不断创新），将7000万元利润返还给经销商。（引导学生思考：① 持续创新的重要性和必要性；② 这样做能刺激经销商吗？为什么？经销商可能有怎样的反应？）

1996年，在空调淡季价格战中，其他品牌商纷纷实施降价策略，甚至出现"零售价低于批发价，批发价低于出厂价"的现象，以至于这些品牌商大伤元气（请学生思辨：不正当竞争，是否会害人害己？）。可是，格力的董明珠却规定格力1分钱也不降（引导学生思考：在商场和职场坚持原则的重要性）。到了8月31号，格力却宣布拿出1亿元利润的2%按销售额比例补贴给每个经销商。结果在空调业最困难的1996年，格力销售额逆势增长了17%，第一次超过春兰。1997年又拿出2.5亿元返还经销商。（引导学生思辨：① 在利益面前，你的选择应该是什么？② 职场和商场中诚信的必要性和重要性；③ 如何维持高质量的客户关系？）

董明珠将紧俏空调品种平均分配，避免大经销商垄断货源，扰乱市场，还推出了空调机身份证，使每台空调在营销部备案（引导学生思辨：品牌商如何控制经销商之间的不良竞争？结合实训过程中的遭遇，积极应变。）

一般来说，空调在9月至次年3月是销售淡季，4月到8月是销售旺季，淡旺季有不同的价格，淡季比旺季低2个万分点。一般厂家都在想方设法把旺季从4月提前到3月，以获得更大利润。（引导学生思考：如何突破因循守旧的传统思维？）

1998年，董明珠却突发奇想，宣布把淡季延长一个月。4月继续实行3月淡季价。格力到手的钱不要。等其他厂商回过神来，众多大经销商已纷纷划款给格力抢

---

① 案例来源：格力传奇故事，https://www.pincai.com/article/834132.htm。

买格力产品，有厂家长叹："董明珠也真狠——这么多年，我们从没想到过这一招。"就这样，15年的时间里，董明珠从一名基层业务员成长为格力的总经理，从2005年至今，她一直担任着格力的副董事长、总裁职务。自从董明珠出任总经理后，她和董事长朱江洪，创造了我国商界独一无二的奇迹。在她的领导下，格力电器从1995年至2005年，连续11年空调产销量、销售收入、市场占有率均居全国首位。2003年以后，销售额每年均以30%的速度增长，净利润保持15%以上的增幅。（引导学生思辨：创新对于企业和个人成长的重要性。）

（二）案例2：实训真实案例，案例由学生提供

某天晨会上（图3），某公司CEO抱怨："老师，我的企业里，有员工不遵守企业制度，每天迟到，上班时间工作台上无序摆放，导致效率低下，工作任务也不积极完成，我说了他也不听，是同寝室的同学，我也不好意思处罚他，怎么办？"（引导所有CEO思辨：你是怎么解决的？）

图3　模拟招聘会现场及晨会

这时，有学生说，可以制定企业管理制度和规范，应严格执行，而不管这位员工是闺蜜好友，还是陌生人；有学生说，如果事情不是很紧急，网开一面也不是不可以；还有的说，都是同学，还是睁只眼闭只眼吧。

（引导学生思考：① 这三种态度，可能造成的后果是什么？② 企业家坚守原则的必要性；③ 请各CEO谈谈自己企业偏向哪种态度，效果如何。）

（为学生提供示范效应）大家再来看看董明珠是如何管理公司日常的。她规定：上班时间不许吃东西，一经发现，第一次罚五十，第二次罚一百，第三次走人。当所有人以为这也就说说而已的时候，一天，董明珠走进办公室，发现8名员工正在吃东西，仅过了10秒钟，下班铃就响了。董明珠毫不客气，每人收了50元。大家目瞪口呆。董明珠说，只要违反原则，再小的事，都是大事，都要管到底。（引导学生思考：实训中的企业内部管理是否应该坚守原则呢？）

播放红军当年执行"三大纪律、八项注意"的视频，告诉学生，要想企业良性发展，必须坚持"遵守纪律"这一基本原则，任何人情都大不过规矩和法则。个人不讲规矩，就不会有集体的蓬勃发展，同理，没有我们个人的自我约束，就谈不上和谐社会的建立（培养学生的规则意识、大局意识和集体精神。）

六、特色与创新点

（一）模拟媒体监管，思政元素融入

在实训的整个过程中，设置媒体人，随时接受群众来访和举报，通过政府公众号和课堂大屏幕，随时曝光企业经营过程中的不当行为，做好市场监督，提升企业诚信经营意识（图4）。

（二）灵活运用新技术，培养创新思维

在原来的实训流程中，所有会计和仓储业务基本上靠手工填写，效率低下。在财务部门集体闹罢工的情况下，主讲教师积极启动应急方案，一边由两位助教去做好安抚工作，一边让主讲教师紧急召开各企业负责人及财务经理会议，商讨对策，引导各CEO积极思考，如何应用信息化技术提高财务部门的工作效率，同时又能减少工作量。经师生共同努力，引入了"柠檬云"财务App（图5）替代财会人员的手工做账，教师鼓励各企业召开财务人员会议并检验此方案的可行性，最终实现了财务工作信息化，大大提升了效率。同时，这个过程培养了学生遇到问题时积极思考、寻求创新的精神。

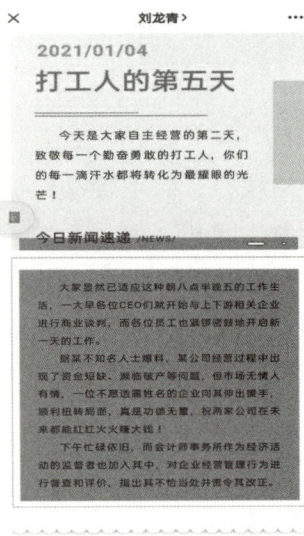

图4　媒体监督

图5　柠檬云App的引入

（三）角色完全翻转，学生设计案例

课堂的大部分案例来源于课程实践，鼓励学生每天总结，将一天中遇到的特殊问题编写成案例，案例一旦被选中，全企业都有奖励，并将案例存入案例库，供后面批次的同学使用。

七、案例成效

案例以红船精神为指导，在"一体两翼四步五度"的思政育人模式框架下，从商业生态系统的角度，培养学生灵活运用大学阶段所学的各项理论知识并融会贯通，发扬首创精神、奉献精神，维护商业生态系统的公平、公正。学生思想政治觉悟明显提高，学生的创新创业意识明显增强（图6），校督导也给予了高度赞誉（图7），用人单位对毕业生的好评率明显提升。同时，课程负责人受聘于新道科技有限公司（图8），为全国其他高校提供教学技术支持及方法指导。

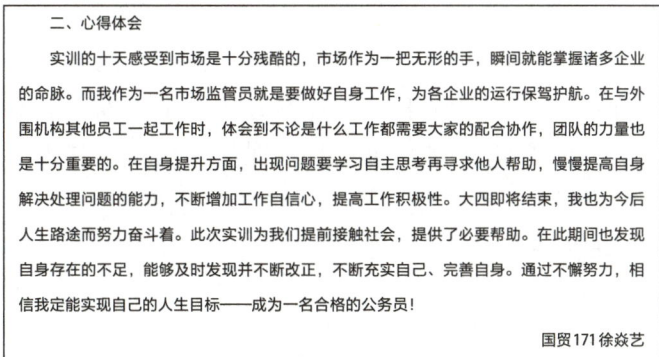

二、心得体会

实训的十天感受到市场是十分残酷的，市场作为一把无形的手，瞬间就能掌握诸多企业的命脉。而我作为一名市场监管员就是要做好自身工作，为各企业的运行保驾护航。在与外围机构其他员工一起工作时，体会到不论是什么工作都需要大家的配合协作，团队的力量也是十分重要的。在自身提升方面，出现问题要学习自主思考再寻求他人帮助，慢慢提高自身解决处理问题的能力，不断增加工作自信心，提高工作积极性。大四即将结束，我也为今后人生路途而努力奋斗着。此次实训为我们提前接触社会，提供了必要帮助。在此期间也发现自身存在的不足，能够及时发现并不断改正，不断充实自己、完善自身。通过不懈努力，相信我定能实现自己的人生目标——成为一名合格的公务员！

国贸171 徐焱艺

图6 学生评价

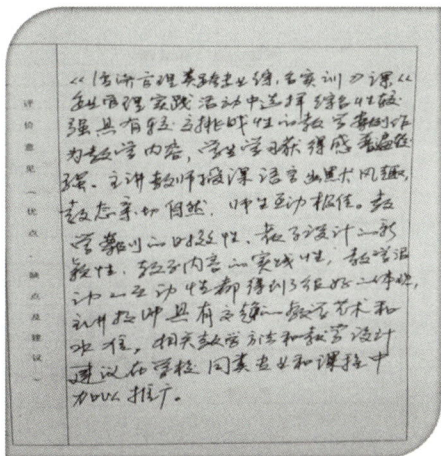

图7 校督导评价

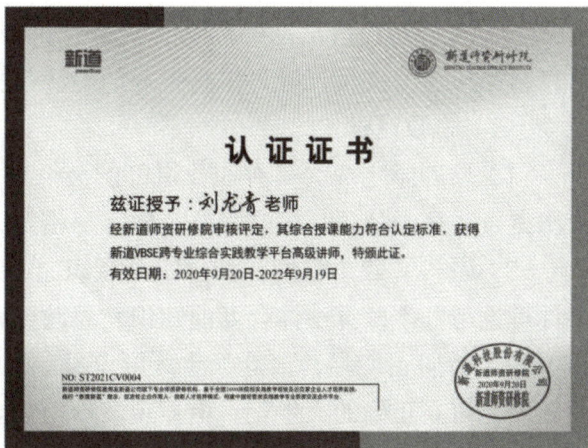

图8 新道高级讲师

基础会计

赵宇恒

浙江财经大学　会计学院

一、课程概况

基础会计是财经类院校会计学专业的一门专业主干课程，同时也是其他相关经济管理类专业的专业基础课程。本课程的设置旨在培养学生对会计学基本理论、基本方法和基本操作技术的掌握，为后续的会计类专业课程的学习打下扎实的基础。

基础会计既是一门会计学的入门课程，又是一门理论性与实务性兼容的课程。因此，本课程的学习要求注重对基础理论的理解，在理解的基础上掌握会计核算的基本方法和基本操作技能；本课程学习的基本方法力求全面而客观，并辅之以必要的操作训练和案例分析，在此基础上加深对本课程的认识；基本操作技能方面要求能掌握凭证、账簿直至报表等会计信息生成系统的一般流程。

本课程总计48学时，3学分。

二、课程目标

（一）教学目标

（1）学生理解会计是商业语言，了解会计随着人类生产实践及经济管理的实际需要产生和发展。

（2）通过对经济活动的确认、计量、记录、报告，提供利益相关者所需的会计信息，参与经济决策，最终提高企业的经济效益。

（二）思政目标

（1）培养学生成为具有职业道德的会计人才：爱岗敬业、诚实守信、熟悉法规、依法办事、客观公正、搞好服务、保守秘密等，做到德才兼备。

（2）融入"四个自信"和"四个意识"，帮助学生树立家国情怀，关心时事，从会计理论与基本核算中体会专业知识与思政元素的统一，践行社会主义核心价值观。

（3）传递正能量，培养学生人际交往、沟通、自我学习、思辨等能力，做到全面发展，树立正确的人生观、世界观、价值观。

三、思政元素及设计思路

（一）教材内容中的思政元素及设计思路

教材内容中的思政元素及设计思路如表1所示。

表1　思政元素及设计思路

教学周次	专业知识点	思政映射与融入点	授课形式与教学方法	思政育人预期成效
1	会计发展历史	中南财经政法大学的郭道杨教授历尽一生，在古稀之年完成《中国会计通史》	播放视频	不忘初心，中国梦圆
1*	会计发展历史	"丝绸之路"、造纸术对复式记账法的产生起到直接影响，中国与世界共建会计命运共同体	移动课堂至中国财税博物馆	树立文化自信 中国会计发展与世界会计发展相互促进、密不可分
2	会计基本假设	"两会"代表提出会计年度自由选择提案，会计分期假设影响国际接轨	新闻引入、主题讨论	会计人的大局意识
3	资产的定义	从资产的定义分析钓鱼岛是否为中国的资产	新闻引入、学习通投票、主题讨论	从会计视角增强爱国情怀
4	双重性质的账户	疫情期间装修公司倒闭，这类公司是典型的预收账款业务较多的企业	新闻引入、主题讨论	了解受疫情影响的企业特点及对公众的影响
5	筹资活动业务核算	多层次资本市场的建立	政策讲解	树立制度自信
6	增值税	增值税改革降税率、减税档	政策讲解	增值税改革减轻企业负担，减少财政收入，充分理解大国担当
7	发出计价方法	CPI与先进先出法	抢答、教师讲解	理解稳增长与保民生同步，树立大局意识
8	生产成本的核算	治疗免费、检测免费、疫苗免费、降税减负，国家抗疫不计成本	播放视频	理解大国担当，树立制度自信
9	营业外收入的核算	疫情期间企业捐赠的核算	选人提问	树立制度自信
11	不同记账凭证的责任人	"红通人员"程宣回国投案，曾任中石化出纳；"莫伸手，伸手必被抓"	新闻引入、教师讲解	培养职业道德
12	账簿与凭证的对应关系	审计在经济发展中的作用	教师讲解	理解经济健康有序发展中会计人的作用

续 表

教学周次	专业知识点	思政映射与融入点	授课形式与教学方法	思政育人预期成效
13	银行存款清查	康美药业财务造假，299亿存款不翼而飞	播放视频、抢答、讨论	培养职业道德
14	存货清查	獐子岛"听话"的扇贝，会计人员违反职业道德进行盈余管理	新闻引入、教师讲解	培养职业道德
15	财务报表概述	大智移云时代，会计基础工作被财务机器人替代，会计路在何方	教师讲解、引发思考	增强危机意识，提高显性技能
16	资产负债表的编制	贵州茅台报表解读	抢答	了解优秀企业特质，树立制度自信

*注："会计发展史"移动课堂的时间设置在前半学期，具体时间依据学生时间而定，由于这部分内容属于本课程第一章"绪论"，故列示于此。

具体而言，上述思政元素的融入，除了传统的教师讲授外，重点采用了以下几种方法。

1.案例分析

利用上市公司真实案例，其中既包括专业知识的应用，也包括思政元素的分析。由于本课程是会计知识的入门课程，所以专业性的案例分析适用于后半学期，故该方法应用于第13、14、16周的思政元素。其中第13、14周所用案例为全国百优案例（收录于中国管理案例共享中心案例库），除"基础会计"的内容外，还可引领学生进行更深层次的思考。第16周则编制贵州茅台资产负债表的简表，在课堂上展示分析（图1、图2、图3）。

案例编号：	FAM-0523
被浏览次数：	2897 次
案例名称：	299亿现金不翼而飞——谁在帮康美药业金蝉脱壳？
译名：	29.9 Billion in Cash Gone——Who Helps Kangmei Pharmaceutical Fake It?
案例作者：	李胜楠，杨安琪，兰童童，侯红航
作者单位：	天津大学
指导者：	
译者：	
案例企业名称：	康美药业
行业：	医药卫生工业
规模：	大中型
案例涉及的职能领域：	财务资产部门
案例语种：	中文
案例正文页数（页）：	15 页
案例类型：	描述型
中文关键词：	审计；康美药业；财务舞弊；货币资金；2020百优案例

图1　第13周所用案例：299亿现金不翼而飞——谁在帮康美药业金蝉脱壳？

案例编号：	FAM-0312
被浏览次数：	3146 次
案例名称：	獐子岛年报突变风波
译名：	The Sudden Changes in the Annual Reports of Zhangzidao
案例作者：	毛丽娟，江静等
作者单位：	上海大学管理学院
指导者：	
译者：	
案例企业名称：	獐子岛集团股份有限公司
行业：	农林牧副渔业
规模：	大型
案例涉及的职能领域：	财务管理部门
案例语种：	中文
案例正文页数（页）：	21 页
案例类型：	决策型
中文关键词：	獐子岛；盈余管理；非经常性损益；递延所得税资产；会计估计变更；2016年百优案例

图2　第14周所用案例：獐子岛年报突变风波

资产负债表（单位：人民币元）			
科目	2019	科目	2019
货币资金	13,251,817,237.85	短期借款	0
应收票据	1,463,000,645.08	应付账款	1,513,676,611.44
应收账款	0	预收款项	13,740,329,698.82
预付款项	1,549,477,399.41	应付职工薪酬	2,034,524,658.9
应收利息	0	应交税费	10,771,075,966.85
其他应收款	76,540,490.99	其他应付款	3,404,771,072.33
存货	25,284,920,806.33	长期借款	0
其他金融类流动资产	117,377,810,563.27	负债合计	41,165,991,813.85
流动资产合计	159,024,472,009.08	实收资本	1,256,197,800.00
发放贷款及垫款	48,750,000.00	资本公积	1,374,964,415.72
可供出售金融资产	29,000,000.00	盈余公积	16.595,699,037.02
固定资产	15,144,182,726.19	未分配利润	115,892,337,407.39
非流动资产合计	24,017,900,033.42	所有者权益合计	141,876,380,228.65
资产合计	183,042,372,042.50	负债和所有者权益合计	183,042,372,042.50

图3　第16周所用贵州茅台资产负债表

2.现代智慧教学工具

采用"学习通"App丰富课堂活动，如利用选人、抢答、投票、讨论等功能，使专业知识与课程思政的学习都不再枯燥。

3.移动课堂

中国财税博物馆就坐落在杭州吴山脚下，其中一个展厅为会计历史展厅，通过带领学生参观，实地讲解，使学生树立中华文化自信，感受全世界会计命运共同体（图4）。

图4　移动课堂现场教学

（二）扩展内容中的思政元素及设计思路

开设"财眼看世界"栏目，从过去一周发生的新闻中选取一则，以会计角度进行解读，既提高思政元素的鲜活性，与时俱进，增强学生学习思政的兴趣；又拓展了学生的视野，不唯书本论，增强学生学习会计的兴趣。同时，为了不影响正常课时，不增加学生负担，本栏目安排在课前5分钟，采取自愿方式。但经过前期实践，学生参与度非常高，有的班级甚至在前一节有课的情况下，都能匆匆赶来，以享"佳（加）宴"。

四、育人元素实施案例

本部分以表1中第13周银行存款清查内容为例，说明课程思政的设计与实践方式。

（一）理论与实践相结合

单纯讲解会计职业道德，枯燥无味，本节课结合上市公司具体银行存款清查问题，利用实际案例，加强学生对诚信文化和职业道德的感性认识。

同时，选取的案例与时俱进，有助于学生识别最新的财务舞弊方法，从而做好财产清查。如近几年选取的案例有獐子岛存货清查、雏鹰牧业存货清查、康美药业银行存款清查。

（二）思政金句进课堂

以北京国家会计学院题词"诚信为本、操守为重、坚持原则、不做假账"，说明会计人员的基本责任；以"让守信者受益，失信者受限"，说明注册会计师没有履行财产清查责任将带来的巨大代价，让金句在专业课堂落地。

（三）教学内容及手段丰富

以2020—2021学年第1学期授课时选用的"299亿现金不翼而飞——谁在帮康美

药业金蝉脱壳？"为例，教学过程及教学手段展示如下。

1.微视频导入

教师播放康美药业音乐电视展播视频，歌曲优美动听；故事曲折动人，从而建立康美药业的正面形象，为后面做好铺垫，同时也激发起学生的学习兴趣（图5）。

图5 《康美之恋》音乐电视

2.学生讨论关注点，"学习通"App抢答

PPT课件列示康美药业近几年财务报告基本数据简表，引导学生讨论这是一家怎样的公司，尤其是哪项资产数据引起了关注。学生很容易发现该企业货币资金不断高速增加，并采用了股权、债权、优先股等各种融资工具。这一过程中通过"学习通"App的抢答功能，增强课堂参与气氛（图6）。

图6 康美药业关注点抢答

3.教师反转

教师曝出事件：2019年4月30日，康美药业发布《关于前期会计差错更正的

公告》，其中赫然写着"由于公司核算账户资金时存在错误，造成货币资金多计29,944,309,821.45元"。

4.互联网搜索康美药业造假事件

学生以"康美药业299亿"为关键词自行搜索，可以看到自2018年底起康美药业299亿银行存款不翼而飞的事件全过程。

5.设问引出银行存款清查方法

2019年4月30日，伴随差错更正公告，康美药业实际控制人马兴田发布了一份告股东书，认为299亿银行存款消失系内部控制不善造成的会计差错，而非财务造假。提问学生如何看待这份回应以及采用什么财产清查方法可以发现银行存款消失。

6.学习银行存款清查方法

介绍银行函证＋银行存款余额调节表。

学习专业知识后，三问学生：

（1）谁是受害者？

（2）在这个过程中谁有责任？

（3）清查方法如此简单，为何没有发现康美药业299亿银行存款失踪的乱象？

从而引出下部分事件结果及会计职业道德。

7.讨论事件结果

（1）证监会罕见定性：康美药业"有预谋有组织、长期系统"实施财务造假。

（2）曾被评为"诚信示范企业"、信用评级AAA的康美药业被证监会顶格处罚60万元。

（3）康美药业22名高管受到10万～90万元不等处罚，6人终身禁入市场。

（4）审计康美药业的广州"第一名所"正中珠江会计师事务所被立案，没收业务收入1425万元，并处以4275万元罚款；其审计的多家IPO企业中止审查，2019年审计的上市公司数量直接从2018年的11家降为1家。

（5）康美药业股价大跳水，投资者损失惨重。

结合课堂开始《康美之恋》音乐电视营造的良好形象，说明会计造假的成本巨大。

8.结合金句，树立诚信文化与职业道德

引用"不做假账"以及"让守信者受益，失信者受限"等金句和其他相关反面案例，教育学生树立正确的职业道德观。

综上，本节课运用微视频、"学习通"App、互联网搜索等工具，采用教师讲解、学生讨论、抢答等互动的方式，努力实现专业知识与思政教育的有机结合。

五、特色与创新

（一）扩展会计课程中的思政内涵

目前会计专业课程思政主要围绕"职业道德"展开，而本课程在此基础上，将思政元素的内涵扩展到树立正确的人生观、价值观和世界观，增强学生对中国共产党和中国特色社会主义创新理论的政治认同、思想认同、理论认同、情感认同，坚定中国特色社会主义道路自信、理论自信、制度自信、文化自信。

（二）突出课程思政的两性一度

（1）本课程在案例分析中，要求学生结合专业知识分析具体上市公司的案例，体现解决复杂问题的综合能力，突出课程思政的高阶性。

（2）本课程思政元素不仅包括"职业道德"，还包括"四个自信"和"四个意识"，并开辟"财眼看世界"栏目，将财经新闻引入课堂，进行专业与思政相融合的解读，与时俱进，突出课程思政的创新性。

（3）作为会计专业的入门课程，已渗透宏观政治经济政策和企业战略的微观影响，不拘泥于传统的思政元素，凸显课程思政的专业性、独特性，从而具有挑战度。

（三）教学手段丰富

课程思政往往容易与专业知识讲授衔接不畅，或者以教师讲解为主，重传授轻领悟。本课程则丰富了教学手段，努力使专业课中的思政教育"润物细无声"。

（1）采用视频、新闻、讲解、抢答、选人、讨论、案例分析等多种方式，充分利用"学习通"App、中国大学慕课平台等现代技术平台作为教学辅助工具。

（2）将思政金句引入课堂，课程思政有的放矢、凝炼提升。

（3）带领学生走进博物馆，第一课堂与第二课堂相结合。

六、教学效果

（一）问卷调查（图7、图8）

第1题： 你认为专业课教师在教学中渗透思想政治教育 [单选题]

选项 ⇕	小计 ⇕	比例	
很有必要，培养综合性人才	31		73.81%
比较重要	5		11.9%
一般，由老师决定	6		14.29%
没必要，浪费时间	0		0%
本题有效填写人次	**42**		

第2题： 你认为本节课思政元素的渗透方式 [单选题]

选项 ⇕	小计 ⇕	比例	
有趣、自然	41		97.62%
生硬	0		0%
没感觉	1		2.38%
本题有效填写人次	**42**		

第3题： 本节课你有哪些收获？ [多选题]

选项 ⇕	小计 ⇕	比例	
了解了银行存款清查方法	41		97.62%
理解了诚信在企业经营中的重要性	40		95.24%
懂得了会计要信守职业道德	40		95.24%
没啥收获	0		0%
本题有效填写人次	**42**		

第4题： 你喜欢本节专业课中渗透思政元素的方式吗？ [单选题]

选项 ⇕	小计 ⇕	比例	
喜欢	41		97.62%
一般	1		2.38%
不喜欢	0		0%
本题有效填写人次	**42**		

图7　问卷调查客观题结果

感受很不错，轻轻松松get新知识！

无。

多放视频，生动有趣。

原来这节课有思政元素融入的吗……没有感觉出来。

了解时事和课程内容相结合，可以有更深的理解和记忆。很喜欢这样的上课方式。

加深个人对于会计职业的认知。

好！

棒棒的！可以有更多视频哦，更加有趣！

太喜欢您啦！

老师讲课很好，生动活泼，受益颇多，喜欢！

很喜欢老师有趣的课堂，这节课让我加深了对会计诚信的理解。今后也一定努力做到！

老师讲得超棒，我们听着兴致勃勃，学习到了十分有用的知识，对以后的工作也会有很大帮助。

课程不枯燥，老师通过各种有趣的例子以及风趣的讲课风格使得上课更加轻松且有效，非常好！

很有意思！

图8 问卷调查的主观评价部分

在调查问卷中，学生表示认识到了思政的重要性，喜欢课程思政的融入方法，感到轻松、自然、有趣，而且加深了对会计诚信的理解，也提高了会计学习的兴趣。

（二）教学成果

1.教改项目

（1）主持浙江财经大学校级课程思政示范课程基础会计。

（2）主持浙江省高等教育学会教改项目"高校基础会计课程思政改革研究"，2020.06—2021.06。

（3）主持浙江财经大学教改重点项目"基于四重'三维'的会计学专业课程思政研究"，2021.01—2023.01。

（4）本课程入选第二批浙江省线上线下混合式一流课程。

2.教改论文

赵宇恒.高校基础会计课程思政教学的改革与实践[J].上海教育，2021（9）.

3. 媒体报道（图9）

全国高校思想政治工作网
National University Ideological & Political Work Net

当前位置：首页 > 专题 > 让党旗在疫情阻击战中高高飘扬 > 组织动态

浙江财经大学会计学院：同心战疫"云连线"，党建引领助成长

来源：浙江财经大学　　发布时间：2020 年 03 月 28 日 10:28:23

"据不完全统计，截止到 2020 年 1 月 31 日，超 600 家单位及个人向武汉捐赠现金及物资，总额超 80 亿元……"曾获得全国高校教师微课教学比赛一等奖的赵宇恒副教授在基础会计课上，结合时事热点，鼓励学生从这次新冠肺炎疫情中学习财会相关知识，做好企业信息完整、准确、及时的披露与沟通，打赢企业信息战。话题一经抛出，气氛顿时便活跃了起来。"赵老师将课程知识同支援物资相结合，把抽象的概念问题具体化，让我对相关财会知识有了更深入的了解。"18 级本科生张诗怡说。

浙江财经大学会计学院开启课程思政"云课堂"

钱江晚报
发布时间：03-31 22:48 钱江晚报官方账号

钱江晚报·小时新闻 记者 郑琳

作者最新文章

水稻基因又变野了？！科研团队揭示全球水稻进化机制

实名羡慕！浙江这里发体育健身消费券！快，起

第六届郁达夫小说奖自全球征集优秀华语小说

相关文章

"我们在世界各地学汉语"高校留学生克服各种困难上一堂网课

图9　全国高校思想政治工作网、《钱江晚报》关于基础会计课程思政的报道

非遗文创项目设计

郑林欣 —

浙江科技学院　艺术设计与服装学院

一、课程概况

　　非遗文创项目设计是一门依托工业设计国家级一流本科建设专业，面向工业设计、产品设计专业本科生开设的设计实践课程。本课程主要内容：介绍我国非物质文化遗产的类型、文化政策和保存现状；分类研究非遗及非遗文创成功案例，尤其是非遗文创在脱贫攻坚中的成功案例，总结其中的设计规律；指导学生筛选文化元素，导入文创设计理念，设计创作一批非遗文创产品，推动创造性转化和创新性发展。该课程凝练思政元素，与设计类专业融会贯通，以理论与实践相结合的教学方法，提升学生的思想政治素养，使课堂成为厚植爱国情怀、坚定文化自信和树立正确价值观的阵地。

　　该课程由浙江科技学院艺术设计与服装学院开设，作为工业设计、产品设计等专业的专业必修或方向必选课程，共48学时，安排在第五或第六学期开课。

二、课程目标

（一）知识目标

　　（1）掌握非物质文化遗产的概念、层级、种类，了解国内外非物质文化遗产的保护与发展现状。

　　（2）掌握用户体验地图、KANO模型、质量屋、文化意象认知实验等科学的设计方法，了解典型的设计相关案例。

　　（3）了解文创企业的运营模式，了解并熟悉若干个非遗文创项目案例。

（二）能力目标

　　（1）能够从不同类型非物质文化遗产中提取纹样、造型、色彩、工艺、寓意等文化基因。

　　（2）能够应用用户体验地图、KANO模型等方法定义设计方向。

　　（3）能够通过手绘、计算机辅助设计、模型制作等方法来表达设计理念，完成文化基因的现代化转译。

　　（4）能够和非遗传承人、工程师有效沟通协作。

（5）能够考虑非遗传承人、企业和市场的多方需求，从视觉层、行为层和心理层进行非遗文创设计实践。

（三）价值目标

（1）提高传统非遗的现代审美性和实用性，实现非遗的活态传承和发展，助力地方文化产业振兴。

（2）弘扬中国优秀的传统文化，增加学生对传统文化的认同感，坚定文化自信，培养学生的爱国主义情怀。

三、思政元素

（一）政治认同

通过对非遗扶贫设计案例及设计流程方法的解析，引导学生了解中国共产党如何统筹动员各方力量，打赢脱贫攻坚战，高质量实施乡村振兴战略，同时引导学生树立正确的历史观、国家观、民族观，不断巩固学生对伟大祖国的认同、对中华民族的认同、对中国特色社会主义道路的认同，从而增强政治认同，坚定道路自信。

（二）文化自信

介绍非遗种类及发展现状，引导学生了解中国璀璨、多样的非遗文化，了解民族文化的根，找到非遗文化和现代生活的连接点，意识到非遗是中华民族的宝贵财富，保护好、传承好、利用好非遗，对延续历史文脉、建设社会主义文化强国具有重要意义，从而增强文化认同，坚定文化自信。

（三）工匠精神

非遗传承人和高校教师协同指导学生进行非遗文创设计实践，将保护传承和开发利用有机结合，传统非遗要素和现代文明要素有机结合，体会工匠精神的内涵，牢记工匠精神的奥义，与时俱进、推陈出新，设计符合现代生活方式的非遗文创产品，从而使学生热爱传统文化，传承工匠精神。

四、设计思路

设计学是一门综合性的交叉学科，非遗文创课程教学内容涉及手工艺、创意设计、商业等方面，综合性较强。为了将思政教育有效融入课堂，根据工业设计等专业人才培养目标，以立德树人为根本，以社会主义核心价值观教育为主线，针对课程特点及授课对象的认知能力，在教学大纲、教案及教学过程中融入课程思政元素（表1），各章节教学设计上依靠巧妙的构思、科学的设计，将教学内容、教学方法和思政教育紧密结合，并借助现场教学、实践教学，使教书与育人浑然一体。

表1　课程章节思政元素的教学设计

课程章节	重要思政元素	相关联的专业知识或教学案例
绪论	家国情怀、民族自信、辩证思维	1. 党的十八大以来，习近平总书记在不同场合多次谈到非物质文化遗产的保护与传承。通过重温这些话语，引导学生正确认识非遗对中华民族的重要意义，培养学生的家国情怀 2. 跟随习近平总书记的考察调研，介绍不同民族非遗传承的成功案例，引导学生坚定民族自信，弘扬优良传统，坚持守正创新，增强学生的民族自豪感和自信心 3. 引导学生认识到，弘扬和保护各民族非遗，不是原封不动，更不是连同糟粕全盘保留，而是要去粗取精、推陈出新，努力实现创造性转化和创新性发展，实现从量变到质变的跨越
非遗现状	中国智慧、文化自信	1. 通过对非遗种类及发展现状的介绍，使学生掌握非遗概念、分类和现状的基本知识，激发学生主动了解中国璀璨多样的非遗文化和民族文化根源的学习积极性，树立热爱中华传统优秀文化的价值观 2. 介绍非遗的分类，即民间文学、传统音乐、传统舞蹈、传统戏剧、曲艺、传统体育、游艺与杂技、传统美术、传统技艺、传统医药、民俗11项分类，对每一项分类进行典型案例讲解 3. 强调中国非遗在世界的地位，即中国非遗入选人类非遗代表作名录42项，居世界第一，增强学生的文化自信
研究方法	科学精神、民族自信	1. 介绍研究生团队采用用户体验地图的方法设计竹编体验的案例，培养学生克服主观臆断、主张实事求是的求实精神 2. 介绍研究生团队采用KANO模型设计蜡染体验的案例，让学生展开定量分析，培养学生严格精确的分析精神 3. 介绍中国珠算、"二十四节气"、中国皮影戏入选联合国教科文组织人类非物质文化遗产代表作名录的历程，让学生树立民族自信
案例解析	民族自信、创新精神、政治认同、爱国情怀	1. 引入湖南大学设计学院在湖南花瑶乡开展的"新通道·花瑶花"设计与社会创新项目、四川美术学院在重庆酉阳地区脱贫实践项目、中国美术学院的四川小凉山彝族传统工艺活化案例，以及我院团队在贵州黔东南地区开展的非遗文创品牌化助力东西部协作精准扶贫项目，通过学习优秀项目经验，培养学生关注社会、服务人民的意识，增强学生的社会责任感 2. 学习四川阿坝州、广西百色和甘肃定西3个政府文化扶贫案例，让学生理解党的初心和使命，了解中国共产党如何统筹动员各方力量，打赢脱贫攻坚战，激发学生的爱国情怀，增强政治认同 3. 结合实际案例，引出非遗文创产品设计的全流程，着重介绍文化元素提取和视觉符号转译的设计工具及方法，鼓励学生以小组为单位进行互动讨论，思考、总结和归纳非遗文创在设计思维下的价值转化方式，培养学生团队协作能力和创新精神

续 表

课程章节	重要思政元素	相关联的专业知识或教学案例
跨界协同	创新精神、团队协作、工匠精神	1. 邀请文创设计师和非遗手艺人进入课堂，开展主题讲座，让理论研究和设计实践紧密结合，配合学生的互动和答疑环节，形成开放、互动的学习氛围，启发学生的创新思维 2. 邀请非遗传承人、文创公司人员和高校教师协同指导学生，让学生学习相关的设计方法、设计流程等基础知识，初步掌握草图绘制、方案初选、产品打样落地等非遗文创设计的实践能力，培养学生之间协同合作的能力，激发学生自主思考、主动创新和勇于实践的意识，引导学生进行自我职业生涯规划，建立正确的社会责任感，树立正确、科学的人生价值观
设计实践	工匠精神、家国情怀、团队协作	1. 组织学生建立团队，开展研讨活动，进行分工协作，设计符合现代生活方式的非遗文创产品，培养学生的协作精神和表达能力 2. 邀请工艺导师、企业导师与高校教师团队共同参与指导，并且以一对一辅导的形式，深入参与学生的方案推进过程，确保学生在各个环节能够得到有力的支持，让学生从而更加热爱中国优秀传统文化，坚定文化自信 3. 充分利用校内和校外的教学资源，将校外实践基地作为平台，加强实践教学管理，确保从设计创意到产品制作打样等各个环节的顺利推进和衔接，培养学生的主动精神和协调统筹能力，学习工匠精神，激发对优秀传统文化的认同感

五、实施案例

（一）案例1：走进"融"设计图书馆实践教学

"融"设计图书馆由品物流形创始人张雷老师发起（图1）。我院诚聘张雷老师作为校外导师，定期为学生作校外辅导、知识讲座和实践授课等。馆内陈列着来自国内31个省区市的传统手工艺和材料，自2009年至今，团队一直在坚持不懈地做着传统工艺普查工作，在此基础上做了梳理与解构，并结合当代设计艺术语言，输出了很多优秀的艺术作品。他们以极大的热情坚持着中华传统手工艺文化的传承工作，纯粹的原创艺术设计情怀启发学生们进行思考，也为当代设计师提供了灵感来源，引导设计类学生以专业技能为社会创造价值。

（a）

（b）

图1 "融"设计图书馆实践教学现场

（二）案例2：中国杭州工艺美术博物馆校外辅导基地采风

以中国杭州工艺美术博物馆作为思政课程的校外辅导基地（图2），馆内陈列了众多民间传统的手工艺展品，包括国家级非遗项目油纸伞、风筝、石雕、木雕、织锦、紫砂、竹制品、漆器等。学生们不仅可以现场观摩手工艺传承人现场制作，还可以在体验区亲自动手感受。通过近距离参与激发学生对于传统手工艺的兴趣，启发学生对不同的传统手工技艺进行创新和再设计，发挥艺术设计类专业的学科优势，寓教于乐，承担传承中华优秀传统文化的责任。

（a）　　　　　　　　　　　（b）

图2　中国杭州工艺美术博物馆校外辅导基地采风现场

（三）案例3：邀请非遗传承人进课堂

我院与浙江省非物质文化遗产——乌镇竹编的传承人钱利淮合作，将非遗竹编引入课堂，让中华优秀传统文化教育渗透到日常教学当中。在课程中，设置了传承人与学生之间的互动研学环节，让学生们能亲自体验制作竹编工艺品，同时以非遗竹编为主题，让学生进行设计实践，为如何传承竹编文化出谋划策（图3）。

（a）　　　　　　　　　　　（b）

图3　非遗传承人进课堂教学现场

（四）案例4：走进嘉兴南湖学习红船精神

嘉兴南湖红船精神：在建党百年之际，我院响应党的号召，将伟大的建党精神融入课程体系，组织了一次嘉兴南湖瞻仰红船之旅，重走革命先辈们走过的路，学习习近平总书记总结的红船精神，再现革命梦想起航的历史时刻（图4）。学生们泛舟于南湖之上，听党校老师讲解中国共产党与嘉兴红船的历史渊源，重温中国历史上开天辟地的大事变；参观南湖文创产品展，汲取产品设计创意灵感，开展以"南湖红船"为主题的设计实践项目，将红船精神融于课程教学，助力南湖文创产业发展。

（a）　　　　　　　　　　　　（b）

图4　嘉兴南湖学习红船精神活动现场

六、特色及创新

（一）思政与专业有机融合

三大类课程模块有机融合思政元素与专业内涵，将德育内容与学科专业课融合渗透，创新课程思政，以"课程思政"实践工作坊为平台，积极构建专业教学课堂、德育课堂相互配合、互融互通的课程思政协同育人体系，让课堂真正成为"传道、授业、解惑"的育人阵地。

（二）双轨驱动式实践

设置校内外导师课程及校内外课程思政实践基地，通过交叉导入"企业实际项目"与"设计竞赛项目"，构建起交叉推进、协调发展的双轨驱动项目教学体系，通过企业项目提高实际应用能力，通过竞赛项目激发创意创新能力；同时，积极整合校友资源，共建校内外实践环境，加强实践教学管理，保证"项目教学→企业课程→企业实训"的无缝衔接和平稳推进。

（三）双导师制课业辅导

采用"高校团队"＋"校外专家"的模式。课程除了校内导师，还有校外的非遗传承人、先进制造业的工程师、博物馆研究人员等校外导师，让学生有机会直接接触到优秀传统文化、先进生产力等思政元素。从理论和实践层面提高设计能力和综合素质水平。

（四）数字辅助创意技术

课程采用"全景交互展示"数字辅助技术，设计方案采用VR展示，采用3D打印技术制作样品，提高学生学习兴趣和制作效率。另有"非遗技艺"App辅助学生课后复习，推动课内课外教学联动、互补。

七、教学效果

课程将德育内容与专业内容融合渗透，取得了丰硕的思政育人成果。

（一）学生竞赛硕果累累

指导学生将非遗文创和东西部扶贫协作结合起来，项目"非遗文创品牌化——助力东西部协作精准扶贫"获得2020年第十二届"挑战杯"大学生创业计划竞赛省赛特等奖、国赛铜奖（图5），事迹受到媒体广泛报道（图6、图7、图8）。

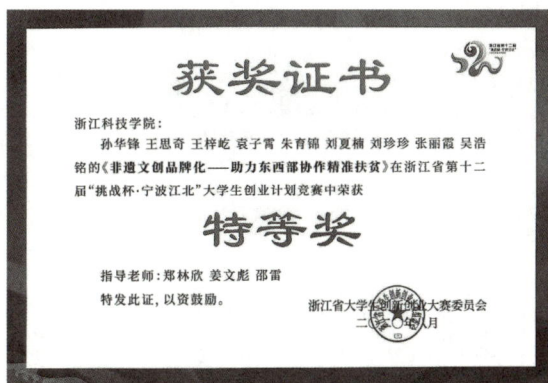

（a）　　　　　　　　　　（b）

图5　2020年第十二届"挑战杯"大学生创业计划竞赛省赛特等奖、国赛铜奖

(a)　　　　　　　　　(b)　　　　　　　　　(c)

图6　贵州媒体报道

图7　浙江媒体报道

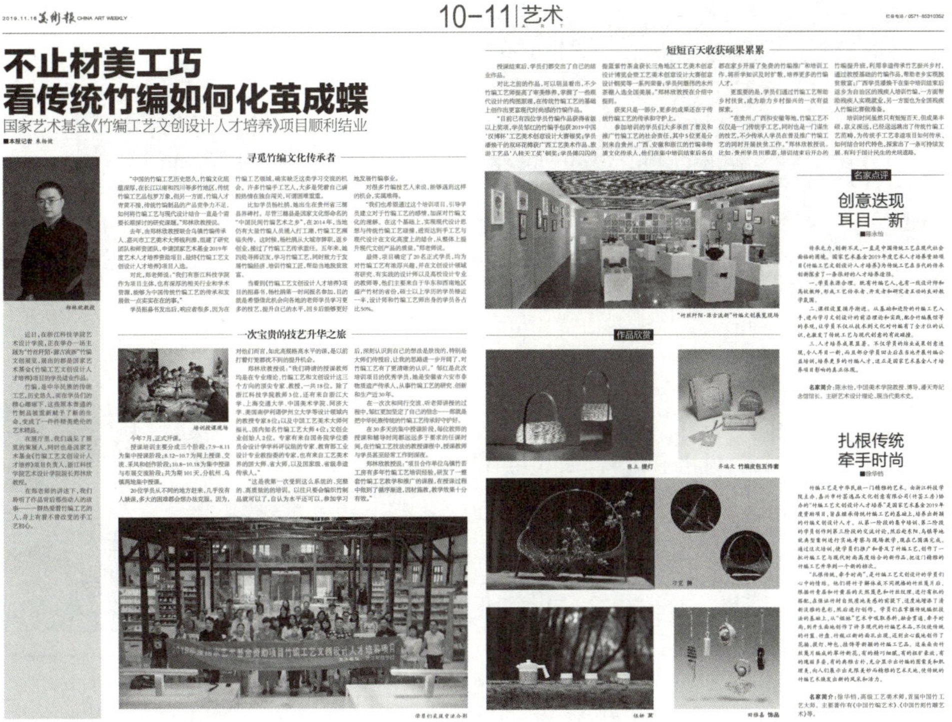
2019.11.16 美術報 CHINA ART WEEKLY　10-11 艺术

不止材美工巧 看传统竹编如何化茧成蝶

国家艺术基金《竹编工艺文创设计人才培养》项目顺利结业

寻觅竹编文化传承者

一次宝贵的技艺升华之旅

短短百天收获硕果累累

作品欣赏

名家点评

创意迭现 耳目一新

扎根传统 牵手时尚

图8 《美术报》专题报道

（二）文创设计助力乡村文化振兴

“云端”对话黔东南，文创设计助力乡村文化振兴。以贵州省黔东南州的传统手工技艺为核心，选取了竹编、蓝染、苗绣、苗银等非遗项目，以设计思维进行现代转译再设计，使传统手工技艺既符合现代审美，又保留传统文化意蕴，完成了六大类产品设计（图9），详细方案近50款。在贵州省黔东南州榕江县相关政府部门的支持下，以线上视频会议的形式，开展了非遗文创产品设计方案的“云端”对话（图10）。在东西部协作精准扶贫背景下，通过文创设计，助力榕江文化振兴，缓解当地留守妇女的在地就业问题，事迹得到多家媒体报道（图11）。

（a）

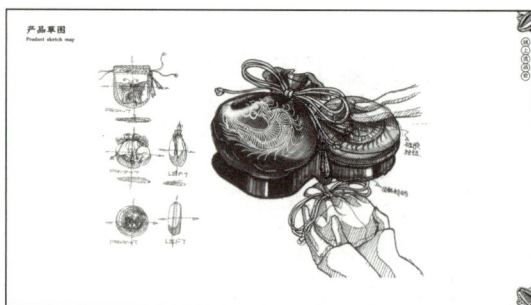

（b）

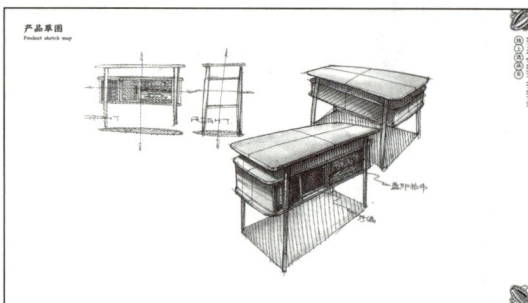

（c）

（d）

图9 部分学生设计作品

（a）

（b）

图10 "云端"对话黔东南现场

图11 "云端"对话黔东南的媒体报道

（三）学生设计实践作品丰富

指导学生以竹编和蓝染为设计要素，进行非遗文创设计实践，产出多件优秀学生作品（图12）。

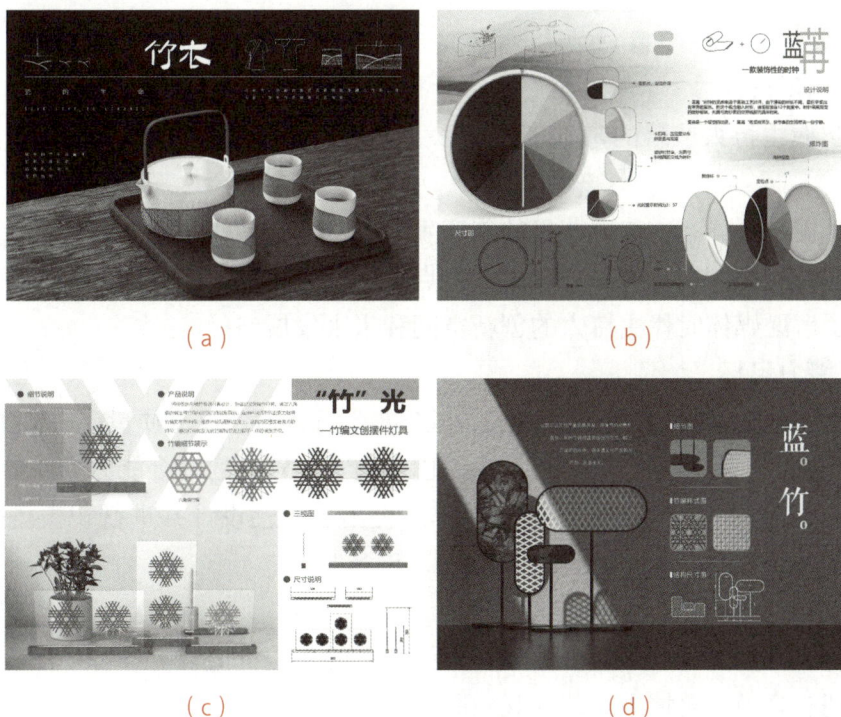

（a）

（b）

（c）

（d）

图12 部分学生设计作品

主持人节目策划与文案写作

金　叶

浙江传媒学院　播音主持艺术学院

一、课程概况

在融媒体背景下，主持人节目日益在各大媒体平台中成为主流形态。主持人积极参与到节目的全过程，同时也成为了触达受众、增加黏性、传播正能量的重要元素。而这一切首先有赖于主持人自身所具备的文案写作能力、节目策划能力和采编播的复合型创作能力。本课程结合当前传媒发展的最新动态，旨在通过主持人节目创意、文本写作和综合创作，培养学生成为"能说会写、艺文俱佳、政治素养高、综合能力强"的优秀主持人。

本课程是由浙江传媒学院播音主持艺术学院开设，作为国家级一流本科专业——播音与主持艺术专业的一门专业核心课程，在大三年级开设。以大小课、理论和实践相结合的方式展开，共32课时。

二、课程目标

（一）知识目标

（1）掌握主持人节目的基础理论，以及不同主持人文案的基本概念、类型和写作要领。

（2）掌握不同样态主持人节目的创意生成、策划和创作法则。

（3）掌握融媒体主持产品的定义、特点及综合创作和传播规律。

（4）了解融媒体时代主持人的创新空间和未来发展路径。

（二）能力目标

（1）能够正确分析不同场景下主持人文案的写作路径，并高质量完成文本的能力。

（2）能够实现有声语言表达与文案原创双向自如转换的综合能力。

（3）能够对不同类型的融媒体主持作品提出创意性设计并进行积极创作，具有批判性思维指导下的实践和创新能力。

（三）价值目标

（1）树立政治坚定的职业价值观和积极向上的人生价值观。

（2）拥有高尚审美情趣的艺术观和服务民生的创作观。

（3）具有爱党爱国情怀、敬业奉献精神，在主持传播中，自觉传承和弘扬中华优秀文化，讲好中国故事，树立文化自信。

三、思政元素

当下媒体融合进入深度发展时期，随着网络主播、虚拟主持人等新角色的出现，主持人的边界被拓宽了，融媒体主持人的积极转型尤为重要。因此，本课程旨在培养学生的思辨创新、敬业奉献与文化自信。

（一）思辨创新

随着人工智能、虚拟现实、增强现实等新技术的兴起，以智能化等技术为核心手段的媒体融合方式，再一次延伸了媒介与人之间的关系。那么身处其中，融媒体主持人应该如何来界定？具有哪些新的特点？融媒体主持人产品的创作法则是什么？本课程通过对融媒体主持人文案、产品的理论知识和创作规律的讲授和实践，激发学生勇于探索的创新精神，开拓技术、艺术融合发展的辩证思维。

（二）敬业奉献

近年来，数字时代的信息爆炸和"万物皆媒"重塑着信息内容的生态，媒体和网络空间不仅仅是人们生产生活的空间，也是国家凝聚共识的空间。主持人作为人格化传播主体，是打造新型传播平台的重要元素。因此，通过课程的学习和实践，培养学生树立政治坚定的职业价值观和积极向上的人生价值观，在媒体改革实践中，不畏困难，心系家国，发挥敬业奉献精神，努力奋斗，永葆初心。

（三）文化自信

文化是一个国家、一个民族的灵魂。文化自信是一个国家、一个民族发展中最基本、最深沉、最持久的力量。主持人作为文化传播的重要使者，更要坚定文化自信。在节目创意、主持人话语文本等创作中，紧密结合中国优秀传统文化、革命文化和社会主义先进文化，促使学生讲好中国故事，增强文化自觉，牢牢把握中华民族的精神命脉。

四、设计思路（表1）

表1　课程思政元素设计思路

教学内容	如何切入思政教育及具体思政内容	教学方法
第一模块： 主持人节目创意及文案写作 1. 主持人节目的定义、传播特点及发展前景 2. 主持人节目的创意法则和呈现模式 3. 主持人节目创意文案的分类、写作要领和创作路径	1. 观看《典籍里的中国》《杨澜访谈录》等经典节目，分析创意的来源和创作法则 2. 研读《十三邀》等节目的创意文本，掌握创意写作 3.理解如何通过独特的节目创意来传播中国的优秀文化	任务驱动法： 以"策划一档传播中国文化的主持人节目"为核心任务，在写作和创作中培养学生创新性解读中国传统文化、革命文化和社会主义先进文化，并进行有效传播的能力

续 表

教学内容	如何切入思政教育及具体思政内容	教学方法
第二模块： 主持人节目流程及文案写作 1. 主持人节目流程的定义和组成部分 2. 主持人节目流程文案的分类、解读和写作要领 3. 主持人节目流程的把控技巧和能力养成	1. 设定嘉宾失误、节目中断、技术故障等流程中的紧急情境，引导学生积极有效地化解危机，在节目流程把控中凸显大局意识和政治意识 2. 观看《中国梦想秀》《壮志凌云》等节目，研究流程文本，完成写作实践，锤炼理性思维	问题情境法： 在节目流程中，创设不同类型的场景和突发状况，提升学生分析问题、解决问题、突围而出的能力，培养学生政治坚定和积极向上的价值观。让学生认识问题和知识背后所蕴含的理论思维、方法论和价值判断
第三模块： 主持人的话语文案及创作 1. 主持人话语的定义、类型、特质及传播规律 2. 主持人话语文案的创作法则 3. 主持人话语的有声语言表达要领	1. 观看《朗读者》《故事里的中国》等节目，研读其主持话语 2. 创作文化类、新闻类等节目的主持话语 3. 掌握如何通过富含文化底蕴的主持词、端庄大气的表达凸显大国风范，传递人文情怀，传播优秀文化	案例教学法： 分析、解读不同类型的主持人话语文案，提升学生理解中国、认识世界，传播中国优秀文化的能力
第四模块： 融媒体主持人的文案写作 1. 融媒体主持人的定义、特点和发展历程 2. 融媒体主持人文案的类型、作用和传播目标 3. 融媒体主持人文案的创作要领	1. 在主持人公众号、余杭区融媒体中心、广播电台等平台完成融媒体文本创作 2. 研读"虎哥说车""凯叔讲故事"等融媒体文本，激发学生思辨创新力	一线实战法： 走出课堂、走出校园，在各大实践平台融媒体主持人文本的创作中，培养学生善于思考、勇于创新的能力
第五模块： 融媒体主持人产品综合创作 1. 融媒体主持人产品的分类、特点和传播规律 2. 融媒体主持人产品的创作法则 3. 融媒体主持人的有声语言表达风格	1. 每位同学精准分析自身特点，寻找社会生活中的"痛点""难点"，以解决问题为出发点，创作融媒体主持人产品 2. 认真研究广播电视、网络等不同媒介的特质和审美属性，实现跨平台的有效传播	项目引领法： 以"创作一个融媒体主持产品"的项目为核心，培养学生吃苦耐劳的专业精神，以及关注民生、服务社会的大局观、创作观；提升学生的审美能力，培养学生具有高尚情趣的艺术观

五、实施案例

以"主持人话语文案的创作"其中一节课的课堂讲授和实践过程为例，具体阐述教学内容、案例选择、知识点切入、教学方法等方面所体现出来的育人元素的实施过程。

本节选择以文化类节目的主持话语创作来展开讲授和实践，引导学生通过自己的主持话语表达，更好地传播中华民族优秀传统文化，让更多的年轻人了解经典、发展经典，为新时代的文艺创作发挥示范、标杆作用。

（一）布置任务，课前预习

在开始本节课教学之前，发布课前任务，提示学生及时完成。任务为：

（1）学习超星"学银在线"平台上本节的视频，对于教学要点做一个基础了解，并提出自己的疑问点。

（2）观看文化类节目《经典咏流传》《故事里的中国》，对主持话语内容做摘抄、汇总和初步思考。（沉浸式课程情境的导入）

（3）本节课后需要完成一个文化类节目的主持话语创作，请提前做相关准备。

（二）抛出问题，导入新课（5分钟）

提问：上节课中讲授了文化类节目的主持话语类型，包括哪些？（运用抢答功能来完成，通过随机提问来检查学生的知识性内容掌握情况）

答案：（1）串联式；（2）访谈式；（3）升华式。

那么用什么样的主持话语风格来驾驭这三种不同的话语类型呢？

（三）案例分析，情境实践（30分钟）

核心教学内容：文化类节目的主持话语风格

（1）先由两位同学来对文化类节目《经典咏流传》的一期节目的主持词进行现场展示训练（图1）。

训练之前，首先对《经典咏流传》节目进行解读：是将传统诗词经典与现代流行音乐相融合，在注重节目时代化表达的同时，深度挖掘诗词背后的内核，讲述文化知识、阐释人文价值、解读思想观念，为现代文明追根溯源，树立文化自信。明确学生主持时需要体现的传播意图。

在学生完成展示之后，为了让学生更好地理解主持词的内涵，对这一期节目的主题进行解读：六经之首《周易》当中有一句话——"天行健，君子以自强不息；地势坤，君子以厚德载物。"《周易》探究自然天道，洞见世事人情，是中国哲学的重要渊源。中华民族刚健有为、海纳百川的气质和个性都蕴含在这两句话中间。

通过这样细致的分析，为学生的语言表达提供内在的意义支撑，再对表达中存在的技巧问题进行有针对性的指导并做出正确示范，使学生能够有效地掌握。同时，也让学生更好地体会中国传统文化的精髓，并掌握第一种文化类主持话语风格：典雅庄重、自然得体。

（a）

（b）

图1　学生对《经典咏流传》主持词进行现场展示训练

（2）给学生播放《故事里的中国》中《白毛女》的片段。请学生思考和练习其中采访片段的话语风格。

通过介绍《白毛女》这部中国民族歌剧"开山之作"的创作背景和采访对象的人物特点，使得学生体会到这部为人民而作的经典是如何历经岁月、跨越国界、感动世界的。"白毛女"不仅在中国家喻户晓，还催生了日本芭蕾舞剧《白毛女》，在日本从1955年上演至今。在节目中，森下洋子女士和石钟琴老师联袂带来了一场令人惊叹的表演，体现了中日人民友谊之花常开的美好祝福（图2）。

而对森下洋子女士的采访正好体现了第二种文化类主持话语风格：简练精准、娓娓道来。

接下来由学生进行分组练习，互相点评，教师穿插其中，提纲挈领地指出核心问题，并进行指导。

图2 《故事里的中国》有关《白毛女》的片段

（四）总结归纳，反思提高（5分钟）

无论是《经典咏流传》还是《故事里的中国》，优秀的主持人通过自身过硬的主持话语表达能力，以一个个精彩感人的故事串联起中国记忆，勾勒出中国形象，凸显了真善美的文艺永恒价值，让中国精神、中国价值和中国力量变得生动可感，触及人心。而这也正是本专业每一位同学需要苦练基本功，提升自身文化内涵，努力去做到的，真正成为讲好中国故事、传播好中国声音的主持人。

布置作业：

（1）完成章节测验。

（2）根据课堂讲授和实践指导，为《故事里的中国》中《青春万岁》撰写主持话语文案，并做好下节课课堂进行主持展示的准备。

（3）本教学模块结束后，学生创作的文化类节目的主持短视频将择优在课程公众号上发布，并由行业导师进行点评，推荐发布至本课程思政教学实践平台"余杭区融媒体中心"的视频号中。

六、特色及创新

（一）课程思政建设的特色

1.课程思政设计体系化（图3）

围绕"文化创新"的内核，以"节目策划""文案写作"和"综合创作"为三大途径充分展开，旨在培养学生作为未来主持人对中华文化的理论认同、情感认同和传播创新。

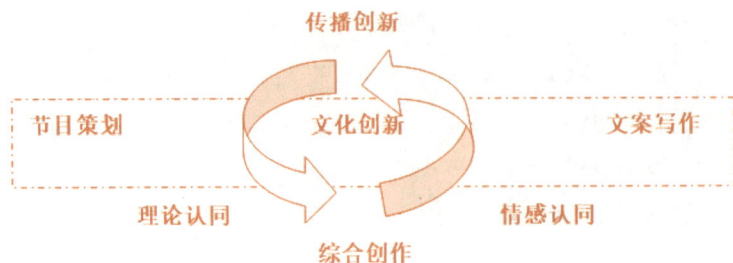

图 3　课程思政设计体系

2.育人要素挖掘精准化

深挖主持人培养中"坚定的政治信仰""为党发声、为民发声""家国情怀""敬业精神"等育人要素。以"文化创新传播"为圆心，以"主持能力提升"为半径，培养学生的价值判断意识、艺术审美思维、社会参与热情和奋斗创新能力。

3.融入实施路径多元化

重组教学模块，运用任务驱动、项目引领等教学法，引导学生走进社会，实现"课堂内外""校内校外""媒体一线"的联动，不断增强学生服务国家、服务人民的社会责任感。

（二）课程思政建设教学改革创新

1."三维立体"思维凸显价值引领（图4）

"时间、空间、社会"三维立体思维，寓价值观引导于知识传授和能力培养中。

图4　课程思政建设教学改革的"三维立体"思维

2."三横四纵"实践实现创新育人

"中国刀剪剑博物馆""余杭区融媒体中心""浙江省青年网红研究中心"三大校外课程思政实践平台，与"课程公众号—专业竞赛—广播电视—网络媒体"四大实践链条相融合，激发学生聚焦现实和爱党爱国之情。

七、教学效果

自开展课程思政教学以来，已面向六届学生实施改革。

（一）学生获奖

（1）获得浙江省高校思政微课大赛一等奖。

（2）获得学科和专业大赛大奖。例如，以扶贫事迹为主题的作品获全国大学生演讲大赛特等奖。

（3）优秀课程作品在主流媒体播出。例如，系列作品在浙江广电、山东广电等平台播出。

（二）课程建设

（1）汇编了思政教学案例库，突出"传统文化主持文本"等案例内容，并在课程公众号"主持新声"上进行推送。

（2）2021年4月，获评校级课程思政示范课程

（3）2021年9月，获批省级线下一流本科课程。

（三）交流推广

（1）课程主讲教师以本门课程的讲授和指导参赛，获得了校教学十佳。

（2）主讲教师应邀到多所高校及各融媒体中心、广电集团进行融媒体主持人创作分享，受到好评。

（3）主讲教师参与到中国主持传播论坛、中外主持人国际论坛等会议中，以本课程的思政教学和研究思考为主题进行广泛分享，收到积极反馈。

英语演讲与口语传播

田 方 ——

浙江传媒学院　国际文化传播学院（国际教育学院）

一、课程概况

本课程从2013年创设之初即重视思政教育，历时9届，培养学生超过250名。2019年，基于本课程成果、依托团队荣获校级教学成果一等奖。2020年，本课程被认定为省级社会实践类一流课程，并获得同年度教育部第二批产学合作协同育人项目立项。2021年，本课程被评为校级实践类课程思政示范课。

本课程旨在系统培养英汉双语播音与主持专业和英语专业学生高阶口语传播能力，逐步形成以"课程教学实践化、知识技能社会化、能力素质全面化"为核心思想的"三化"课程教学体系。

已建成有优良传统的"导师制"英语演讲竞赛培训团队，形成成熟的第二课堂演讲竞赛培训机制，形成"团队—培训—竞赛"的循环反馈系统（图1）。一方面检验第一课堂教学改革成效，另一方面展现当代大学生对政治认同、国家意识和文化自信的深层次认知。

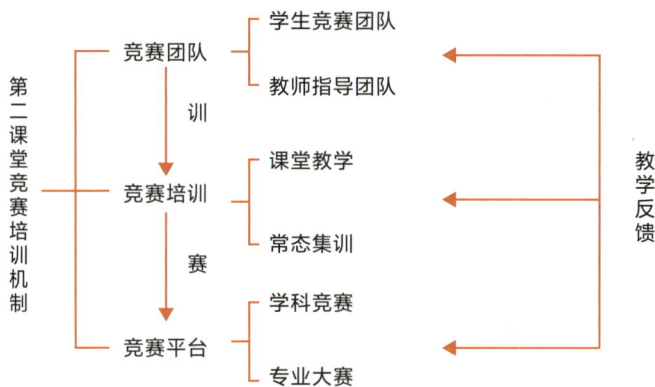

图1　第二课堂演讲竞赛培训机制

坚持海外实践和国际交流。首先，与国外新闻类高校建立合作关系。与澳大利亚科廷大学联合制作文化纪录片，实现教学与实践深度融合；2015—2019年，与英国利物浦约翰莫尔斯大学互派学生进行演说短训（图2）。同时，学生组成国际志愿服务队，为G20杭州峰会、B20峰会、世界互联网大会等各类国际会议提供外语专业服务，得到广泛好评（图3）。

图2　海外合作高校短训　　　　图3　世界互联网大会志愿服务

坚持参与一线媒体实践。先后搭建省级和市级等10多个校内外媒体实践基地。学生在指导教师带领下长期参与学校《浙传新闻》英语新闻采编播、杭州电视台综合频道英语节目采编播、浙江卫视英语新闻编译工作（图4）。

（a）　　　　　　　　　　（b）

图4　学生参与一线媒体实践

二、课程目标

对标学校"国内一流、国际知名高水平传媒大学"定位，充分发挥我院传媒专业优势，面向培养"用国际化语言传播中国声音"的高阶国际传播人才要求，提高其口语对外传播能力和政治思想意识。本课程以英语口语技能实践为外部推力，以英语演讲技能培养为内部抓手，构建"课堂内外联动"口语传播技能实践体系。通过课程学习，学生实现三个层次的能力塑造：首先，掌握公众演讲知识、演讲写作理论、跨文化交际理论，具备高水平文稿撰写、口语展示、思辨与立意创新等综合知识素质能力。其次，通过口语实践，了解肢体语言理论，掌握体态语言、仪表规范，熟练掌握现场控制和应变能力，具备高阶口语展示能力。最后，了解中国国情，树立正确价值观和文化自信，具备对不同社会制度的鉴别能力和讲好中国故事的能力。

三、思政元素

本课程思政元素贯穿教学和实践环节始终，发挥铸魂育人作用。首先，第一课堂紧抓演讲的话题构建功能，教师通过对政治认同、国家意识、文化自信、人格养成进行引领性的话题构建，将思想政治教育与英语演讲课程固有知识、技能有机融合，做到"课程承载思政"与"思政寓于课程"。其次，学生利用第二课堂学科竞赛的国家级、省级平台提升外语沟通与思辨能力，展示国际视野和家国情怀，讲好中国故事；利用第三课堂的海外研修和国际志愿者服务，增进文化交流，促进沟通理解，传播中国话语。

课程思政元素与教学内容的融合体现在以下四个关键能力培养节点，如表1所示。

表1　思政元素与教学内容融合关键能力培养节点

关键能力培养节点	思政融合元素
高阶文稿撰写能力	具备高水平英语语言知识，能精准表达中国国情和中国文化；具备对事物内在逻辑的思辨能力，具备对不同社会制度的鉴别能力，坚持政治认同、制度自信、道路自信
一般社会经济文化知识能力	通过演讲主题涉猎各类知识，具备综合知识素质，认识社会、了解社会
高阶口语展示能力和立意创新能力	通过演讲实践训练传播中国话语的能力，具备展示家国情怀和国际视野的能力，树立人类命运共同体意识
跨文化交际能力	使学生在口语实践中更好地理解中国传统文化，建立敏锐的跨文化意识，建立多元文化认同感，能以开放的态度、批判的思维和包容的胸襟对待多元文化现象，培养学生融通中西，掌握交际的策略

四、设计思路

本课程利用第二课堂竞赛平台和第三课堂实践平台推动第一课堂课程思政教学，构建"三课堂联动式"课程思政实践模式，整合课内外、校内外和国内外的传播特色思政实践资源，形成思政知识有效传播输出渠道，推进课堂改革，构筑教育高地，培养有格局、有视野的外语人才，如图5所示。

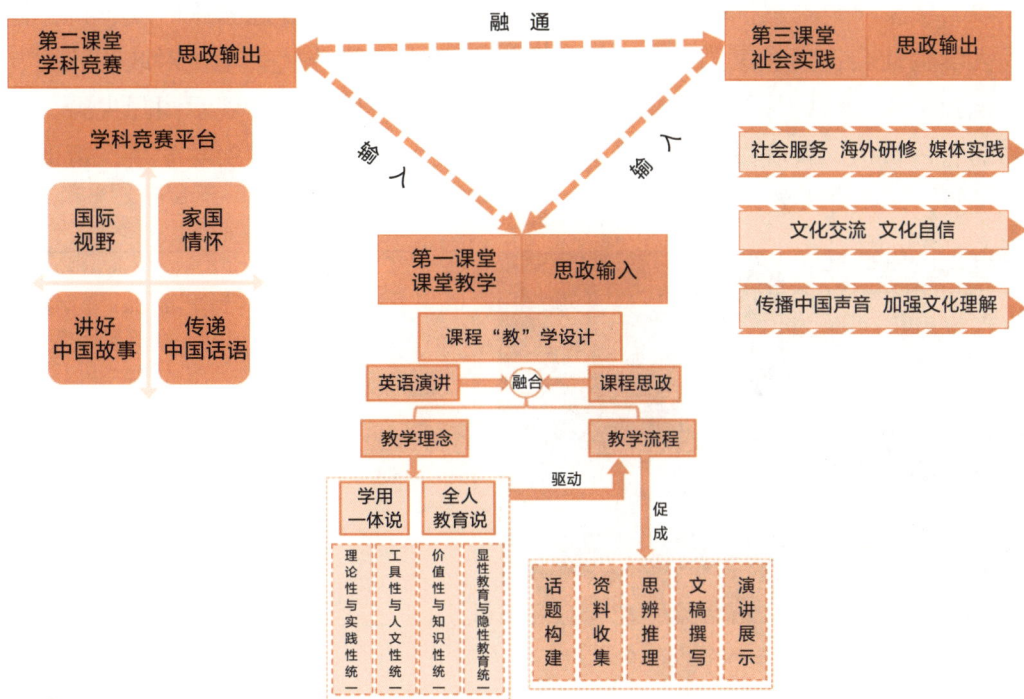

图5　课程思政实施路径

第一课堂课堂教学构筑思政基石。在演讲口语展示任务驱动下，教师设计话题中的思政元素，从社会责任、文化自信、国家安全、民族复兴等社会价值方面进行引导，促成学生完成资料搜集、思辨推理、文稿撰写和演讲展示一系列由浅入深的自主学习，强化学生对中国文化与中国制度的认同感，引领学生形成正确价值观，增强专业知识传授与价值引领的统一性，如图6所示。

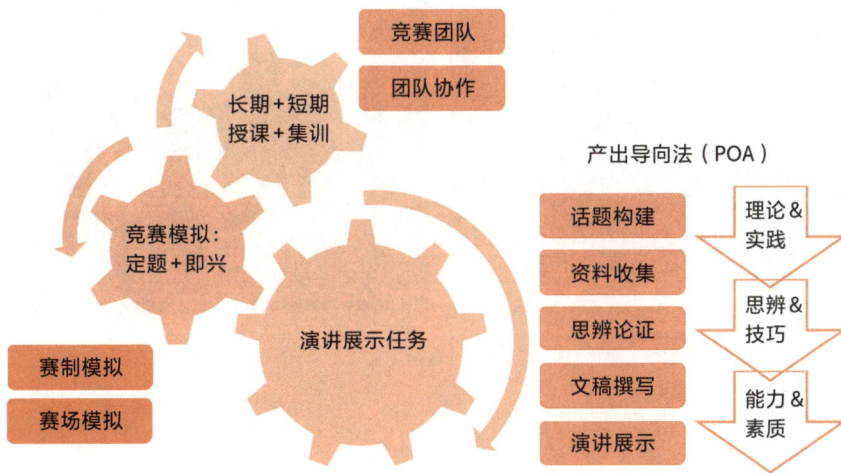

图6　思政隐性融入课程教学模式设计

第二课堂学科竞赛深化思政育人。每年英语演讲竞赛主题紧跟时代脉搏，体现当代大学生社会担当和家国情怀。学生在此平台上展现当代大学生对政治认同、国家意识和文化自信的深层次认识，引发共鸣，传播中国声音，展示国际视野，具有更高的引领价值。备赛过程中指导教师用社会主义核心价值观引导学生，帮助学生坚定自信，课程育人效果凸显（图7、图8）。

图7　学生参加英语演讲竞赛

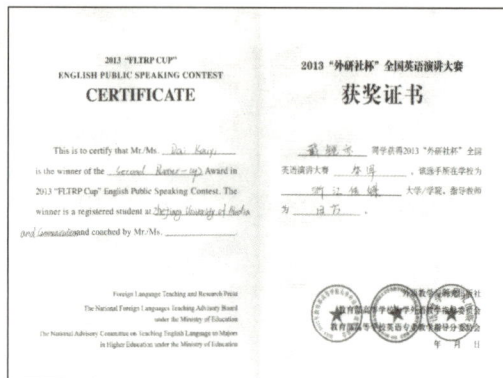

图8　获奖证书

第三课堂社会实践主动思政输出。首先，在产教融合媒体实践基地开展英语演讲与主持、英文节目稿件撰写与编译等实践活动，围绕讲好中国故事展开教学实践。其次，与国外高校建立合作关系，派学生研修口语传播技能，进行文化交流，增进文化理解，提升跨文化交际能力（图9、图10）。再次，参加涉外志愿接待工作，一方面担当中国文化使者，提升专业能力；另一方面提高学生理解社会、服务社会的意识和能力。

图9　学生参观BBC广播公司

图10　学生参加合作高校短训

五、教学设计

（一）说服性演讲教学设计案例（表2）

表2　说服性演讲教学设计案例

设计思路1　说服型演讲	
教学内容概述	1. 说服型演讲定义、心理实质及分类标准 2. 事实类说服型演讲 3. 价值类说服型演讲 4. 政策类说服型演讲 5. 论证组织方法
课程思政 育人目标	1. 培养资料搜集、思辨推理分析能力 2. 提升政治思想觉悟 3. 树立正确的价值观
教学方法	1. 任务教学法、自主教学法：在演讲类型演讲展示输出任务驱动下，以中国碳排放承诺为例，教师从社会价值方面进行引导，促成学生通过资料搜集、思辨推理、文稿撰写和演讲展示一系列由浅入深的自主学习，产出含政治认同、社会责任等深层次认同感的演讲 2. 案例教学法：通过演讲话题构建功能，教师在演讲示范案例中精心设计思政元素，实现专业知识传授与价值观引领的统一（图11） 3. 讲授法：在任务教学和案例分析教学过程中传授理论

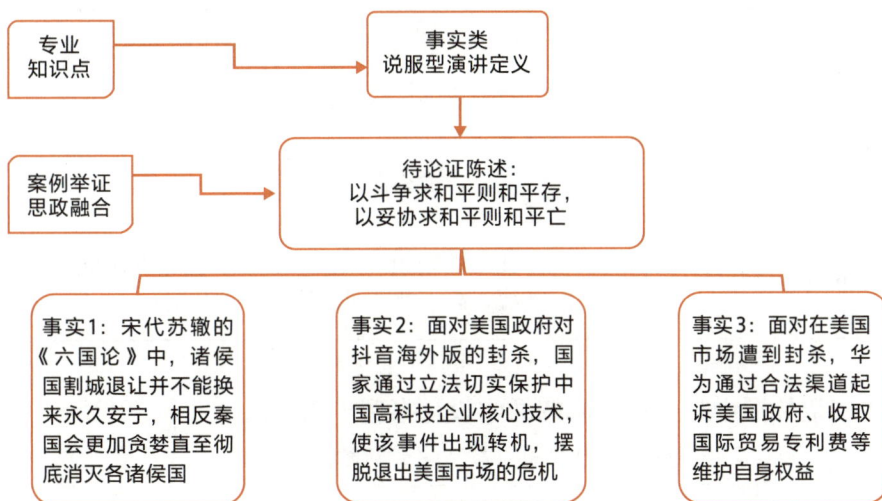

图11　事实类说服型演讲案例分析

（二）演讲论据支撑材料的教学设计案例（表3）

表3　演讲论据支撑材料教学设计案例

设计思路2　演讲论据支撑材料	
教学内容概述	1. 例证论据支撑 2. 数据论据支撑 3. 引用论据支撑 4. 中国古代经典文学等 5. 论据支撑材料使用技巧
课程思政 育人目标	1. 了解中国社会经济文化知识 2. 提升对不同社会制度的鉴别能力 3. 提升解读中国的能力 4. 加深国学知识积累，掌握中华优秀传统文化中的精神内涵
教学方法	1. 任务教学法、自主教学法：在论据支撑材料演讲展示任务驱动下，以中国5G技术相关数据为例，教师引导学生关注中国社会经济文化知识，学生进行各类数据、资料的搜集、分类和分析的自主学习，掌握论据与论点之间的因果关系，了解社会和中国国情 2. 案例教学法：通过介绍古代经典文学及经典哲学思想，传授演讲用典的作用与方法，深挖其作为演讲论据支撑的可能性，使学生对中国国学有更深刻的理解（表4）

表4　课程思政协同知识讲授教学案例

用典	可支撑论点
谁言寸草心，报得三春晖 ——《游子吟》	重视家庭关系，强调亲情
从善如登，从恶如崩 ——《国语·周语下》	人要舍恶从善，崇德向善
万物并育而不相害， 道并行而不相悖 ——《中庸》	文明的繁荣、人类的进步，离不开求同存异、开放包容，离不开文明交流、互学互鉴

（三）口语传播中跨文化交际的教学设计案例（表5）

表5　口语传播中跨文化交际教学设计案例

设计思路3　口语传播中的跨文化交际原则	
教学内容概述	1. 文化差异成因及体现 2. 跨文化交际的心理与态度 3. 文化中心主义与文化相对主义 4. 跨文化际中的协商

设计思路3　口语传播中的跨文化交际原则	
课程思政 育人目标	1. 加深理解中国传统文化和树立文化自信 2. 建立敏锐的跨文化意识 3. 建立多元文化认同感，能以开放的态度、批判的思维和包容的胸襟对待多元文化现象 4. 培养国际视野和掌握交际的策略
教学方法	1. 辩论研讨法、文化对比法：以小组辩论研讨方式，通过对比不同文化社会经济现象探究深层次价值观与文化模式，比如东西方疫情应对差异，了解思维方式和民族性格差异（图12、图13） 2. 案例分析法：通过典型案例分析展示，比如美国针对亚裔仇恨犯罪、美国"Black Lives Matter"运动，使学生认识到刻板印象、种族歧视、文化冲击以及种族优越感是跨文化交流的主要障碍（图14） 3. 任务教学法：在演讲输出任务驱动下，教师设定全球性议题，如"一带一路"倡议，培养学生国际视野

图12　课堂小组辩论研讨

图13　学生课堂演讲输出展示

设计意图　　　　　　教学过程　　　　　　活动设计

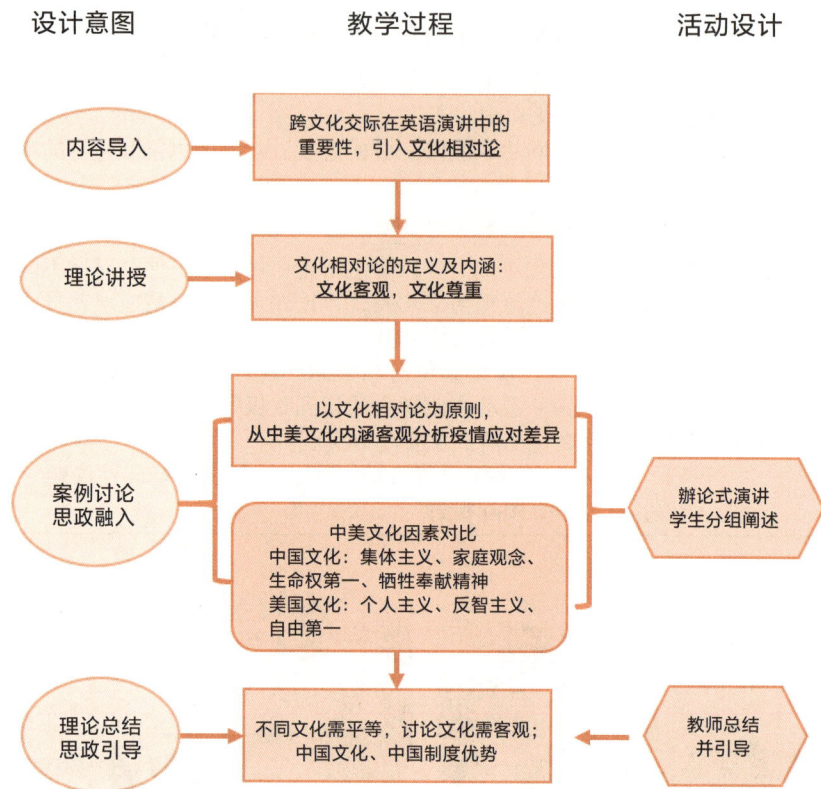

图14　文化对比法案例分析展示

（四）以英语播音和主持为主的口语传播教学设计案例（表6）

表6　以英语播音和主持为主的口语传播教学设计案例

设计思路4　以英语播音和主持为主的口语传播实践	
教学内容概述	1.英语演讲 2.英语主持 3.控场能力
课程思政 育人目标	1.讲好中国故事 2.传播传统文化 3.树立文化自信 4.增进国际文化交流 5.培养职业精神
教学方法	1.实践活动法、现场教学法：在指导教师引导下，完成每周一次的校园电视台英语新闻采写、编译和播报；在省市级实践基地完成英语主持、英语节目和英语新闻采编播，如杭州电视台周播英语节目 *Around Hangzhou*、浙江卫视国际频道《国际新闻》（图15） 2.项目教学法：策划、主持和拍摄校园主题的Vlog项目，制作完成后在校级媒体平台周期播出

图15　英语播音与主持实践

（五）中国国情和文化实景教学设计案例（表7）

表7　中国国情和文化实景教学设计案例

设计思路5　中国国情和文化实景教学实践	
教学内容概述	1. 中国国情和文化实景教学实践：中国国情知识（例如"五四宪法"历史资料陈列馆） 2. 中国文化知识（例如中国丝绸博物馆、中国茶叶博物馆、杭州京杭大运河博物馆）
课程思政育人目标	1. 了解中国国情 2. 了解中国文化，树立文化自信 3. 提升解读中国的能力 4. 提升讲好中国故事的能力
教学方法	1. 参观教学法、现场教学法、实践活动法：与当地文化类、思政类博物馆建立合作关系，指导老师带学生到博物馆现场进行参观和教学，将专业知识点与场馆文化知识相结合。教学采取双向互动模式，教师引导学生学习史实，积累有关中国文化和中国国情的素材（图16） 2. 项目教学法：以"我来介绍……"为演讲主题，要求学生在参观结束后以演讲的形式完成主题演讲，可单独完成，也可以小组形式完成，鼓励演讲展示形式多样化，要求精准解读中国

（a）　　　　　　　　　　　　　　　　（b）

图16　博物馆现场实景教学

六、实施案例

案例一　第一课堂实景教学

教学目标： 说明型演讲、演讲支撑材料、解读中国能力、了解中国国情

教学内容： 说明型演讲技巧、例证支撑、中国第一部宪法制定过程事实

教学地点： "五四宪法"历史资料陈列馆

教学方法： 实景教学法、项目任务法

教学路径： 了解史实，引导学生结合第一部宪法制定过程掌握说明型演讲的技巧、演讲支撑材料理论现场讨论。学生对相关史实进行复述，提升解读中国的能力，同时坚定法治中国信念、制度自信（图17）。

（a）　　　　　　　　　　　　　　　　（b）

图17　参观"五四宪法"历史资料陈列馆

案例二　第二课堂学科竞赛

根据英语演讲大赛赛事时间和学生能力不同，安排一对一针对性指导和团队集体赛训。参赛过程中学生提升了口语表达能力，展示了综合知识能力素质，培养了深层次中国立场和国际视野。指导教师用社会主义核心价值观引导学生，使其树立正确价值观（图18）。

（a）　　　　　　　　　　　　　　　　（b）

（c）　　　　　　　　　　　　　　　（d）

图18　英语演讲团队从赛前集训到全国比赛

案例三　第三课堂媒体实践

学生在指导教师带领下参与学校周播《浙传新闻》英语新闻采编播、杭州电视台综合频道英语周播节目 *Around Hangzhou* 采编播、浙江卫视英语新闻编译工作、新媒体直播节目如人民网澳洲—杭州直播节目（图19、图20）。

图19　学生参与 *Around Hangzhou* 的采编播　　　　图20　人民网澳洲—杭州直播节目

七、特色与创新

（一）课程思政输入和输出的双向互动新模式

以口语传播实践体系为基础，课程思政形成课堂教学有效输入和课外实践有效输出，使输入输出达到平衡、可持续和可检验。通过实践化课堂教学和多样化社会实践，课程思政从单项灌输转化为双向互动，从有入无出转化为输出形式多样、内容丰富，从所学内容流于表面转化为深刻思想体系，真正实现教学与实践融合。

（二）海外实践、对外传播，培养全球传播视野

坚持输送学生参加海外交流实践，使学生除提高口语传播能力外，还能够亲临一线，增进东西方文化交流与理解，担当中国文化使者，宣传中国，增强"坚守国家立场，发出中国声音"的责任感和使命感。这对于提升国际传播人才的跨文化能力、坚定其中国立场有重要意义。

（三）思辨为重，培养话语权的构建能力

课程搭建了培养学生的思辨能力和话语构建能力的实践平台，竞赛团队"以赛代练"和"擂台制"的实训课堂模式拓展了学生的发散性思维，培养了学生话语构建能力，提升学生讲好中国故事、传播好中国声音的能力，构建起以"中国立场"为根本的传播话语体系，营造于我有利的国际舆论环境。同时，打造融通中外、乐于接受的话语体系解读中国，创新对外话语表述，增强对外话语的创造力、感召力、公信力。

八、教学效果

课程自建立以来，受到学生广泛好评，学评教成绩一直在90分以上。

（一）专业认可

9年间培养学生超过250名，连续10多年组织和指导学生参加高水平英语演讲学科竞赛和专业大赛，成绩斐然（表8、图21）。在浙江省高校的外语类学科竞赛中名列前茅，学生大赛水平已经得到了广泛的认可，助力本校学科竞赛排名提升，在全国获得一定的知名度。

表8　英语演讲比赛获奖数据统计

竞赛类别	学科竞赛（人次）	专业大赛（人次）
国家级	16	45
省部级	29	84

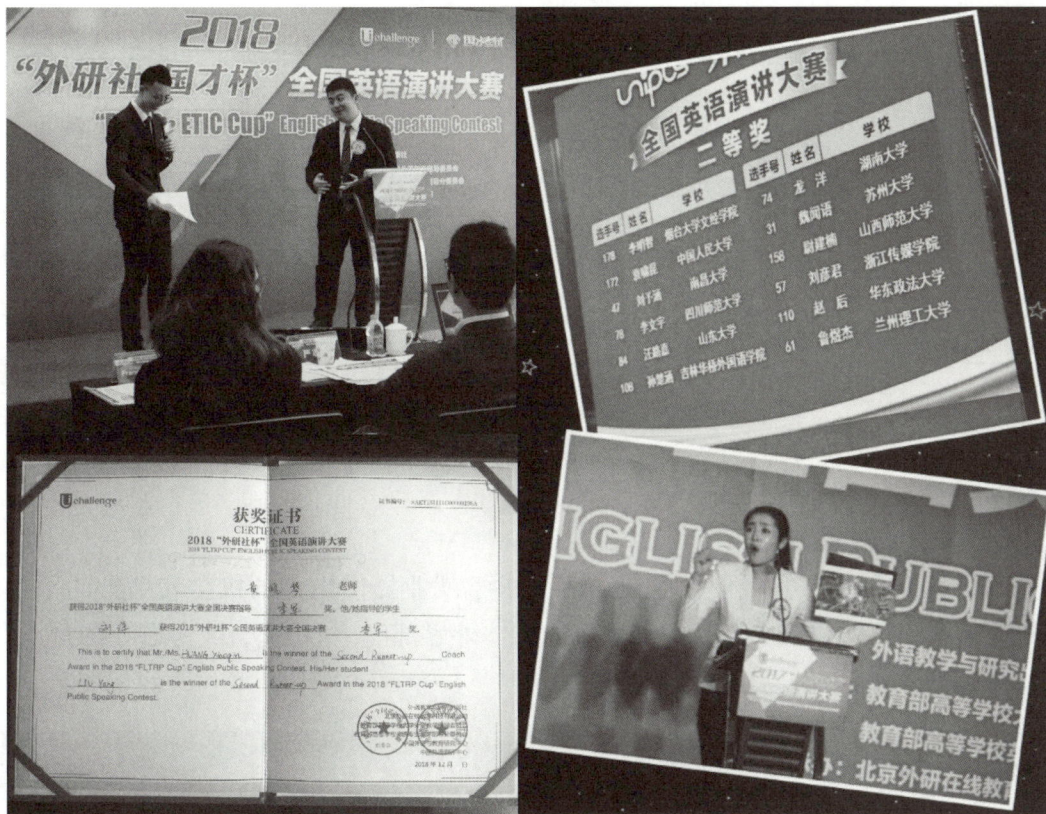

图21　学生参与学科竞赛全国赛

（二）社会评价

双语播音专业在全国极具特色。在G20杭州峰会、B20峰会期间，外语志愿服务队优质的外语专业服务得到广泛好评，央视、人民网、《中国日报》等都对此进行了报道（图22）。

（a）

（b）

（c）

（d）

图22　外语志愿服务队参与国际服务活动并被报道

（三）求学就业

演讲竞赛和主播实践使学生成长，为求学就业提供更多的机会和更大的平台。一批高素质口语传播人才或就职于国家级媒体外媒部门（图23），或考取我国重点高校（图24），或考取世界知名高校。

图23　戴铠亦现就职于CGTN

图24　杨程烺现就读于北京外国语大学

市场营销学

吴俊杰、张玉荣、鲁利群、曾 锵、高孟立

浙江树人学院 管理学院

一、课程概况

市场营销是人类社会最普遍的现象之一，从社会、政府、企业、事业单位到家庭和个人，市场营销活动无处不在，如衣食住行、婚丧嫁娶、生老病死、社交娱乐、运动保健、旅游休闲、工作学习等等，都会涉及市场营销，市场营销与人们的生活息息相关。美国经济学家保罗·梅热曾提出，市场营销是为社会传递生活标准。马尔科姆·麦克奈尔赞同保罗·梅热观点，且增加了"创造"一词并认为："市场营销是为社会创造并传递生活标准。"市场营销的本质是深刻洞察市场的需求。在当今的互联网时代，消费者特征与需求都已发生变化，他们更关注新兴消费产品的品质、设计、调性和情绪价值，这其中有更多的是"悦己"的部分，当前消费者在决策的时候更多的是取决于一件商品能否满足自己"对美好生活的向往"。

浙江树人学院市场营销学课程教学团队采用"N＋1"模式创新，遵循课程思政"精准识别—精准定制—精准滴灌—精准评估"的逻辑线，以"环境分析、消费分析、STP战略、营销组合策略"四大模块为基础，设计了一系列与时事热点相结合的案例，真正将以爱国主义为核心的民族精神、以改革创新为核心的时代精神与大学生思政和德育教育相结合，向学生传递中国企业案例、营销模式和管理思想，增强学生文化自信，提升学生学习兴趣。

二、课程目标

（一）知识目标

正确理解营销基本概念、技术、战略与实施和相关科学研究等知识，系统掌握营销管理理论的基本分析方法。

（二）能力目标

运用营销概念和各种分析方法，对社会经济生活中的营销现象具备正确分析和求解的能力；掌握分析和判断营销战略制定、实施过程中的关键要素，增强业务优化和决策的能力；具备思维能力、职业能力和社会责任感。

（三）价值目标

通过虚拟仿真、第三学期实践及中国民营企业家成功案例、营销模式和管理思想的引入，鼓励学生投身于品牌强国建设、营销让生活更美好的伟大事业，弘扬企业家精神，帮助学生塑造正确的价值观，增强学生的家国情怀和工匠意识（图1）。

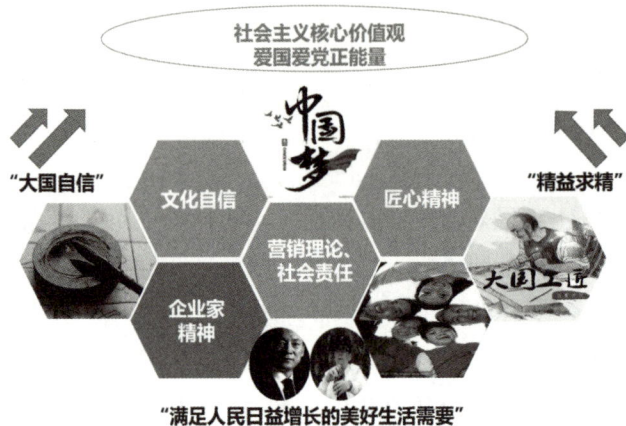

图1　融入式"设计"思政元素

三、思政元素

我校立足应用型本科院校的定位，紧抓应用型人才培养主线，精准聚焦实践基地建设，围绕"民校对接民企"发展理念，不断强化应用型专业建设，提高工商管理类专业人才培养标准与民企人才需求的契合度，注重管理类专业课程教育教学与课程思政的契合。具体而言，市场营销学课程教学设计秉承"为品质生活"的理念，彰显市场营销专业应有的本质特征，明确指出营销教育要为满足人民日益增长的美好生活需要服务。据此，本课程厚植家国情怀，在课堂中融入思政元素、民营企业高质量营销管理案例，传递"爱、给予和分享"理念，在知识传授过程中强调价值观的同频共振，形成贯穿课程教学全过程、全环节的课程思政教学脉络。

四、设计思路

（一）"N＋1"范式创建

本课程为贯彻落实习近平总书记在全国高校思想政治工作会议上"要坚持把立德树人作为中心环节，把思想政治工作贯穿教育教学全过程，实现全程育人、全方位育人"[①]的指示，坚持全员育人、全程育人、全方位育人，系统地设计并建立了一

[①]　立德树人，为民族复兴提供人才支撑——学习贯彻习近平总书记在全国高校思想政治工作会议重要讲话[EB/OL].（2016-12-08）[2022-041-10]. http://news.cctv.com/2016/12/08/ARTIDajATUy6TXqJPWq19Fj6161208.shtml.

整套课程思政教学体系，采取"N＋1"思政教学模式改革，以N个理论知识点＋1个思政目标为框架，从目标识别、场域、多元评估的精准化定制路线实现对教育主体的精准滴灌（图2）。其中，"N"代表N个知识点凝练，按纲教学，将教材知识点录制为N个5~8分钟的线上短视频。"1"代表专题报告、翻转课堂等形式的思政目标实现。

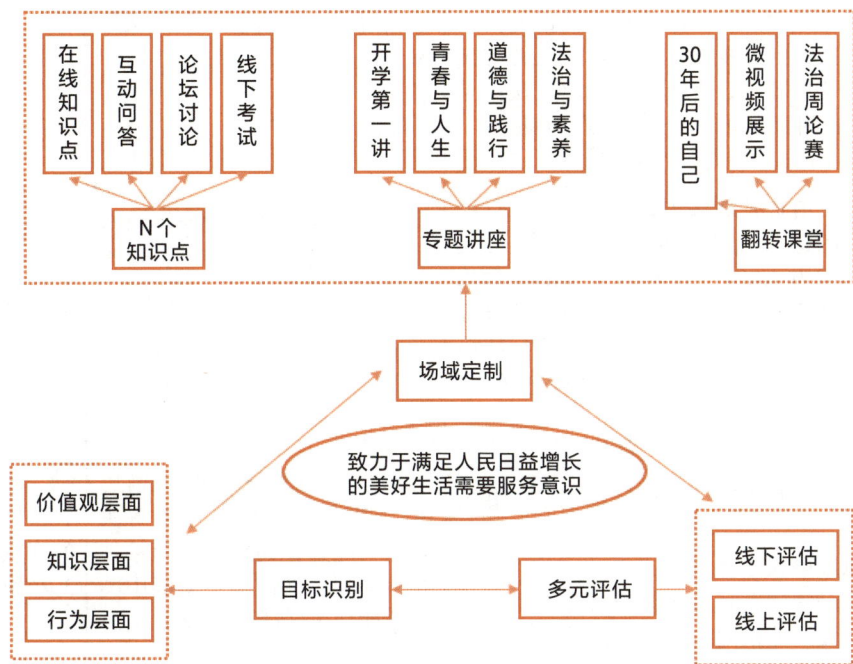

图2 "N＋1"课程思政教学模式构建

（二）模块内容梳理

从知识点中切入与衔接育人元素、课程思政具体内容，运用多样化方法，采取精准化定制路线，实现对教育主体的精准滴灌（表1）。

表1 课程思政教学内容概述、育人目标与教学方法

教学内容概述	课程思政育人目标	教学方法
项目一：认识市场营销 授课要点：1. 市场营销的概念；2. 市场营销哲学与演变 课程案例思政融入结合点：1. 理解营销：全聚德——连锁扩张中的文化传承与创新；2. 社会市场营销观念：福岛核污水、"人类命运共同体"、文化自信与工匠精神	通过培养学生接纳全球经典营销理论、案例，洋为中用，以及中国文化本身具有渗透力和市场潜力，培养学生中国特色与社会主义核心价值观	1. 讲授法； 2. 案例教学法； 3. 小组讨论法

续 表

教学内容概述	课程思政育人目标	教学方法
项目二：市场营销环境分析 授课要点：1. PEST环境分析；2. 机会/威胁矩阵 课程案例思政融入结合点：1. 一是经济，针对基尼系数、恩格尔系数，解读全面建成小康社会的意义、"十四五"要办的五件大事等；二是科技、新基建含义；三是文化，杜甫《秋兴八首》、元稹《杜甫墓志铭》等爱国主义古典律诗解读；四是政治，多措并举—政策扶持与优惠政策；2. 国家启动"上云赋智"行动	引导学生正确认识中国营销环境，并与国外营销环境进行对比，培养爱国情怀，树立文化自信，引导学生全面掌握习近平新时代中国特色社会主义思想	1. 翻转课堂； 2. 小组讨论法
项目三：消费者购买行为分析 授课要点：1. 消费者购买模式；2. 影响消费者行为的主要因素；3. 消费者购买决策过程 课程案例思政融入结合点：1. 西子奥的斯营销服务理念、华为针对地域亚文化推出川渝方言Mate20系列手机广告、中古时尚消费；2. 新消费拐点来临：传统业态数字化转型势在必行、消费互联网崛起	引导学生秉承营销理念，兼顾消费者利益和社会效益，将个人梦想和祖国梦想进行统一，引导学生树立社会主义根本立场	1. 讲授法； 2. 案例教学法
项目四：STP战略分析 授课要点：1. 市场细分；2. 目标市场；3. 市场定位 课程案例思政融入结合点： 1. 我骄傲我是中国人，市场细分共抗"疫"； 2. 小木耳、大产业，因地制宜，精准扶贫	引导学生树立正确的营销思维，STP战略思维，培养解决问题的能力，树立企业家精神和中国梦，促使学生明确中国特色社会主义能力建设途径	1. 讲授法； 2. 案例教学法； 3. 小组讨论法
项目五：产品策略 授课要点：1. 产品整体概念；2. 产品生命周期；3. 新产品开发；4. 品牌等 课程案例思政融入结合点：1. 扎根浙江·放眼全球——讲好中国品牌营销故事；2. 北斗发射的背后故事；3. 中兴、华为事件，从小米、联想、格力、大疆谈"中国制造"逆袭，解读中国制造正走向优质、精品、创新的时代趋势；4. 乡村品牌化势在必行	培养学生工匠精神，坚持艰苦奋斗，树立文化自信，引导学生充分理解供给侧结构性改革的意义所在	1. 搜集知识资料； 2. 翻转课堂学习； 3. 采用类比法
项目六：价格策略 授课要点：1. 影响企业定价的因素；2. 定价导向、策略 课程案例思政融入结合点：1. 让老百姓看得起病——不断降低药品收费标准；2. 发展新品种，制定新价格——农产品的销售之路	坚持以人民为中心的逻辑出发点，引导学生建立诚信经营的观念，正确制定价格，坚持童叟无欺，树立人文精神	1. 小组讨论； 2. 案例分析； 3. 虚拟仿真模拟实验

教学内容概述	课程思政育人目标	教学方法
项目七：渠道策略 授课要点：1. 渠道概念、功能与结构；2. 渠道组合策略；3. 影响渠道选择的因素与设计 课程案例思政融入结合点：1. 规范海外代购，构建公平发展渠道；2. 王府井集团：开发自有品牌，增强自营能力，回归零售本质；3. 美丽云乡村	培养人文精神和企业家精神，实现中国梦，引导学生投入乡村振兴建设	1. 讲授法； 2. 案例教学法； 3. 小组讨论法
项目八：促销策略 授课要点：1. 促销概念；2. 促销组合策略 课程案例思政融入结合点：1. 新冠肺炎疫情中国家各机构部门的处理与担当；2. 九阳厨具海报和支付宝《精打细算》广告；3.《我和我的祖国》歌曲播放	服务于消费者，树立企业家精神，引导学生投入中国特色社会主义社会建设	1. 驱动式教学； 2. 案例教学； 3. 小组讨论
项目九：营销新领域 授课要点：1. 营销创新；2. 新媒体营销等 课程案例思政融入结合点：1. 返乡创业典型：太二酸菜鱼；2. 互联网创业；3. 习近平总书记在陕西金米村直播平台话脱贫	引导学生树立新的发展理念、文化自信和企业家精神	1. 资料搜集； 2. 小组讨论； 3. 翻转课堂与思考

五、育人元素实施案例

如我们在讲解"STP战略"章节时，按科学步骤实施案例教学（表2）。

表2　典型教学案例实例

第一步	课前	在雨课堂系统中发布预习任务 ——创业女性李子柒逆袭成功的商业故事		
第二步	课堂上	展示创业女性李子柒的成功绝非偶然的各种报道	图片展示与分析	课程内容讲解逻辑： 1. 情景导入——超级网红（约5分钟）；2. 引出"超级网红"就是"市场细分""目标市场""市场定位"（约5分钟）在超级网红创业故事中的营销再现；3. 引出"中国传统文化给李子柒女士带来了哪些创业资本？""'绿水青山就是金山银山'理念与实践是如何推动李子柒创业实施的？""互联网经济背景下标准化产品的STP战略会怎样？""从STP战略视角出发如何弘扬中国人传统而本真的生活方式文化"及"如何理解人民对美好生活的向往的奋斗目标"等问题。（约15分钟）；4. 李子柒成功背后折射出的现象，激发学生对"田园生活方式"的共鸣；5. 让学生明白国风已经从中国元素到了中国旋律，对世界影响越来越大。国货的崛起，提高了人们对国风的接受程度
第三步		播放2020年度文化传播人物视频	视频呈现概况（时长约10分钟）	
		李子柒"没有一个字夸中国好，但讲好了中国文化，讲好了中国故事"的系列抖音作品	视频呈现（时长约5分钟）	

续 表

第四步	课后评价与反馈	通过学习通上传相关的实际案例或者通过学习强国中的相关视频，使"知识延伸"，引导学生消化知识、践行知识	上传视频——精准扶贫精选视频（同时，约定时间，在学习通中打卡讨论，然后汇总学生的学习问题，并给予优秀学生以奖励）	作用： 1. 增加学生的参与感；2. 调动学生的积极性； 3. 激励学生拓展知识面；4. 引导学生应用知识解决、解释实际问题

具体实践中，"N＋1"教学模式通过线上教学、线下讲授、翻转课堂的三维融合，教学中融入"人文精神""企业家精神与中国梦""营销伦理与社会责任""工匠精神"等内容，同铸牢大学生致力于满足人民日益增长的美好生活需要服务意识的教学目标关联起来，打造新型的思政教学模式（图3）。

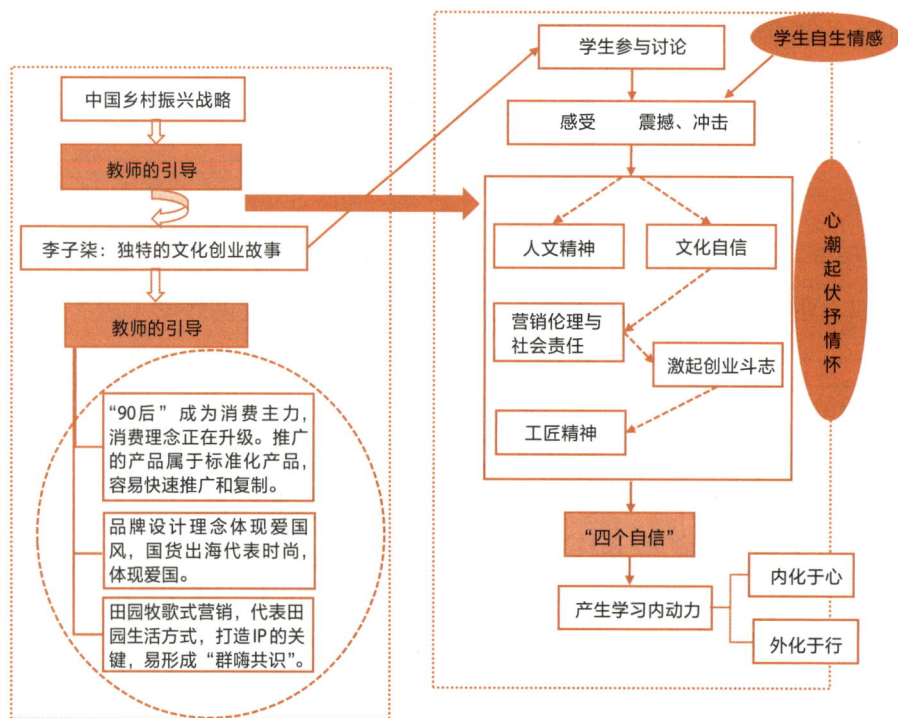

图3 "N＋1"思政教学融入思政的实现路径

六、特色及创新

（一）教学内容更为精准

引入本土老字号品牌案例，引导学生洞察中国国情与文化特色；基于顾客驱动内容，探讨社会责任与伦理道德；讲授顾客购买行为，树立学生文化自信、培养大国自豪感（图4）。其中，通过专题报告、翻转课堂，助学生筑牢思想之基，补足精神之钙，把稳思想之舵。

（a）　　　　　　　　　　　（b）

图4　课程视频示例

（二）教学资源更加立体

融合时下热点素材，探索以企业家精神、中国梦和改革创新为底色的中国精神之间的内在关联，实现教学资源的立体整合（图5）。在师与生、教与学、学与用、知与行等多个环节建设中，教师通过传道授业解惑提升本课程的人文性、思想性。

图5　多媒体课件思政要素示例

（三）教学方式更加多元

综合运用案例分析、随手拍、微视频、个人演讲、辩论赛等方式激发学生主体性。其中，利用"雨课堂"赋予教学过程智慧化体验。借鉴OBE理念，探索课程思政评价指标和量化体系。

七、教学效果

（一）课程评价优秀

课程的授课方式和教学内容深受学生喜爱，团队教师被评选为学校"利泉优秀团队奖"（浙树人[2017]64号）。近三年学生评教平均分高于96分，居全院前10%。我校教学督导组专家一致认为，依托浙江省应用经济学重点学科、浙江省优势专业、一流专业（市场营销）的"市场营销学"课程"教学目标明确，资源丰富，教学模式先进，课程建设成效显著，具有良好的推广价值"。

（二）改革成效和示范作用

（1）本课程团队在课堂教授过程中充分梳理党的最新理论创新成果，深入挖掘营销课程中所蕴含的思政教育资源，使得2016级—2020级2715名工商管理类学生无不为之一振，纷纷表示：一定要学好营销知识，投身于建设品牌强国的伟大事业。

（2）课程思政模式推广以来，市场营销专业学生综合素质得到明显提升，多名学生党员被评为校、院"优秀共产党员"。2020届营销专业毕业生袁慧敏同学奔赴新疆阿克苏地区基层工作。95%的学生提交入党志愿书，学生党员比例显著上升。

（3）课题"基于校本的'课程思政'的教学设计和评价标准研究"获得立项（绍市教高[2019]88号）；《广度、深度、温度：新形势下高校市场营销学课程思政建设探微》在《商品与质量》期刊发表（2020年第29期）；本课程入选校"课程思政"试点示范课程（浙树办教〔2020〕31号）。

大宗商品交易实战

周巧萍

宁波财经学院　国际经济贸易学院

一、课程概况

（一）课程性质与教学改革

大宗商品商学院属学校下设的二级特色学院，大宗商品交易专业是浙江省新兴特色专业，以大宗商品交易相关的8大岗位为基础，把岗位所要求的能力分解后再汇聚，最终形成两大能力，分别是大宗商品交易核心能力和大宗商品流通运作能力。本课程属专业必修课，支撑大宗商品交易核心能力的培养。先修课程包括宏观经济学、微观经济学、大宗商品概论，后续课程有大宗商品金融、大宗商品供应链金融、大宗商品采购与价格管理。

2015年走访用人单位，企业反馈入职的学生数据收集能力较弱，行情时事信息关注不及时，盘感不够，风险不可控，并提出交易能力需要持续性的锻炼。因此专业在2013级人才培养方案中创新采用"12＋4"分阶段、多学期的教学组织形式，前12周开展理论教学，后4周开展集中实践教学。

本课程改革后为3个学分，6周的集中实践教学，分别安排在三个学期持续训练交易能力，采用模块化授课，最后一周由企业导师实盘指导。理论教学采用线上线下混合教学设计，实践教学采用企业真实情景的课堂设计，以实战思维点燃课堂。

（二）课程与教学改革要解决的重点问题

（1）解决教学内容与行业前沿相脱节的问题。校企联合开发课程，共建"双导师"师资，联合企业开发案例库，课程设置企业专家讲座和企业参观环节。

（2）解决育人目标与课程知识不相融的问题。结合课程知识挖掘思政元素，开发系列思政案例。

（3）解决盯盘能力训练不持续的问题。课程创新采用"12＋4"分阶段、多学期的"理论＋集中实践"教学设计，并根据开盘时间设计课堂。

（4）解决课堂的实践能力培养弱、学生的有效学习参与度低的问题。将企业真实的标准、数据、流程和工作环境引入课堂，以企业的工作能力和职业标准要求学生，以实战思维点燃课堂。

二、课程目标

围绕学校确立的"面向区域中小企业，建设以应用型为特征的教学型大学"的办学定位，本专业以服务区域海洋经济发展，满足大宗商品流通企业对紧缺人才的需求而设置，本课程校企联合培养学生具备分析市场趋势、判断市场动态能力并具有较高投资管理水平和专业素养。本课程思政整体设计框架见图1。

（一）知识目标

系统地掌握大宗商品国内外市场和交易软件，理解大宗商品交易规则，以及大宗商品产业链、价格影响因素和供求分析，熟练应用技术分析方法和风险管理方法。

（二）能力目标

通过实战训练培养学生的信息抓取能力、投资分析能力、交易操作能力、风险管理能力。

（三）育人目标

通过课程思政案例与专业课程知识的有效融合，培养学生具备一个中心（商业诚信），两个维度（历史视角和国际视角），三个基本点（客观公正、市场规范、风险意识）。向学生灌输尊重市场规范和监管制度、诚信交易、客观公正的理念；使其具备国际视角、风险意识和良好的交易心态，不操控价格，不损害他人利益。

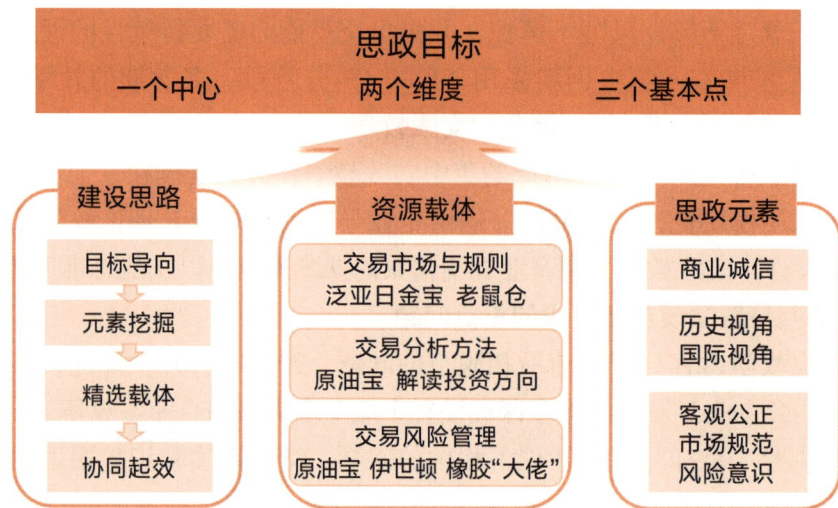

图1　课程思政整体设计框架

三、思政元素

交易实战训练需要理论基础支撑，虽然很多知识点在先修课程中学过，但不完整，缺乏系统性，因此课程组于2017年在浙江省高等学校在线开放课程共享平台建设线上课程，构建完整的交易理论知识体系（大宗商品交易市场和规则、基本分析、技术分析、风险管理、交易心理、交易技巧和策略），为学生提供课前学习资源，为课堂实战训练奠定基础。

在教学实施过程中，注重专业课程知识点所蕴含思政元素的挖掘，开发系列思政案例（泛亚日金宝、中行原油宝、老鼠仓、上海期货"大佬"之结局、伊世顿、远大多逼空、学习"十四五"政策解读投资方向），提升专业课程教师的专业素质和思政素养，并从学校、教师和学生三个层面，结合混合式课堂开展课程思政教学（图2）。

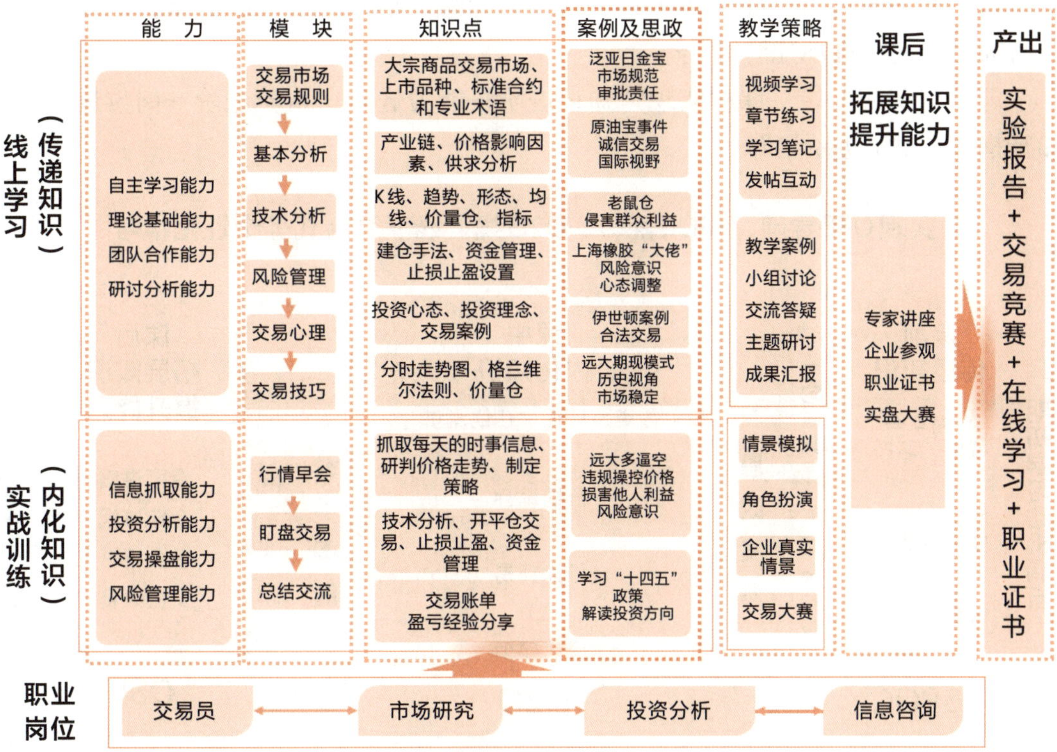

图2　融合思政案例的课程内容与教学策略

四、设计思路

在教学过程中，整合教学内容，挖掘思政元素，面向学生能力培养进行教学改革，实现OBE导向、SPOC翻转、O2O线上线下混合式的个性化学习，保证学生有效参与（图3）。

以OBE（大宗商品交易实战以学生产出）为导向，通过大宗商品流通新业态人才需求侧和供给侧对接，以学生成长和职业发展为引领，校企协同育人，构建"产教融合、多元结合、知行耦合"三者相互联动、互为支撑的教学模式。课前通过在线学习、章节测试、交流答疑传递知识，课堂采用案例分析、情景模拟和角色扮演的盯盘交易内化知识，课后通过企业参观、专家讲座和实盘交易拓展知识和提升能力。最后采用"在线学习＋实验报告＋交易竞赛＋职业证书"的四维考核方式，形成"三合三阶四维"体系实现学习产出目标。

知识与案例融合：企业开发了30个品种案例、6个盘面解读案例、4个教学案例和7个思政案例，贯穿课程理论知识体系，增强了教学内容的前沿性。

校内与校外联动：校内老师和企业专家共同设计课程内容，采用"理论讲授＋专家讲座＋企业实践＋交易竞赛"的协同教学模式。

线上与线下混合：在省级平台自建线上课程，学生课前在线自学，课堂以案例分析为主，进行SPOC翻转教学。

理论与实践衔接：课程实现"知识进阶—能力进阶—素养进阶—岗位进阶"的知行耦合、融汇进阶培养。

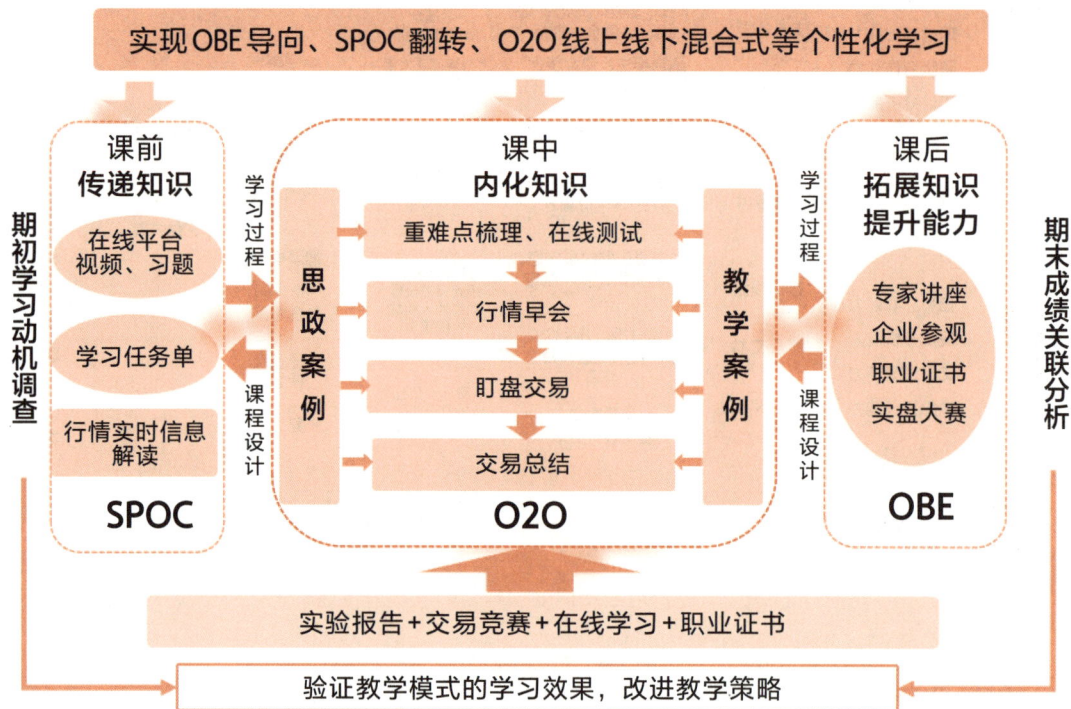

图3　实现OBE导向、SPOC翻转、O2O线上线下混合式教学设计

五、"风险管理篇"的育人元素实施案例

（一）风险管理教学目标

"风险管理篇"是培养学生如何通过止损止盈设置控制交易风险，在本门课程中起到承前启后的作用，是在掌握交易规则、基本面分析的基础上，通过技术分析找到价格支撑位和压力位，运用规则和软件操作设置止损止盈来控制交易亏损额和保

障利润。风险管理也是后续章节日内交易技巧和交易策略的保证，交易技巧和交易策略首要考虑的就是控制风险，其次是获利。

知识目标：理解"鳄鱼法则"和止损止盈的意义，了解止损止盈额计算，掌握定额止损、浮动止损和条件单的操作方法。

能力目标：结合K线图实例，运用技术分析知识，设置止损止盈单，培养学生大宗商品交易的实时分析能力、交易能力和风险管理能力。

育人目标：灌输市场规范和监管制度、诚信交易、客观公正、国际视角、扎实基础、风险意识。

（二）重点与难点

重点：对持仓设置定额止损、浮动止损和条件单委托。

难点：浮动止损的原理。

（三）教学方法

线上：课程视频学习止盈止损、在线测试、学习笔记、交流答疑。

线下：案例分析、企业真实情景展示和角色扮演，组织行情早会，运用止损止盈制定交易策略、盯盘交易、交易总结。

（四）课程思政融入

【课前自学——思政案例融入】

课前向学生发放学习任务单和原油宝思政案例，学生理解原油宝交易原理、事件始末、中国银行和原油宝客户、事件出现原因和原油宝存在的问题（图4）。

【课中导学——专业素养融入】

课中学生分组发表对原油宝案例的见解，教师通过原油宝案例导入"鳄鱼法则"和止损止盈的必要性。结合铁矿石案例分析定额止损、浮动止损和条件单的设置。学生结合自己投资的品种制定止损止盈策略，并根据交易任务完成盯盘交易。

【课后拓学——企业文化融入】

课后通过企业参观了解企业文化以及企业真实的标准、数据、流程和工作环境。通过专家讲座提升投资分析能力和风险管理能力。

（五）课堂教学实施

1.课前在线学习

（1）学习任务单发布（课程视频、平台章节测试、发帖交流答疑）。

（2）中行原油宝案例（小组讨论案例涉及的专业知识和专业术语、案例背后的问题和从案例中所学到的观点，从案例中灌输思政元素：目标市场规范和监管制度、诚信交易、客观公正、国际视角、扎实基础、风险意识）。

（3）通过网络抓取相关品种的时事新闻（为第二天行情早报做准备）。

（a）

（b）

图4　课前小组学习

2.课堂安排（8：50—15：30，表1）

（1）采用角色扮演将学生按投资品种分组，通过情景模拟设立大宗商品投资部门（每组5人，根据自己投资偏好选择品种，如铜、橡胶、PTA等，图5）。

（2）每个"部门"确定一名"部门经理"，负责"员工"上下班考勤、行情早会和交易总结会议组织、风险监控和员工绩效考核。

（3）校企联合组织交易竞赛，通过实战训练强化专业核心能力。

表1　课堂安排

序号	时间分配	教学环节
1	8：50—9：00	行情早会（小组讨论分析抓取的信息，比如国际经济形势、国家经济政策等，研判行情走势，制定当天的交易策略和止损止盈策略，教师个别答疑）。
2	9：00—15：00	盯盘交易，实战验证，教师个别指导，通过止损策略控制风险，具备风险意识。
3	15：00—15：20	交易成果汇报与评价，具备良好交易心理，不贪心、有目标、获利了结。
4	15：20—15：30	课堂小结、布置作业（实验报告）。
盯盘任务		1. 模拟交易起始资金：10万元。 2. 交易考核目标：每天开仓次数不小于5次，定额止损、浮动止损和条件单设置。 3. 持仓要求：不得隔夜持仓。 4. 赢利考核目标：日盈利目标为初始资金的1%。

（a）   （b）

图5　课堂情景

3.课后巩固

（1）鼓励学生考取期货从业资格证、基金从业资格证等证书，扎实理论知识。

（2）带领学生去企业参观，聘请操盘手和分析师开展专家讲座，提升分析能力和风险管理能力（图6）。

（3）参加企业组织的实盘大赛，强化盯盘交易能力。

（a）   （b）

图6　专家讲座与企业参观

六、特色及创新

（一）校企共建"双导师"师资队伍，协同开展思政教学

前期联合开发课程、建设在线课程，教学过程中引入企业软件、企业案例、企业参观和专家讲座。秉承"引进来、走出去"的原则，组建起了一支专兼结合、技术精湛的师资队伍。课程思政需要紧密联系国家经济社会发展情况，这就要求课堂

教学不能仅仅局限在校园内，而是要打破学校和社会的藩篱，与社会形成良性互动，共同实现对学生的全方位教育，校企协同开展思政教学。

（二）"12＋4"分阶段、多学期、企业真实情景的教学模式

"12＋4"分阶段的集中实践教学为企业真实情景教学设计提供条件，根据交易员的工作流程、情景模拟和角色扮演设计课堂。为了持续性培养盯盘能力，采用3个学期跨学期教学，最后一周由企业导师授课，融入企业文化。

（三）构建OBE导向、SPOC翻转、O2O线上线下混合式的个性化学习

通过浙江省高等学校在线开放课程共享平台实现SPOC翻转教学设计，采用平台"线上发布思政案例、部门小组研讨、课堂线下发表"的O2O线上线下混合式教学。巩固理论基础，多元结合培养专业能力和思政素养，依托实验竞赛，培养创新创业能力。

（四）校企共建品种案例、思政案例和教学案例库

大越期货交易员为课程录制了30个品种的基本面分析案例视频，保证教学内容的前沿性。根据理论知识体系设计了7个思政案例和4个教学案例，有效融合课程思政元素与课程知识。

七、教学效果

本课程荣获浙江省一流课程（线上线下混合）、浙江省"十三五"高校虚拟仿真实验教学项目和校优质翻转课堂。2017年荣获应用型师资优秀教学案例奖，2019年荣获浙江省本科院校"互联网＋教学"优秀案例和浙江省微课设计二等奖，"产教融合、多元结合、知行耦合"的大宗商品流通新业态人才培养模式改革与实践荣获2018年市级教学成果奖二等奖。

本门课程教学效果得到广大学生、学校督导及校内外同行的高度认可，授课老师获"五星级教师"称号，在学校教学质量与监控中学生评教结果连续五年优秀。

本门课程通过实战训练提高学生交易能力，指导学生参加省市级交易大赛，荣获省级大赛19个奖项、市级大赛40多个奖项，多样化教学不仅扎实了学生的理论基础，还拓展了研究思维。同学们积极探讨大宗商品交易领域的模式创新，4篇创新论文获得宁波市教育局奖项。

《浙江教育报》《东南商报》《教育家》等新闻媒体对课程教学模式、教学效果给予积极报道，在社会上产生良好的反响（图7）。

图7　媒体报道

中国传统音乐

南鸿雁 ——

浙江音乐学院　音乐学系

一、课程概况

　　中国传统音乐是音乐学专业的一门重要的基础课程。本课程按照民歌与舞蹈音乐、民族器乐、曲艺和戏曲五类体裁，进行四个分段教学，主要从历史源流、歌种、舞种、曲种、乐种和剧种，以及它们的艺术特点和形态学特征等方面开展理论与实践教学，使学生能够对中国传统音乐有整体性认识和了解，并通过实践调查研究，对中国传统音乐与其他学科的关系、与时代精神等有较深入的认知和把握。本课程旨在引导学生能够运用专业知识和实践经验来观察问题、分析问题和解决问题，从而肩负起传承中华优秀传统音乐文化之重任。

　　本课程由浙江音乐学院音乐学系开设，作为音乐学系、作曲技术理论及音乐表演等专业的主干课程或专业必修课程，计128学时或64学时，安排在第一至第四学期开课。

二、课程目标

（一）知识目标

　　（1）掌握中国传统音乐基本概念，了解中国传统音乐发展脉络和主要研究领域，熟悉中国传统音乐研究历史及当代热点问题。

　　（2）掌握中国传统音乐研究方法和基本理论知识。

　　（3）了解中国传统音乐的当代发展状况。

　　（4）了解中国传统音乐在理论方法上的创新，以及借鉴其他学科理论方法形成的相关研究成果。

（二）能力目标

　　（1）能够通过文献分析和总结，结合中国传统音乐的具体研究方法，掌握中国传统音乐文化的发展脉络，探索新的研究视角。

　　（2）能够持续关注中国传统音乐的新发展，并将其始终视为中国传统文化的一部分。透过具体可知、可感的中国传统音乐对象，对社会、政治、经济等方面形成整体性认知。

（3）能够在具体的实践中，探索新的研究方法，形成具有较强学理性的成果。能从理论上做到学术的概括、总结，熟练掌握其主要艺术风格特点，能够通过演唱、听辨、讲演等形式增强对地方传统音乐文化的认知和理解，肩负起传承中华优秀传统文化之重任，从而能为未来所要从事的科研、专业教学等工作奠定扎实的专业基础。

（三）价值目标

（1）增强民族自尊心和自信心，开拓其文化视野，将知识传承与价值引领相结合，在润物无声中立德树人。立足浙江传统音乐文化，挖掘梳理具有红色历史内容的音乐文化对象；形成小专题演讲；到实地进行调查教育。

（2）坚持以创新人才培养模式作为突破口，培养以保护传承中国传统音乐为己任的社会责任感和爱国情怀。

（3）激发从事中国传统音乐的研究热情，不断推进音乐学专业在教学理念、培养模式和管理机制上的全方位创新。

三、思政元素

作为中国传统文化重要载体的中国传统音乐，着重培养学生的爱国主义、文化自信、社会责任和创新精神。

（一）爱国主义

爱国主义是我们民族精神的核心，是中国人民和中华民族同心同德、自强不息的精神纽带。本课程提取中国传统音乐中"革命""红色"主题的作品进行主题教学与实践，激发学生的爱国情怀。

（二）文化自信

五千年文明发展孕育出的中华优秀传统文化，是全体中国人民创造美好新生活的力量之源。课程设计中一系列的传统音乐文化实践，激发了学生对传统音乐的探索和创新，增强了学生对传统音乐文化的认同，坚定了学生的文化自信。

（三）社会责任

青年一代要有理想、有本领、有担当。本课程在理论知识学习与文化实践教学中，让学生在充分掌握专业技能的前提下，充分感受丰富多彩的地方音乐文化，肩负起传承与弘扬中华优秀传统文化的重任。

（四）创新精神

优秀传统文化是一个国家、一个民族传承和发展的根本。本课程关注地方传统，将课堂理论与田野实践相结合，让学生对中国传统音乐文化的认识由理性上升到感性，从而能够紧跟时代步伐，传承和创新发展这些优秀传统文化，提升学生们的创新实践能力。

四、设计思路

中国传统音乐是一门内容涵盖丰富、类别多样、专业性强的理论与实践相结合的学科，课程教学采用分阶方式，形成民间歌曲、民族器乐、曲艺音乐、戏曲音乐四个部分的专题教学。根据中国传统音乐专业人才的培养目标，以立德树人为根本，在教学大纲、教案及教学设计中融入课程思政元素（表1），各章节教学设计既独立又有内在的联系，形成逻辑结构紧密、课程思政特点鲜明的教学模式。

表1 课程章节思政元素的教学设计

课程章节	重要思政元素	相关联的专业知识或教学案例
绪论	爱国主义 民族自信	1. 通过教育部关于开展中华优秀传统文化、《习近平新时代中国特色社会主义思想进课程教材指南》等，引导学生正确认识中国传统音乐当代发展趋势，从古琴艺术、昆曲艺术等入选人类非物质文化遗产代表作名录，到全国目前广泛开展的非物质文化遗产保护，提升学生保护中国传统音乐的意识，增强文化自信 2. 在原有理论知识体系中，重点关注能够代表中华文化优秀传统、具有"红色""革命"等有现实意义的对象，如在民间歌曲教学中，挖掘反映中国革命不同进程的改编民歌；在曲艺音乐教学中，反映革命生活的改编曲目，如京韵大鼓《红梅赞》《光荣的航行》等，激发学生的爱国情怀
知识表示	中华优秀文化传统 文化自信	1. 从《诗经》《楚辞》中了解春秋战国时期的民间音乐，弘扬中国优秀传统文化 2. 从梅兰芳表演体系，了解中国传统戏曲——京剧，以及其如何被称为世界三大表演体系的历程，引导学生树立文化自信，正确认识时代所赋予的责任
方法	科学精神 民族自信	1. 引入曲牌研究，启发学生关注中国传统音乐中重要的研究对象，引导学生自觉的探索精神和严谨的科学精神 2. 引入戏曲声腔，启发学生探索历史声腔的当代延续，树立民族自信
思辨	创新精神 辩证思维	1. 介绍中国传统音乐学术史，引导学生关注学科历史发展，启发学生的创新精神 2. 从"非遗"的开展切入，引入中国传统音乐与遗产的关系问题，启发学生客观、思辨地思考中国传统音乐在当代的发展
应用	创新精神 团队协作	1. 介绍中国传统音乐在当代的发展，以及跨学科研究成果，引导学生不断学习的创新精神 2. 介绍田野调查对于中国传统音乐研究的重要性，培养学生的团队协作精神

五、实施案例

（一）案例1

本案例旨在加强对浙江地方传统音乐的挖掘和研究，依托非物质文化遗产，让学生了解丰富多彩的浙江传统音乐文化。以国家级非物质文化遗产"楼塔细十番"为例，通过实践、"请进来"等方式，启发学生对传统音乐文化的认知，同时结合实践，深入探索丝竹乐在浙江地域的流传和发展。学生的《后非遗时代的非遗现状调查研究——"楼塔细十番"为例》在浙江省第十五届挑战杯·富阳大学生课外学术科技作品竞赛中获三等奖。2020年学生参与的实践项目主要有国家级大学生创新项目"传承与发展——青瓷瓯乐在高校的传承发展"；浙江省大学生科技创新项目"'文化'＋'科技'——越窑青瓷瓯乐调查研究""舟山锣鼓传承现状及未来发展趋势研究"等（图1、图2）。

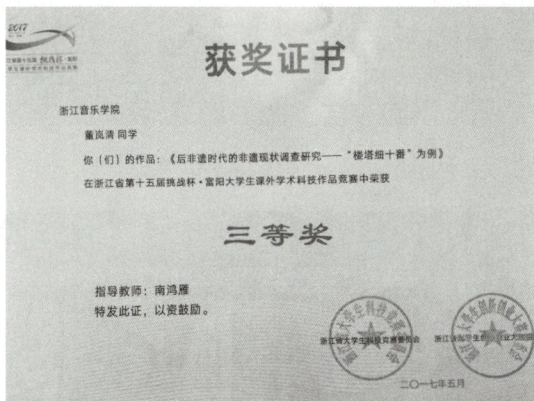

图1　学生"楼塔细十番"调查研究获奖

图2　学生参与浦江乱弹调研实践

（二）案例2

本案例旨在关注中国少数民族音乐文化传统，积极探索中华民族时代精神。以乌兰牧骑为例，通过实地考察，了解蒙古族音乐文化传统及乌兰牧骑精神，坚定文化自信，自觉肩负起传承优秀传统文化的重任。2019年学生赴内蒙古乌审旗乌兰牧骑进行实地考察和学习，了解并学习了蒙古族乐器、舞蹈及创编，通过观摩和参与活动，亲身感受乌兰牧骑精神（图3、图4、图5）。

图3　学生在乌兰牧骑考察学习

图4　学生在学习蒙古族盅碗舞

图5　蒙古族乐器学习

（三）案例3

通过"请进来"的"实践教学＋理论教学"的方式，倡导既有理论指导，又具备实践操作的创新精神，增强学生实践能力与研究问题的能力。

通过8~10个课时的集中教学，学生从具体的中国传统音乐对象的表演学习入手，结合此前学习的理论知识，全面提升自身的实践表演能力，并以此增强自身的理论研究能力（图6、图7）。

图6　学生们学习京韵大鼓汇报演出

图7　中国传统曲艺音乐——山东琴书讲演音乐会

六、特色及创新

（一）思政教育融合深入

结合课程思政理念，探求育人元素。在教学内容上着力挖掘中国传统音乐历史发展过程中蕴含的育人元素，从音乐的文化和功能上探究中国传统音乐蕴含的精神价值。激发学生探究不同传统文化的奥秘并主动地进行研究性学习；培养探究精神、创新意识，促进创造性思维能力的发展；树立尊重和理解中华民族多元音乐文化的理念，培养学生参与多元音乐文化交流的能力，等等。

（二）教学环节立体推进

中国传统音乐主要由民间歌曲、民族器乐、曲艺、戏曲等五部分组成，基本囊括中国传统音乐的各种主要形式。通过系统的课堂理论学习与实践，加深学生对于中国传统民间音乐多种形式的感性与理性认知。在教学过程中将其政治、经济、文化背景，音乐现象，音乐思想生成等进行溯源探流，学生在了解音乐文化的同时，体会到中华民族的优秀传统文化精神。这使当代大学生更加关注音乐文化遗产，并增强了社会责任感和事业心。课程设计中一系列的音乐文化实践缩短了学生与地方特色文化的距离，增强了学生对地方文化的认同，坚定了学生的文化自信，引导学生树立社会主义核心价值观，培养爱国情怀。

七、教学效果

课程的教学效果主要体现在以下几个方面。

（1）通过对中国传统音乐的学习，学生掌握和熟悉了不同地区、不同曲种、不同风格、不同流派的中国传统音乐，并通过理论和实践相结合的学习，对隐含在这些传统音乐背后的文化有所了解，感受中华民族优秀传统文化精神，坚定了学生的文化自信，激发了学生的爱国情怀。

（2）课程中一系列的音乐文化实践激励了学生努力学习与参与实践的热情。在此过程中，学生的实践能力得到提升，对中国传统音乐的传承发展现状有所了解，增强了学生传承弘扬传统优秀文化的决心和社会责任感。

（3）课程不仅让同学们了解了中国传统音乐文化，还要求学生避免"唯课本论"，敢于对课本中的知识提出疑问，敢于在实践中探索真理，面对中国传统音乐的发展现状加以讨论与思考，培养学生科学的思维方式。

（4）在当前中国传统文化遭受各种外来文化冲击的情况下，将学生的视野转到中国传统音乐文化上来，培养学生既不封闭保守，也不崇洋媚外的客观视野，能够全面客观地看待问题，以及树立知行合一的正确价值观。

劳动法与社会保障法

刘 芸 ——

温州理工学院 法学院

一、课程概况

　　劳动法与社会保障法是我国重要的部门法，该课程要求学生掌握劳动法与社会保障法的基本理论和法律规定，明确劳动和社会保障的权利与义务，理解劳动过程的组织管理规则，熟练运用基础理论、法律工具和法律方法分析现实案件并解决实际问题。课程倡导专业明智的法律思维，引导学生合法合理地探知法律事实、选择法律适用、开展法律推理和论证。树立投身国家法治建设的社会责任感和使命感，坚定理想信念，提升职业道德。

　　该课程由温州理工学院法学院开设，作为法学专业的专业必修课程或方向必选课程，共51学时，3学分，安排在第三个学期开课。同时，学校人力资源管理专业、安全生产等专业也将其作为必修课程，共36学时。

二、课程目标

（一）知识目标

（1）理解劳动法与社会保障法的基本概念、体系框架、价值取向。

（2）熟练掌握劳动合同、集体合同的签订、履行、变更、解除与终止。

（3）理解劳动过程的组织管理规则，明确劳动关系双方主体的权利义务。

（4）掌握劳动争议处理机制的内容与步骤。

（二）能力目标

（1）探知劳动法律事实，培育劳动法律思维，提升专业化的法律表达。

（2）熟练运用劳动法与社会保障法的法律方法，重点为法律推理及法律论证。

（3）预防劳动法律风险，设计并运用劳动争议的多元处理策略。

（4）激发自主探索新知、创造性地思考和解决复杂劳动法律问题的潜能。

（三）价值目标

（1）树立新时代大学生投身国家法治建设的社会责任感、使命感、自豪感。

（2）维护平等正义的崇高理想，恪守诚信友善的自律精神，坚定理想信念。

（3）深刻领悟爱党、爱国、爱社会主义、爱人民、爱集体。

（4）奉行劳动光荣和敬业修德，尊重劳动纪律和职业道德。

（5）形成团队沟通、互助协作、共同发展的素养。

三、思政元素

德育元素与课程知识点的结合如表1所示。

表1　德育元素与课程知识点的结合

元素主题 （一级目标）	具化德育元素 （二级目标）	德育元素分解 （三级目标）	专业知识（德育资源） （切入点）
爱国、爱党、爱人民、爱集体、爱社会主义	爱国、爱党、爱社会主义	法律的制度自信、法律文化自信、法律的民族精神、时代精神等	劳动法与社会保障法的价值、劳动法与社会保障法法律体系、劳动法与社会保障法历史发展
	爱人民、爱集体（社会责任感）	新时代大学生投身于国家法治建设	劳动团结权、劳动者的发展权、社会保障的共济性
社会主义法治、社会责任感	依法治国	依法治国、责任意识、劳动权利义务意识、劳动纪律意识等	劳动法与社会保障法法律权利、劳动法与社会保障法法律义务
社会主义核心价值观	和谐	劳资平衡、社会保障法的维稳性、企业的民主管理、社会救助与慈善弱者保护	集体合同制度、社会保障法的立法价值、企业民主管理制度、社会救助制度、慈善法律制度
	平等	就业的平等权、订立合同的平等、违法责任的平等追究	就业平等权、平等订立合同、违法责任的平等追究等
	公正	劳动基准制度的正义、劳动法的倾斜性保护、程序公正等	最低工资制度、最高工时制度、劳动安全卫生制度、劳动合同的限制性解除、违约金、赔偿金、程序公正等
	诚信	劳动主体的双方诚信	劳动者的告知义务、用人单位的告知义务、劳动合同的履行等
	友善	劳动主体双方的友好协作	订立劳动合同的协商一致、劳动合同的协作履行等
	自由	意识自治、人身自由	劳动与集体合同的订立自由、解除自由，劳动者人身自由，劳动报酬、工作时间、劳动福利约定自由
	民主	劳动者的人权、劳动者的民主管理权	劳动法与社会保障法作用、劳动基准（生存权）、职业培训（发展权）、职工代表大会等

元素主题 （一级目标）	具化德育元素 （二级目标）	德育元素分解 （三级目标）	专业知识（德育资源） （切入点）
"新发展"理念	共享	"十九大"：我国社会的主要矛盾为人民日益增长的美好生活需要和不平衡不充分的发展之间的矛盾、勤劳致富	宪法规定的基本劳动权利、劳动法与社会保障法立法目标 劳动报酬的按劳分配原则、社会福利法律制度等
	协调	人权保障、社会秩序建立、公序良俗等	劳动法与社会保障法的功能、劳资平衡的社会秩序建立、劳动法中的公序良俗原则等
职业伦理、社会责任感	劳动光荣、敬业精神	热爱劳动、热爱工作、热爱岗位、职业道德等	单位规章制度、劳动者的法律义务、劳动合同的解除条件等

四、设计思路

　　课程根据专业知识点，分解、提炼出45个德育资源；根据5条思政主线（一级目标），具化思政元素（二级目标），融入34个具体德育元素（三级目标），具体如表2所示。

表2　课程思政的内容、目标与方法

章节	主要教学内容	课程思政目标	教学方法
导论 第一章	劳动法基础理论	爱国，爱社会主义（法律制度自信、法律文化自信、法律民族精神、时代精神），依法治国	翻转式教学法、文献资料法、比较分析法、提问法、视频法
第二章	就业促进法律制度	就业的平等权、"新发展"理念、勤劳致富	案例分析法、情境模拟法、社会调查法、比较分析法、提问法
第三章	劳动合同法律制度	法治（劳动权利义务），劳动光荣，敬业精神，社会主义核心价值观（平等、自由、诚信、友善、公正）	"PBL"集体讨论法、案例分析法、情境模拟法、社会调查法、视频法、文献资料法
第四章	集体劳动关系法律制度	爱集体，社会责任感，社会主义核心价值观（友善、和谐、民主）	情境模拟法、翻转式教学法、案例分析法、比较分析法、提问法
第五章	劳动基准法律制度	劳动者的人权（倾斜性保护）、社会主义核心价值观（公正）	"PBL"集体讨论法、案例分析法、社会调查法、文献资料法、视频法
第六章	劳动监察与劳动争议处理	程序公正、依法治国	情境模拟法、案例分析法、比较分析法、提问法

续 表

章节	主要教学内容	课程思政目标	教学方法
第七章	社会保障法基础理论	爱国、爱党、爱社会主义 社会主义核心价值观（和谐） "新发展"理念（协调、共享）	"PBL"集体讨论法、翻转式教学法、情境模拟法、社会调查法、文献资料法、比较分析法、视频法、提问法
第八章	养老保险	"新发展"理念（协调、共享） 社会主义核心价值观（公正）	翻转式教学法、案例分析法、情境模拟法、社会调查法、比较分析法、文献资料法、提问法
第九章	医疗保险和生育保险	"新发展"理念（协调、共享） 社会主义核心价值观（公正）	案例分析法、社会调查法、比较分析法、文献资料法、提问法
第十章	工伤保险	"新发展"理念（协调、共享） 社会主义核心价值观（公正）	"PBL"集体讨论法、案例分析法、视频法、社会调查法、文献资料法、比较分析法、提问法
第十一章	失业保险	"新发展"理念（协调、共享） 社会主义核心价值观（公正）	案例分析法、比较分析法、文献资料法、提问法
第十二章	社会救助	"新发展"理念（协调、共享）、爱人民、爱集体（社会责任感）	翻转式教学法、案例分析法、社会调查法、比较分析法、文献资料法、提问法、视频法
第十三章	社会福利和社会优抚	"新发展"理念（协调、共享） 社会主义核心价值观（和谐）	"PBL"集体讨论法、案例分析法、文献资料法、比较分析法、提问法

五、实施案例

以课程的第七章"社会保障法基础理论"的整体教学为例，说明课程思政在教学中的组织实施。该章的主要内容包括：（1）社会保障法的内涵；（2）我国社会保障法的发展历程；（3）社会保障法的理念与基本原则。教学重点包括：（1）社会保障法的法律体系；（2）社会保障法的理念与功能；（3）我国社会保障法的基本原则。教学难点包括中国社会保障法的理念、基本原则。教学过程设计如表3所示。

表3　教学过程设计

教学环节	教学内容	思政资源	思政目标	教学方法与手段
课前环节	提出课前思考题 方式与方法： ①"课堂派"布置作业 ②"钉钉"前期辅导	问题：疫情背景下，从中央到地方出台了许多调整劳动关系的规定和措施，你觉得最重要的有哪些？为什么？ 初识：社会保障 引发：学生对"工伤保险""医疗保险""失业保险""社会救助"的内容简单了解 体会：国家对于社会保障的重视，对于民生的关注和支持	理解：和谐劳动关系和国家健康发展的意义 领悟：社会主义国家的优越性 形成：自主探索新知的能力；创造性的思考能力	"PBL"集体讨论法、翻转式教学法、社会调查法、文献资料法、提问法
课堂导入	方案1："梦想"照进"现实"——播放并观看2分钟的《新闻联播》视频（"我国已建立完善的社会保障体系"）	介绍：中国已建立完善的社会保障体系，2020年已实现"全面脱贫" 证明：中国社保的改革成果，亿万居民无后顾之忧 根本原因：党爱人民、国家保障民生 	明确：社会主义制度的优越性，重点为社会主义的制度自信、道路自信 强化：理想和信念，更加坚定大学生的爱国主义和集体主义	"PBL"集体讨论法、视频法、比较分析法、提问法

续 表

教学环节	教学内容	思政资源	思政目标	教学方法与手段
课堂导入	方案2：观点对冲——根据2021年"两会"热点"延迟退休"，同学举手表决，选择赞成或反对"延迟退休"	数据统计、经验获知：许多同学不同意延迟退休。 继续提问：为什么国家要确定并实施"延迟退休"的政策？ 自然引出：我国为何要有退休、养老等社会保障？而社会保障法的功能是什么？ 	对应后面知识： 1. 社会保障的普遍性，进而理解社会主义核心价值观中的"平等、公正" 2. "新发展"理念中的效率、安全 3. 集体主义、社会责任 素质目标： 学生自主学习	文献资料法、追问法、正反对比法
知识概述	一、社会保障法的内涵（WHAT） 1. 社会保障法的体系 2. 社会保障法的内容 3. 社会保障法的含义	提问：如何体现社会保障法的功能——立法价值是什么？ 答案：《社会保险法》第一条，即"社会保障法的立法价值"，"为了规范社会保险关系，维护公民参加社会保险和享受社会保险待遇的合法权益，使公民共享发展成果，促进社会和谐稳定，根据宪法，制定本法"	充分认知： 1. 社会主义法的价值，重点为"人权、秩序" 2. 社会主义核心价值观，重点为"法治、和谐、友善"	文献资料法、提问法
		层级进阶： 1. 追问：我国如何保障全体公民的生存权？ 答案：社保体系包括社会保险（核心）、社会福利（辅助）、社会救助（底线）、社会优抚 体会：我国社保的普惠性、全面性 2. 再追问：我国的社会保障如何确立？ 说明：国家通过法律设立社会保障——社会保障制度保障 	再次深刻认知： 社会主义核心价值观，重点为"法治、和谐、友善"	提问法、文献资料法

教学环节	教学内容	思政资源	思政目标	教学方法与手段
知识概述	二、我国社会保障法的产生与发展（WHEN、WHERE） （一）我国社会保障制度的产生与发展 （二）我国社会保障法的法律渊源	讲述：我国社会保障法的主要历程 描述：我国"基础薄弱"，同时也是"目前世界最大规模"的社会保障体系 对比：西方主要国家的社保制度 体现：中国的制度、文化、路线优越性 结合时政，引申： 深入提问：中共中央政治局第二十八次集体学习提出"社会保障是治国安邦的大问题"，其前景如何？ 介绍：党的十九大报告提出，社会主义新时期我国社会的主要矛盾已经转化为人民日益增长的美好生活需要和不平衡不充分的发展之间的矛盾 党的十九大报告中提出： 中国特色社会主义进入新时代，我国社会的主要矛盾已经转化为人民日益增长的美好生活需要和不平衡不充分的发展之间的矛盾。 深层进阶： 提问：从"发展"到"新发展"，有何变化？ 引出：我国"十四五"规划中的"新发展"内容	再次深刻认知：社会主义制度优越性 深化：爱国热情 了解：国家政策方针，即"十四五"期间的"新发展"理念 明确：新的历史时期中的"发展、公正"	历史分析法、对比法、文献资料法、提问法
	初步布置：课后校外实践作业	初提要求： "结合地方特色"的社会保障社会调研 （"合作性、项目式"教学模式设计与实践） 	1. 设置校外具有创新性、挑战度的实践作业，实现"全员""全程""全方位"育人 2. 体会集体学习、探索问题的精神 3. 树立服务地方的社会责任感	"PBL"集体讨论法、翻转性教学、社会调查法、案例分析法

续 表

教学环节	教学内容	思政资源	思政目标	教学方法与手段
深度解析	社会保障法的理念与基本原则 （一）社会保障法的理念、作用 （二）社会保障法的基本原则 1.普遍性与选择性相结合原则 2.权利与义务对等原则 3.适度保障原则 4.公平与效率原则	描述： 1.社会保障法的理念：人性关怀、弱势群体保护、社会稳定 2.社会保障法的作用：经济的"蓄水池"，社会的"减压器""安全阀" 提问：如何实现社会保障的理念和功能？ 引出：社会保障法确立的基本原则	全面深刻掌握：社会主义核心价值观中的"和谐、友善、秩序"是如何实现的	"PBL"集体讨论法、社会调查法、文献资料法、比较分析法、提问法
		再次深入反思 问题：为何延迟退休？ 描述： 1.社会保障的普遍性：体现"社会主义的优越性" 2.社会保障的选择性：我国存在地域发展不平衡的问题，以及公民在年龄、职业方面具有区别，为了社保基金的支付安全，真正满足全体公民的实际需要，必须"延迟退休"	深刻准确掌握： 1.社会主义制度的优越性 2.社会主义核心价值观中的"平等、公正"，应为"实质公正"	
		解读：社会保障的权利与义务是核心内容，由法律确定 理解：从个人层面，权利与义务应具有一致性；从国家层面，国家和个人则分别承担义务、享有权利	深刻准确掌握： 1.社会主义核心价值观中的"法治" 2.社会主义制度的优越性，国家承担社会保障责任	
		解析：制度以经济为基础，适度保障才能保障共享社会权益 理解："新发展"理念中的"共享"	深刻准确掌握："新发展"理念中的"共享"	
		解析：社会保障是动态发展的，公平与效率是发展的两面 明确："平等、公正、效率"	深刻准确掌握： 1.社会主义核心价值观中的"平等、公正" 体会：起点公平、程序公平与结果公平 2.我国法律的价值之一为"效率"	

教学环节	教学内容	思政资源	思政目标	教学方法与手段
教学总结	进行课堂内容总结，重点提炼	1. 社会保障法的法律体系包括四大版块，其各自作用不同 2. 社会保障法理念与功能 3. 我国社会保障法的四个基本原则	提升： 学生的社会责任感和时代使命感： 最后回归到"德法结合"的法治人才培养目标	比较分析法
课后作业	校外实训及成绩评价	1.（必做）"结合温州地方"，完成法律运行的社会调查 2.（选做）结合法律公益团队，进行法律宣传 	强调： "应用性" "针对性" "创新性" "挑战度"	"PBL"集体讨论法、 社会调查法、 文献资料法、 比较分析法、 提问法、 专题性作业
	案例反思	自编实训教材《劳动法与社会保障法案例教程》中，"用人单位是否可以与劳动者签订协议，放弃社会保险权利？" 体会：企业的社会责任 	强调： "合规性" "价值性"	案例法、 比较分析法

续 表

教学环节	教学内容	思政资源	思政目标	教学方法与手段
课后作业	课后思考	1. 我国社会保障法的理念和基本原则是怎样的？ 2. 如何理解目前我国社会保障法的法益与体系框架？ 	强调："爱国、爱社会主义"新发展理念中的"发展性"	比较分析法、文献资料法
	文献阅读互联网	1. 2021年的"两会"政府工作报告中，有哪些内容涉及社会保障？（提示：养老保险、工伤保险、社会救助） 2. 社会保障是治国安邦的大问题。 	强调："爱国、爱社会主义"新发展理念中的"发展性"	文献资料法

六、特色及创新

（一）内容设计：关照时代生活，呼应精神需要

坚持"以学生为本"，贴近时代、贴近生活，引导学生树立制度自信与文化自信，弘扬爱国主义精神。针对2020年疫情特殊时期，充分用好劳动关系及社会保障相关政策的中国经验，培养学生胸怀天下的家国情怀及坚韧不拔的精神（图1）。

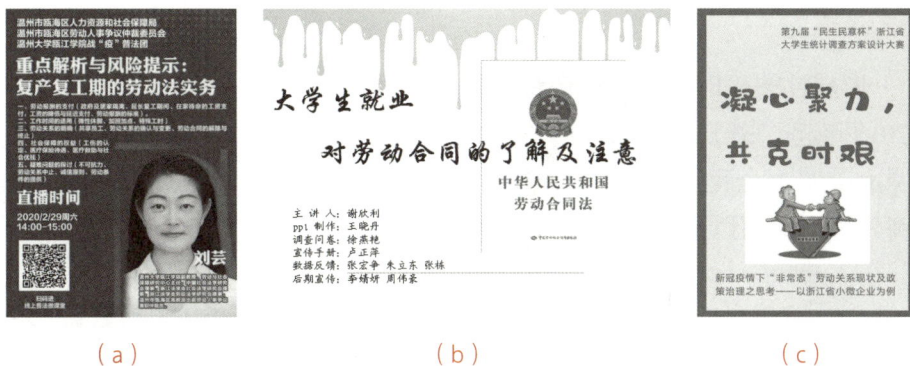

（a）　　　　　　　　　　（b）　　　　　　　　　　（c）

图1　教学内容设计

（二）实施过程：实现教学质量的"整体提升"

不仅包括"课前课后、课堂校外、线上线下"的时空延伸，更包括"理论实践、教学科研、社会服务、成果提升、成果拓展、反思回归"的教学运行逻辑闭环；既丰富了理论教学，也创新了实践教学。

（三）目标实现："四位一体"同步推进人才培养

以优先的"德法融合"价值导向为引领、以"知行耦合"的课程体系为基础、以"校地结合"的专业实践为支撑、以"虚实结合"的技术平台为辅助，共同致力于培养新时代"德法兼具"的创新性、复合型法治人才。

（四）建设形式：教学组织和管理的多样化进路

课程借助案例分析法、情境模拟法、社会调查法、专题讨论法、对比分析法等多样化的教学方式，组织集体学习和小组讨论，响应学院"德育课堂"线上观摩课的整体部署，引起了广泛的关注。

（五）课程效果：启动较早、运行优良、影响广泛

以2018年立项的校级德育项目"劳动法与社会保障法的德育实践探索"为依托，展开三轮课程思政实践；校内连续两年开设课程思政公开观摩课；校外线上观摩课被新华网、中国教育在线浙江站报道，影响广泛（图2）。

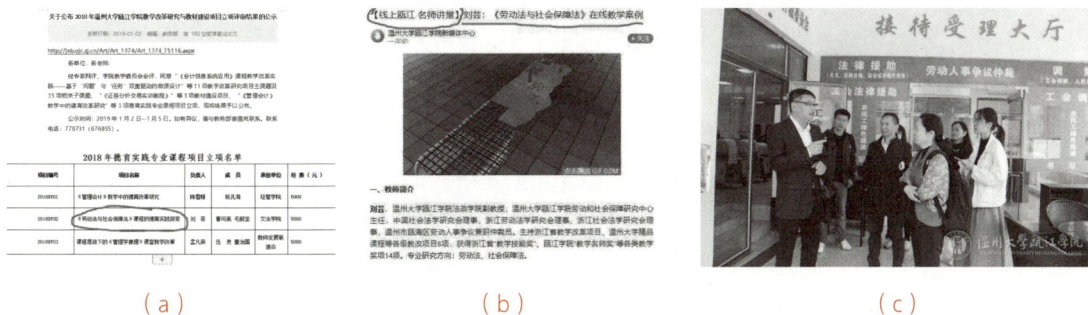

（a）　　　　　　　　　　（b）　　　　　　　　　　（c）

图2　校级项目、媒体报道及公开观摩课

七、教学效果

（一）形成性的平时作业，思政情怀积淀浓厚

自2017年起，法学专业2017～2020级近600多位同学，以集体学习和探究的方式，在课上、课下全程完成思政内容的作业，包括各种类型，如立法论证、调研报告、案例分析、专题讨论等，数量达到80余份（图3）。

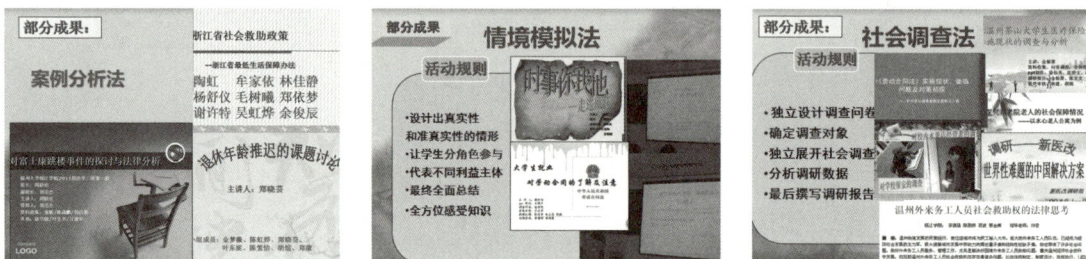

（a）　　　　　　　　　（b）　　　　　　　　　（c）

图3　学生学习成果

（二）专业比赛提质增量，价值反思极获认同

实践证明，专业比赛存在价值思考，更易获得认同（图4）。

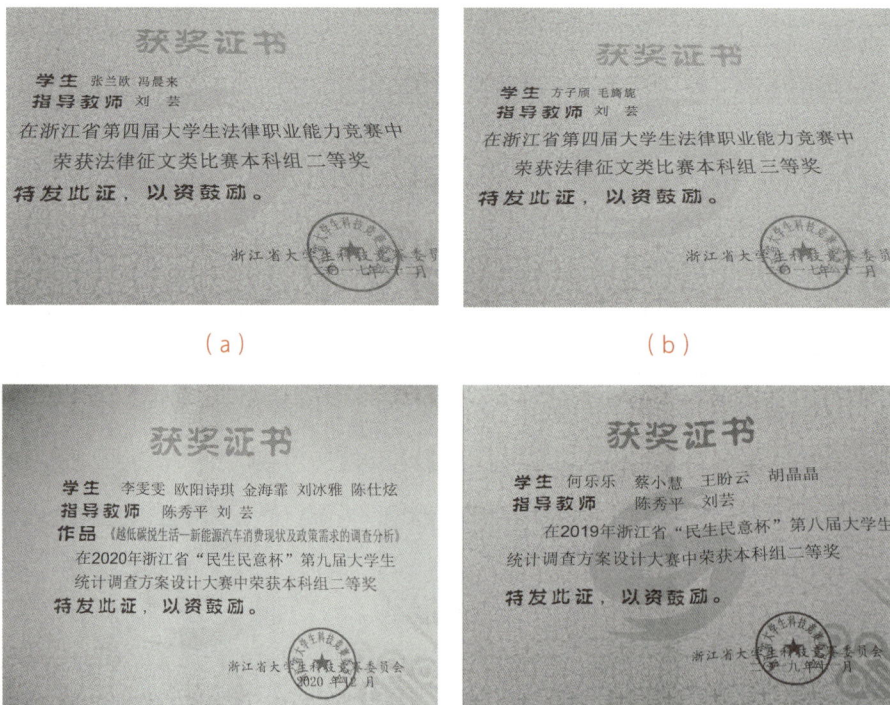

（a）　　　　　　　　　　　　　　　（b）

（a）　　　　　　　　　　　　　　　（b）

图4　学生参赛获奖证书

（三）毕业论文彰显素养，价值引领终点升华

毕业论文是大学生反思学习生活，彰显职业素质的窗口，在"最后一站"实现"全程"价值反思的升华（图5）。

（a）　　　　　　　　　（b）　　　　　　　　　（c）

图5　学生毕业论文

（四）专业实践反哺社会，公益法务全面开展

课程思政通过"校内校外"的法律实践，以专业反哺社会，塑造成"全方位"的普法先锋（图6）。

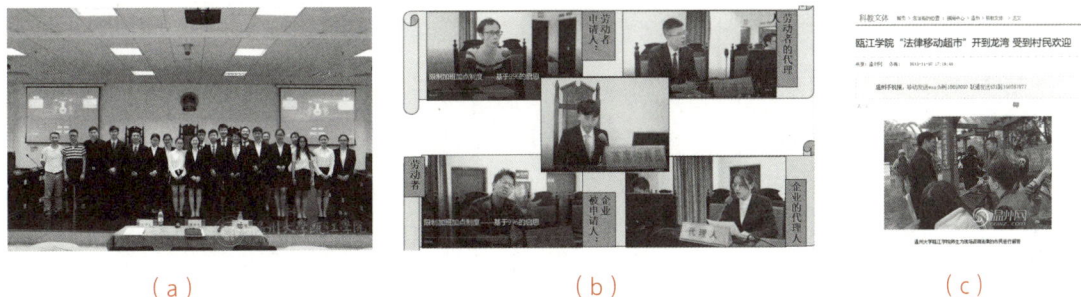

（a）　　　　　　　　　（b）　　　　　　　　　（c）

图6　学生校内校外实践展示

（五）学生科研质量双升，热情高涨勇于挑战

（1）学习热情不断提升，自觉性和创造性"双向共生"。

（2）学生项目质量进阶，级别和难度"齐头共进"：

①2021年，国家创新创业大学生项目立项；

②2018—2020年，浙江省新苗人才计划项目结题；

③2020—2021年，大学生实验性开放项目结题。

（3）学生成果的数量稳定上升，热度持续发酵。

（六）课程经验不断推广，教学评价长期居高

（1）多轮实践：在多个年级展开四轮课程思政教学实践。

（2）校内交流：连续两年开设课程思政公开观摩课。

（3）校外推广：线上观摩课被新华网、中国教育在线浙江站报道，300多人观看，十余所高校教师关注，影响广泛。

（4）学生好评：学生评教维持在96分以上，在学校的教学排名为前20%。

浙江省高校课程思政优秀教学案例

一等奖

户外拓展

刘 明 ——

浙江大学 公共体育与艺术部

一、课程概况

户外拓展是指将户外运动元素融入体育运动学习，使学习者在自然环境中迎接各种各样的挑战，从中学会利用身体技能应对危机和克服心理压力的能力，并按照体验式学习模式进行的一种团队户外教育活动。

户外拓展产生于20世纪初，创始人是德国教育学家库尔特·哈恩，1995年引入中国，并作为非常流行的培训课程而广受好评。2019年户外拓展课程首次获得课程思政立项资助，课程团队一直致力于专心开发户外拓展课程思政项目，经过一年多的努力已经研发出超过30个户外拓展课程思政项目（图1）。目前已经完成2个学期的教学任务，每个学期设置3个教学实验班，参与学生150人左右，经过课程深层迭代发展，将更优质的课程研发和设计出来。以多元化思政内容融入课程，深化体育课程改革和培养模式，可以有效帮助学生树立"四个意识"、坚定"四个自信"，通过课程学习学会爱党爱国、团队精神、沟通协作、思考判断、抵御风险、抵御挫折，提升组织力、领导力、社会适应能力和实践能力。

丰富户外拓展活动

（a）

（b）

图1　丰富的户外拓展活动与比赛

二、课程目标

户外拓展课程思政围绕"德才兼备、全面发展"的核心要求，以"立德树人"为根本任务，以"增强体质、掌握技能、培育习惯、塑造人格"为教学目标，围绕着浙江大学新时代高素质人才培养目标需求，全面培养学生提升综合素质。利用自然环境、人文资源和社会资源而开发、设计实施创新型特色体育课程。以传统教学结合"体验式学习"为课程教学方法，以"养成终身体育习惯、塑造健全人格"为课程方针，以"以体育人，全面提升素质适应社会发展"为课程理念，以"爱党爱国爱校"为思政育人根本出发点，培养学生立鸿鹄志、做奋斗者的精神，做到理想坚定、信念执着、不怕困难、团结合作、勇于开拓、顽强拼搏、永不气馁。课程将社会主义核心价值观与户外拓展专业知识相结合，开发设计新的课程思路，以润物细无声的方式感化和教导学生。

三、思政元素

本课程的思政融入点，从"爱党、爱国、爱校"根本出发，理论联系实际，将户外元素融入学生在体育课堂中学习的走、跑、跳、投等基本技能，使学生面对大自然的挑战，从中学会应对一系列困难的能力，利用环境因素、运用各种技能应对生存危机和心理压力，从而获得全面素质能力提升和新的经验认知。并充分将党中央的重大决策和重大事件、家国情怀、中国梦、现代化国家治理等元素，融入课程当中，让学生们在体验课程的同时，能够从内心中感受这种情怀，不忘历史，不忘初心，牢记使命，用一颗勇敢担当的心，投入课程的学习，不断突破自我，激发强国兴国的热情，达到强身塑心、立德树人的目的，以全面提升学生综合素质能力。

四、设计思路

课程团队凝心聚力，在课程思政的研发与设计上，针对思政育人目标，在思政元素融入点上下功夫，不断开发新课程，并付诸实践。经过一年多的打磨，其中三十余项课程项目，应运而生，广受好评。

（一）新研发的课程清单（表1）

表1　新研发的课程清单

课程名			课程名		
红船起航	旗人旗事	飞夺泸定桥	党史大考验	翻越胜利墙	穿越地雷区
逃生电网	逃离渣滓洞	上甘岭取水	支援前线	同进同退	共绘蓝图
答卷人	武器蹲	战斗横渡	重走红军路（图2）	岩上升旗	党群手拉手
四面埋伏	信任背摔	风语战士	前赴后继	占领高地	无声的电波
孤岛求生	责任与理解	爬雪山过草地（图3）	滚滚战车	突出重围	海难救援

图2　浙大师生"重走红军路"

图3　浙大户外拓展课学生"爬雪山过草地"

（二）思政融入点、具体思政教育内容、教学组织实施方法（节选）

课程思政的设计理念利用大卫·科尔博提出的"体验式学习圈"，"体验—反思—总结（经验）—应用"，让学生先体验精心设计的课程，在课程中能有情景的迁移或思想的延伸，同时能够身临其境地体会当时场景，充分发挥沉浸式体验的功能。课程运用了分组教学与体验式教学相结合的方式，充分发挥出学生在课堂中的自主性，通过分组教学，建立团队，以团队学习的模式开展教学，让学生既可以相互依靠，又可以共同奋进。在课程中不断尝试各种解决问题的方法，达到教学的目标。根据不同的体验课程，思政教育内容充分结合教学内容，并融入其中，让学生通过反思、总结教学内容，并联系实际进行思政总结；利用"圆桌分享法"，将学生们的思想集中，引导学生到具体的思政教育内容上，并鼓励学生将所学知识应用于现实。

（三）部分思政教学内容与教育内容（表2）

表2　部分思政教学内容与教育内容

序号	教学内容概述	具体思政教育内容	组织实施方法
1	岩上升旗（图4） 在长征时期，红军在资源匮乏的情况下，爬雪山过草地，行军非常困难艰苦。本课程模拟爬雪山过程，非常有教育意义，攀登先锋们需要将红旗插到"悬崖"的最高处，来指引团队前进方向	克服困难、增强自信心；充分的自我认知，敢于突破内心的枷锁，顽强拼搏，不到巅峰不罢休的精神；榜样的力量也会影响到周围人群，一个人到顶峰的喜悦，会带动更多的人想冲击最高峰，想通过努力完成历练	分组教学、体验式教学

序号	教学内容概述	具体思政教育内容	组织实施方法
2	翻越胜利墙（图5） 4.2米的高墙，翻越获得胜利，不能借用任何的帮助。这对普通人来说是根本不可能完成的，但是对团队学习来说，是有可能的。使学生能够科学创新方案，勇于实践，不怕挫折，敢于尝试，在失败中获取经验教训，认同差异，积极合理分配人员和资源	第一个登上去的人是先锋，安全保护人员是忘我的投入，甘愿为人梯是奉献，一个团队的胜利乃至一个国家的胜利来自每个人的不懈努力，来自每个人的忘我付出，这是新时代的奉献精神，这种精神也就成就了中华民族光荣伟大的中国魂	分组教学、体验式教学
3	共绘蓝图（图6） 第一，由小组成员讨论越野路径以及蓝图的设计方案。在团队快速越野的过程中，要不断地搜集校园内定向线路上各种植物的落叶、落下的花瓣和各种颜色的植物根茎（不得摘折尚完好的花和叶） 第二，同学们通过户外越野去往指定的自然区域寻找构建蓝图的"材料" 第三，取回蓝图"材料"后，通过集体的智慧，拼出一幅气势磅礴、山河壮美的秀丽画卷 第四，与其他组同学分享定向路上发生的故事 第五，分享并解读小组共绘蓝图的思想意境	课程不仅让同学们通过定向的方式去往大自然，关注大自然，了解大自然，更是希望同学们能够明白，我们国家为什么要大力推进生态文明建设。我们既要绿水青山，也要金山银山。树立大局观、长远观、整体观，坚持保护优先，坚持节约资源和保护环境基本国策，把生态文明建设融入经济、政治、文化、社会方方面面，建设美丽的中国，努力开创社会主义生态文明新时代。本课程通过在大自然中越野，感受大自然的美好环境，同时通过同学们齐心协力共同绘出中国的美好蓝图，表达对祖国山河的美好印象和他们对未来的畅想，激发同学们的爱国热情，同时通过课程思政理解党中央生态文明建设的重要思想	分组教学、体验式教学

图4 学生参加"岩上升旗"课程

（a）

（b）

图5 学生参加"翻越胜利墙"课程

图6 学生参加"共绘蓝图"课程

五、实施案例

（一）案例一："飞夺泸定桥"

1.课程背景

1935年5月，北上抗日的红军向天险大渡河挺进。大渡河水流湍急，两岸都是高山峻岭，只有一座铁索桥可以通过。这座铁索桥，就是红军北上必须夺取的泸定桥。国民党反动派派了两个团防守泸定桥，阻拦红军北上；后来又调了两个旅赶去增援，妄想把红军消灭在桥头上。红四团在暴雨中摸黑前进，终于在5月29日清晨赶到了泸定桥，把敌军增援的两个旅抛在后面。

2.实施方法（图7）

小组每位成员都要依次成为挑战者，作为挑战者需要戴好头盔，在保护员的引导下，站上由同学们用木杆搭好的"泸定桥"上，通过爬或直立行走的方式，通过15米的距离，中间不能掉落。挑战者掉落则团队挑战失败。

（a）　　　　　　　　　　　　　　　（b）

图7　"飞夺泸定桥"课程实施过程

3.思政元素

不忘历史，呼吁和平

中国已经进入了新时代，比历史上任何一个时期都更接近、更有信心和能力实现中华民族伟大复兴。这个成就举世瞩目，我们作为中国人感到万分自豪。此时此刻，我们不能忘记历史，不能忘记那些曾经为了祖国和平、民族独立、人民解放而牺牲的前辈，忘记历史就等于背叛。走好今天的路也要不断从党的历史中汲取营养和智慧。慎终追远，以史为鉴，不是记住仇恨，而是要面向未来，不是选择遗忘，而是我们都将在历史的疼痛中砥砺前行，凝聚力量，做到吾辈当自强。

呼吁和平，构建人类命运共同体。尽管千百年来，人类一直期盼永久和平，但现实是战争从未远离，人类始终面临战火的威胁。我们应该坚持新安全观，营造公平、正义、共建的安全格局，共同消除引发战争的根源，共同解救被枪炮驱赶的民众，共同保护被战火烧灼的妇女和儿童，让和平的阳光普照大地，让人人享有安宁祥和。

4.思政教学经验与效果

按照"圆桌分享法"，全体成员围坐，回顾课程并分享总结。同学们结合爱国主义情怀，对团队协作能力、沟通的方法、作为挑战者的感受、作为搭建者的感受、对团队文化的理解、对重要人和关键事的认识态度等进行深入的分析与分享，教师进行现场点评和总结。学生从有意义的体验到有价值的经验，感悟深刻，课程效果明显（图8）。

图8　圆桌分享法

（二）案例二："党史大考验"

1.实施办法

30张卡片分别代表我党成立以来发生过的重大事件，在距离大本营25米的地方进行放置。团队共同努力，进行4轮较量，每轮60秒钟，完成30张卡片的排序。如想有更多时间去厘清卡片的内容，需缩短跑动时间，增强跑动积极性。每轮结束时在5秒钟之内返回大本营（图9、图10）。

图9　"党史大考验"的课程过程

党史大考验任务卡

图10 "党史大考验"任务卡内容

2.思政元素

爱党、爱国是每位中国人的底色。通过课程体验与深度分享，课程可以使学生回顾党史，还可以深入学习某个阶段发生的具体事件，对伟人、名人的学习起到了模范引领作用，传递给青年正确的爱国理念，激励青年人团结奋进，使爱国主义精神在广大青年心中牢牢扎根，培养爱国之情、砥砺强国之志、实践报国之行，让爱国主义精神代代相传、发扬光大。

六、特色及创新

（一）紧扣时代主题，课程设计理念改革创新性强

结合时代背景，与时俱进，多元化的课程教学方法与手段为课程的改革创新奠定了基础。时代是思想之母，实践是理论之源。从多角度、多方向突出课程思政设计，理论联系实际，紧紧围绕时代发展的需要，契合时代对青年的需求，加强课程思政改革与创新，使其能够与当代青年思想统一，同心同感。

（二）课程思政融入巧妙，学生体会深刻

思政与户外拓展课程融合，体现了户外拓展课程发展的新高度、新理念。好的课程会让学生感觉如沐春风，课程思政点的融入极其关键。户外拓展课程遵循教学规律，将思政点从课程导入，从名人名言、历史故事、典型事迹开始，让学生感觉这一切都发生在身边。课程通过情景导入、人物模拟、事件再现，让学生体验真实的发展历程，从而留下深刻的学习印象。

（三）应用推广党群建设、党员培训、基层党支部团建

户外拓展课程思政不仅适用于高校体育课程思政的推广，同时适用于中小学思政、体育、主题班会等形式的课程。课程在创新实践过程中，多次在新教师培训、党员培训和基层党支部团建活动中应用，获得高度评价，为课程应用与推广提供了实际价值和可靠保障（图11）。

（a）

（b）

图11 户外拓展课程思政的实际应用与推广

七、教学效果

户外拓展课程思政教学效果非常明显，学生感触很深，很多学生认为户外拓展是非常有趣、有个性、新颖的体育课程（图12），教师在教学方面极其认真，授课时表现出来的激情可以深深吸引并打动学生，课程内容丰富多样，在体验活动的同时学习了很多中国共产党的历史，并能共情地融入课程中，深刻体验，意犹未尽，课堂效果很好。

户外拓展将多元化思政融入课程，深化体育课程改革和培养模式，可以有效地帮助学生学会爱党爱国、崇尚信念、自信他信、团队精神、沟通协作、思考判断、抵御风险、抵御挫折，提升组织力与领导力，促进身心全面发展，走出了一条通过体育增强学生实践能力和实现全面发展的新路径。

学生课程评价

沉默不语
一节有趣的课，一位优秀的老师，一个团结的队伍，一群活泼的同学，一起完成了一整个学期挑战，mwzz队，有机会再见哇

紫风
两年四次体育课中最开心，最难忘的一次，很开心认识了这么多小可爱们，很感谢你们给了我一次美好的回忆，也很感谢你们包容我这个水水的队长，愿宇宙队永远不散~（emmmm每次遇到这种事情，总是忍不住感伤😭安利幽默风趣的刘明大大安利户外拓展😊）
收起

户外拓展是非常有趣、有个性、新颖的体育课程，课堂整体教学效果非常好，教师在教学方面极其认真，授课时表现出来的激情可以深深吸引并打动学生，课程内容让我们在体验活动的同时，了解了很多中国共产党的历史，并能够共情地融入课程中，深刻体验，意犹未尽。增长了同学们的爱国热情，教师语言生动、形象、丰富、幽默，同学们很喜欢，课堂效果很好。教学内容方面，思政融入设计非常巧妙，主要是以亲身体验为主，以团队的模式相互学习，相互建立信任，分享思政学习理念：分享经验、分享快乐，户外的课教学目标明确，是有爱国情怀、有历史知识、有思政内涵、有严酷挑战、有全面训练、有亲身体验、有正能量的体育课。

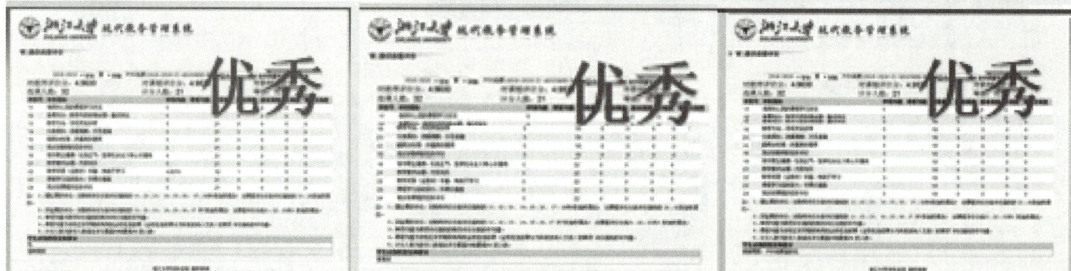

图12　学生的课程评价

中西人文精神与文学精神

朱首献 ——

浙江大学　人文学院

一、课程概况

　　中西人文精神与文学精神是研究中西方人论及其人文内涵，进而阐发在人文精神主导下的文学精神的课程。课程的核心知识构成包括：（1）中西人论及其人文内涵，主要讲授西方感性论、理性论、实践论、存在论、符号论等人论和中国儒家、道家人论对人的具体理解及其人文意蕴；（2）马克思主义人论及其人文精神，主要讲授马克思主义经典作家的人论及其对人文精神的科学建构、新时代中国特色社会主义人论及其对人文精神的创新；（3）人文精神主导下的文学精神，主要讲授文学的感性精神、理性精神、实践精神、人生精神、人民精神、审美精神等。

　　该课程由浙江大学人文学院开设，共48学时，作为全校性的通识选修课程，安排在秋冬学期开课。

二、课程目标

（一）知识目标

　　（1）了解中西人论发展史，掌握主要人论思想的核心范畴、基本理念和人文意蕴，深入理解马克思主义人论的科学创新、时代发展及其与传统人论的本质区别。

　　（2）掌握人文精神与文学精神间的深层、动态、有机关联，认识文学的感性精神、理性精神、实践精神、人生精神、人民精神、审美精神等精神谱系构造。

　　（3）深刻把握中西传统人论的思想局限、思维瓶颈及方法论误区。

（二）能力目标

　　（1）能够在文学、人学、哲学、美学等多学科视野中探讨人、人的本质、人的价值，在现实关怀中正确解答文艺的人文精神。

　　（2）具备更自觉的文艺使命意识，更敏锐的审美感悟能力，更深邃的审美分辨能力，更理性的文艺评判能力。

　　（3）具备独立研读中西人论经典文献及在团队作业中的评判与合作能力。

　　（4）辩证把握人文精神与文学精神，形成以科学的人文精神为原则的文学史判断力。

（三）价值目标

（1）建构人民精神是人文精神的最高形式的意识，厚植文艺观中的人民精神和人民情怀。

（2）提升认同中华民族传统文化价值的自觉性，增强民族自豪感和文化自信。

（3）激发时代担当精神，涵养人文情操，确立奉献意识，开拓人生视野，提升人格境界，培植健康审美趣味，建构良好审美情操。

三、课程思政元素

结合新时代中国特色社会主义人论及人民中心创作导向文艺纲领，推进新时代中国特色社会主义人文精神与文艺精神的深度融合，厚植人民情怀、人民立场，培养文化自信，激发时代担当意识，塑造健康的人文情操和审美追求。

（一）人民情怀

培养学生运用马克思主义世界观和历史观、新时代中国特色社会主义理论认识人民的历史主体地位，厚植人民情怀。

（二）文化自信

培养学生深入理解和认同中华民族优秀传统文化的精神内核和人文标识的能力，增强民族自豪感，提升文化自信力。

（三）时代担当

培养学生树立个体自我价值的实现与中华民族伟大复兴进程自觉统一的意识，激发时代担当精神和自我奉献意识。

（四）人文精神

帮助学生深刻理解人文精神的本质，确立新时代人民中心理念和人类命运共同体思想是人文精神的历史最高形态的观念，培养健康的人文情操。

四、设计思路

教学设计理念上通过紧扣"三力"和"四落地"，确保课程思政的顺利实施。"三力"即知识上有穿透力、情感上有征服力、信仰上有引领力。知识上有穿透力通过"以经典文本为核心"和"以马克思主义理论为指导"来实现；情感上有征服力通过"以比较促认同""以讨论促认同""以研读促认同"来实现；信仰上有引领力通过"自我奉献精神""时代担当意识""深厚人民情怀""健康人文操守"的培养来实现。"四落地"即理论教学、课堂讨论、课外学习、期末考核四环节思政落地。其中理论教学环节通过强化马克思主义立场、观点与方法在课程中的指导地位及增加新时代中国特色社会主义人论的内容来确保落地；课堂讨论环节通过紧扣厚植人民情怀、增强文化自信、培养奉献精神和时代担当意识设置课堂讨论话题来确保落地；

课外学习环节通过围绕经典人文文化和新时代中国特色社会主义理论遴选阅读文献来确保落地；期末考核环节通过加大对新时代中国特色社会主义思想和文艺指导纲领阐释的内容来确保落地（表1）。

表1　课程章节思政元素的教学设计

课程章节	重要思政元素	相关联的专业知识或教学案例
西方人论及其人文精神	人文精神、辩证思维	1. 立足于马克思主义辩证唯物论，引导学生正确认识感性、理性、实践、存在、符号人论及其人文观念与思维方法的机械论局限，帮助学生确立正确的人文精神观 2. 结合古希腊快乐人生哲学的缺失、文艺复兴人性解放的误区、启蒙主义的理性悖论、人是目的论的唯心倾向及现代西方人论的矛盾等，引导学生深入思考人的本质，建构辩证思维和科学的人论方法
人是手段抑或目的？（讨论课）	使命意识、奉献意识、担当精神	1. 课外分组阅读指定材料，课堂展示讨论，培养学生团队协作精神。引导学生辩证认识人作为手段与作为目的的有机统一，激发学生的奉献精神 2. 引导学生深刻认识个体自我价值的实现与中华民族伟大复兴的历史进程的统一性，确立学生使命意识 3. 人民不仅是中华民族伟大复兴的手段更是其目的，人民幸福是中国梦的旨归，中国梦的实现依靠人民又为了人民，培养学生的担当精神
中国人论及其人文精神	中国智慧、文化自信、民族自豪感	1. 儒家和道家人论塑造了中华民族精神独特的人文标识，足以让每一位中国人为之自豪 2. 儒家"仁"的思想、道家"人貌而天虚"思想包含着极为丰富的人文内涵，凝聚着中国智慧，体现着中华民族独特的精神追求和人文诗性 3. 儒家和道家人文文化滋养着中华文明，维系着中华民族的血脉，是中国人民共同的精神家园和文化自信力的源泉
儒家人文精神的现实意义（讨论课）	人文精神、文化自信、人类命运共同体	1. 儒家人论中的"仁者爱人""己立立人、不欲勿施""内圣外王"思想包含着人类命运共同体的智慧，体现着中华民族独立自主的精神，对解决人类问题具有重要价值 2. 深入讨论儒家人文文化构成中华民族特有的人文精神底色问题，帮助学生深化理解中国传统文化的优秀品质，增强文化自信
马克思主义人论及其新时代的新发展	人民情怀、人文精神、文化自信	1. 新时代中国特色社会主义人论直面时代，勇于回答时代课题，奏响时代之声、爱国之声、人民之声，彰显着中国特色社会主义建设的本质要求，是新时代的思想精华 2. "人民中心"是新时代中国特色社会主义人论的核心内容，也是马克思主义人的理论的重大创新 3. 中国梦的基本内涵"国家富强、民族振兴、人民幸福"真正落实了马克思主义的"人民是历史的主体"及"人的解放"的思想

续　表

课程章节	重要思政元素	相关联的专业知识或教学案例
人民中心是文艺人文精神的最高形式	人民情怀、人文情操、使命意识	1. 文艺与人民之间是须臾不可分割的关系，人民中心是任一时代的文艺都着力追求的最高精神形式。引导学生理解文艺的人民本质，厚植文艺观的人民情怀 2. 人民关怀是马克思主义人文关怀中的核心关怀，人民是人类历史的真正动力，人民中心的文艺纲领从历史动力深层把握了文艺精神的内在构造 3. 通过确立文艺只有以人民为中心，才能把人民作为对象，获得人民认可，为人民所欣赏的观念，培植学生文艺观的人民使命和时代责任感
文学是人民学	使命意识、人民情怀、人文精神	1. 以新时代的"人民中心"文艺纲领统领传统文论的"文学是人学"命题，从文艺以人民为对象、为主体、为目的三个维度确立"文艺是人民学"观念，引导学生深入理解文艺人文精神的本质和构成，自觉确立文艺观的人民思维 2. 满足人民精神文化需求、为实现中华民族伟大复兴提供精神滋养和动力是文艺的出发点和落脚点，激发学生的文艺使命意识、人民立场、人民情怀

五、实施案例

（一）案例1：新时代中国特色社会主义人论是马克思主义人论的时代精华

阐发新时代中国特色社会主义人论的意义，紧扣人民中心理念是马克思主义"以人为本"思想的时代创新，中国梦归根到底是人民的梦，是马克思主义人的解放思想的时代表达等内容。建构新时代中国特色社会主义人论直面时代挑战，紧扣"人民问题"这一最受马克思主义关切的问题，彰显着中国特色社会主义的本质要求，奏响了时代之声、爱国之声、人民之声，科学地回答了攸关中华民族伟大复兴和人民幸福等重大目标的时代命题，为新时代中国特色社会主义的繁荣和发展确立了原则、指明了方向、开辟了道路、谋划了未来的四"时"特性，帮助学生深刻理解新时代中国特色社会主义人论是马克思主义人论的时代精华的本质，激发其时代精神、奉献意识、爱国情怀（图1）。

图1　案例1教学实施过程与课堂实况

（二）案例2："人民中心"是文艺精神的最高形式

从"'人民中心'是任何时代的文艺都着力追求的最高精神形式""历史的真实动力所决定的人类历史的深层构造决定着'人民中心'是文艺的最高精神形式""'走入生活，贴近人民'是文艺达到其最高精神形式必须采取的基本态度""只有'以人民为中心'的文艺才能把人民作为自己的对象，才能真正获得人民的认可，成为人民的审美对象"四方面揭示文艺与人民之间的本质性关系、文艺深层精神的人民机制，建构文艺创作的人民态度、文艺效益的人民性，引导学生树立正确的文艺人文精神观，坚定人民情怀的文艺立场（图2）。

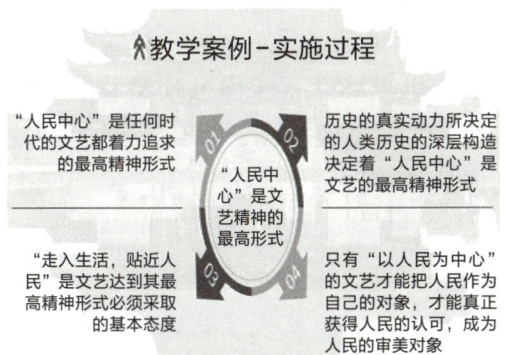

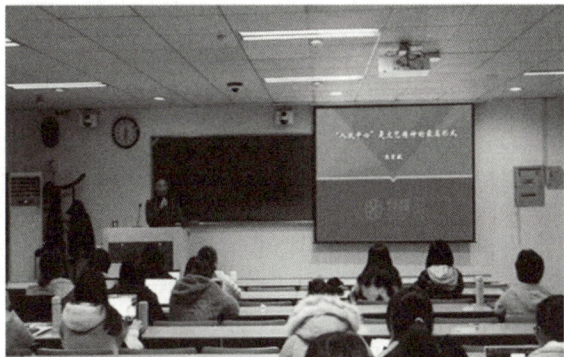

图2　案例2教学实施过程与课堂实况

（三）案例3：人是手段抑或目的？（讨论课）

线下讨论课，通过学生分组，课外阅读指定材料，进行课堂展示，凝炼问题，然后深入讨论，正确揭示人作为目的与作为手段之间的辩证关系，帮助学生理解个体自我在中华民族伟大复兴中的角色、位置与责任，激发学生将自我价值的实现与中华民族伟大复兴进程自觉统一的意识，培养学生的使命意识、奉献精神、担当情怀和课外自主学习能力、团队合作精神（图3）。

图3　案例3教学实施过程与课堂实况

六、特色及创新

2021年，课程被列为浙江大学和浙江省课程思政示范课程。课程思政中的主要特色、创新如下：

教学内容设计上，明确了"立课之本"（即马克思主义世界观和方法论）和"立课之魂"（即新时代中国特色社会主义理论），从根本上确立了课程思政建设的指导思想。凝炼了"两位"，即高站位、全方位实施的课程思政思路，确保了课程思政实施方向正、目标明、全覆盖、全渗透。在具体的技术路线上，着力落实了"四个结合"，即将课堂讲授和文本研讨有机结合，将历史梳理和现实观照有机结合，将传统优秀文化的弘扬与文化自信力的培养有机结合，将弘扬新时代社会主义人文精神和人生观、文艺观建构有机结合，全面优化了课程内容，实现了将思政落实在课程的重要知识点和教学全过程之中（图4）。如在理论教学环节，通过"新时代中国特色社会主义人论是马克思主义人论的时代精华""人民中心是文艺精神的最高形式""文艺是人民学"等教学内容的设计，深入阐发了新时代中国特色社会主义人论紧扣时代主题、奏响时代之声、回答时代课题、直面时代挑战的人文品质及新时代文艺观的人文精神和内涵，使学生从理论的高度理解、领会新时代中国特色社会主义人论的理论创新和新时代文艺纲领的人文本质与构成。在讨论环节，通过四个讨论话题的引领，使学生自觉地学习、思考自我价值的实现与中国梦、中华民族伟大复兴、人类命运共同体、文化自信等时代热点和主题的深层关联，对学生正确价值观、人生观的确立和奉献精神的养成产生潜移默化的影响。在课外阅读和考核环节，激发学生自觉学习、研究新时代中国特色社会主义理论的积极性。通过"四个结合"的切实有效落地，达到了课程思政的效果和目的。

图4 一"本"、一"魂"、两"位"、四"结合"

七、教学效果

（一）课程深受学生欢迎

课程深受浙江大学学生欢迎，尤其是理工农医专业的学生。全校每年有100余位学生成功选修本课程，而本课程的课程容量为80人，每年开课在第一轮选课中就已经爆满，均需超容量开课，但仍有不少同学因容量无法选到本课程。历年来课程教学评价均为良好以上。

（二）学生高度赞誉

学生A：这个学期上您的课真的收获特别大，思考了一些以前的我从来不会思考的很有价值的问题，做了以前不大会做的展示，还终于把《林中路》给啃下来了。我后来回家把课程最后一点内容看完啦，感触很深，希望我能一直保持这种超越自身、成为自己的生命意志力。

学生B：朱老师的中西人文精神与文学精神，课程难度略微有些大，需要阅读的文献数量和质量上都比较有难度。但因此也接触了一些西方哲学著作。上课的话虽然不是那么有趣，但老师讲得足够认真，上课的老师是浑身散发着光芒的，至今都记得老师那句"人是全面自由而自觉的存在"。

（三）课程覆盖面进一步扩大

2020年9月，本课程的慕课"中西人论与文学"在"爱课程"和"智慧树"平台同步开课，累计有1000余位外校学生选修。2021年，课程先后被评为浙江大学和浙江省第一批课程思政示范课程，课程的覆盖面和影响力得到实质性提升（图5）。

浙江省教育厅文件

浙江省教育厅关于公布第一批省级课程思政教学项目建设立项名单的通知

第一批省级课程思政示范课立项名单（本科）

序号	学校名称	课程名称	课程负责人	其他团队主要成员
1	浙江大学	东方文明史	吴彦	王海燕
2	浙江大学	丝绸的过去、现在及未来	杨明英	
3	浙江大学	中西人文精神与文学精神	朱首献	
4	浙江大学	从神农本草到现代中药	王毅	范骁辉
5	浙江大学	公共经济分析导论	朱柏铭	郑备军、俞洁芳姚婕、樊骥
6	浙江大学	力学导论	赵沛	杨卫
7	浙江大学	器官捐献与器官移植—生命的接力与延续	徐骁	郑树森、陈周闻、卫强

附件2浙江大学2021年校级"课程思政"示范课程名单

序号	学院(系)	课程名称	项目负责人	团队成员
1	人文学院	东方文明史	吴彦	王海燕
2	人文学院	中西人文精神与文学精神	朱酋献	
3	经济学院	公共经济分析导论	朱柏铭	俞洁芳、姚婕、李姿曼、何樟勇
4	管理学院	伦理与社会责任	莫申江	邢以群、施杰
5	化学系	普通化学(H)	方文军	钟为民、王勇、聂晶晶、沈宏、汤凝
6	机械工程学院	工程训练	徐志农	沈洪垚、金娟霞、张林初、钱俊、栾丛丛、唐洁、孙磊、吴森洋
7	建筑工程学院	土木工程导论	苏亮	张威、段元锋、万五一、孙轶琳、吴珂
8	航空航天学院	力学导论	赵沛	杨卫
9	信息与电子工程学院	信息与电子工程导论	章献民	史治国、杨建义、张明、张宏纲、车录锋、张睿、储涛、吉晨
10	计算机科学技术学院	信息可视化	陈为	巫英才

图5 课程获评浙江大学和浙江省第一批课程思政示范课程

伦理与社会责任

莫申江 ——

浙江大学　管理学院

一、课程概况

公正、商业伦理和社会责任越来越成为全球关注的重要议题。尤其对于商学院的学生而言，学习有关如何创造更大商业价值的知识的同时，必须懂得如何在遵守法律的基础上，严格依循伦理道德，积极承担社会责任，更加合理、可持续地开展商业经营活动。相应地，这门课程旨在促使学生们积极反思明确自身伦理价值观，建立公平公正理念，善于识别日常生活工作中的道德伦理困境，并形成密切关注商业伦理、积极推动战略性社会责任和可持续发展的新时代管理理念和责任领导力。

本课程由浙江大学管理学院开设，作为工商管理等专业的一门专业必修课程，共32学时，安排在本科二年级冬学期开课。

二、课程目标

（一）知识目标

（1）掌握公正、商业伦理和企业社会责任基本概念，熟悉相关研究热点。

（2）掌握伦理问题识别、决策判断、意向形成、行为实施要点，理解伦理决策理论和方法，了解伦理型领导实践案例。

（3）了解利益相关者管理和战略性社会责任设计等基本理论与方法，熟悉战略性社会责任典型案例应用。

（4）了解企业开展社会责任创新的设计思路和实践方案。

（二）能力目标

（1）懂得企业为何需要构建一个公正、伦理和责任的管理视角。

（2）理解哪些商业伦理和社会责任问题应当受到高度重视。

（3）懂得个体如何开展公平道德的商业经营决策。

（4）掌握企业如何承担战略性社会责任，致力于共同富裕，实现可续发展。

（三）价值目标

当前，人文关怀和可续发展已成为全球关注重要议题。只有真诚回馈社会、切实履行社会责任的企业家，才能真正得到社会认可，才是符合时代要求的企业家。

管理学院学生学习经营管理知识的同时，必须懂得公正、伦理和社会责任是共同富裕的重要内涵，也是企业应有之义。

本课程依循浙江大学"求是、创新"校训，围绕"四更"目标，旨在促使学生善于融合中西理论，反思自身伦理价值；敢于开展伦理决策，回应商业伦理困境；勇于社会责任创新，培育新时代领导力。

三、思政元素

结合浙江省建设共同富裕示范区的大背景，本课程着重培养学生的社会责任意识和责任领导力。在这两个大的思政元素目标框架下，具体思政元素包括家国情怀、文化自信、浙商精神、命运共同体、社会主义核心价值观、中国传统伦理文化、"绿水青山就是金山银山"理念、绿色创新、健康力量等。

（一）社会责任

人文关怀和可续发展对于全面建成小康社会至关重要。学习管理知识的同时，必须懂得伦理和社会责任是应有之义。

（二）领导力

善于融合中西理论，反思伦理价值；敢于开展伦理决策，回应伦理困境；勇于社会责任创新，培育新时代领导力。

四、设计思路

伦理与社会责任涉及大量现实企业经营管理案例，容易依托案例研讨激发学生们激烈讨论，但同时常常难以得出明确答案。因此，本课程高度重视在学习过程中激发学生们持续反思和凝练。在自我反思过程中，实现对诸多思政元素的深刻理解。此外，为了将思政教育有效融入课堂，根据工商管理等专业人才培养目标，以立德树人为根本，课程在教学大纲、教案以及教学过程中充分融入课程思政元素（表1）。

表1　课程章节思政元素的教学设计

课程章节	重要思政元素	相关联的专业知识或教学案例
课程导引	家国情怀、共同富裕	1. 引导商学院学生理解为何要就商业伦理与社会责任开展研讨学习 2. 采用新冠肺炎疫情期间产生的大量企业社会责任典型案例，促使学生们理解企业与国家和社会发展的关系，企业应当在共同富裕中扮演什么重要角色等
市场的道德局限	"四个自信"	1. 建立道德意识和警觉性 2. 结合福特商业伦理失范案例，引导学生们看到无论什么市场形式，都存在道德局限性，建立文化自信
公正	中国传统公正文化	1. 促使学生们正确理解公平公正的内涵和价值 2. 针对当前医疗体系数字化改革中的伦理公正案例，开展讨论，引出大家对于中国传统文化中的公正元素的深刻理解与应用

续　表

课程章节	重要思政元素	相关联的专业知识或教学案例
商业伦理基础	中国传统商业伦理思想	1. 建立正确商业伦理意识 2. 通过分析国际上伦理失范典型案例安然事件，激发学生们理解商业伦理对于可续经营的重要价值 3. 结合中国传统商业伦理思想，引导学生们意识到打造"百年老店"的重要性和现实意义
日常生活中的伦理决策（1）	传统文化伦理价值观，求是精神	1. 促使学生们明确自身伦理价值观、行为底线 2. 讲解传统文化中对于"君子"的价值观界定，以及浙江大学对于学生的价值观要求等，促使学生们开展自我反思
日常生活中的伦理决策（2）	社会主义核心价值观	1. 促使学生们理解企业开展伦理文化建设的重要性及可行路径 2. 运用三鹿奶粉事件等，引导学生们看到组织伦理建设是多层面的，与社会主义核心价值观的三层面构成相比较，激发学生们对于社会主义核心价值观的认同感，并将之应用到日常生活中去
企业社会责任基础	企业家责任、浙商精神	1. 激发学生们建立社会责任意识 2. 运用新冠肺炎疫情期间许多优秀浙商企业承担社会责任的案例，引导学生们理解企业社会责任价值，以及企业家的使命
利益相关者理论	命运共同体、共同富裕	1. 促使学生们强化社会责任意识和利益相关者管理理念 2. 通过教室现场开展利益相关者演练，引导学生们理解企业必须处理好与各方面利益相关者的关系，建立起共生共赢理念，并逐步对命运共同体、共同富裕等建立起更生动的理解
战略性社会责任（1）	改革开放优秀企业家、浙商精神	1. 引导学生们注重将社会责任融入企业使命 2. 通过传化集团案例讲解，促使学生们看到优秀的改革开放企业家如何在承担社会责任、造福社会的同时，促使企业不断壮大发展，展现浙商精神
战略性社会责任（2）	义利观、成人达己	1. 激发学生们建立社会责任创新意识，并加以实践 2. 通过广药集团战略性社会责任案例讲解分析，促使学生们真正理解"义利观""成人达己"等儒家重要社会责任理念
慈善、环保与志愿服务	三次分配、"绿水青山就是金山银山"理念、绿色创新	1. 引导学生们建立起新的慈善环保公益意识 2. 通过讲解蚂蚁森林等案例，激发学生们真正理解"绿水青山就是金山银山"理念，开展绿色创新
创新创业与社会责任	社会创业、共同富裕	1. 激发学生们思考理解创业与社会责任关系 2. 运用ofo、小黄狗等在创业过程中出现伦理责任失范的案例，引导学生们注意到创新创业与社会责任承担存在着天然冲突，并思考如何应对
企业嘉宾讲座	浙商精神、文化自信	1. 通过浙商本土企业家演讲，激发学生们社会责任感 2. 从真实案例中感受浙商精神，构建文化自信
小组项目汇报（1）	本土优秀实践	结合MBA课程，邀请优秀MBA学生成为本科学生团队指导人，带领学生前往其工作的企业，了解浙商开展社会责任的实际情况，并开展社会责任创新设计，激发学生们为本土优秀企业开展社会责任创新的灵感

续　表

课程章节	重要思政元素	相关联的专业知识或教学案例
小组项目汇报（2）	本土优秀实践	结合MBA课程，邀请优秀MBA学生成为本科学生团队指导人，带领学生前往其工作的企业了解浙商开展社会责任的实际情况，并开展社会责任创新设计，激发学生们为本土优秀企业开展社会责任创新的灵感
课程总结与展望	健康力量、共同富裕	1. 总结课程强调商业伦理和社会责任的现实意义 2. 结合浙江大学管理学院倡导培养引领中国发展的健康力量使命，以及浙江省创建共同富裕示范区的大背景，激发学生们提升自身责任领导力的意识

五、实施案例

（一）案例1：传化集团的战略性社会责任实践

案例是中央电视台庆祝改革开放四十周年系列节目《我们一起走过》中第十七集《万山磅礴看主峰》专题介绍的浙江杭州传化集团（图1）。传化集团是一家杭州萧山本地的民营企业，从最开始的一家小作坊，逐步做大做强，走向国际化，这都离不开当地党委的支持与帮扶。传化集团创始人徐传化先生及全体传化人于2000年左右看到了我国货运物流业当中存在的种种乱象，如车辆年久失修、从业人员工作状况堪忧、行业内标准无法规范、常常出现负面案例等问题，十分焦虑。当其他企业都热衷于投资房地产业、金融业等更加高利润的业务板块时，徐传化带领传化团队行动领先，大胆创新，提出建设传化公路港的创意设想。这一项目从最开始仅仅是传化积极承担社会责任，到逐步帮助企业获得更多社会支持和外部资源，构建起企业新兴业务能力，最终实现社会价值和商业价值共赢。目前，传化物流板块已经成为其化学板块之外的一大重要新兴板块，并打造了"传化智联"这一上市公司品牌。可见，在传化的社会责任实践中，只要真正能够帮助社会和利益相关者们解决实际问题，就可以反过来促使企业自身成长得更加稳健、更具持久活力。

图1　传化集团的战略性社会责任实践

（二）案例2：广药集团的战略性社会责任实践

案例是广药集团开展的过期药品回收战略性社会责任实践（图2）。广药集团自2003年非典疫情之后，敏锐发现市场上囤积着大量过期板蓝根，服用对人体有害。广药是当时生产板蓝根的主要厂商之一，因此，广药董事长李楚源立志要解决这一问题。他联合了大量零售药店，打造了一批"永不过期药店"，正式开启过期药品回收计划。具体而言，消费者可以拿着过期药品前往这些合作药店，换取新的药品。在执行过程中，广药遭遇到来自消费者、董事会、竞争对手、合作伙伴、政府等多方面的挑战。仔细梳理后，广药发现，要想把这一独具特色的社会责任项目真正做好，就必须沉下心来分析参与项目的各方利益相关者的不同期望和诉求，并真正发挥各自所长，解决共同关注的问题。例如，消费者是否真的要更换新药？零售药店是否适合参与这一合作？这些问题都必须进行系统思考与回应。只有回应真实期望，才真正能够实现生态共赢。最终，广药过期药品回收项目不仅成为行业内一个响亮的品牌，也对广药拓展合作伙伴网络起到了非常重要的促进作用，大幅提升了企业声誉和社会价值。例如，广药与京东等互联网企业一道组建了广药白云山家庭过期药品回收终端联盟。

图2　广药集团的战略性社会责任实践

（三）案例3：蚂蚁集团支付宝的战略性环保创新

案例是蚂蚁集团支付宝开展绿色环保创新的战略性社会责任实践卓越案例（图3）。在该案例中，支付宝在自身产品及服务的基础上，强调"我们将以你的名义种下一棵真树"，即当用户积攒足够能量，可以以虚拟的方式种下树苗，而支付宝则会在我国西部沙漠地区种下一棵真实的树苗，打造"蚂蚁森林"。这一公益环保项目一经发布，通过支付宝平台，吸引了大量用户在线"种树"。同时，项目也得到了人民日报等官方权威媒体的积极推广。2019年，"蚂蚁森林"项目获颁联合国"地球卫士奖"中的"激励与行动奖"。截至2020年3月，"蚂蚁森林"项目已促使四成中国人用手机种树，参与者达到5.5亿，累积碳减排1100万吨，已种下1.22亿棵真树，种植面积达168万亩[①]。

值得我们关注的是，"蚂蚁森林"不仅是一个公益环保项目，也是一个可以帮助企业在开展社会责任过程中将业务做得更好的战略性环保项目。事实上，支付宝在开展战略性社会责任的同时，也获得了大量商业价值。例如，支付宝用户黏性、社交市场开拓、企业声誉、利益相关者关系网络、价值链创新、竞争环境优化等都实现了良性可持续发展。

图3　蚂蚁集团支付宝的战略性环保创新

六、特色及创新

（一）思政育人和专业教学紧密结合

将思政育人融入各教学环节，融合东西方关于公正、商业伦理、社会责任等理论，促使学生们具备全球化视野，也懂得本土化实践。

（二）课堂学习和课外学习有机组合

将大量企业案例融入课程思政研讨，充分调动学生们的积极性，促使学生们在听课的基础上，课外自己去探索并回到课堂思辨，最终建立起中国商业文化自信。

（三）社会价值和商业价值高度融合

促使学生们在未来学习各门商业管理课程时，都尝试着建立起实现社会效益和商业效益共赢的可续发展思路，把"成人达己"思政要点真正付诸行动。

七、教学效果

（一）思政育人成为改革突破口

以思政育人为特色，展现社会主义核心价值观，本课程将原来西方伦理学为主的教学内容升级成中西对话、体现中国伦理观的教学内容。基于这一思路，本课程已形成一门慕课课程，在"智慧树"平台正式发布，反响热烈。此外，本课程正在编写一本全新的《伦理与社会责任》融合型教材。

---

① 　1亩＝666.67平方米。

（二）学生真正成为课堂的主角

高度重视提升学生的主动性和参与度。本课程创新设计了大量案例研讨、现场演练、行动学习等互动环节，学生们的课程评价优良率达100%。本课程基于本科生与MBA学生联动的行动学习项目，每年至少为20家本土企业提供战略性社会责任创新设计项目，打造了融合型的本科教学创新教改样板。

（三）义利相佐成为商学新理念

针对商业教育过于重视具体技能方法的缺陷，本课程提出倡导"商业价值与社会价值共赢"全新理念，真正培育引领中国发展的健康力量。具体而言，本课程与第二、三、四课堂紧密联动，学生们在课程学习基础上，延伸参与创业大赛、科研训练、公益项目等一系列实践。

课程教学改革模式如图4所示。

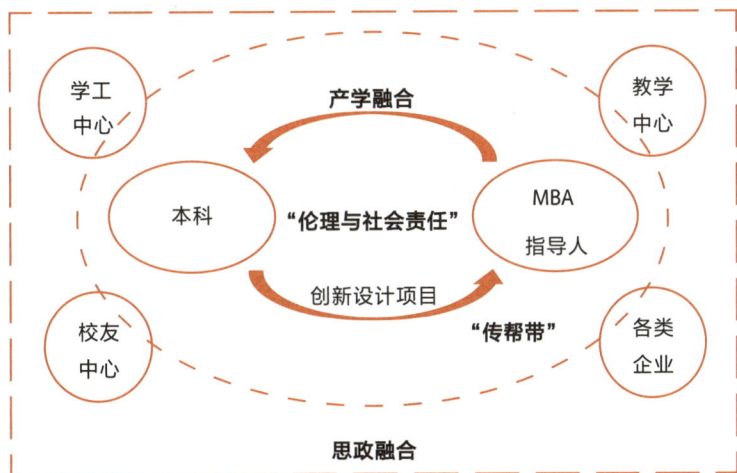

图4　课程教学改革模式

"上山下乡"社会实践

佟　飚、李　沐

中国美术学院　专业基础教学部

一、课程概况

中国美术学院自成立以来，以"上山下乡"为特征的社会实践教学，就一直是最为重要的育人传统与学术价值导向。经过多年的探索与实践，结合课程思政的加强，中国美术学院各学科对"上山下乡"社会实践课程育人体系不断加以深化，目前已形成一套相对完善的教学理念与完整课程体系。

学生通过课程，以社会为田野课堂，以生活为研究对象，以人民为描绘内容，参与时代生活的共同现场。这构成了艺术创作的核心意义：那是现实的深处，也是艺术的源泉。课程通过"上山下乡"这种社会育人大课堂形式，建立学生个体与社会的链接，培养大一学生"在地"的艺术态度与工作方法，并通过主题性教学与社会服务塑造学生对"乡土"与"家国"的深度理解与创新创业能力。

（一）构建了"扎根乡土、深入生活"的课程学理框架

课程贯通中国美术学院"品学通、艺理通、古今通、中外通"的四通人才培养目标，从传统与当代这两条路径形成传统活化与出新。"上山下乡"社会实践课程，一方面接续延安文艺座谈会讲话精神；另一方面，又回应习近平总书记在文艺工作座谈会上的讲话精神，紧随改革步伐，紧扣时代脉搏，让新一代大学生在扎根乡土、深入生活中回应时代问题，这是本课程育人的学理思考和重要的思想基石。

（二）明确了"以人民为中心"的课程育人的价值导向

文艺的一切创新，归根结底都直接或间接来源于人民。"以人民为中心""树立文化自信"是其中最为重要的部分，也是这门课的灵魂所在。社会担当与责任贯穿在课程育人过程中，深刻地塑造着一代代青年学子。

（三）完善了"三位一体"的教学体系与育人模式

作为一门历史积淀深厚的核心课程与有影响力的大一育人品牌，"上山下乡社会实践"课程在与时代共行的过程中，也不断深化教学模式的创新。其课程育人框架体系可以归纳为"三位一体"。"三位"一是思政教育，二是专业教学，三是文化传承；"一体"即总体思维与综合素质的提升。

（四）建成润物无声的课程育人的全格局

随着"上山下乡"社会实践课程育人模式的深入推进，课程思政建设的教学改革取得了重大突破；不仅回答了"为什么培养""如何培养""为谁培养"这些根本问题，也实现了思想政治教育的整体渗透，凸显出课程的整体育人功能，建立了"立德树人、润物无声"的课程育人的全格局。

二、课程目标

（一）知识目标

（1）掌握基本的田野考察方法，并利用田野考察方法展开调研实践。

（2）通过课程提升素描、速写、色彩等专业技能。

（3）通过调研、讲座等方式丰富人文素养。

（二）能力目标

（1）通过"上山下乡"这种社会育人大课堂，建立学生个体与社会的链接。

（2）培养大一学生"在地"的艺术态度与工作方法。

（3）通过主题性教学与社会服务塑造学生对"乡土"与"家国"的深度理解及创新创业能力。

（三）价值目标

（1）"上山下乡"社会实践课程紧扣时代脉搏，将了解社会、奉献社会、服务群众的思政内容与专业无缝连接，使专业学习与思政育人能够充分结合。

（2）建立起专业实践和社会服务相结合的常态机制，凝练出教学、育人、服务三位一体的育人体系。

（3）在教学过程中，学生牢固树立"四个自信"，能够以马克思主义的美学观、历史观和实践观作为今后艺术创作的准绳。课程引导学生扎根生活，参与社会服务，致力于培养新时代有社会责任及社会担当的艺术学子。

三、思政元素

（一）田野考察

课程通过对地方人文地理、社会形态与传统造物法式的构造关系的研究，帮助学生建立"田野考察"的基本方法。以中国传统造物形态及传统造型观，追溯文化形态的渊源，同时，又紧扣时代脉搏，以专项社会调研和主题现场采风为手段，直面社会发展的时代现场，帮助学生树立"四个自信"。学部全体专业教师会同马克思主义学院思政课教师共同带队，构建思政课程与课程思政有机融通的育人模式，践行马克思主义美学观、历史观、实践观，以思政教学引导专业实践，以专业实践滋养思政教学，坚定"四个自信"。

（二）社会实践

人民是历史的创造者，是艺术创作的源泉。我们打破在教室里以专业模特为写生对象和创作对象的专业传统教学模式，学部以"上山下乡"与思政课程相渗透的生动形式，组织学生深入人民生活的"最前线"和"主战场"，切身地参与和感受现实生活，用生命去体验生活之根、人民之魄。引领学生用画笔与人民群众建立起心灵的联系，在共同生活、共同经验、共同命运中创造与人民血肉相连、感同身受的艺术形式。

（三）思政课

对地方文化资源的挖掘和梳理，是继承优秀传统文化的有效路径，也是利用专业知识进行创造性转化、创新性发展的基础和前提。对地方经济社会变迁的考察和体悟，是感受中国特色社会主义建设成就的直接方式，也是增强"四个意识"、坚定"四个自信"、做到"两个维护"的鲜活教材。专业实践任务的高质量完成过程是自觉地将科学理论与具体实践活动相统一的过程，在此过程中必然会进一步加深对马克思主义理论力量和魅力的认知。

三、设计思路

（一）田野课堂

田野考察是社会学研究的基本方法，强调参与性与在地性研究。本课程以田野考察的基本方法介入教学，展开传统造物的文化溯源。我们以一套精简且经典的田野考察方法论贯穿在课程之中，帮助学生分析研究中国传统造物与优秀的民族精神，以及思想文化之间的关系。课程以翻转课堂的形式激励学生自主学习，并引发师生探讨，在实践和学理中建立了学生的文化自信。教学团队在课程之前有计划地预热，针对实践进行主题教学设计，再开展课题性教学，通过对地方人文地理、社会形态与造物法式的构造关系研究，帮助学生建立田野考察的工作方法、问题意识、研究路径、团队协作，形成一套相对完善的教学理念与完整的课程思政育人体系。

（二）社会素描

"上山下乡"社会实践课程将专业教学、社会实践、服务社会一体化，在开展置身社会、深入地方、扎根生活专业教学的同时，又展开了社会实践教学。在田野考察、写生、创作素材采集等专业课的各个环节，利用采集、写生的作品，在当地举办绘画展览；利用专业知识积极参与美丽乡村建设；开展艺术公益支教、绘画心理辅导、文化遗产保护等各类社会服务活动；表现了新时代最前线的发展宏图和建设者的动人风采，构建了富有特色的新时代社会美育实践体系，播下了服务社会、回报社会的种子。

（三）星空下的思政

课程采取白天外出调研和写生，晚上集体讲评的教学形式，帮助学生对白天所采集的素材进行文化脉络的梳理。专业教师和马克思主义学院思政课教师利用晚上的时间，开展"星空下的思政"环节，旨在构建思政课程与课程思政的有机融通，把马克思主义美学观、历史观、实践观润物无声地融汇到专业课程中。同时，晚上也会安排当地学者、手工艺者就当地相关生活习俗及历史变迁展开互动式的讲座。"星空下的思政"不但使学生了解过去，还看到改革以来乡村的发展，特别是新时代社会主义的伟大变化。"星空下的思政"不但为专业课的调研丰富了素材，理清了文脉，把握了方向，还使得思政教学和专业教学双轮驱动，同向同行。学生在学习中自然而然地感觉到思政课与专业课的营养互补，有效地体会到专业与思政的互文关系。

四、育人元素实施案例

中国美术学院每年的"上山下乡"社会实践课程，除了专业教师、思政课教师参与带队外，还有大批的专家教授参与带队。平均每年都有160余位专家教授、骨干教师参与"上山下乡"社会实践课程带队，基本覆盖了所有教学单位，做到了全员参与。每年春秋两季，都会安排学生"上山下乡"参加教学实践课程，春季有1000多名学生参与，秋季有近1800名学生参与，奔赴全国60多个教学实践点进行写生考察，地点涉及全国近20个省份。

自2012年至今已形成了一套完善的针对大一新生的社会实践教学育人体系与社会美育品牌活动，并形成了行业内公认的学术引导力与广泛的社会影响力。2015年，在抗日战争胜利70周年之际，中国美术学院与浙江省归国华侨联合会联合策划并实施了描绘抗日老兵的"绘兵纪"教学，并协同浙江省美术家协会、浙江省美术馆举办了"绘兵记——纪念中国人民抗日战争暨反法西斯战争胜利70周年作品展"；2017年，针对浙江"五水共治"的突出业绩展开下乡实地调研，并与浙江省委宣传部联合主办"治水最前线"下乡实践教学成果展；2019年，中国美术学院专业基础教学部一支22人的实践团队，创作完成的近百米《浙江大观图》中有1.6万余棵树、1500余栋房屋、392座山体、158艘船只，作为对新中国成立70周年的一份献礼；成功举办7届"上山下乡——社会实践教学成果展"；出版了《上山下乡——社会实践十佳学案》《中国美术学院学生社会实践优秀调查报告集》；完成了多个新农村改造与文化礼堂建设项目；建立了22个社会实践教学基地。

五、特色与创新

"上山下乡"社会实践课程将专业融入实践，形成了专业、思政、服务一体化的教学体系与育人模式，并整合出一整套育人机制：团队化的师资打通了专业壁垒，融合专业与思政；理论与实践并进增强了学生的参与性及对理论的实践性；课上课下并进疏通了专业和服务社会的通道。课程将主题切入教学，以课程推进育人，推进思政课程的渗透，极大地提高了思想政治教育在学生中的认同度和受欢迎度，有效解决了思政课程时效性不强、合力不够的困境，使学生的专业知识、价值取向及思想觉悟都获得了极大提升。通过"在地性"研究方法构建社会实践教学体系，建立学生个体与社会的链接，在培养学生的艺术态度与工作方法的同时，在主题性教学与社会服务中塑造学生对"乡土"与"家国"的深度理解及创新创业能力。

六、教学效果

（一）思政融入课程，强化教学育人一体化

"上山下乡"社会实践课程充分分享与挖掘了农村生活丰富的教学素材，使学生的理论知识和实践知识获得了极大提升，同时打造了课上课下紧密配合、师生广泛互动的移动课堂。

（二）主题切入教学，育人推进课程

课程中不仅设计了固定的实践教学环节，而且运用社会资源引导学生围绕课程主题深入学校、社区、街道等开展调研实践、志愿服务等，打造"身边的思政课""行走中的思政课""星空下的思政课"，推动思政小课堂和社会大课堂的紧密结合，引导学生自觉投身到实现中华民族伟大复兴中国梦的生动实践中。到目前为止，已连续举办八届"上山下乡"教学成果展，并获得业界与社会广泛好评。

（三）开展社会美育，提升社会美誉度

课程立足传统文化，既坚守哲匠精神的传承，又有面向时代梦想、深耕中国社会的锐意创新，真正达到了学生受教育、长才干，并在积极做贡献的同时收获地方齐点赞、群众得实惠的良好效果。

"上山下乡"社会实践课程受到上级部门、新闻媒体和社会各界的广泛关注与好评，学校影响力和美誉度不断提升。新华网、中国网、《中国教育报》、浙江电视台、《浙江日报》等国家和省级媒体都对中国美术学院课程育人项目给予了关注和报道，分别报道中国美术学院"走出课堂，用脚步'丈量'社会"的实践育人理念，将"思政课程"向"课程思政"转化，激发党建与思政教育活力，打造让思政课"走进学生心里"的工作特色。中国美术学院坚持把有意义的事情做得有意思，着力推动全员育人、全过程育人、全方位育人的做法和成效。

排　球

王小娟、孙　波、张华君、边洪敏 ——

浙江工业大学　体育军训部

一、课程概况

　　排球运动是一项具有很强的攻防对抗性、技巧性和集体性的竞技体育项目，又是一项具有广泛的群众性，适合于各年龄层次的人参加的大众化体育运动。该项目因其比赛紧张激烈，注重个人技术而又强调集体配合的独特魅力，且具有健身、娱乐休闲、交往等特点，深受人们喜爱。排球项目也是深受我校学生喜爱的运动项目之一，"排球"课程是一门实践性较强的课程，同时也是高校普遍开设的公共课程。

　　本课程是一门通识必修课，开设对象是全校一、二年级学生，是在学生高中阶段体育课基础上开设的课程。通过本课程的教学，学生能掌握排球的技战术、排球竞赛的组织、裁判法、体育健康与运动保健理论等知识和技能。本课程开设两个学期，教学时数为32学时，共1学分。本课程的主要任务是让学生学习排球基础理论与排球技术和战术，了解排球运动各项技术特点及常见各类排球战术，理解排球比赛规则，能够正确地运用比赛规则进行比赛和裁判工作，以及培养学生在训练和比赛中的相互协作、相互配合的能力。

二、教学目标

（一）知识目标

（1）掌握排球运动的基本技术和基本练习方法。

（2）了解排球的比赛规则和基本比赛战术。

（二）能力目标

（1）掌握排球运动的基本动作技术和基本技战术能力。

（2）掌握科学的体育锻炼方式，培养编制个人体育锻炼计划的能力。

（3）掌握有效提高身体素质、全面发展体能的知识与方法，培养终身体育锻炼的能力。

（三）价值目标

（1）弘扬女排精神，激发学生的爱国热情，培养学生的敬业精神。

（2）通过排球运动提高学生身体素质，培养学生健康体魄、吃苦耐劳、克服困难的拼搏精神。

（3）培养学生公平竞争、团队合作精神，强化学生的责任意识、规则意识。

三、思政元素

"祖国至上、团结协作、顽强拼搏、永不言败"的女排精神，是对中国女子排球队顽强战斗、勇敢拼搏精神的总概括。女排精神不仅成为中国体育的一面旗帜，更成为全民族锐意进取、昂首前进的精神动力。从培养新时代新型合格大学生的目标出发，将女排精神融入课程培养目标具有现实意义和时代价值。

（一）祖国至上

为祖国而战是体育的最高层面。从女排五连冠到国家足球队进入世界杯，再到成功举办2008年北京奥运会，这些赛事及取得的成绩都极大地调动、激发出人们的爱国热情。国际比赛中胜利者能享受到升国旗、奏国歌及来自全场的肃穆敬仰。运动员眼中的泪水，将对祖国的爱诠释得淋漓尽致。作为中华民族的一份子，热爱祖国是当代大学生所应具备的基本的综合素养。新时代的高校教学不仅仅是为了培养出专业人才，更是为了给新时代中国的发展不断输送新鲜的血液，所以增强学生的爱国热情、提升他们的思想觉悟，显得尤为重要。在教学的过程中融入女排精神，可以让学生看到国际赛事中运动健儿为国争光的表现，对于增强学生的爱国热情有着很大的帮助。

（二）团结协作

一荣俱荣，一损俱损，成功的团队中没有失败者，反之亦然。在团队项目中，需要1＋1＞2的效果，每个人的表现都与整体利益息息相关，在传接球的瞬间，球的传导，产生了相互间的责任与配合，每一次失误都有可能涉及集体的失败，产生不可挽回的影响。这就要求每个队员都时刻保持高度的使命感和责任感，杜绝个人因素对集体的损失。赛场上，无论攻守，都要求队员之间的默契与合作；赛场下，队员应该互相督促，共同进步，懂得为"大我"牺牲"小我"。这种集体精神、大局思想、自我牺牲的奉献方式及和谐友好的人际氛围，正是我们社会当下亟需的正能量。

（三）顽强拼搏

成功离不开奋力拼搏的精神，离不开持之以恒的努力，离不开克服困难的决心。当我们在通往成功的路上遇到困难险阻时，一定要记住，有一种精神叫拼搏。从事体育运动需要付出极大身心努力，需要克服不断产生的种种困难，需要应对层出不穷的全新挑战，这是进步道路上蜕变的过程，从而"苦"心智、"劳"筋骨，在付出与痛苦、挑战与失败中不断提升，磨炼人的意志，完善人的品质和人格，提升精神境界，担负起"天降大任"的使命。中国女排一次次的夺冠，正是凭借着每一个人坚韧不拔的毅力和敢拼敢闯的一股韧劲，最终得以克服重重困难，站在最高领奖台。女排精神激励了一代又一代的中国人，用女排精神激励当代大学生，提升他们的毅力，对于他们这个阶段的学习有着很大的帮助。

（四）永不言败

对认定的事情，不轻言放弃。永不言败，是一种精神，一种拼搏向上的精神；是一股力量，一股虽千险而不惧的力量；是一个信念，不达目的誓不休的信念。现在成长起来的新一代大学生，大多数都是"温室里的花朵"，没有经历过太多的风雨。然而新时代对于新型人才的要求却日益严格，需要他们能够与时俱进地充实和完善自己。在排球课教学过程中，教师需要注意：我们的目的绝不仅是让学生学到知识和技术，更是要提升学生的综合素养，让他们意识到作为未来时代的主人，要有敢于挑战的时代精神，懂得迎难而上。融入女排精神的教学过程，能让学生看到那些运动健儿在面对困难的时候，是怎样敢于挑战并一次又一次地突破，利用"偶像效应"来激励当代的学生，培养他们永不言败的精神。学生只有具备敢于挑战的时代精神，才能在未来的人生道路上走得更加坚定和长远。

四、设计思路

课程按内容分成绪论导入、技战术学习、身体素质练习、教学比赛、考试、理论知识六大模块，每个模块平均有两个以上课时，每个章节的重要思政元素和相关知识点或教学案例见表1。

表1　排球课程思政设计思路

课程章节	重要思政元素	相关联的知识点或教学案例
绪论导入	行为规范 诚信精神 社会责任 遵纪守法	知识点：介绍排球选项课的目的、任务、要求及考试标准 1. 培养学生的组织性、纪律性 2. 培养学生的执行能力、集体主义精神和团队意识 3. 培养学生做事认真、注重细节的学习态度 4. 培养学生积极进取、勇于拼搏、发奋图强的精神
技战术学习	勤学苦练 精益求精 顽强拼搏 吃苦耐劳	知识点：准备姿势和移动、垫球、传球、扣球、"中一二"站位 徒手模仿练习、固定球练习、对墙练习、隔网练习、两人对练、游戏比赛 1. 通过各种练习，培养学生顽强的意志品质，提高学生身体的灵活性和协调性 2. 培养学生豁达、乐观、积极进取、团结协作的精神 3. 培养学生专注的态度 4. 培养学生积极进取、勇于拼搏的精神

续 表

课程章节	重要思政元素	相关联的知识点或教学案例
身体素质练习	克服困难 顽强拼搏 意志坚强 挫折教育	知识点：力量、速度、耐力、柔韧性、灵敏度 12分钟跑、立定跳远、俯卧撑、引体向上、50米跑、蛙跳、仰卧起坐 1. 养成良好的学习态度和勇于克服困难的决心 2. 培养学生吃苦耐劳的学习和生活作风 3. 培养学生学习的专注力
教学比赛	团队协作 互相合作 法治观念 无私奉献	知识点：规则介绍、比赛方法、阵容配备 观看电影《夺冠》、奥运会比赛录像、排球比赛集锦，分享学生比赛体验 1. 培养团队协作、顽强拼搏的精神 2. 培养学生的进取意识和创新精神，永不放弃、意志坚强、互相合作的集体主义精神 3. 培养学生的遵纪守法意识、法治观念意识，培养学生无私奉献、团结协作精神
考试	永不放弃 意志坚强 实事求是 永不气馁	知识点：对垫对传、发球、引体向上、仰卧起坐、立定跳远、1000米 1. 认真做好考试准备，树立考试信心，展示良好的技术水平，培养学生胜不骄、败不馁的优良品德 2. 培养学生永不放弃的坚强意志
理论知识	祖国至上 人格养成 严谨求实 实事求是	知识点：身体素质锻炼方法、运动损伤的预防和处理、排球专项理论 1. 通过教学使学生养成良好的锻炼习惯，掌握基本的运动技能，为终身体育奠定基础 2. 学习女排精神，领悟学习精髓

五、实践案例

（一）案例1：课堂传球教学——奉献、共赢精神的体现

传球是排球基本技术之一，是打好排球的基础。传球是一项细腻的技术，要下功夫练习才能达到熟练准确的程度。介绍现役中国女排二传手队员丁霞在比赛场中的作用，让学生清晰了解二传在排球比赛中是组织进攻和反攻的桥梁，二传队员是场上的核心，而二传技术动作又是非常细腻精确，运用当中变化多种多样。学习传球从原地传球开始，在初步掌握正确的击球点、手型、用力后再学习移动传球。因此要熟练掌握二传技术，成为一名出色的二传手，必须勤学苦练，并在实践中不断提高。要有坚强的意志品质。敢于拼搏，头脑清楚，在任何困难情况下，都能保持冷静，临危不乱。要有高度的责任感。任劳任怨，团结协作，勇挑重担，能带领全队克服场上的各种困难，对场上出现的突发情况采取有效及时的对策。要有集体协作的精神。要做到立足本职，胸怀全局，任劳任怨，甘当"配角"奉献，积极配合同伴组织好每一次进攻。教导学生在团队中付出个人智慧与能力，得到的是团队的共同成长和进步，体现共赢精神。学生课堂练习场景如图1所示。

（a）

（b）

（c）

图1　学生课堂练习场景

（二）案例2：排球拦网技术——挫折教育

拦网是排球运动的基本技术之一，是防守的第一道防线和得分、得发球权的重要手段，也是反攻的重要环节。拦网技术在排球比赛中起着重要作用，甚至可以直接影响比赛的胜负。排球比赛中，有效的拦网可以给对方扣球者造成心理上的压力，从而削弱对方进攻的锐气和信心，因此掌握拦网技术对提高本队的防守能力、减轻后排防守的压力、有效地组织反攻具有重要的作用。拦网教学应在扣球之后进行，先学单人拦网，后学双人拦网。先学原地起跳拦网，后学移动拦网。在拦网教学中，为了提高学生拦网能力，我们将学生分成两组开展"一扣一拦比赛"：两人对抗互相比拼十个球，拦网成功率高的获胜。培养学生在练习对抗竞争的过程中增强求胜意识和学习积极性，从而树立抵抗挫折的意志品质。只有让学生真正处于逆境中，进行挫折教育，才能更好地培养他们良好的意志品质，锻炼他们抗挫折的能力。学生比赛拦网场景如图2所示。

（a）

（b）

图2　学生比赛拦网场景

（三）案例3：课上组织教学比赛——角色定位，自我超越（图3）

将全班上课学生按照六人一队分成实力较平均的若干队，让学生以现役中国女排国家队队员的名字为自己的队伍命名，如"朱婷"队、"丁霞"队、"龚翔宇"队等，以此来鼓励学生了解中国的排球文化，了解中国女排队员的特点，同时从中找到自己喜欢的球星和相对应的场上位置，进而确立自己的榜样和目标。分队后，组织学生上场进行比赛体验。对每队队员的场上位置和轮转进行安排，各队轮流上场比赛。安排裁判对比赛的分数进行统计并分出胜负，比赛之后及时与队伍交流，帮助复盘。学生在比赛中切实体会到，排球场上只要比赛没有结束，比分就可以翻转，胜负未定，就存在各种可能，从而激发了学生的拼搏精神。让他们体会到，每个成员在集体项目比赛中都有自己的角色定位及技术要求，任何人的失误都可能导致队伍的失败。只有超越自我，才能更加增强集体荣誉感和奉献精神。组织并指导排球比赛场景如图3所示。

（a）

（b）

图3　组织并指导排球比赛

（四）案例4：课堂裁判实践——规则意识，严谨执裁

排球比赛中共需要主裁、副裁、边裁、记分员4类裁判。在教学之初，首先将学生集中，对排球比赛的规则进行详细的介绍，再依次讲解各类裁判的职能和裁判手势，最后组织学生进行排球比赛，安排学生按照自己的兴趣意愿，轮流充当比赛的不同裁判角色（图4）。通过此种方式，使每个学生在担任裁判工作时，感受到每一分、每一局、每一场球都和自己做出的判定息息相关，在责任感的驱动下，端正态度，做到严谨认真、公平公正。学生不仅可以对排球比赛规则有充分的了解，更能看懂比赛和增强规则意识；在强调规则和严谨执裁过程中，理解"戴着镣铐跳舞"的排球运动的魅力。思想政治教育和体育技能相互渗透，相互促进。

（a）

（b）

图4　排球比赛及课堂裁判实践

六、特色与创新

本课程最大的特色就是在公共基础课程中强化课程思政建设，能将课程思政建设始终融入排球课程教学全过程。

本课程创新点为：

（1）将"祖国至上、团结协作、顽强拼搏、永不言败"的女排精神融入课程培养目标。

（2）通过实践教学，教育培养学生的爱国主义和集体主义精神。

（3）创新教学模式，在教学过程各个环节，将排球技术和理论教学与课程思政建设紧密融合，使学生通过排球课程的学习，既能掌握排球技术、增强体质，又能培养积极进取、勇于拼搏、发奋图强的意志品质，进一步激发学生的爱国热情，牢固树立为国家和社会作贡献的理想信念。

七、教学效果

本课程现每学期平均开设20个教学班，学生选课积极，上课积极投入。教师将女排精神融入课堂教学，教学效果显著。除了课堂教学之外，课外学生排球社团也不断发展，积极组织校内的排球竞赛活动（图5）。校内各个学院都有自己的院队，每学年各学院之间的排球比赛成为校内重要的体育赛事，受到了学生的广泛关注。赛场上，学生把所学的排球技术充分地运用到比赛实践中，基本做到了学有所用、用有所得。

在浓厚的排球运动氛围里，学校挑选了各个学院的优秀选手组织为排球校队，校队代表学校参加省级的排球比赛，也取得了优秀的成绩。总之，排球教学课程为校内众多排球爱好者提供了学习排球技术、了解排球文化的平台，并为学院和学校培养了许多优秀的排球队员，为学校赢得了荣誉。女排精神时刻贯穿在课内和课外的排球活动中，学生们在快乐的排球运动中磨炼了意志和品性，锻炼了身体，增强了体质。

（a）

（b）

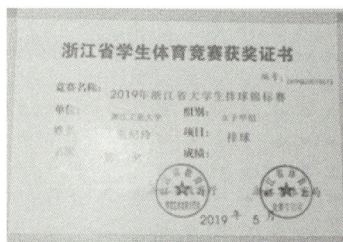

（c）

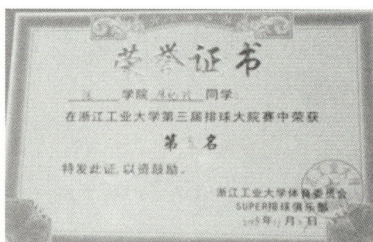

（d）

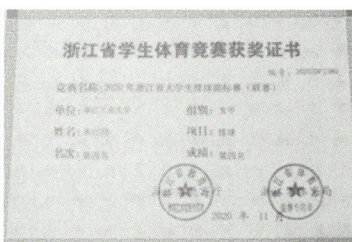

（e）

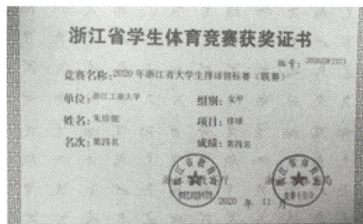

（f）

（g）

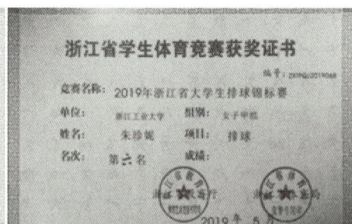

（h）

图5 学生参加各类比赛获奖

公司理财

雷新途、虞晓芬、郑梅莲、金　鑫、安维东

浙江工业大学　管理学院

一、课程概况

本课程是关于公司融资决策与管理、投资决策与管理、收益分配决策与管理、营运资金决策与管理、财务报表分析、估值与财务规划等财务决策与管理基本理论知识、方法与技能的一门课程。

本课程是财务管理专业的核心基础课（48课时），也是工商管理类专业必修课程（32课时），以及其他管理大类专业（信息系统与信息管理专业、工程管理专业）、应用经济学类专业的选修课课程（32课时）。

二、课程目标

（一）知识目标

（1）全面、系统理解公司投资决策、融资决策、营运资金决策、收益分配与股利政策、财务报表分析等公司理财基本理论和基本知识。

（2）全面、系统理解公司投资管理、融资管理、营运资金管理、收益与股利分配管理等公司理财基本理论和基本知识。

（二）能力目标

（1）具备在复杂经济环境中进行公司投资决策和管理的能力、融资决策和管理的能力、利润分配决策和管理的能力，以及营运资金决策和管理的能力。

（2）具备在复杂经济环境中财务综合诊断、公司估值与财务规划、兼并收购与债务重组等财务决策与管理的能力。

（3）具备良好沟通与团队合作的能力。

（三）价值目标

（1）培养学生的风险意识、责任承担与进取精神。

（2）树立商业伦理、环境友好、公司社会责任等意识。

（3）培养公正、法治、和谐、诚信、敬业等价值观。

三、思政元素

（一）与资本价值兼容并包的社会主义核心价值观

富强、民主、文明、和谐、自由、平等、公正、法治、爱国、敬业、诚信、友善是社会主义核心价值观的高度概括。公司资本价值战略目标应当嵌入社会主义核心价值目标，公司财务管理与决策行为应充分体现核心价值取向，财务决策者应以核心价值作为价值准则。

（二）与财富创造相行不悖的商业伦理

遵守一般商业伦理是公司投融资理财活动与处理社会关系的基础与前提。社会主义商业伦理是社会主义核心价值观在商业领域的具体体现和重要的实现路径。公司通过积极发挥商业伦理的指导、评价和教化功能，不仅使财务行为规范符合社会主义核心价值观，而且使公司投融资决策在规避商业伦理方面的风险，显得更加科学和合理。

（三）与股东财富和谐共生的利益相关者利益

持有利益相关者共同治理理念，追求共同利益，是公司践行社会主义核心价值观的重要路径。公平对待大股东、中小股东、债权人、经理人、员工、供应商、客户、社区等利益相关者的利益，是公司财务经理的重要职责。

（四）与公司价值并驾齐驱的社会责任

企业社会责任要求企业对其决策或活动产生的社会和环境影响承担责任，也是企业层面对党的十九大报告提出的"创新、协调、绿色、开放、共享"五大发展理念的具体落实。履行社会责任应作为财务决策的重要参数和基本原则。

（五）与价值财务有机耦合的生态环境友好

生态环境友好要求企业自觉保护环境、保持生态平衡，充分利用和尽可能节约自然资源为己任。其与财务的深度结合即为财务绿色化。价值财务以绿色财务为前提，绿色财务成为价值财务的实现路径，从而使绿色财务与价值财务有机统一和内在耦合。

四、设计思路

（一）明确价值目标对知识目标和能力目标的引领作用

清晰界定公司理财课程教学知识目标、能力目标和价值目标的内涵，同时明确三类目标的内在逻辑和相互关系：知识目标是解决培养的学生"拥有什么样的理财知识"的问题；能力目标是解决培养的学生应"具备什么样的理财能力"的问题；而价值目标是在实现前两个专业目标的基础之上，解决"为谁培养""培养什么样的理财者"的问题。明确教学目标体系中价值目标处于最高阶，其对知识目标和能力目标始终起着引领作用（图1）。

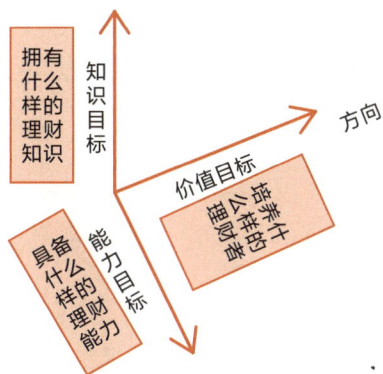

图1　公司理财课程三类教学目标体系的关系

（二）建立"思政元素—课程内容—教学目标"的映射与对应关系

针对公司理财课程特征与专业人才培养OBE理念，通过使"社会主义核心价值观"与"资本价值目标"兼容并包、"商业伦理"与"财富创造"相行不悖、"利益相关者利益"与"股东财富增长"和谐共生、"社会责任"与"公司价值"并驾齐驱、"绿色财务"与"价值财务"有机耦合，建立"思政元素—课程内容—教学目标"的映射与对应关系（图2）。

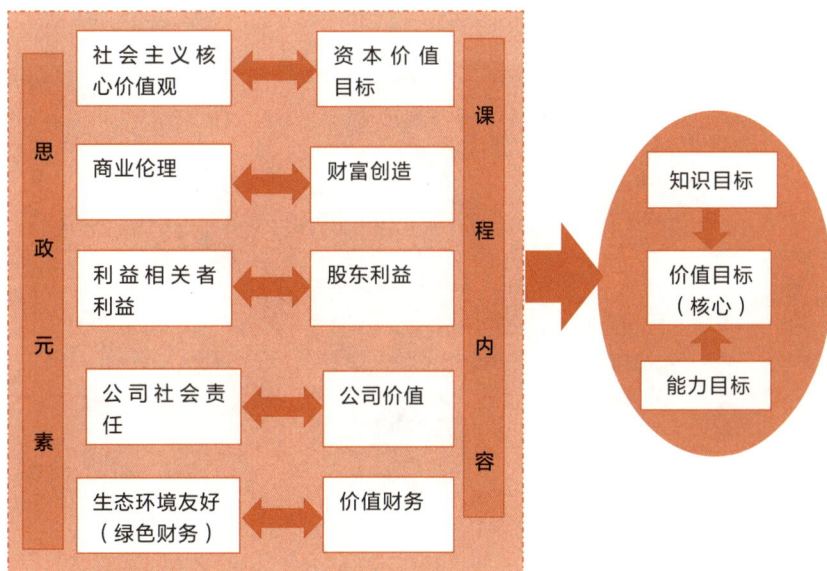

图2　"思政元素—课程内容—教学目标"的映射与对应

（三）采用"三结合"的思政教学模式及春风化雨、润物无声的思政导入方式

采用线上与线下教学结合、理论与实践结合、校内与校外教学资源结合等"三结合"的思政教学模式。充分发挥线上教学优势和便利，积极将课程思政教育融入

课程实践环节，同时通过"行业精英进校园""移动教学"等方式充分整合校内外思政教学资源。教学中融入典型案例、时政要闻、社会热点等，在润物细无声中传授知识、锻炼能力和培育价值（图3）。

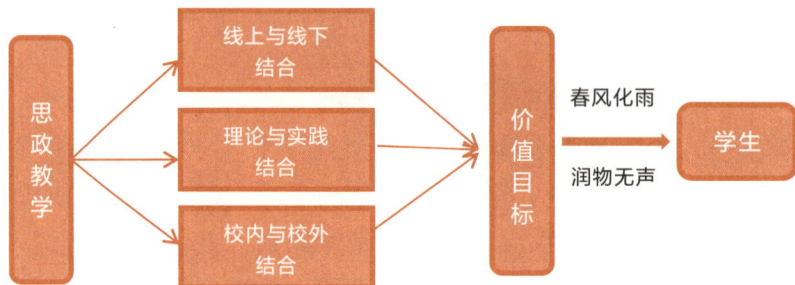

图3　思政教学模式与导入方式

（四）每章"核心思政元素"与众多"卫星思政元素"点面组合

针对每章教学内容的特点，以及教学的知识目标、能力目标和价值目标，设计一个核心案例以体现本章核心思政元素。在此基础上，对每章不同的知识点设计众多的卫星思政元素，散落在不同的知识点中。每章的核心思政元素不雷同，以此涵盖整个课程的思政教学目标。但同一卫星思政元素，有可能体现在不同的知识点上（图4）。

图4　核心元素与思政元素的点面组合

以上四个各方面的设计思路具体体现如表1所示。

表1　设计思路

序号	课程章节	重要思政元素	相关联的专业知识或教学案例
1	概述	公司社会责任；生态环境友好；全面科学发展观、大局意识；"掌握工作制胜的看家本领——关于科学的思想方法和工作方法"（习总书记讲话）	公司财务环境；财务管理内容；财务管理原则；财务目标等 案例："三鹿集团'一好遮百丑'：财务绩效好，企业就好吗？""财务绩效与公司社会责任并驾齐驱：CSR模范生海康威视"
2	财务报表分析	利益相关者利益；诚信（"不做假账"）；坚持实事求是原则；战略思维、历史思维、辩证思维、创新思维、底线思维（习总书记关于科学的思想方法和工作方法）	公司财务报表分析的目的与资料来源；公司盈利能力分析；公司偿债能力分析；公司运营能力分析；公司成长性与价值分析；综合财务分析 案例："为何是它一枝独秀：万科财务报表分析"
3	投资决策与管理	生态环境友好；商业伦理与契约精神；创新与创业；忧患意识与风险防范；传统文化蕴含的管理思想与文化自信；研发投入与科技强国兴企；供需两侧改革；国际国内双循环理论	公司投资决策程序和原理；公司项目投资决策与财务评价；风险与收益；证券估值与金融资产投资；投资组合管理 案例："生态环境责任与采掘业项目投资""核电项目投资现金流预测"
4	融资决策与管理	生态环境友好；绿色财务金融；习总书记关于去杠杆（降低债务融资风险）在内的"三去一降一补"重要指示；金融支持小微企业和中小企业纾困和发展；近5年中央财经工作会议关于金融、资本市场支持实体经济的精神和原则	公司权益融资方式；负债融资方式；融资成本；经营杠杆、财务杠杆与复合杠杆；资本结构理论与决策 案例："深圳高速股份有限公司绿色债券融资""创业板与主板企业财务风险与经营风险及杠杆组合比较""常州中小企业集合债券设计与发行"
5	营运资金决策与管理	商业伦理与契约精神；利益相关者利益；传统文化蕴含的管理思想与文化自信；忧患意识与风险防范；近几年中央领导人关于防范金融风险、切实降低企业负担，确保经济高质量发展的讲话；国际国内双循环理论	公司现金、应收账款、存货等流动资产管理；应付账款、票据、短期借款及短期融资券等流动负债管理；营运资金投融资策略 案例："三一重工商业信用管理""流动资产最佳规模决策与中庸思想""为何海康威视不差钱：海康威视营运资金管理"
6	收益分配与股利政策	法治、公平、诚信、和谐等核心价值观；公平与效率；制度自信；习总书记关于"积累与发展"的思想和精神；中共中央关于坚持和完善中国特色社会主义制度推进国家治理体系和治理能力现代化若干重大问题的决定	公司收益分配的原则与程序；公司股利理论与股利分配的影响因素；股利政策类型评价与应用；股票回购、股票分割与合并 案例："中国资本市场上市公司有多少'铁公鸡'""理性与情感：万科股利政策"

续 表

序号	课程章节	重要思政元素	相关联的专业知识或教学案例
7	公司估值、财务预测与规划	商业伦理；"两个一百年"奋斗目标以及从2020年到21世纪中叶"两个阶段"；习总书记在第14、15、16、17、18次中央财经工作领导小组会议上对国内、国际经济形势的基本判断	公司贴现（自由）现金流估值模型与应用；期权估值模型与应用；相对乘数估值模型与应用；公司财务预测；公司财务规划与战略 案例："估值技术的商业伦理：天价商誉的实与虚""威孚高科财务规划与可持续发展战略"
8	公司并购与债务重组	利益相关者利益；商业伦理与契约精神；近5年中央财经工作会议关于去杠杆、化解债务风险的精神和原则；民族产业自信	并购类型与方式；并购估值；并购融资；并购整合；并购风险；债务重组 案例："跨国并购收益与风险：吉利汽车并购沃尔沃""海航债务重组前景分析"

五、实施案例

案例：账面绩效最大化财务目标的优与弊。

（一）教学目标

（1）知识目标：理解财务账面绩效最大化、市场绩效最大化和企业内在价值最大化等三类财务目标的优缺点，理解财务账面绩效最大化的弊端机理，理解财务目标的冲突模式与代理问题。

（2）能力目标：掌握三类财务目标的具体度量指标，掌握相关协调和治理机制的构建原理和处理"环境、社会和治理"（ESG）之关系，掌握综合分析和系统思维能力。

（3）价值目标：杜绝基于财务绩效最大化的公司行为负外部性，倡导和谐与法治，树立利益相关者利益最大化和公司社会责任（CSR）意识。

（二）思政元素

（1）核心思政元素：公司社会责任与利益相关者利益。

（2）其他思政元素：诚信、法治等核心价值观；全面科学发展观、大局意识；习总书记关于科技发展对国家和企业的意义。

（三）教学方式

（1）课堂讲解、学生讨论。

（2）案例教学。

（3）视频教学。

（四）思政教学过程描述

（1）课堂基本知识讲解：相比市场绩效最大化、企业内在价值最大化财务目标，财务绩效最大化财务目标影响最广，其深深根植于企业经营者和市场投资者头脑中。但权责发生制、历史成本、会计政策与程序选择及仅限于可货币计量的财务信息等因素导致财务绩效具有诸多缺陷，如财务绩效易导致企业短期行为而不具有可持续性，财务绩效不必然反映企业价值及财务绩效的负外部性问题，等等。

（2）构建4个情景供学生讨论，以此揭示财务绩效最大化财务目标的弊端。情景2中讨论财务绩效、财务目标易导致企业短期行为而不具有可持续性：由于研发支出影响近期利润，企业不愿加大研发投入，引出习总书记关于科技对国家、对企业的作用和意义的相关讲话。财务绩效最大化理财目标易引发企业盈余管理（会计操纵），甚至财务造假，违背"法治、诚信"等社会主义核心价值观，教学材料如图5所示。

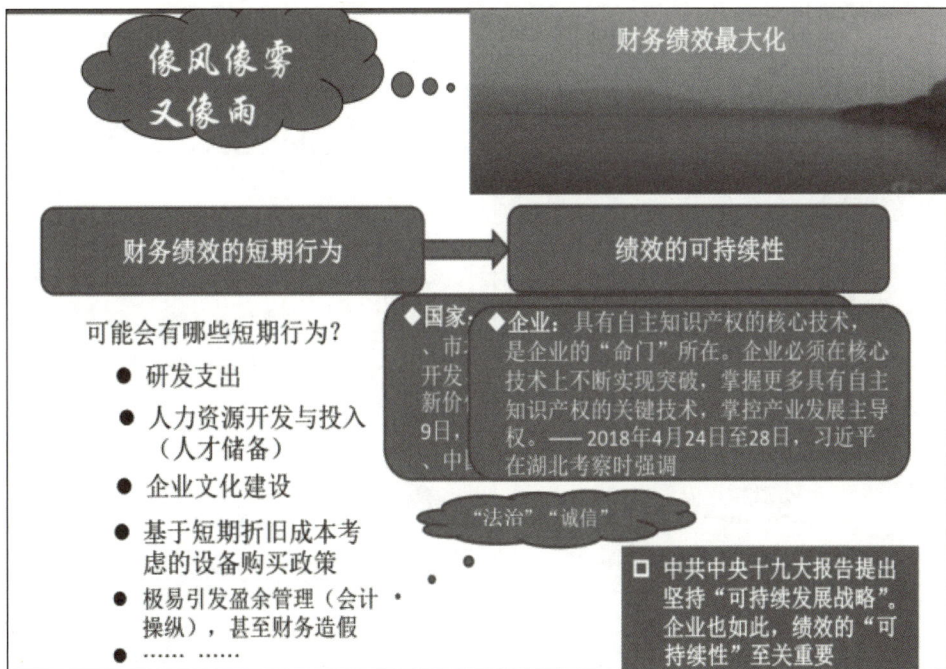

图5 情景2讨论思政元素的嵌入图

（3）在情景4的讨论中设计正反两方面案例，重点分析和讨论财务绩效负外部性问题，尤其分析财务绩效最大化与利益相关者利益及公司社会责任之间的关系。首先，理论上分析和讨论财务绩效的负外部性问题，即企业承担的成本小于企业行为产生的总成本，其集中表现在绩效无法反映公司社会责任（corporate social responsibility，CSR）的履行情况，并引导学生分析有哪些负外部性行为。其次，引入正反两方面案例进行比较分析。反面案例为"三鹿集团'一好遮百丑'：财务绩效好，企业就好吗？"，正面案例是"财务绩效与公司社会责任并驾齐驱：CSR模范生海康威视"。无论是资产规模、（净）利润还是系列财务绩效指标，三鹿集团都曾是行业的佼佼者。由于罔顾公众与消费者利益，2009年三鹿集团破产，董事长田文华被判无期徒刑。由此启发学生思考和讨论财务绩效好，企业就好吗？与此相反，海康威视股份有限公司将财务绩效与公司社会责任平衡做得很好，海康威视近5年净资产收益率（return on equity，ROE）平均32.5%，股利支付率平均在55.8%以上。财务绩效优秀的同时，海康威视社会责任履行也较完美。海康威视的社会责任方针：树立绿色安全和谐尽责的社会形象，矢志成为一家受人尊敬的世界级企业。教学材料如图7所示。

通过上述情景讨论与案例分析，最后进行课堂总结：应积极主动将公司社会责任（CSR）纳入公司价值创造战略的框架中，公司发展才具有可持续性。而以财务绩效最大化的财务目标，很容易忽略CSR等外部性问题。

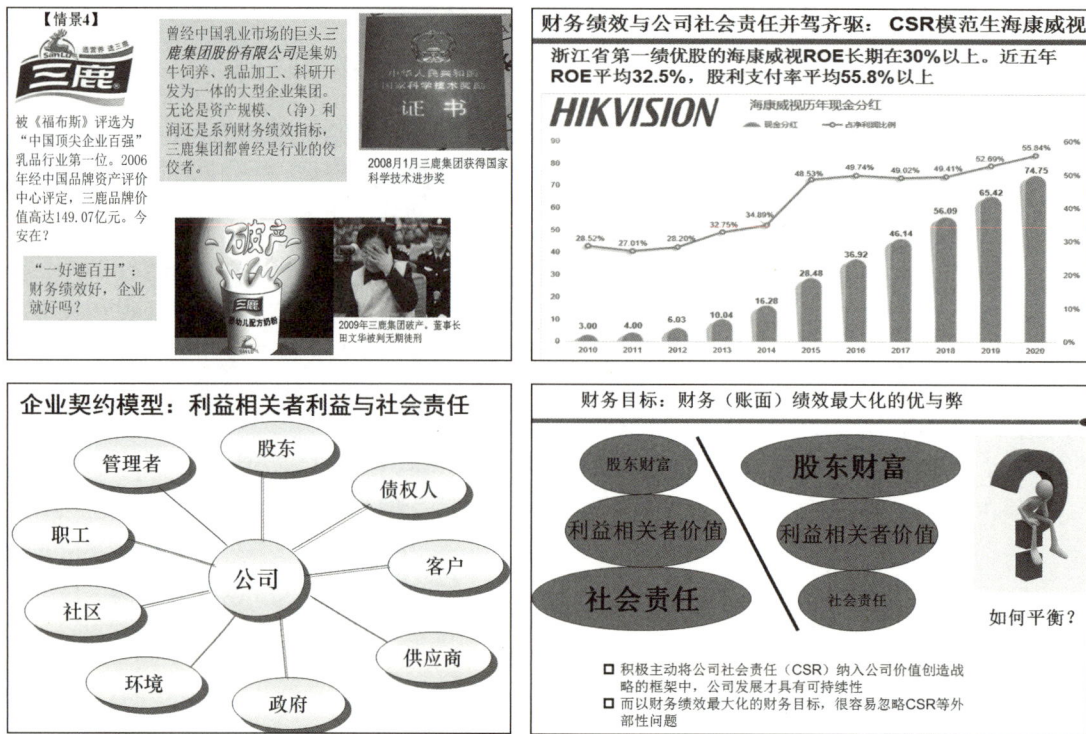

图7　情景4案例讨论教学内容

六、特色及创新

（一）指导思政建设的核心观点创新

本课程组持有的核心观点是认为专业课程的思政元素是客观的内生蕴含而不是主观的外生嵌入。不同专业课程客观蕴含的思政元素存在差异。正因为如此，专业课程思政元素才需要挖掘和提炼，而不是千篇一律的雷同。经研究，课程组挖掘并提炼出"公司理财"课程客观蕴含的思政元素主要包括社会主义核心价值观、商业伦理、利益相关者利益、公司社会责任及生态环境友好等5个方面。

（二）思政元素与专业知识点匹配创新

由于是挖掘、提炼课程客观蕴含的思政元素，因此确保了思政教育与课程专业知识点高度契合。思政元素与专业知识点匹配具体体现为："社会主义核心价值观"与"资本价值目标"兼容并包、"商业伦理"与"财富创造"相行不悖、"利益相关者利益"与"股东财富增长"和谐共生、"社会责任"与"公司价值"并驾齐驱、"生态环境友好（绿色财务）"与"价值财务"有机耦合。

（三）思政教学模式与思政导入方式创新

"三结合"的思政教学模式具体指线上与线下教学结合、理论与实践结合、校内与校外教学资源结合等。思政导入方式包括案例讨论、时政要闻、社会热点、视频教学、学科竞赛等，做到春风化雨、润物无声。

七、教学效果

（一）服务社会，经世济用：学科竞赛与社会实践

专业与情怀融合，服务社会，经世济用。余骋怀、吴油油、吴沐乔三位本科生，综合应用"公司理财"课程之所学，撰写案例分析报告《"宋城演艺"能上演绝地逢生吗？——疫情冲击下的宋城演艺发展股份有限公司困境与出路》，提交参加2020年11月举行的浙江省大学生财会信息化竞赛，赢得专家一致好评，获得二等奖（图8）。

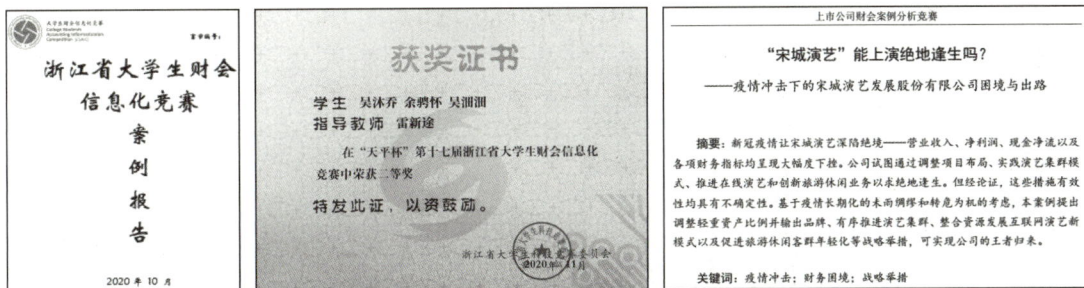

图8　参加浙江省大学生财会信息化竞赛

财务管理专业5位学生学以致用，以财务专业背景分别作为5个创业团队的重要成员，参加2020年第六届中国国际"互联网＋"大学生创新创业大赛总决赛，获得四金一银佳绩。在整个过程中，他们展现出专业水平和奉献与责任的精神风貌，获得团队负责人高度认可（图9）。

图9　参加"互联网＋"大学生创新创业大赛

专业课程的任课教师，由于具备专业知识和一定的学术水平，以及在业界的影响或地位，对学生思想和行为更可能产生型塑和引导作用。2018级某在校生"公司理财"课程成绩优秀，在新冠肺炎疫情高峰期，不顾个人安危成为一名抗疫志愿者，一定程度说明思政教育确实发挥"立德树人"的作用（图10）。

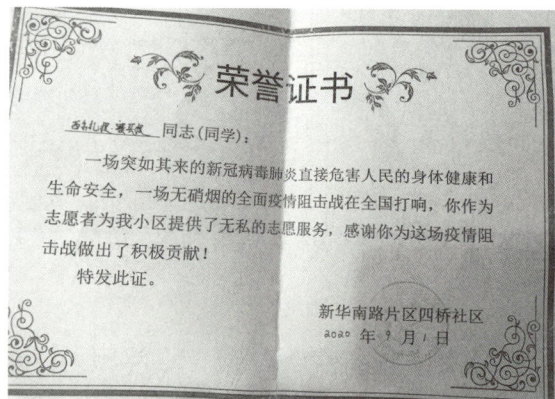

图10　学生成为抗疫志愿者

（二）学生课后体会

2015届某毕业生（CPA、天健会计师事务所审计项目经理）：我很荣幸本科、研究生都在浙江工业大学管理学院学习。"公司理财"课程给我印象深刻。课程让我获得财务专业知识和能力的同时，也启发我思考"责任""道德""情怀"等深层次问题。现在工作当中，我吃苦耐劳、积极上进，时刻不忘老师们谆谆教导，牢记注册会计师的责任和担当。

2019届某毕业生（现为北京大学硕士研究生）：我时常回想本科阶段公司理财课程上课情景。课程不仅传授关于公司投融资决策的理论和知识，而且积极引导我们具备公司社会责任意识、诚信敬业等职业道德及奉献和创新精神。我记得老师对教材上的内容和知识点总有深入的挖掘和拓展，而且能将专业知识、人文精神及道德情操完美糅合。

2017届某毕业生（宁波银行资管项目经理）：宁波银行是一家上市公司，我在工作中，切身体会到兼顾各方利益的重要性。本科阶段公司理财课程给我最大的启迪就是如何正确处理公司利益、股东利益与公众、社会利益之间的关系。课程使我深刻明白一个道理，坚持社会利益的基础上，兼顾和平衡好各方利益，不仅可以维护国家利益、公司利益，也是自我成熟和发展的重要手段。

"DIG" 中国传统文化

应建芬 —

浙江师范大学　外国语学院

一、课程概况

《大学英语教学指南》（2020版）（后简称教学指南）课程定位与性质部分明确提出："大学英语教学应主动融入学校课程思政教学体系，使之在高等学校落实立德树人根本任务中发挥重要作用。"课程设置部分指出："通用英语课程的目的是增加学生在社会、文化、科学等领域的知识储备，拓宽国际视野，提升综合文化素养，树立正确的世界观、人生观、价值观。"教学内容中的教材建设部分倡导要自觉坚定文化自信，坚持中华文化的主体性，坚守中国文化的话语权，充分体现中国特色和中国风格。大学英语课堂口头汇报活动设计与实践积极落实教学指南的指导精神，依托学校公共英语必修课"大学英语"课程，面向大一学生实施。

二、课程目标

"大学英语"课程历经半个多世纪，教学目标建构已从KSA认知模型转向KSCs社会认知能力模型，包含自主学习、合作、思辨、信息处理、跨文化交际等能力。KSCs模型关注知识的输出、能力的产出与外显的行为。该教学活动设计在大学英语教学目标整体统领之下，具象到3个分项目标。

知识目标：学生通过中华传统文化相关视频和文本等备讲材料的看、听、读等活动，搜集和扩展匹配的英文注释及描述形式，厚积英文表达的语料库储备。

能力目标：学生通过对备讲材料的搜索、选择、审辨、整合、呈现、演讲等活动，锻炼语言理解、表达、应用的能力，同时提升自主学习、思辨，以及跨文化交际的意识和能力。

价值目标：学生通过对备讲材料的关联、对比、评判、反思、分享等活动，增强文化理解、认同、践行，提升文化自信和传承素养。

三、思政元素

2020年教育部《高等学校课程思政建设指导纲要》在其目标要求和内容上重点明确地提出了加强中华优秀传统文化教育，引导学生深刻理解中华优秀传统文化中讲仁爱、重民本、守诚信、崇正义、尚和合、求大同的思想精华和时代价值，引导学生传承中华文脉，富有中国心、饱含中国情、充满中国味。而在大学英语教育中进行课程思政具有得天独厚的优势。它覆盖面广、课时长，是所有学生都必修的一门公共基础课程，教学内容更是涉及不同国度的有关知识，特别是对象国的价值观念、生活方式、宗教信仰、政治体制、意识形态等，是中西方文化思想和多元价值观念激烈碰撞的学科，理应成为课程思政建设的重要阵地。因此在课程思政的视域下探讨并在大学英语教学实践中践行如何用英语感知世界、对话世界，深度理解崛起的中国如何在人类命运共同体构建中发出自己的声音、展现大国风范、贡献中国智慧，这具有重要的理论和实际意义。中华文化作为世界多元文化的信息输入源，为跨文化比较与反思提供丰富资源。理解并传承中华优秀文化正是雕塑学生价值取向的课程思政过程，可以为培养具有"中国心、世界眼"的人才提供有力支撑。因此，我们需要充分发挥"大学英语"课程在推动中华优秀传统文化创造性转化、创新性发展中独特的视角和功能。

四、设计思路

在设计理念上，本教学活动积极探索培养"打下中国根基、兼具国际视野"的新时代社会主义接班人的路径，高度指向"培根铸魂"的文化育人目标，全面发展学生的5C素养。中国教育创新研究院2018年发布的《21世纪核心素养5C模型研究报告》提出了包括文化理解与传承、审辨思维、创新、沟通、合作的5C素养。五大素养各有侧重又相互关联：文化理解与传承是核心，创新离不开审辨思维，沟通是合作的基础，良好的审辨能力能够提升沟通与合作的效率，有效的沟通与合作有助于实现更高质量的创新。5C素养及其各模块（表1）包含的多维视角成为活动设计与实践的有力抓手。

表1　5C素养的二级维度细化

一级维度	二级维度
文化理解与传承素养 （cultural competency）	1. 文化理解；2. 文化认同；3. 文化践行
审辨思维素养 （critical thinking）	1. 质疑批判；2. 分析论证；3. 综合生成；4. 反思评估
创新素养 （creativity）	1. 创新人格；2. 创新思维；3. 创新实践
沟通素养 （communication）	1. 同理心；2. 倾听理解；3. 有效表达
合作素养 （collaboration）	1. 愿景认同；2. 责任分担；3. 协商共赢

在具体内容和组织实施上，经过师生沟通，拟定将中国传统文化作为课堂口头汇报专题内容。2020年春学期开学之初，面临因突发新冠肺炎疫情而更改的网课，师生在协商学习内容时选定传统文化作为切入点。教师先期发放多种资源供参考，主要包含 *Hello China*、*Amazing China*、*Seasons of China*、*Wild China*、*Stories of China*、*Chinese New year* 等影视资源和相关文本材料。同时，师生讨论后将活动标题定为"DIG中国传统文化"的挖宝行动，旨在探查作为新新人类的当代大学生是如何理解中国传统文化，又能如何更好地传承文化遗产。因此，在探索过程中，我们不仅要求能够描述（describe）这个文化点本身，还需对这个文化点进行历史发展脉络的解读（interpret），而最核心的是能够理性思辨它对于当下的现实意义，并思索它可能的创新发展（generate）。

五、育人元素实施案例

以2020年春学期"DIG"中国传统文化课堂口头汇报活动为例，通过师生交流、生生互鉴、全员共品，学生深入理解、深度认同传统文化，并以此为新的起点，践行文化的创新传承。学生着手展开各种DIG行动：挑选自己感兴趣的文化切入点；通过各种途径搜索查找各种相关资源，并对材料进行关联、归类、比对、评判、选择、审辨、整合、反思、呈现、分享等；写出第一稿汇报稿，并与同学交流、与老师交流；汲取相应建议，几易其稿，在此过程中注重匹配的英文注释和描述的精准性及适切性；最后面向全班同学汇报演讲。"今天你DIG了吗？""你又DIG到什么宝贝了？"微信群、QQ群、邮箱、手机，各种路径，多元方式，在这样的互动交流过程中，大家对所选文化点的理解和思考不断深化，逐步进入一种审辨模式，批判思考哪些可取其精华，哪些更要去其糟粕。比如，有同学做"风水"的选题，既思考如何创设天人合一的环境生存空间，又要用科学的眼光看待，不能由所谓的风水大师招摇撞骗。而呈现端午节文化时，同学们又不禁因为这一传统文化已经被韩国给抢注而深感懊悔，也借此形成文化遗产保护与传承的意识。

参与活动的学生的选题精彩纷呈，用学生的话说，每一次课都让人充满期待，也更是惊艳连连（图2）。

1 HELLO CHINA - ROTAMOND TWUM BAR...
2 梦琪 孔子
4 机械类194 陈鑫悦 201930220403(1)
8 李奕霏 指南针
11 吕昕 + 纸 机械班
13 京剧时晶晶
16 怡然国画
17 Chinese Traditional Music417徐楠 2
19 陈林轩+Gu Qin _Chinese musical instru...
20 陈星 Chinese Calligraphy中国书法
21 干艺豪+Writing Brash
24 令泽 龙
26 机械194梁家源100文化挖宝
28 世康 英语作业文化
31 春节王睿斌
32 王一凯+Qingming Festival-
33 王宇凯七夕
35 吴小冬 + 泼水节
37 赵晨涛+Feng Shui
39 寒宾 hello china-lion dance dig
40 邹家姝 + 婚礼
42 李怡蕾+Chrysanthemums In Chinese Cul...

1 THE CHINESE HOT POT-ROTAMOND TW...
3 曾鑫 + 孙子
5 何沛航 文化dig
8 李奕霏DIG2指南针
11 吕昕 + 纸
13 晶晶 京剧
15 Hello China--HotPot琦琦
17 Chinese Traditional Music417徐楠
19 古琴 419陈林轩2
20 陈星 Chinese Calligraphy
21 干艺豪writing brash (1)
25 李宜龙 + 太极拳
27 勉州hello,china太极拳(1)
29 Traditional Chinese Medicine施颖隆
31 王睿斌+Spring Festival
32 王一凯+Qingming Festival-
34 韦懿城 + 中秋节dig
36 严音宝 Animals of the Chinese zodiac
38 周禺 + 舞龙
39 寒宾 hello china-lion dance dig
40 邹家炜 + 婚礼
42 李怡蕾+Chrysanthemums In Chinese Cul...

2 梦琪 WORD 修改
3 曾鑫 + 孙子
6 00688 6 黄莉 文化
9 Moon 刘迦舒清
11 纸 (吕昕)
14 国画怡然
16 肖淑蓝Music (1)
18 偏钟 赞美
20 Chinese Calligraphy 陈星
20 陈星Chinese Calligraphy
22 DIG 201930220423黄泳宾docx 文档
25 李宜龙 + 太极拳
27 勉州hello,china太极拳(1)
29 施颖隆+Traditional Chinese Medicine
31 王睿斌 + Spring Festival
33 王宇凯 + 七夕
34 韦懿城+中秋节dig
37 风水赵晨涛
39 寒宾 hello china-lion dance dig2
41 韩王泽 平台学习

2 梦琪 孔子 机械班
3 孙子曾鑫2
4 李 妍霏 Paper cutting
10 鲁于欣 DIG: paper
10 蒲兵兵 Printing
14 国画怡然2
16 肖淑蓝Music
18 赞美 偏钟
20 Chinese Calligraphy中国书法
21 干艺豪+Writing Brash
24 令泽 龙
27 李宜龙太极拳
27 任勉州hello,china太极拳
30.针灸 一男
32 Qingming Festival-王一凯
33 王一凯 + 七夕
35 吴小冬 + 泼水节
37 赵晨涛+Feng Shui
38 周禺Lion dance
40 邹家姝 201930220442 weddi...
42 Hello,China!李怡蕾

2 Number One Scholar 状元
3 方爱珍Beijing
6 胡文渊天坛
8 姜心玥+Terracotta Warriors
9 蒋梦婷-黄河_20200402_213054(1)
10 李茹婷+西湖
11 刘力侨Guqin
12 权朝艳 Three Gorges
14 王丹宇+泰山
15 敦煌 王晶晶
16 王娟娟+端午节
17 魏巧玲dumpling
19 糖葫芦 (徐莹婕)
20 叶珍 Hotpot1
21 书法 余明仙 数学
22 钟佳玲Alcoholic drinks
24 曾佳淇Fish
27 陈自然Family
28 胡同 杜宇峰
30 胡伟康 DIG-孔子
32 金浩阳Chopsticks
33 中国风水 (柳良标) 2
34 罗家栋+Chinese silk
36 hello China 79 yu 王军凯
37 王世统Money
38 吴昌珣Chinese lantern
40 俞林翼 红娘
44 庄慎 礼

2 陈佳怡+Number One Scholar
3 方爱珍Beijing
7 可欣 中医
8 姜心玥+Terracotta Warriors
9 蒋梦婷-黄河_20200402_213054
10 西湖 李茹婷
11 刘力侨Guqin
12 权朝艳12 三峡
14 王丹宇作业四
15 王晶晶+Dunhuang
17 Chinese speed 魏巧玲
18 吴雨倩 北京烤鸭2
19 徐莹婕Tanghulu
20 叶珍+Hotpot
23 面条文化 朱倩 数学班
24 曾佳淇Fish
27 陈自然Family
29 #72胡同韩雨晨
31 Chinese medicin 胡勇
33 柳良标 + 中国风水
33 中国风水 (柳良标) 3
35 2019301802337苏尔东
36 王军凯Jade
37 王世统Money
39 Kite邢博
41 张昊 玉
45 文一 中国传统文化 ——篆刻

2 陈佳怡+Number One Scholar
5 郭瑜倩+Forbidden City
7 可欣文化挖掘 中医
8 姜心玥兵马俑
9 蒋梦婷-黄河
10 西湖李茹婷
12 权朝艳 Three Gorges 数学
13 史之乐传统文化英语作业
14 中国文化——泰山 王丹宇
16 数学192王娟娟传统文化英语作业
17 Hello China --dumpling魏巧玲
18 吴雨倩 + 北京烤鸭
19 徐莹婕Tanghulu
20 叶珍+Hotpot
22 #65Alcoholic drinks(钟佳玲)
23面条文化朱倩
25 中国传统文化---婚俗 192班柴晨涛
28 胡同 杜宇峰 数学
29 韩雨晨Hutong
32 Chopsticks(2)金浩阳
33 柳良标 + 中国风水
34 silk 罗家栋
35 苏尔东lantern
36 王军凯Jade
38 hello china 81 denglong by 吴昌珣
39 邢博+Kite
42 周梓宸 相亲

3 Hello China——Beijing 爱珍1
5 紫禁城郭瑜倩
7 可欣文化挖掘
9 蒋梦婷-黄河
10 李茹婷+西湖
11 Guqin力侨
13 数学192史之乐 春节
14 王丹宇+泰山
16 王娟娟+端午节
17 魏巧玲dumpling
18 吴雨倩 + 北京烤鸭
20 Hotpot叶珍
21 书法 余明仙 数学
22 钟佳玲Alcoholic drinks
24 Fish 曾佳淇
27 70 family陈自然
28 胡同 杜宇峰
29 韩雨晨Hutong
32 金浩阳Chopsticks
33 中国风水 (柳良标)
34 罗家栋+Chinese silk
35 苏尔东lantern
37 80 money 王世统
38 吴昌珣Chinese lantern
39 邢博+Kite
43 张浩 菊花

图2 2020年春学期学生口头汇报选题

　　尤其是在此过程中，师生之间、生生之间的互动也极为频繁，减少了2020年春学期因突发新冠肺炎疫情临时改上网课的诸多不适应。教师也根据学生的进度和在此过程中遇到的各种问题及时进行调整安排和答疑解惑等（图3）。

宜人芬芳　2020/3/9　9:54:36
You are practicing and promoting these five competences through this task!

宜人芬芳　2020/3/9　11:53:19
嗨，亲们，我们班的同学们实在是太高效了哦，已经有2位同学和我讨论他们的稿子了。那这里我结合他们的情况再说明一下哦：一个是最后这个读本是中英文双语的，后续可以供大中小学甚至是任何感兴趣的很多人来参阅，所以我们可以做到尽量内容上丰富详实，语言上准确优美等。已经在查阅资料的同学就会发现，上网查的资料很多是比较杂乱的，但是现在经过你的整理，有关这个文化点的信息就有了一个比较全面完整的版本，那这个就是你的贡献了。另外，这个不是今天要交的，而是给大家留了2周的时间来完成，还需要请3位同伴再审阅等，所以不着急哦。

宜人芬芳　2020/3/9　11:59:37
还有一点是最重要的，也是我设计这个任务的主要目的，那就是我们作为当代的大学生对这个文化点的理解和传承。所以在内容上我设计了3个版块，DIG，
D　describe，描述这一文化点本身
I　interpret，解读这一文化点特征
G　generate，引发你对这一文化点本身或者其对当下意义的思考。比如婚礼这个主题，那婚书形式和过去有哪些异同，你对这样的变化有什么思考？比如书法，过去和现在书法对人们生活的影响如何，中小学开设书法课你的观点如何等。比如第2个视频讲你好，但是其实是中国的礼仪，那你觉得现在和过去相比，中国在礼这个文化上有什么变化等。特别期待看到你们对这些文化点的个性化解读和理解。

宜人芬芳　2020/3/9　13:05:53
大家可以参照这些材料，也可以做对应的视频，也可以相互自己感兴趣的话题对调，也可以以其它你认为特别值得分享的文化点哦。只要聚焦中国传统文化就可以的。

宜人芬芳　9:53:16
The only purpose of doing all of these things is to enhance your English learning to promote your comprehensive competency, so if only you are learning, that matters most, no matter what, how and when. I am here to learn together with you and see what i can help if you need. I am glad many of you have contacted me to discuss about your gains and difficulties as well.

图3　老师在QQ班级群及时答疑

在同学们完成各自的课堂汇报后，将整理好的文稿再发给老师。而老师则充分利用资源，请她的5位英语专业研究生开展对每一份文稿的再次审阅和编辑修订工作。专业学友来助力，共编读本促传播。经他们审校的文稿再次提交到老师手上，老师再和学生交流，作为一次以中国文化为主题的相关英文表达和思想传播的辅导交流活动。最终，本次"DIG"中国传统文化活动汇编成一本255页的双语读本，发给多个班级的学生阅读，并欢迎他们加入交流和分享（图4）。经过更多优秀学生的思考，一定会有更多如何更好传承和发扬优秀文化的金点子不断涌现。

DIG 中国传统文化双语读本

文化是一个国家、一个民族的灵魂和生命。培养个体的文化理解与传承素养，就是在培养具有文化使命感和社会责任感的人才。如何理解、认同和践行中华民族优秀文化传统，且看大学英语 00688 和 00689 两个班同学们的 DIG 行动（Describe, Interpret, and Generate）。

图4 师生汇编的《DIG 中国传统文化双语读本》封面

六、特色及创新

随着师生协商、学生探究、师生交流、生生互鉴的深入和拓展，"DIG"中国传统文化课堂口头汇报活动的设计与实施逐步形成了一定的特色与创新。

（一）DIG 活动内容与课程思政元素融合的精准性和适切性

在汇报内容的选取上，我们紧跟国家立德树人、培根铸魂中守好红色文化根脉的新高要求，精准选取中华传统文化作为切入点，让文化素养成为最富魅力、最吸引人、最具辨识度的学生综合素养的标识。同时，文化意识的提升又是英语学科核心素养之一，文化知识点也是大学英语教学及大学英语四、六级考试等评价机制中的重要一环，学生通过课堂口头汇报活动深化文化感知、文化理解、文化比较和文化鉴别，可以说是教学思路和内容上的一个突破，打开适切的文化教学内容的新空间。

（二）DIG活动形式与5C素养目标对接的多元化和可视化

学生先挑选相关文化点，个体自主或小组合作展开精细的听、看、读，对材料信息进行提取、分析、推论和反思，深度挖掘这些文化点的内涵。在比较、判断、整合、评价文化内涵的过程中，学生开展理性思维、批判质疑、多维探究，展开自己就这个文化点的独立思考和批判性解读，并提炼形成个人的洞见。在深度阅读和独立思考后，学生将所思所想、所得所困带回课堂，以口头汇报的方式呈现，把汇报内容与学生实际、社会现实加以关联，就此展开分析和讨论，引发同伴的集体思辨，尤其就所困之处展开新一轮的集体合作探讨等。其他同学学会倾听，对观点的可信度、论证的充分性等进行反思与评价。同学们在分享与倾听中碰撞思辨火花。最后，在课堂上短时的信息交互、思想交融、观念交锋之后，全班同学在课外对该文化点材料的读和思进行再梳理，选择各自角度的证据，明确自己的观点，以自媒体的形式，利用班级报刊、微信美篇等形式推广，供全班同学或者更大范围的学生继续交流。通过上述"读、思、言"这一系列融语言、思维、文化为一体的多元的可视的学习活动，学生实现5C素养的综合发展。

七、教学效果

以"DIG"中国传统文化这个大学英语课堂汇报活动设计为例，在此过程中师生都有了多元收获。

（一）"中国元素"的英语表达的语言知识储备扩展

师生都储备好了更多更广范围的"中国元素"的英语表达知识，为今后传播中国文化和传统价值观奠定了语言能力。学生们收集中国文化（图5）、中国崛起、美丽中国、今日中国、鸟瞰中国、航拍中国、中国史、中国故事、中国改革开放故事、中国新年、四季中国、中国美食等资源，作为教学内容的专题拓展，建成"中国之声"语料库（图6）。每位同学的汇报材料也成为新的听说读写译的学习资源。这些材料体现了语料的真实性、时事化，话题的时代性、社会化，视野的多元化、国际化等特色，让英语更好地成为学生感知世界、对话世界的桥梁。

图5　师生收集的中国文化相关视频资源样例

（二）"读、思、言"融语言、思维、文化为一体的综合能力的发展

在学习能力上，学生在备讲过程中开展听、说、读、写、译等各项技能操练，要学会在浩瀚的网络资源中查找资料，要对查找的资料进行筛选。在思维品质上，学生既要关注这个文化点本身的解读和反思，也能对不同来源的信息进行综合、对比、分析，客观审视、批判评析，在审辩思维的基础上形成自己的洞见。在沟通和合作能力上，学会和同学、老师交流，合作解惑，更包含不同观点的交锋及新观点的汲取。尤其在创新能力上，学生就某个文化点与国外类似或不同的文化点进行对比、分析、品鉴，基于信息加工后进行理性和批判性思考，反思该文化点的精华与糟粕，创造性提出发扬精华的新洞见。在"读、思、言"这样融语言、思维、文化为一体的系列活动中，学生锻炼和发展了自身的综合能力（图7）。

- 2020-11-28【双语】习近平在第十…
- 2020-11-29【双语】联合国秘书长2…
- 2020-11-30【双语】李克强在上海…
- 2020-12-02【双语】古特雷斯2020…
- 2020-12-04【双语】古特雷斯2020…
- 2020-12-04【双语】王毅在新冠肺…
- 2020-12-05【双语】王毅在安理会…
- 2020-12-11【双语】古特雷斯2020…
- 2020-12-12【双语】王毅在2020年…
- 2020-12-13【双语】邓励在中非合…
- 2020-12-13【双语】习近平在气候…
- 2020-12-19【双语】王毅在同美国…
- 2020-12-31【双语】古特雷斯2021…
- 2020-12-31【双语】习近平发表二…
- 2021-01-03【双语】王毅就2020年…
- 2021-01-10【双语】王毅在同坦桑…
- 2021-01-16【双语】国家中长期经…
- 2021-01-17【双语】迎难而上 为国…
- 2021-01-23【双语】古特雷斯《禁…
- 2021-01-24【双语】习近平在全国…
- 2021-01-25【双语】习近平在世界…
- 2021-01-30【双语】随时准备用于…
- 2021-02-02【双语】杨洁篪：中美…
- 2021-02-05【双语】罗照辉在"环…
- 2021-02-07【双语】王毅向驻华使…
- 2021-02-09【双语】习近平在中国…
- 2021-02-22【双语】王毅在联合国…
- 2021-02-23【双语】坚定维护和践…
- 2021-03-02【双语】古特雷斯2021…
- 2021-03-05【双语】2021年政府工…
- 2021-03-05【双语】2021政府工作…
- 2021-03-06【双语】2021年政府工…
- 2021-03-06【双语】关于《全国人…
- 2021-03-08【双语】王毅答记者问…
- 2021-03-12【双语】2021年政府工…
- 2021-03-12【双语】李克强答记者…
- 2021-03-13【双语】关于2020年国…
- 2021-03-13【双语】关于2020年中…
- 2021-03-14【双语】2021年全国人…
- 2021-03-19【双语】崔天凯大使在…
- 2021-03-24【双语】2020年美国侵…
- 2021-03-28【双语】把握经济全球…
- 2021-03-30【双语】香港特别行政…
- 2021-03-30【双语】香港特别行政…
- 2021-03-31【双语】王毅在阿富汗…
- 2021-04-06【白皮书】人类减贫的…
- 2021-04-08【双语】党的十九届五…
- 2021-04-09【双语】美国对外侵略…
- 2021-04-11【双语】党的十九届五…
- 2021-04-15【双语】王毅在外交部…
- 2021-04-18【双语】中美应对气候…
- 2021-04-20【双语】习近平在博鳌…
- 2021-04-21【双语】王毅在安理会…
- 2021-04-22【双语】习近平在领导…
- 2021-04-26【双语】王毅同美国对…
- 2021-04-27【双语】马朝旭在联合…
- 2021-04-29【双语】以史鉴今，面…
- 2021-05-07【双语】全面加强知识…
- 2021-05-21【双语】习近平在全球…
- 2021-05-23【双语】书写新时代西…
- 2021-05-27【双语】王毅在庆祝"…
- 2021-06-03【双语】王毅在金砖国…
- 2021-06-08【双语】郑泽光大使抵…
- 2021-06-12【双语】王毅在日内瓦…
- 2021-06-14【双语】一份出色的答…
- 2021-06-17【双语】王毅在"上海…
- 2021-06-24【白皮书】中国共产党…
- 2021-06-24【双语】建党100周年…
- 2021-06-25【白皮书】中国新型政…
- 2021-06-25【双语】王毅在"纪念…
- 2021-06-25【双语】王毅在"一带…
- 2021-06-27【双语】中国共产党成…
- 2021-06-30【双语】王毅在二十国…
- 2021-07-01【双语】习近平在庆祝…
- 2021-07-04【双语】王毅在第九届…
- 2021-07-04【双语】习近平在庆祝…
- 2021-07-07【双语】习近平在中国…
- 2021-07-12【双语】把握新发展阶…
- 2021-07-14【白皮书】新疆各民族…
- 2021-07-16【双语】习近平在亚太…
- 2021-07-17【双语】王毅在巴以和…
- 2021-07-19【双语】中国共产党建…
- 2021-07-24【双语】人民法院组织…
- 2021-07-28【双语】携手维护世界…
- 2021-07-29【双语】秦刚大使向中…
- 2021-07-29【双语】王毅在中国 - …
- 2021-08-06【双语】王毅在新冠疫…
- 2021-08-12【双语】习近平在全国…
- 2021-08-14【白皮书】全面建成小…
- 2021-08-16【双语】十四五年规划…

图6 学生收集的中国之声语料库材料样例

（三）"中国心、世界眼"正向价值观的塑造

就语言、文化而言，从来就没有离开政治的无价值判断的讨论。学生只有增强对文化差异的敏感性和宽容性，提高审辨力，才能透过语言看本质，从意识形态、价值观视角去理解内容。正如习总书记指出的："要坚持学而信、学而思、学而行，把学习成果转化为不可撼动的理想信念，转化为正确的世界观、人生观、价值观，用理想之光照亮奋斗之路，用信仰之力开创美好未来。"[1]该课堂口头汇报教学活动，政治上有高度，思想上有深度，以思政的"深入""深刻""深化"为突破点，塑造学生"中国心、世界眼"的正向价值观，进一步树立对本民族文化的自信，内化于心、外化于行，使学生真正成为一名优秀的中国文化的新传人。

---

[1] 习近平：在纪念红军长征胜利80周年大会上的讲话[EB/OL].（2016-10-21）[2022-04-10]. www.xinhuanet.com//politics/2016-10/21c_1119765804_3.htm.

图7　学生们在课堂上进行口头汇报样例

　　"DIG"中国传统文化课堂口头汇报活动已经在2019级和2020级多个班级中落实，目前正在2021级新生中继续开展。过去两年相关活动的资源已经分享给本校全体大学英语教师及其学生，深受师生喜爱。2021年8月，应建芬受邀在第五届全国英语专业及大学英语课堂教学高端论坛上进行分会场发言，分享该"DIG"中国文化素养的大学英语教学改革与实践（图8）。我们诚挚地欢迎更多感兴趣的老师和学生们一起来"DIG"中国传统文化。

（a）

◆ 分论坛一：英语课堂教学

王楠	比较视野中英语文学通识类课程改革与实践	14:00-14:20	
姚成贺	文学教学与校园生态文化构建——以英美小说教学为例	14:25-14:45	
应建芬	"基于"RISE"模式提升学生"DIG"中国文化素养的大学英语教学改革与实践"	14:50-15:10	王楠
王德亮	对话句法理论对语言教学的启示	15:15-15:35	
孙迎晖	语类分析在《学术写作》课程教学中的应用	15:40-16:00	
常春兰	基于"543"的英文规范书写教学实践与研究	16:05-16:25	
钱小芳	社会文化理论与认知理论指导下的语音与正音课程改革	16:30-16:50	

◇ 发言人：应建芬（浙江师范大学）

题目：基于"RISE"模式提升学生"DIG"中国文化素养的大学英语教学改革与实践

摘要：《大学英语教学指南》（2020版）的"课程定位与性质"明确提出："大学英语教学应主动融入学校课程思政教学体系，使之在高等学校落实立德树人根本任务中发挥重要作用。"本研究以提升大学英语学生理解和传承中国优秀传统文化素养为切入点，以自编的"RISE"模式下"DIG"中国文化的教学实践为着力点，探讨在课程思政视域下大学英语学生如何以英语为媒，践行用中国故事对话世界，深度理解和客观思辨崛起的中国如何发出中国之声、贡献中国智慧，充分发挥大学英语课程在推动中华优秀传统文化创造性转化、创新性发展中独特的视角和功能。

（b）　　　　　　　　　　　　　　　　（c）

图8　应建芬受邀在第五届全国英语专业及大学英语课堂教学高端论坛上进行发言

中国现代文学

郭建玲

浙江师范大学　国际文化与教育学院

一、课程概况

　　中国现代文学重点讲授中国现代文学的发展历史、重要的文学流派和作家作品。本课程由浙江师范大学国际文化与教育学院开设，是汉语国际教育本科专业留学生的必修课，2个学分，共36学时。中国现代文学与中国当代文学、中国文化通论等课程共同构成了留学生"中国文化素养"课程群。目前建设有在线课程，面向社会开放，并有配套的新形态教材。

二、课程目标

（一）知识目标

（1）掌握中国现代文学发展的基本历史。

（2）了解重要的文学流派和作家作品。

（3）掌握文学阅读的基本方法，能理解文学文本的深层含义。

（二）能力目标

（1）能够阅读文学作品原文，能进行成段、得体地表达。

（2）能够诵读经典的文学作品。

（3）能够通过文学作品增进对中国近现代社会和中国文化的认识。

（三）价值目标

（1）感受中国语言文字的优美。

（2）知华友华，培养讲好中国故事的跨文化传播意识。

三、思政元素

　　挖掘中国现代文学作品的思政元素，本课程着重引导学生感知汉语的魅力、塑造真善美的心灵、培养知华友华的中国情怀。

（一）感知汉语的魅力

　　现代汉语是以典范的现代白话文著作为语法规范的现代汉民族共同语。中国现代作家的作品以不同的形式和风格，丰富了现代汉语的表现力。通过对经典文学作品的阅读，来华留学生可以切实感受现代汉语的魅力，更加热爱中国的语言文字。

（二）塑造真善美的心灵

文学传达真善美，是塑造美好心灵最好载体。鲁迅"弃医从文"、艾青"大地之爱"、郁达夫"南洋抗敌"、穆旦"三千里远征"等作家的成长经历，文学作品所表现的人情美与人性美，可以引导学生追求真善美，树立正确的价值观和成才观。

（三）培养知华友华的中国情怀

中国现代文学作品呈现了中国近代社会的发展面貌，表现了诸多重大的时代命题，可以帮助学生今昔对比，思考中国经过民族革命走上社会主义道路的必然性，培养学生化知识为能力，会讲中国故事、讲好中国故事。

四、设计思路

本课程通过语言、作家、时代和实践有机融入思政内涵，达到育人目标。课程思政具体内容及组织实施方法如表1所示。

表1　设计思路

教学内容概述	课程思政育人目标	教学组织实施方法
导论：中国现代文学的"现代性"	1.理解中国现代文学的现代特征：语言的现代、形式的现代和思想的现代 2.感受中国现代作家的"国际视野"与"中国情怀"	讲授、讨论 小组讨论：现代作家的现代性
第一章　文学革命的发生和中国现代文学的开端	理解陈独秀、胡适、鲁迅等文学革命健将改造社会的强国思想和先锋精神	讲授、讨论 小组讨论：《觉醒年代》中的"五四"一代
第二章　鲁迅：中国现代文学的开创者和"民族魂"	1.鲁迅"弃医从文"的启示 2.理解鲁迅改造国民性的"立人"思想	讲授、讨论、课堂报告 小组讨论：鲁迅在今天的意义
第三章　五四新文学社团及其创作	感受不同文学社团对语言文字的现代开拓	讲授、讨论
第四章　从文学革命到革命文学：左翼文学的兴起	1.了解左翼文学"为人民"写作的先锋性 2.《为奴隶的母亲》等左翼作品对无产阶级的同情	讲授、讨论、课堂报告 课堂报告：柔石的一生
第五章　茅盾与史诗性长篇小说的开拓	理解《子夜》表现的社会问题：资本主义为什么在中国走不通	讲授、讨论
第六章　巴金与青春的赞歌	巴金对封建思想的反抗和对青春的讴歌	讲授、讨论
第七章　老舍与北平的市民社会	老舍的文学语言；祥子悲剧成因的社会性和个人性	讲授、讨论

教学内容概述	课程思政育人目标	教学组织实施方法
第八章 "乡下绅士"沈从文与他的湘西世界	《边城》《萧萧》表现的"人情美"与"人性美"	讲授、讨论、续写
第九章 话剧的本土化：曹禺的创作	《雷雨》话剧艺术的中国化	讲授、讨论、表演《雷雨》片段
第十章 抗战时期的中国文学	战争对作家命运的影响及作家如何迎向时代的主题；穆旦、艾青、郁达夫等的经历和创作	讲授、讨论、课堂报告、课外实践 课堂报告：我们的同龄人——十八岁的穆旦 课外实践：大地之爱：参观艾青故居和艾青文化公园
第十一章 张爱玲的战时写作	战争中平民的坚守	讲授、讨论 小组讨论：如何理解张爱玲文学作品中的战争描写？
第十二章 钱锺书的"忧世伤生"之作《围城》	知识分子的战时坚守	讲授、讨论 小组讨论：战争与知识分子的使命
第十三章 赵树理：解放区文学的新方向	赵树理的中国作风与中国气派：如何讲好中国故事？	讲授、讨论、课堂报告
第十四章 第一次文代会：走向当代文学	文学与时代的关系	讲授、讨论

五、实施案例

案例："大地之爱"——走访艾青故居和艾青文化公园

（一）案例实施背景

艾青的诗是《中国现代文学》第三单元"抗战时期的中国文学"的重要内容，主要通过学习艾青抗战时期的著名诗歌《我爱这土地》，体会诗歌的创作背景、主要感情、诗歌艺术，体会抗战时期现代诗歌的特点，了解艾青"大地之爱"的诗歌创作在20世纪中国文学史上的独特价值及其"人民的诗人"的重要地位。

本课程留学生来自莫桑比克、坦桑尼亚、喀麦隆、尼日利亚、马达加斯加等非洲国家，越南、泰国、印度尼西亚等亚洲国家，以及古巴、哥伦比亚等拉丁美洲国家。这些国家大多曾经饱经战火，大多经历过反抗西方殖民统治获得民族独立的历史。其中15位学生在中国境内学习，11位学生因新冠肺炎疫情滞留本国，无法按期返校学习，因此采用线上线下教学的方式。

在充分了解学生的背景和学情的基础上，结合第一课堂的教学，利用金华作为艾青故乡的丰富的文学资源，开辟第二课程，带领学生走进艾青纪念馆，参观艾青文化公园，让学生从实践中感悟艾青对土地、对人民最真挚深沉的"大地之爱"，也将艾青诗歌作品的学习和学生热爱祖国和人民的价值观塑造结合起来。

（二）案例实施过程

1.第一课堂：文本学习、知识讲授

本课共2个课时，教师讲授抗战时期诗歌的特点、艾青的代表地位及主要诗歌创作，重点讲授《我爱这土地》的创作背景、诗歌特点、情感内涵。按前导作业—作品学习—课后诵读三个步骤实施教学。

2.第二课堂：走访艾青故居、艾青文化公园

时间：2021年5月20日下午13：00—17：00

参加者：主讲教师、助教、汉语国际教育专业2019级留学生15人。

（1）艾青故居实践学习。

艾青故居对于了解艾青怎样从一个普通的平民成为诗坛泰斗的历程，对于了解艾青诗歌的主题和特点具有重要价值。

艾青故居坐落在金华傅村镇畈田蒋村，是一座典型的徽派建筑，是浙江省中国重点文物保护单位（图1）。故居坐北朝南，门口有一座艾青的青铜半身雕像，表情凝重庄严，眼望远方，基座书写着"人民的诗人"几个字。留学生们充满敬佩之情地齐声念道："人民的诗人——艾青（1910—1996）"！他们还发现门口的地面上镌刻着一首艾青的诗歌《太阳》，并附有英文标题，不由自主地朗诵起来：

从远古的墓茔

从黑暗的年代

从人类死亡之流的那边

震惊沉睡的山脉

若火轮飞旋于沙丘之上

太阳向我滚来……

于是我的心胸

被火焰之手撕开

陈腐的灵魂

搁弃在河畔

我乃有对于人类再生之确信

图1　走进艾青故居

　　艾青1910年出生于畈田蒋村一个封建地主家庭，1933年艾青在狱中首次用"艾青"这一笔名创作了长诗《大堰河，我的保姆》，深情歌咏了对乳母大堰河这位劳动妇女、这位"母亲"的思念，感情真挚、诗风清新，轰动文坛，也奠定了艾青作为"人民的诗人"的诗歌主题。此后艾青的诗歌大多讴歌劳动人民的生活，在艺术上形成独特风格，名扬海内外。

　　大堰河的孙女婿蒋祥荣先生是艾青故居的管理员，热情地接待了国际学院师生一行，自愿做了非常"接地气"的讲解，并向留学生赠送了亲手书写的扇面《我爱这土地》（图2）。

图2　艾青故居管理员、大堰河孙女婿蒋祥荣讲述艾青与大堰河的"母子情"

在教师的带领下，留学生们通过参观艾青故居，更直观地了解了艾青的生平，他走出乡村，到杭州学习；走出中国，到法国勤工俭学；回到祖国，投入民族斗争；尤其是在抗战期间，用饱含泪水、充满热情的声音歌唱祖国、追求光明和希望的斗争精神，深深打动了每一位留学生。

（2）艾青文化公园实践学习。

艾青文化公园位于金华市金东区义乌江南岸，是一个融艾青诗歌文化与城防大堤紧密结合的绿色景观文化主题公园，是金华城市绿地系统三江六岸公园绿带的一部分。

一走进艾青文化公园，留学生们就被中心广场上一组壮观的雕塑吸引。这座雕塑由36根1.2米见方的天然石柱按高度渐变排列组成，名叫《光的赞歌》，表现了艾青的同名诗歌对光明和希望的礼赞（图3）。

图3 艾青文化公园《光的赞歌》雕塑前

《光的赞歌》写于1978年，艾青虽然经历了二十几年的劳动，暂停了写作，但对祖国、人民的爱初心不改，对光明和希望的追求没有停止。在艾青的诗歌创作中，光是重要的创作对象。光是太阳，是黎明，是火把，是艾青对美好的不懈追求，是艾青怀揣的希望，更是艾青执着不灭的信念。《光的赞歌》是历经磨难归来的诗人对自己生活和创作一次总结，同时也是对一个新的中国的歌咏。通过《光的赞歌》，留学生们深切体会到艾青先生对光明美好的不懈追求。

（3）诗朗诵。

朗诵是和诗人最好的感情交流方式。在义乌江的滔滔水声中，留学生们站在《我爱这土地》的书页前，激情澎湃地集体朗诵了艾青的这首名诗，感受诗人对祖国和大地的深爱之情（图4）。艾青文化公园绿草如茵，环境优美，旁边的小区高楼林立，留学生对比今昔，更加感受到"和谐中国""和美金华"的幸福生活，赞叹中国的快速发展和伟大复兴。

图4　留学生在诗作《我爱这土地》前深情朗诵

（4）思考与表达。

参观完艾青文化公园，教师鼓励学生将体会到的感情倾注笔端，书写自己的想法和思考。引导学生结合自己的国家，结合当下的时代，思考并讨论当代大学生爱国之情的内涵，用汉语书写对校园、对自己国家的真挚情感。

（三）线上课堂：制作实践视频，供学生线上学习

此次实践学习，由助教研究生全程跟踪拍摄视频，供因新冠肺炎疫情在本国的留学生线上"游学"，也供学生课后回顾学习。

视频链接：https://www.xueyinonline.com/detail/219670923。

六、特色及创新

（一）切入点自然

从课程本身讲授的基础知识和基本技能自然切入人文道德素质的培养及人生观、价值观的塑造。例如，从现代作家的留学背景和文学报国的海归经历，自然切入汉语国际教育人才需要具备的国际视野和国家情怀；从鲁迅"弃医从文"的经历，自然切入为国学习的成才观和价值观；从沈从文、老舍等语言大师的文字，自然切入对中国语言文字之美感的体悟等，不是嫁接，而是自然切入。

（二）融入方式新颖

根据课程内容、学生实际、地方资源优势，选择思政融入课程的方式，课内课外相结合。例如，讲授抗战时期国统区的文学，设计"我们的同龄人——十八岁的穆旦"的作业和课堂报告，将新世纪的大学生和抗战时期的大学生联系起来，思考青年人的时代担当；讲授艾青的抗战诗歌，利用金华的地方资源，带领学生参观艾青故居和纪念馆，感受"大地之爱"，思考当代青年如何爱国。

（三）课程思政全覆盖

充分发掘中国现代文学丰富的思政元素和育人内涵，每节课都找准切入点，选好融入方式，有机融入思政内容，立德树人，做到了堂堂课思政，节节课育人。

七、教学效果

本课程的思政教学收到了非常好的教学效果。首先，解决了因新冠肺炎疫情不能按时返校的留学生的线上学习问题，为他们提供了优质的教学资源。其次，提高了留学生的学习热情，激发了他们对中国语言、文学文化的热爱，以生动多样的形式提高了中国国情教育的质量。

仅以走访艾青故居和艾青文化公园课程思政实践活动为例，活动结束后，坦桑尼亚学生王晓乐说他印象最深的是艾青故居墙上"艾青和刚果文化部长"的合影："虽然艾青先生走了，但他的诗歌，他通过诗歌与世界的交流并没有结束，我们在他的诗歌中，在他与世界的交往中，感受到了力量！"古巴学生黄龙说他印象最深的是将艾青雕像上写的"人民的诗人"，还有艾青与秘鲁诗人聂鲁达并称为世界上最伟大的人民诗人的文字介绍，为人民而写作的诗歌，才是最有价值的。莫桑比克学生欧静雅深情地说："莫桑比克曾经被葡萄牙殖民了近500年，1975年才独立，虽然艾青写的是抗战时期的中国，但他的诗歌让我想起我的祖国，想起莫桑比克人民曾经的生活。而艾青对太阳，对光明的赞美，又让我想起莫桑比克人民抗争的力量和希望，我非常感动。艾青曾经留学法国，我也是个留学生，我要好好学习，以后建设好我的国家！"

大学英语

胡萍萍

浙江师范大学　外国语学院

一、课程概况

大学英语课程是普通高等学校通识教育的一个重要组成部分，兼具工具性和人文性。工具性的主要目的是在高中英语教学的基础上进一步提高学生英语听、说、读、写、译等综合应用能力。人文性主要体现在跨文化教育和培养学生对中国文化的理解及阐释能力。"大学英语"课程需要在课程建设、教材编写、教学实施等各个环节充分挖掘其思想和情感资源，丰富其人文内涵，实现工具性和人文性的有机统一。

二、课程目标

大学英语课程目标是培养学生的英语应用能力，增强跨文化交际意识和交际能力，同时发展自主学习能力，提高综合文化素养，培养人文精神和思辨能力。本案例的具体目标如下。

（一）知识目标

（1）了解"成年形成期"的概念、提出背景、典型特征。

（2）了解判断一个人是否成年的标准。

（3）掌握文章的段落大意、篇章结构以及与这个主题相关的词汇和句式表达。

（二）能力目标

（1）培养学生的多元读写能力，使他们能够就本单元话题进行较为自如的口头和书面交流，有效传递信息，比较和评析不同的观点和意见，培养信息筛选能力和批判思维能力。

（2）掌握对比对照的写作策略。

（三）价值目标

（1）让学生学会客观分析和评价新闻事件和人物。

（2）思考什么是判断一个人真正进入"成年期"的标准，形成正确的成年观。

（3）培养爱国主义情怀、责任意识、使命担当和科学精神。

三、思政元素

本案例着重培养的思政元素主要有：爱国主义情怀、责任意识、使命担当和科学精神。

（一）爱国情怀

通过对比抗疫"逆行英雄"和网络上发布不当言论的新闻人物和事件，学生形成强烈的国家认同和民族自豪感，厚植家国情怀。

（二）责任意识、使命担当

通过思考和讨论什么是判断一个人真正进入"成年期"的标准，学生领悟到他们作为新时代青年该有的社会责任感和使命感。

（三）科学精神

通过开展现场问卷调查、阅读相关文献、课后访谈和写作等教学活动，培养学生基于数据的认真严谨的科学探究精神。

四、设计思路

为帮助学生能在不久的将来适应急剧的社会变化，迎接经济全球化、语言文化多元化和交际技术多样化带来的新挑战，新伦敦小组（New London Group）提出了多元读写能力（multiliteracies）的培养目标，并提出了实现多元读写能力的"多元读写教学法"（pedagogy of multiliteracies）。其教学设计模式包括实景实践（situated practice）、明确指导（overt instruction）、批评框定（critical framing）和转化实践（transformed practice）4个要素。国内学者冯德正在此基础上，提出了将多元读写教学法运用于德育教学的操作方式（图1），认为"与以往道德教育研究提出的笼统课堂教学原则相比，多元读写理论为有效设计道德教育提供了更具操作性、实践性的方法"。

图1　道德教育的多元读写教学法

本案例以该多元读写教学法为理论框架，围绕实景实践、明确指导、批评框定和转化实践4个核心要素，结合教材中"成人形成期"的单元主题对课堂教学进行设计，将爱国情怀、责任意识、使命担当及科学精神等思政元素自然融入各个教学环节和步骤，对学生进行多元读写能力的培养及人文价值观的引导。

五、实施案例

（一）教材分析

教学内容是上海外语教育出版社出版的《全新版大学进阶英语综合教程（3）》中的第四单元。该单元的主题是"成年形成期"（Emerging Adulthood），由两篇阅读文章构成。在 Text A "Is 30 the New 20 for Young Adults"中，作者 Jeffrey Jensen Arnett 提出现在年龄在 18—25 岁的年轻人处在一个介于青春期末期和成年早期的人生阶段，即"成年形成期"，分析了"成年形成期"的典型特征，并就家长可以如何处理好与"成年形成期"子女间的关系提出了建议。在 Text B "When Are You Really an Adult"中，作者以一个大学毕业生 Henry 的人生经历为例，分析了衡量一个人是否真正成为成年人的几个可能标准，并进而引出了判断成人与否的 3 个最重要标准，即对自己负责任、独立做主和经济独立。本案例是该单元教学的第一次课，即阅读导入课，着重 Text A 的教学内容，同时整合 Text B 中的部分内容，基于主题意义进行单元整体教学设计。

（二）学情分析

教学对象是某省属重点高校修读"大学外语（二）"的 2020 级非英语专业工科和文科的两个班共 85 位学生。根据英语高考成绩，新生在入学后被分入 A、B、C 班。本案例中的教学对象是 A 班的学生，他们的英语高考成绩基本都在 120 分及以上，英语基础相对较好，但在多元读写能力，尤其是信息筛选能力、批判思维能力等方面还有待提升。

（三）教学过程

基于多元读写教学法的 4 个核心要素，本案例将教学活动设计为 4 个环节。

1.第一个环节：实景实践

在 2020 年 4 月清明节，中国举行了全国性哀悼活动，纪念那些在战"疫"期间不幸牺牲的烈士和同胞。教师以此事件为导入，介绍了更多的"90 后"甚至是"00后"的"逆行英雄"，如湖北省孝感市应城市中医医院"90 后"医务人员、北京大学"90 后"援鄂医疗队等，他们都是新时代 20 多岁（twenty-somethings）年轻人的代表。接着，教师提出第一个思考问题：你觉得他们是否已成年？为什么？让学生自由表达观点。随后教师以另一个在网络上发布不当言论的新闻人物和事件为例，向学生提出同一个问题："你觉得他/她是否已成年？为什么？"在学生自由表达想法和观点之后，教师顺势提出另一个思考问题：那么我们怎样判断一个人是否已经成年？

设计意图：教师首先用现实生活中正面和反面的新闻人物和事件引出单元话题，发出灵魂拷问，让学生带着问题进入学习状态，从文本材料中寻求问题的答案，从而将道德问题与抽象的价值观置于真实的语境事件中，引发学生的情感投入与认同，激发学习兴趣和求知欲。

2.第二个环节：明确指导

该环节由以下3个步骤构成。

第一步：现场问卷调查。

教师呈现事先在问卷星平台上设计好的调查问卷，邀请学生用手机扫码完成问卷上的两个选择题。（1）你认为自己已经成年了吗？选项为：A.是；B.否；C.有些方面是，有些方面否。（2）下列选项中，你认为哪3项是判断一个人是否成年的最重要标准？选项为：A.年龄；B.承担责任；C.经济独立；D.完成学业；E.独立做出决定；F.结婚；G.其他。然后马上呈现调查数据，得到如下结果：班里70.97%的学生选择了C，即不确定自己是否已经成年；学生们认为衡量一个人是否成年的最重要的3个标准是：承担责任、经济独立和独立做出决定。

设计意图：以现场问卷调查的形式启发学生对"你真的已经成年了吗"这一问题的思考，引发他们对自己所处人生阶段的思考，培养探求真知的科学精神，促进他们对自我的认知。

第二步：主题背景知识信息的学习。

在现场问卷调查之后，教师引导学生快速进入课文的主题，着重介绍Text A的作者和他提出"成年形成期"这一学术概念的背景信息。然后，教师带领学生快速浏览作者于2000年5月发表在*American Psychologist*上的论文摘要部分，剖析了该论文的学术贡献、主要内容和观点。

设计意图：采用学术论文摘要阅读的方式让学生了解作者所提出的"成年形成期"这个概念的背景信息，了解摘要写作的基本结构框架，培养严谨的学术探究精神。

第三步：文章结构分析与对比对照写作策略的学习。

教师引导学生阅读Text A的文章，找出文章的主题句、篇章结构和段落大意（图2），并以思维导图的形式进行归纳，从而使学生充分了解作者的观点，熟悉"成年形成期"的典型特征和利弊。

为增强观点的说服力，文章作者使用了对比对照这一写作策略，用具体数据的对比来论证"成年形成期"的合理性。教师在带领学生学习对比对照的写作策略之后，拓展了有关中国"70后""80后""90后"和"00后"年轻人在接受高等教育的比例、女性读大学的比例、结婚年龄，以及调换工作的频率等方面的真实数据，使学生深刻感受中国在高等教育方面所取得的伟大成就，激发民族自豪感。

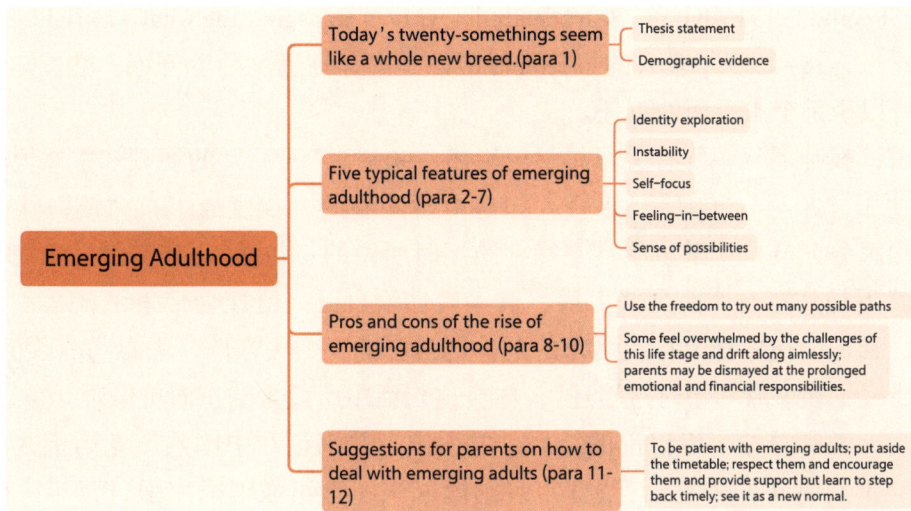

图2　Text A 的篇章结构和段落大意

设计意图：使学生熟悉论说文的写作特点和对比对照的写作策略，为学生在新的情境中运用所学知识搭建语言、篇章和学习策略支架。

3. 第三个环节：批评框定

批评框定环节分两个步骤：

第一步：重新审视"90后"甚至是"00后"的"逆行英雄"和某新闻事件中的人物。

教师带领学生用以上3个标准（承担责任、经济独立和独立做出决定）来重新审视"90后"甚至是"00后"的"逆行英雄"和某新闻事件中的人物，用打钩和打叉的方式分析和判断他们是否已经成年，并让学生自由发表他们的观点和理由。

设计意图：用现场调查数据的结果对第一个环节中所提出的灵魂拷问做出回答，使学生的好奇心得到满足，并引导学生用真实的数据和客观理性的思维来推理与判断新闻热点人物和事件，从而培养学生的批判思维能力。

第二步：正面价值观的学习。

之后，教师向学生提出第3个问题：如果说像你们这样处于18~25岁的大学生想要经济独立很难做到的话，至少你们应该可以努力做到承担责任和独立做主，那么你们现在的责任是什么？在哪些方面可以做到独立自主？让学生进行小组讨论。在邀请几组学生自由发表观点之后，教师引出《论语·为政》中的经典句子"子曰：吾十有五而志于学，三十而立，四十而不惑，五十而知天命，六十而耳顺，七十而从心所欲，不逾矩"。（The Master said, "At fifteen, I had my mind bent on learning. At thirty, I stood firm or became independent. At forty, I had no doubts. At fifty, I knew the decrees of Heaven. At sixty, my ear was an obedient organ for the reception of truth. At seventy, I could follow what my heart desired, without transgressing what was right." 可见，在孔子看来，18~25岁年轻人的主要责任应该是志存高远、勤学苦练、增长知识与本领，这可以说是个人层面的责任。

接着，教师播放一段有关习总书记论述"90后""00后"的视频"主播说联播"，里面讲述了"90后""00后"年轻人如何由娇滴滴的一代变成了抗"疫"斗争中的志愿者和医务人员。让学生欣赏主播在结尾时所说的一句话："其实定义我们每个人的从来就不是几零后，而是努力后、奋斗后你给自己、给社会带来了什么？年龄不是标签，真正能在你身上打上烙印的是你用自己的努力去亲历、去参与时代的变迁，而不是错过了在事后唏嘘时过境迁"，体会这句话中所蕴含的正面价值观。

然后，教师总结小组讨论的结果，并引出习总书记在中国共产党第十九次全国代表大会上对青年们的寄语："青年兴则国家兴，青年强则国家强。青年一代有理想、有本领、有担当，国家就有前途，民族就有希望。"[①]（"A nation will prosper only when its young people thrive；a country will be full of hope and have a great tomorrow only when its younger generations have ideals，ability，and a strong sense of responsibility."）

设计意图：通过对孔子和习总书记经典语句的学习，将话题讨论引向升华，帮助学生体会（多模态）语篇中的正面价值观和意识形态，用显性的手段进行爱国主义教育，实现价值引领与语言知识学习相结合的教学目标。

4. 第四个环节：转化实践

最后，教师布置学习任务：（1）以电话或微信聊天等方式访谈你的祖父母或父母，询问他们在18—25岁时的生活经历，对比自己与祖父母或父母处于同一年龄阶段时的人生感悟。（2）然后，以"我与我_____的二十几岁"（The Twenty-Somethings of My _____ and Me）为题，写一篇约150个英文单词的作文，要求使用本单元所学的词汇表达和对比对照的写作策略。

设计意图：教师以布置访谈和写作任务的形式，使学生回归真实情境，并在新的情境中熟练运用所学知识，创新性、批判性地解决新问题，锻炼他们的包括语言识读能力、信息筛选能力、批评思维能力在内的多元读写能力，培养学生的研究方法意识和科学精神，使他们最终自觉接受和践行正面价值观。

六、特色及创新

（一）理论与教学实践紧密结合

以多元读写教学法为理论框架，设计教学环节和步骤，并将爱国主义、正确成年观和科学精神等思政元素自然融入各个环节和步骤，使课程思政和语言知识学习

---

① 习近平：决胜全面建成小康社会　夺取新时代中国特色社会主义伟大胜利——在中国共产党第十九次全国代表大会上的报告[EB/OL].（2017-10-27）[2022-04-10]. http://www.gov.cn/zhuanti/2017-10/27/cotent_5234876.htm.

相向而行，形成协同效应。

（二）探究式与发现式学习理念的展现

以时事热点新闻人物和事件导入，提出思考问题，通过主题背景知识介绍、问卷调查、论文摘要阅读和学生自由讨论，解答前面所提出的问题链，体现探究式、发现式的学习理念。

（三）现代信息技术和多模态教学资源的运用

以手机扫二维码当场做调查问卷的形式，结合文本、图片、音频、视频等多模态教学资源，培养学生的多元读写能力，提高课堂教学效果。

七、教学效果及反思

本案例是一次课程思政公开展示课，并在之后由学校教师发展中心举办的教学系列微沙龙"线上课程思政与批判性思维能力培养"活动上做了交流分享（图3）。从师生反馈和期末课程思政满意度问卷调查结果来看，本案例实现了预期的教学目标，达到了较好的教学效果（图4、图5）。教师们认为该教学案例"非常有意思、问题链设计层层深入、课程思政融入自然贴切"。学生们认为"上课节奏紧凑、教学活动新颖有趣、教学内容启发人思考""在潜移默化中进行思政教育使我们受益匪浅""英语课中加入思政内容很有意义，可以拓展知识面，学习收获很多"。

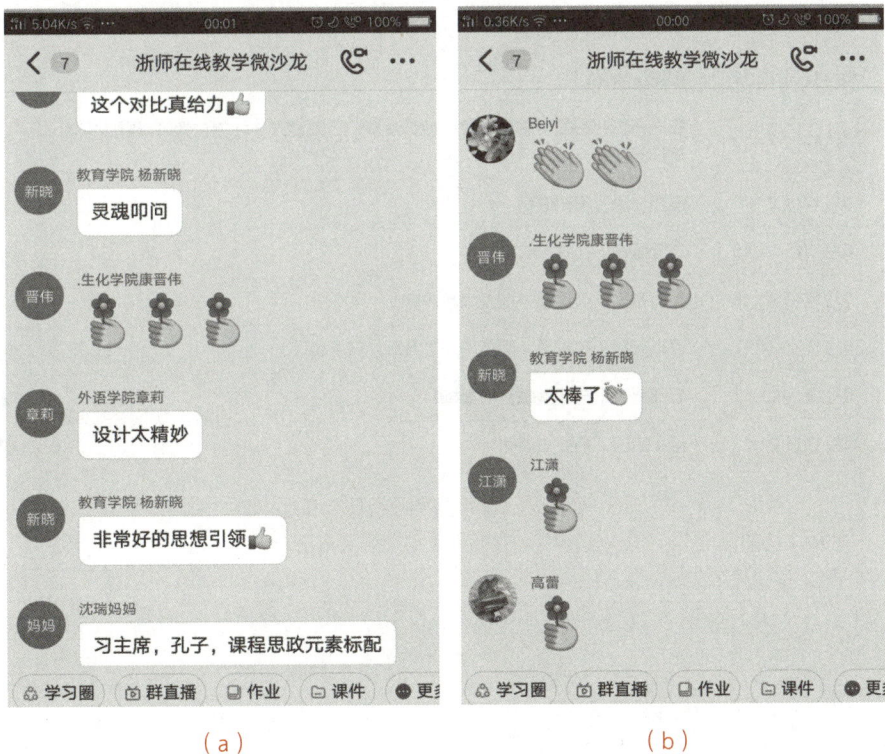

（a）　　　　（b）

图3　教学微沙龙上教师的反馈

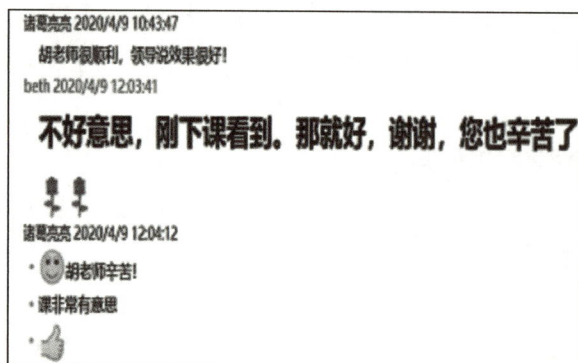

（a）

（b）

图4　领导与学生的反馈

序号	提交答卷时间	答案文本	查看答卷
61	6月17日 21:11	非常好，不过可以再多一些新闻类评述	查看答卷
62	6月17日 21:12	对学习方面很有帮助	查看答卷
63	6月17日 21:12	很好(●°u°●)♩	查看答卷
64	6月17日 21:12	在潜移默化的教学中进行思政教育使我们受益匪浅，希望老师可以继续完善这样的教学方法！	查看答卷
65	6月17日 21:12	适当地融入思政教育	查看答卷
66	6月17日 21:15	老师挺好的，学习收获很多	查看答卷
67	6月17日 21:16	很有意义，英语课中加入思政内容	查看答卷
68	6月17日 21:17	可以接触一些时事，用英语来进行表达或评价。	查看答卷
69	6月17日 21:17	老师把时事与课堂融合得很棒！	查看答卷
70	6月17日 21:18	挺不错的，拓展知识面	查看答卷

图5　期末课程满意度问卷调查的反馈

跨文化社会实践创新：国际社区与志愿者服务

钟玉琴、项凝霜、庞　博、王一安、吴一桥、缪莉杨

杭州电子科技大学　外国语学院

一、课程概况

跨文化社会实践创新：国际社区与志愿者服务旨在通过跨文化社会实践理论学习、校外实践基地实习和期末实践报告撰写或专题汇报等形式，让学生将自己的语言技能、国际视野、跨文化意识和沟通能力融入国际社区的建设中，通过积极承担杭州2022年亚运会等国际赛事的语言志愿服务，在实践中锻炼自己的跨文化交际能力，成为"新文科"建设中要求的了解中国文化、具有国际视野、能讲好中国故事、具有创新实践能力的国际化人才。

该课程由杭州电子科技大学外国语学院开设，是一门面向英语专业本科学生和英语基础较好的其他专业学生设置的实践类选修课，共32学时，每学期开课。

二、课程目标

（一）知识目标

通过"专家进课堂""学生进社区"等授课方式，提升学生对国际化建设、中国传统文化、中西文化差异以及跨文化交流所需的各项知识的积累，提高对当今世界复杂而多元文化的认知水平。

（二）能力目标

以杭州国际化社区、亚运场馆为实践基地，在实践中提高学生将英语或者汉语作为交流语言进行交际的能力；能够与不同语言、文化背景群体交往并准确地理解对方和得体地表达自己，具有较好的跨文化交际能力和国际志愿服务能力。

（三）素质与思维目标

通过多元化的国际化专题实践和志愿服务实践，培养学生的跨文化意识，学会以跨文化的视角来看待文化现象及其内涵，培养学生具备历时而非共时、动态而非静态的历史观，提高学生人文修养、创新思维和批判意识。

（四）思政育人目标

通过区校合作和共建模式，培养既具有家国情怀，又了解他国文化和社会规则，既能讲好"中国好故事"和传播"中国好声音"，又能与不同文化背景的群体进行良

好跨文化沟通的新文科国际化人才，以适应日益复杂的国际挑战。

三、思政元素

（一）国际视野

通过不同领域专家的专题授课让学生对跨文化知识、杭州亚运国际志愿者服务、社区服务调查理论与方法、国外社区服务模式等内容有一定的了解，提高学生的国际化意识，拓宽国际视野，增强文明互鉴和世界共同进步的国际意识以及和平、发展、互利、合作、共赢等人类命运共同体意识。

（二）文化自信

以杭州国际化社区、亚运场馆为实践基地，让学生在参与亚运国际志愿者服务、亚运国际赛事服务的过程中，通过运用自己的语言技能、国际视野、跨文化意识和沟通能力投身国际社区的国际化建设和党建工作。学生在接受中华传统文化教育的同时能夯实文化基础，增强文化自信，树立中国良好形象。

（三）科学观

以课程专题实践为切入点，在训练学生思辨思维和创新思维的同时，提高学生的沟通能力、合作能力、变通能力、处理突发事件的能力；学生通过担任"学习者""文化传播者""体验者""翻译者""志愿服务者"等多重角色，认识理论和实践相结合的重要性。

（四）家国情怀

学生在参与设计专题实践内容时能意识到国家需求和个人学习的密切联系。课程的理论学习和实践环节让学生通过亲身感受社区工作者"爱国、敬业、诚信、友善"的社会主义核心价值观，使其参与国际化社区党建引领建设，培养学生爱社区爱国家的情感，从而实现本课程在实践中育人的目标。

四、设计思路

课程思政元素的教学设计如表1所示。

表1　课程思政元素的教学设计

切入与衔接育人元素	1. 知识：促进学生了解学习国际化社区的定义，国际化社区申报流程、建设内容、评价等，了解传统文化背景和具体内容等，学会做一名踏实、严谨、有创新意识的学习者。 2. 能力：提高学生英语能力的同时，增强学生自身人文素养，锻炼其语言运用能力、跨文化交际能力、文化传播能力、理论知识转换成研究项目的创新能力和思辨能力。 3. 情感：提升学生思想境界和精神情操，增强其家国情怀、文化自信、文明互鉴和世界共同进步的国际意识以及和平、发展、互利、合作、共赢等人类命运共同体意识。 4. 价值：带领学生了解国际化城市的核心价值，坚定"富强、民主、文明、和谐、爱国、敬业、诚实、友善"社会主义核心价值观，坚信传统历史文化的精神价值。

续 表

课程思政具体内容	课程思政实践基地	以杭州市钱塘区下沙街道的滟澜社区、早城社区、柠檬社区三大国际社区为试点 协助单位：杭州民生社会组织服务促进中心、钱塘研究院		
	对标课程目标的课程思政内容	课程思政实践专题	课程思政知识点和切入点	对标课程思政目标
		1.国际社区中的标识牌语言翻译实践	①对国际社区已有的公示语、标识牌等进行考察、翻译、修改、调整； ②采访调研中外居民，基于需求帮助社区增添相应的指示语； ③收集服务手册、工作手册、宣传视频等其他资料，修改翻译不当之处； ④感受国际社区的服务理念和国际化氛围。	学习国际化知识；培养学生的家国情怀，提高学生人文修养、创新思维和批判意识；提高学生将英语或者汉语作为交流语言进行交际的能力。
		2.国际社区中的语言服务实践	①根据国际社区实际，拟定语言生活调查问卷和访谈大纲； ②学生进社区问卷调查和访谈外国友人、社区居民、社区工作者，广泛、深入地了解外籍居民在生活、医疗、商业等领域的语言需求； ③学习并了解国际社区为中外居民提供的语言服务情况。	提高学生创新思维和批判意识以及将英语或者汉语作为交流语言进行交际的能力；培养学生历时而非共时、动态而非静态的历史观；了解他国文化和社会规则，增强跨文化意识。
		3.国际社区中的跨文化现象服务实践	①参加杭州民生社会组织服务促进中心举办的座谈会和研讨会，收集跨文化现象案例； ②访谈社区工作者，收集跨文化现象案例； ③问卷调查杭州45个国际社区的外籍居民，了解外籍居民其子女生活、工作等方面的语言问题和障碍。	学习中西文化差异和跨文化交流所需的各项知识，加强对多元文化的认知水平；以跨文化的视角来看待文化现象及其内涵，提高跨文化意识；提高学生将英语或者汉语作为交流语言进行交际的能力。
		4.留学生进国际社区服务实践	①了解留学生的生活、学习概况； ②留学生参与社区的文化活动； ③中国居民了解留学生的海外文化。	培养与不同文化背景的群体进行良好跨文化沟通的新文科国际化人才，以适应日益复杂的国际挑战。
		5.浙江非遗文化进社区服务实践	①联合国教科文组织非物质文化遗产名录； ②国际化社区的定义、申报、评价，杭州国际化社区建设概况等； ③非遗主题翻译实践活动，感受不同形式的非遗文化，赏析非遗文化的内涵、精髓和艺术美。	建立正确的文化价值观，提升文化自信心；增强学生家国情怀和国际视野；能讲好身边的"中国好故事"和传播"中国好声音"。

续 表

课程思政具体内容	对标课程目标的课程思政内容	6.中国传统文化进国际社区服务实践	举办传统文化进社区活动：以书法为例。 ①中外传统文化交流活动：向社区中外居民以中英双语讲解传统书法知识；书法家观摩；体验书法中英文教学；社区书法家书法展览欣赏。 ②学生和中国居民"书法寄党情"活动：百米画廊庆建党百年；学生用贺卡和明信片寄语祖国和党，谈理想抱负。	建立正确的文化价值观；拓宽学生国际视野；提升文化自信心；讲好身边的"中国好故事"和传播"中国好声音"。
		7.杭州亚运会志愿者进社区服务实践	①参观亚运场馆，感受国际赛事的魅力； ②邀请亚运会专家进校讲课，让学生了解国际赛事的语言服务注意事项； ③学生进社区对中国居民进行志愿者培训； ④学生进国际社区进行模拟实训，体验"志愿服务者"角色； ⑤感受社区工作者"爱国、敬业、诚信、友善"的社会主义核心价值观和社会责任感。	培养学生的家国情怀；提高学生人文修养；能够与不同语言、文化背景群体交往，准确地理解对方和得体地表达自己，具有较好的跨文化交际能力和国际志愿服务能力。

组织实施

实施过程	国家政策解读 社区知识梳理 理论文献研究	校本课程 对接 社区需求	依托课程 社区实践 创新育人	制作成果 示范打造 服务社会
实施内容	①课程思政教育的纲领性文件和相关会议精神解读 ②基于《国际化社区评价规范》的社区申报和建设过程、国际社区的党建材料 ③外语教学文件学习和解读	①走访调研，精准链接需求 ②圆桌会议：基于需求对接，拟定社区实践项目，实践基地挂牌，建立稳定的区校党建共同体 ③基于实践项目专题，进行思政教学设计	①以实践课程为切入点 ②以国际社区为载体 ③以区校联动为合作方式 ④以"课程—实践—课程—社会"为路线 ⑤以立德树人润如无声、打造思政示范课程和示范实践基地为目标	①成果服务于社区国际化建设和党建 ②学生服务于社区和公益单位 ③思政示范课程和示范基地打造、区校合作模式辐射、社区范本共享
课程实施方法	理论学习和研究 师生座谈会 社区专家授课	社区观察 问卷访谈 圆桌会议 成果展示	问卷访谈调查 田野观察实践 视频拍摄 成果展示	思政案例 校内分享会 社区座谈会 学生汇报

五、实施案例

实施案例"非遗文化进国际化社区服务实践"的教学设计如表2所示。

表2 "非遗文化进国际化社区服务实践"的教学设计

教学概况	授课内容：课程实践项目（二）"非遗文化进国际化社区服务实践" 学时：2 授课对象：2019级和2020级英语专业学生（39名） 授课时间：13：30—15：05（2021.04.24） 授课地点：杭州市钱塘区下沙街道早城社区
实践专题授课目标	1. 以杭州的早城社区为实践基地，培养学生爱杭州、爱中国的情怀。早城社区的国际化特征和建设可以帮助学生拓宽国际视野，增强国际关怀，感受早城社区创新、协调、绿色、开放、共享的价值理念。 2. 以课程实践主题为切入点，在国际化社区推广国家级非物质文化遗产，让学生全方位体验越剧艺术的优美，感受非遗文化的魅力，接受中华传统文化教育，增强文化自信。 3. 结合越剧主题知识，通过参与越剧教学的设计、准备、实施和总结环节，让学生意识到国家需求、社区需求和个人学习的密切联系，在社区实践中认识到语言实践的科学性和严谨性，训练学生的思辨思维和创新思维以及处理突发事件时的全局意识和变通能力。 4. 学生通过担任越剧文化的"学习者""传播者""体验者""翻译者"，在国际化社区背景下体验越剧文化和传播中国文化，提升跨文化交际能力，在实践中实现育人教育。
切入课程思政的课程知识点	1. 联合国教科文组织非物质文化遗产名录（了解非遗文化的历史价值、文化价值和精神价值）。 2. 国际化社区的定义、申报、评价，杭州国际化社区建设概况等（家国情怀、国际视野）。 3. 教学活动：越剧背景介绍（初步感受越剧的艺术和文化之美）；越剧专有名词学习（慢慢走进越剧文化）；越剧经典片段赏析和翻译（理解越剧文化的内涵）；越剧知识问答的现场口译（剖析越剧文化的精髓）。
课程思政具体内容	教学过程： 1. 课前：越剧知识储备（学生）、越剧艺术家资料（杭州民生社会组织促进中心提供）。 2. 课程思政教学过程： · 学生主持介绍出席嘉宾和活动概况，营造浓厚的传统文化氛围，具备将语言运用能力、跨文化交际能力和文化传播能力转换成语言实践的创新和思辨能力； · 早城社区孙国伟书记介绍社区国际化建设概况，帮助学生了解国际化城市的核心价值和社会主义核心价值观； · 学生PPT展示越剧文化（地位、起源、特点、流派等），用中英文讲解并协助中外籍居民学习越剧中英文词汇，做一名踏实、严谨、有创新意识的知识传播者； · 越剧表演艺术家符伟杰老师及团队现场展示不同风格的越剧，让学生和居民深入了解越剧文化，感受越剧的婉转优雅，增强文化自信； · 中外居民对话艺术家，深入解读越剧文化，学生积极传播越剧文化； · 戏服穿戴体验或道具把玩体验（邀请中外观众体验越剧戏服或者是头饰道具等，符老师讲解用途），真实、深入地感受中华越剧文化之美； · 作业：整理越剧活动资料，总结角色转换的表现，撰写活动感想和收获，反思实践中的不足之处，提升思辨意识。

续 表

	模块	育人元素	教学方法
知识点与育人元素结合的教学设计	**模块一：多元化的课程设计阶段** 教师根据课情、学情和社区概况等多维要素制定实施计划。通过师生面对面座谈、微信群线上讨论等多元形式，对非遗文化进社区的品种、可行性、开展方式等多元实践内容进行讨论。	要求学生具备科学、严谨的做事态度，培养资料搜索、选题设计和凝心聚力的能力，学会做一名会学习的学习者。方案的制定让学生更好地意识到国家需求和个人学习间的密切关系。	课程路径
	模块二：多视角化的实践准备阶段 教师构思如何将翻译理论与教学实际相结合，如何让学生运用自己的语言技能、国际视野、跨文化意识和沟通能力，融入到国际社区的越剧翻译实践中；学生制定准备清单，包括翻译教学用具的准备、越剧相关材料的中英文版本、翻译活动的具体流程等各项工作；社区联系感兴趣的中外居民、安排场地、制作宣传工具、联系越剧表演艺术家。	训练学生的逻辑思维，特别是严谨性和创新性，注重理论和实践的结合，培养学生的沟通能力和合作能力。	区校合作
	模块三：情境化的实践实施阶段 在活动开始时，由学生负责主持主导整个会场；在艺术家展示曲目时，由学生进行现场翻译；在答疑互动时，由学生负责中外居民的答疑。	将教学活动的话语权和主导权交给学生，可直接增强学生的文化自信。活动过程中突发事件的处理让学生意识到什么是真正的"做中学"，什么是"临危不乱"，什么是"全局意识"，什么是"变通和创新"。	社区路径
	模块四：主题化的实践总结阶段 教师：总结各个实施环节出现的问题，提出优化方案，为后续的翻译实践教学提供借鉴。 学生：反思在语言基础、人文素养、知识结构等方面的不足之处并提供解决方法，撰写实践收获和内心感悟。	帮助学生进一步挖掘越剧文化的历史和精神价值，提升对专业基础、人文素质和创新能力的关注与重视。	课堂路径
实践专题考核方式	1. 组织之星 　合理、安全、高效地完成实践内容，做到团队有序、管理得当、礼貌细心，受到社区和居民的好评，弘扬乐学善学、勤于反思、信息意识、团队合作等精神。 2. 实践之星 　敢于表现自己，在讨论、采访、调查过程中表现积极、积极思考、积极实践，起到很好的表率作用。在体验越剧文化时，演绎文化精粹，弘扬身体力行、亲力亲为的精神。 3. 安全之星 　注意保护好自己和同行人的安全，在学校往返社区的途中能够确保同学安全，受到同学们好评。在传播越剧文化时，有捍卫本土文化、弘扬家国情怀的意识。 4. 记录之星 　记录越剧文化的精髓和活动的精彩时刻，能认真总结实践内容，将所见、所闻、所想形成文字报告，持有细致、严谨、踏实的做事态度。 5. 翻译之星 　遵守翻译的忠实原则和保密原则，以高度的责任心、勤奋好学的态度和一丝不苟的作风，做好越剧和活动现场的翻译工作。		

六、特色及创新

（一）理论知识灌输与专家现身说法相结合

课程理论知识由国际社区工作者和专题专家教授，通过能动的认知、认同、内化方式来帮助学生更好地理解国际化与人类命运共同体的关系、中国文化国际传播的重要性以及讲好中国故事的需求。通过专家的现身说法，学生从被动的学习转向主动、自觉的学习。

（二）理论学习和实践紧密结合

从《高等学校课程思政建设指导纲要》到《大学英语教学指南》再到校级课程思政文件的出台，明确正向示范引领，全面提升教师教书育人责任意识，强化课程思政资源建设。学生以实践课程为载体，以国际社区为实践基地，通过参与社区的实践活动，切实将自己的语言技能特别是翻译技能、国际视野、跨文化意识和沟通能力，运用到国际社区的打造和建设中，在实践中锻炼自己的跨文化交际能力，了解中国文化、传播中国文化、讲好中国故事。

（三）由点到线及面的显性教学与隐性教育相结合

当前已有的区校合作模式较零散，呈阶段性特征。基于实践课程的区校合作方式有助于高校和社区打造品牌思政示范课，从而建立长期和稳定的合作机制。"区校合作"体系将课程思政内容从校内拓展到校外，将传授知识和思政教育相结合，以课程为载体把学科资源转化为育人资源，以课程实践专题为切入点，在潜移默化中增强学生文化自信，培养学生的社会主义核心价值观，拓展国际视野，助推中国文化的国际传播，全流程体现思政元素。

七、教学效果

（一）本校学生科技创新项目丰富

（1）国家级创新创业训练项目：外携——杭州国际社区文化服务站（202110336051）；国际社区助力剂：社会化思政，志愿式课堂（202110336063S）。

（2）校级创新训练项目：杭州市国际社区的语言生活状况调研（S202110336035）。

（3）浙江省2020年新苗项目立项：茶叶练习生——基于中国传统文化的非著名茶叶品牌策划研究平台（2020R407042）；指尖上的浙江——民间艺术寻访（2020R407043）。

（二）社会影响大，辐射面广

课程开展后产生了很大的社会影响力，"学习强国"、浙江在线等多家媒体宣传报道了课程内容。

1.区校合作模式报道（图1）

（a）　　　　　　　　　（b）　　　　　　　　　（c）

图1　区校合作模式报道

2.传统文化进社区的相关报道（图2）

"非遗文化进社区""中国书法写春意""区校红色五月联欢"等活动受到浙江在线、"学习强国"、社区平台等多家媒体报道。

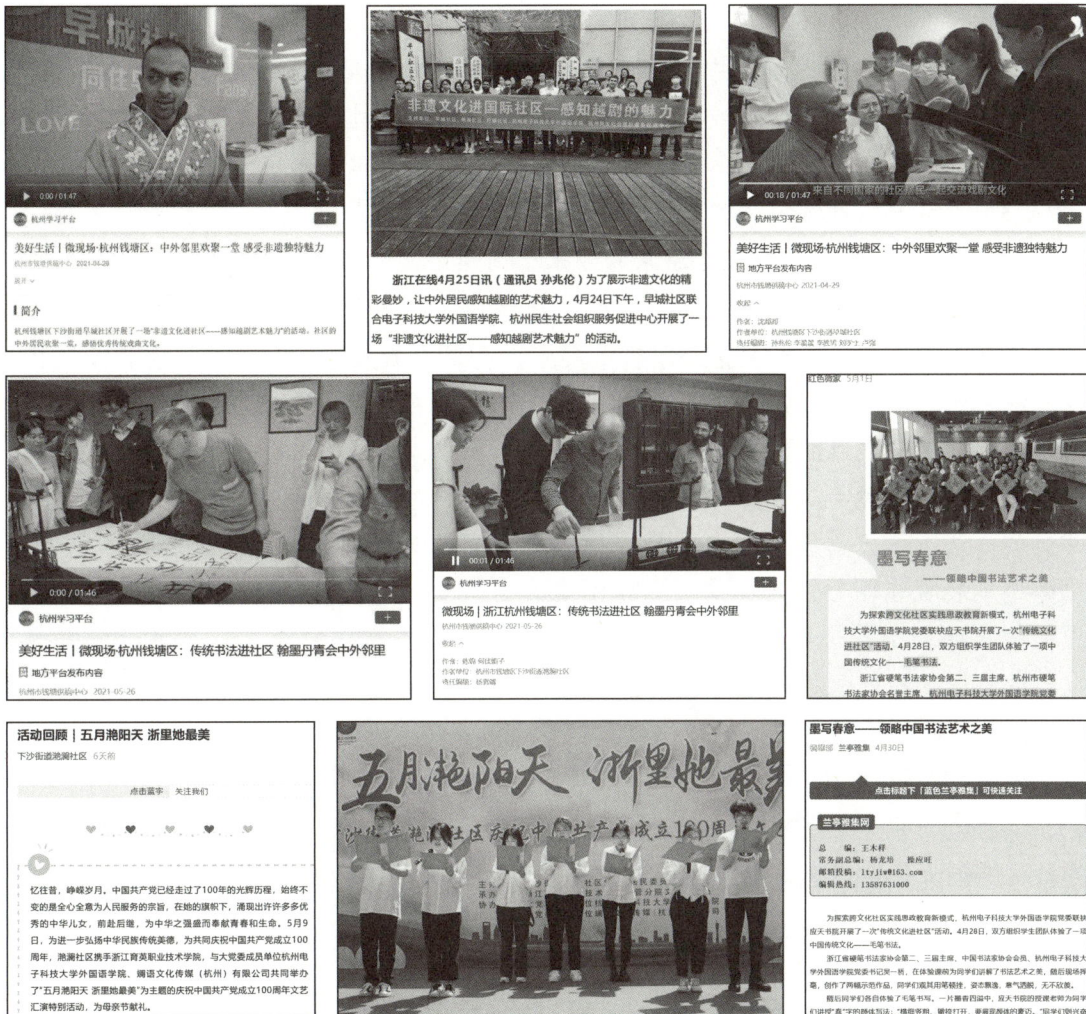

图2　相关活动报道

（三）学生评价高，社区受益多

实践课程很大程度上锻炼了学生的语言运用、文化传播、国际沟通等能力，学生对授课方式和内容反馈积极。

1.基于课程的学生评价

（1）意识到社区工作的重要。

"这次是我第一次真正走进社区，真正能够与社区居民进行面对面的接触与交流。更重要的是，我能够帮助他们修改标识牌的英文翻译，也就意味着我能够真正地参与到社区服务中，真正地帮助到社区居民。"——2020级学生　舒琳

（2）认识到国际化社区建设对自己专业学习的促进作用。

"作为记录组的一员，我用手机摄像功能记录下了一次次采访的过程，发现我

们的准备还欠成熟，不够深入，也不够具有针对性，在以后的实践中应当要事先做好准备。在倾听采访的过程中，我认识到大家缺乏对国际化社区的认识，在日常生活中对于跨文化的事务了解或参与不多，也缺乏与社区里的国际友人的交流。"——2020级学生　王柘重

（3）表现出对社区生活的人文关怀。

"去了社区，我们才知道，原来看起来很简单的工作中也蕴藏着这么多学问。比如一走进社区就能见到的中国传统文化的宣传牌，本来简简单单的一个物件，在放上相关链接的二维码后就变得不一样了起来，不但让居民能更轻松地了解相关文化，也体现了社区工作者对居民的细致关怀。"——2020级学生　徐梓桓

（4）增强文化自信和国际视野。

教外国友人越剧的专业名词和教社区居民越剧的英语表达方式，这是一种两全其美的办法。一方面将越剧与国际接轨，提高居民对越剧的兴趣，也能够将中华文化的精华展现在国际友人面前，提高民族的自信心。平时生活中，中国居民和外国居民的接触较少。这样的文化宣传活动，不仅为中华文化提供了一个展示的舞台，也为中国居民和外国居民提供了一个交流的平台。——2019级学生　乐金凤

2. 来自社区的支持和评价

课程与社区需求精准链接，课程实践专题得到各个国际化社区的大力支持（图3）。课程的开展对社区的中外居民都产生了良好的影响。学生积极调研中外居民，为社区的国际化建设建言献策，得到中外居民和社区的一致好评（图4）。

杭电外国语学院国际化建设需求资源清单

单位名称	杭州电子科技大学外国语学院
联系人及电话	××××××
需求内容	1.在两个国际化社区挂牌，作为跨文化社会实践创新：国际社区与志愿服务课程实践基地； 2.根据课程设置，每周提供一个主题的社会实践和志愿服务实践场地，根据不同主题需要在不同社区进行； 3.支持本课程学团队进行创新创业项目调研等活动。
期望获得的资源和帮助	1.课程实践基地挂牌； 2.课程实践场地和条件； 3.为课程调研提供支持。
现有资源清单	1.为社区提供跨文化交际培训； 2.留学生进社区； 3.提供多语言社会化服务； 4.提供和课程相关的志愿服务。

（a）

柠檬社区国际化建设资源需求清单

单位名称	下沙街道柠檬社区
联系人及电话	××××××
需求内容	1.语言和跨文化现象服务； 2.非遗文化和传统文化进社区； 3.志愿者培训。
期望获得的资源和帮助	1.非遗文化和传统文化进社区； 2.志愿者培训。
现有资源清单	1.课程实践基地挂牌； 2.提供志愿服务实践场地； 3.为课程调研提供支持。

（b）

滟澜社区国际化建设资源需求清单

单位名称	下沙街道滟澜社区
联系人及电话	××××××
需求内容	1.结合建党百年，可以开展类似做红船等手工类的活动； 2.结合迎亚运主题开展相关活动； 3.结合端午节等中国传统节日，开展中国传统文化进社区活动； 4.希望能结合"我的社区我的家"这一主题，以中西融合的角度开展活动； 5.希望以国际视角，对一流街区打造提出建议； 6.百灵国际服务岗作为杭州市巾帼文明岗，希望能结合开展活动，深化百灵国际服务的内容。
期望获得的资源和帮助	1.需要特征相对比较明显的留学生参与活动；时间上，针对孩子暑期英语夏令营进行安排； 2.社区每年下半年的国际文化节演出，需要外国表演者的加入。
现有资源清单	1.社区每周也会开展相应活动，可以结合加入国际化元素； 2.社区有专业英语八级社工可以与外国人进行交流对接； 3.每年的国际文化节为国际友人提供展示平台，促进中西文化的交融； 4.社区设有多元化的活动场地，供活动的开展； 5.党建引领，社区党建共建资源丰富。

（c）

早城社区国际化建设资源需求清单

单位名称	下沙街道早城社区
联系人及电话	××××××
需求内容	社区一直致力于构建管理有序、服务完善、环境优美、文明和谐且具有引领示范意义的国际化社区。开展可持续性的跨文化活动，提升本土居民国际化程度，让国际化生活理念深入居民内心，让居民可以得到实质性的受益；同时开展的活动和提供的服务能够满足企业员工、留学生等各类外籍人士的不同需求。
期望获得的资源和帮助	1.更新双语标识牌，力求翻译信达雅； 2.针对不同人群开展特色英语培训，比如"物业服务用语""亚运服务岗亭用语"等； 3.开发一些新项目，比如帮助国际友人与本土居民实现线上线下的互融互通互学，开展各类有助于加深社区国际化的调研等。
现有资源清单	1.社区综合配套用房建筑面积800平方米，内设社区综合服务、警务室、党建室、阅览室、烘焙室、退役军人服务站、多功能厅；社区居家养老服务照料中心建筑面积为300平方米，内设电子阅览、棋室、保健室、休息室、影音室等功能；社区红色议事厅建筑面积为220平方米，内设陶艺馆、图书室、志愿者之家等功能；社区青少年活动中心建筑面积为100平方米，内设儿童游乐区、第二课堂活动区、休闲区等功能区。 2.社区目前每月固定开展一次"橙色星期天"便民服务活动，每年举办一场国际社区开放体验日活动，同时，年均开展各类活动100余场，拥有一支100人左右的"早蜜帮"志愿服务团队和多个文艺团队。

（d）

图3　课程和部分社区的需求对接

（a）

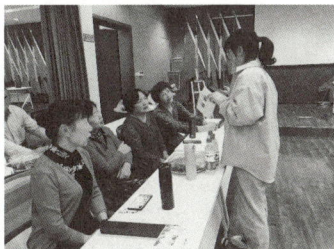

（b）

（c）

（d）

图4　学生进社区调研

创业管理

张素平、胡保亮

杭州电子科技大学　管理学院

一、课程基本情况

　　创业管理课程是杭州电子科技大学省一流专业——工商管理专业的重要专业选修课程，也是全校核心通识课程。通过本课程学习，学生能够认识"大众创业，万众创新"兴起的深刻时代背景，坚定贯彻创新创业强国的国家战略，增强为中华民族伟大复兴而学习的使命感和责任感。本课程旨在培养学生创新、锐意进取的创业精神以及系统性思维能力与解决问题的能力，从而实现课程知识传授、能力培养和价值塑造"三位一体"总目标。该课程共32学时，每学期开设。

二、课程思政教学目标

　　面对世界百年未有之大变局，大学生群体须肩负历史使命，坚定前进信心，立大志、明大德、成大才、担大任，努力成为堪当民族复兴重任的时代新人。对照国家未来发展对大学生群体提出的要求，以习近平新时代中国特色社会主义思想为指导，本课程的建设宗旨为"扎根中国本土创业实践，培养创业精神"。围绕这一宗旨，融合专业知识传授与课程思政建设，将本课程思政教学目标分解成知识传授、能力培养、价值引领三个维度。

　　知识传授： 扎根中国创业实践，掌握创业的基本内涵，了解创业活动的特殊性，能辩证性地认知和分析创业者与创业团队、创业机会、创业资源、商业模式和商业计划、创业融资等，形成系统化创业知识体系。

　　能力培养： 学生能够将所学的创业知识用于分析实践中的各种问题，构建系统性思维能力和解决问题的能力；通过团队合作方式参与课堂讨论与课程作业，并能进行汇报与分享，增强团队合作能力与沟通能力。

　　价值引领： 深刻认知创业活动兴起对创新型国家建设的重大意义，增强学生为中华民族伟大复兴而学习的使命感和责任感；培养学生创新、进取、敢于承担风险、执著的创业精神。

三、课程思政教学设计思路与组织方法

（一）问题导向：学生学习态度和学习需求

1.学生普遍缺少积极上进的学习态度

从学期初摸底调研中发现学生普遍缺少积极上进的学习态度。通过分析近4个学期共163位学生的数据，发现：有4%的学生"对自己的前途很悲观，不知道什么才是真正有意义的"；4.88%的学生"无所追求，随遇而安，过一天算一天，不为将来担忧"；60.98%的学生"知道未来形势严峻，但现在很迷茫，不知道该如何努力"；仅24.39%的学生"有理想，有抱负，抱着乐观态度，积极为自己的目标努力着"。

2.学生学习的需求：重知识能力，轻人格养成

学生对课程学习的需求，更多体现在知识学习和能力成长上，较少关注个人素质与人格养成。知识学习的需求主要包括：创业基本思维、市场环境、创业型企业运营模式、创业流程、创业团队构成、商业计划书等内容。除了上述知识学习的需求外，学生也关注到自身能力提升的需求，包括团队协作能力、独立思考能力、领导能力、自我管理能力等。

（二）设计思路：借鉴双环学习理念重组教学内容

基于上述学情分析，本课程在教学设计中借鉴了组织学习领域的双环学习理念（double-loop learning），在课程思政教学设计中不仅关注学生外显学习行为和学习能力的改变，更关注深层干预与触及行为背后的"价值范式"以及价值观、信念等心智模式。

本课程共10章，融合"育人本位"与"学科本位"后，将课程内容重组成3大模块、11个知识群（图1）。

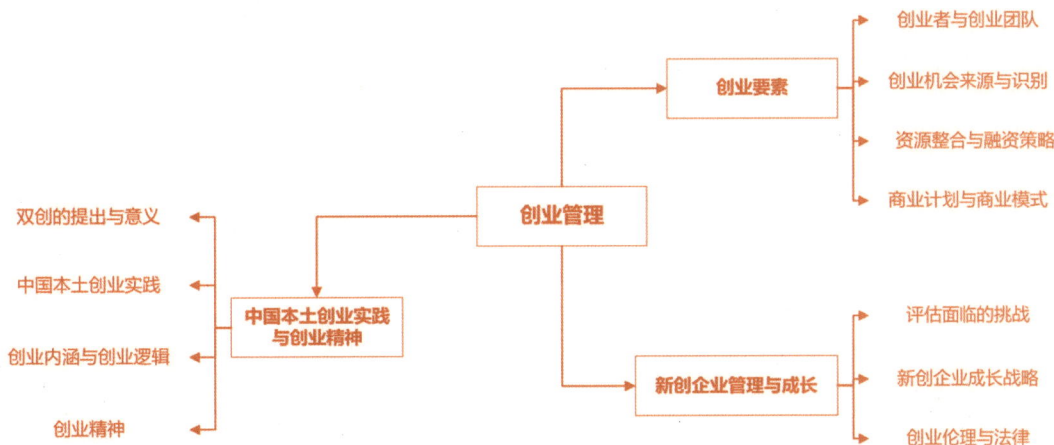

图1 课程内容重组

并在课程内容重组基础上，构建每一模块下的每一个知识群的思政融入点（表1）。

表1　课程思政融入点设计（举例）

教学	专业知识	思政融入点
"中国本土创业实践与创业精神"模块（举例）	案例1：双创提出与意义	创业热潮兴起的背景和意义为融入点，剖析我国"大众创业，万众创新"兴起的深刻时代背景，引导学生认识到创业活动兴起对国家建设创新强国的重大意义，增强学生的爱国情怀、使命感和责任感。
	案例2：创业内涵与创业逻辑	以创业的本质和创业的逻辑为融合点，以中国本土创业实践活动为例，引导学生运用辩证思维分析创新、创业、发明之间的区别，以及效果逻辑和因果逻辑在创业实践中的应用。
"创业要素"模块（举例）	案例3：创业机会来源与识别	以疫情背景下云生活和宅经济中涌现出来的创业活动为例，分析创业机会三大特征在中国本土创业实践中的具体呈现，引导学生树立居安思危意识，开拓学生视野；引导学生从学习和生活中梳理出常见的3～5个抱怨/问题，发挥集体智慧，提出可能的解决方案，锻炼学生系统思维能力；设置大案例教学，逐步引导学生开展案例分析，提高学生缘事析理能力。
"创业要素"模块（举例）	案例4：创业者与创业团队	首先，讲述不同创业者的创业故事，分析创业者的心理特质与创业技能；接着，运用创业者身上呈现出来的创业精神激励学生在学习和工作中要有创新、进取、敢于承担风险、执着和坚韧等创业精神；最后，分析中国共产党创业史，增强学生民族自豪感和为中华民族伟大复兴而学习的使命感。

（三）组织方法：创新教学方法以激发学生构建学习双环

以激发学生构建学习双环为出发点，按照课程实施的时间维度（课前、课中、课后），重构课程思政教学的实施过程。学生学习从单环到双环，意味着从低阶到高阶的学习范式转变。在课程教学过程中，通过创设错位时刻（moments of dislocation），创新教学方法，激发学生的双环学习行为（图2）。

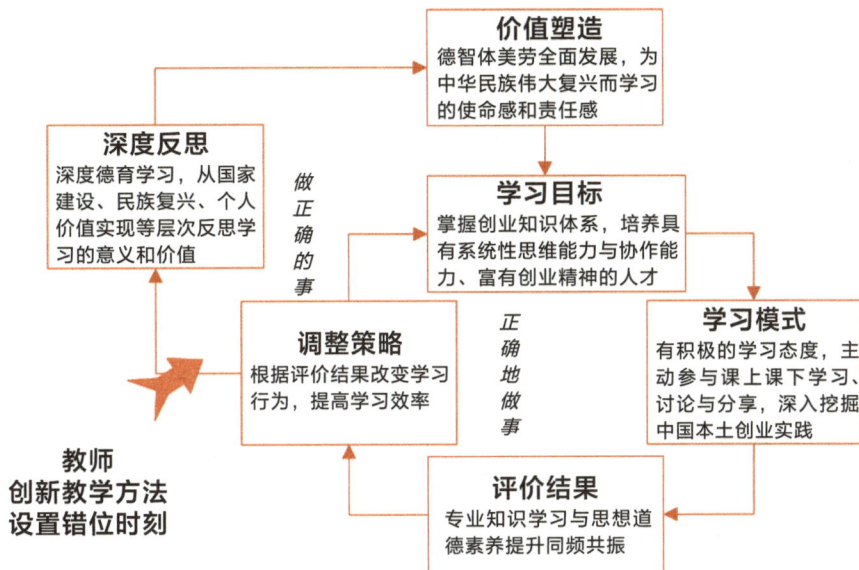

价值塑造
德智体美劳全面发展，为中华民族伟大复兴而学习的使命感和责任感

深度反思
深度德育学习，从国家建设、民族复兴、个人价值实现等层次反思学习的意义和价值

学习目标
掌握创业知识体系，培养具有系统性思维能力与协作能力、富有创业精神的人才

学习模式
有积极的学习态度，主动参与课上课下学习、讨论与分享，深入挖掘中国本土创业实践

调整策略
根据评价结果改变学习行为，提高学习效率

评价结果
专业知识学习与思想道德素养提升同频共振

做正确的事

正确地做事

教师
创新教学方法
设置错位时刻

图 2 学生的双环学习行为

1.课前

深入挖掘课程中的思想政治元素，并将其作为开展课程思政教学的重要支点。同时，考虑了授课学生的特点、社会热点、知识重难点，凝练出课堂上拟讨论的主题，明确教师定位和学生定位，采用问题链式教学方法。

2.课中

创新课堂教学方式，寻找激发学生从单环学习溢出到双环学习的错位时刻。课程的教学方法更多强调互动性的参与式教学与亲历式学习。通过设置案例情境组织学生分组辩论、团队游戏、小组作业、创业者进课堂、头脑风暴、案例讨论、商业路演等形式，让学生在开放的学习环境中，通过沉浸式学习来发现问题、分析问题、解决问题，并在这一过程中汲取德育信息进行内在德性建构，找到从单环学习溢出到双环学习的错位时刻。

3.课后

注重教学经验的总结与反思，面向"扎根中国创业实践，培养学生创业精神"的课程建设目标，采用自我总结、课堂观察、课后学生反馈以及课程结束后跟踪学生的发展与成长等方式来反思与修正教学设计与组织方法。此外，与学生保持联系，帮助学生持续成长。

四、育人元素实施案例

以"拥抱变化、砥砺前行：创业者与创业团队"这一章的课程思政实施过程为例，重点介绍"创业团队"这一知识模块的课程思政实施情况。

（一）思政融入点

围绕"创业团队"这一知识模块，设计了两个思政融入点（表2）。

表2 "创业团队"知识模块的思政融入点

专业知识、技能	思政育人映射与融入点
1.创业团队的特征 2.优秀创业团队的特征 3.创业团队的构成	1. 分析中国近代以来最伟大的一支创业团队——中国共产党是如何筚路蓝缕、风雨兼程，带领人民不断铸就民族复兴的伟大业绩，增强学生民族自豪感和为中华民族伟大复兴而学习的使命感； 2. 介绍中共一大的十三位代表在团队中承担的职责和先进事迹，引导学生树立创新、进取、敢于承担风险、执着和坚韧等创业精神。

（二）教育方法与载体途径

1.课前

结合知识学习重难点，针对以往课堂教学中重知识能力习得、轻人格养成的问题，以案例导入的方式将"史上最伟大创业团队——中国共产党创业史"引入课堂教学中。

2.课中

融合"育人本位"与"知识本位"，以中国共产党的创业史为案例，让学生在开放式问题的讨论中，汲取德育要素用于分析问题、解决问题。作为中国近代以来最伟大的创业团队，中国共产党在成立之初，就立下以马克思主义、共产主义挽救民族于危亡的伟大志向，筚路蓝缕、风雨兼程，带领人民不断铸就民族复兴的伟大业绩。设置开放式的问题链，引导学生思考"中国共产党的创业团队成员构成给了你什么启发？""优秀的创业团队表现出了什么特征？"等开放性的问题，在讨论中思考知识习得和能力培养背后的价值观塑造，使得学生产生双环学习的行为。

3.课后

学生以小组为单位，运用所掌握的创业团队特征与构成的知识点，分析组内成员的特征、技能，以及团队成员之间的互补性与异质性，并提炼出小组的核心价值观。教师则总结和反思课堂教学的效果，如从学生课堂发言的内容判断价值观与态度是否正确、从参与课堂讨论积极性与课后联系老师探讨问题情况了解学生对课程学习内容是否有正面的情感联系、从团队协作情况和小组作业完成质量判断学生的学习效果。

五、课程特色及创新

（一）扎根中国本土创业实践，致力于培养学生创业精神，体现了制度自信

随着我国社会经济进入高质量发展阶段，创业创新前所未有地与我国国家发展紧密地联系在一起。本课程致力于引导学生"扎根中国创业实践，培养创业精神"，

契合我国创新强国战略和学科前沿视野，培养爱党、爱国，具有坚定共产主义信念的青年人才，体现了制度自信。

（二）借鉴双环学习理念，围绕激发学生双环学习，重组教学内容、重构教学实施过程

从"价值塑造"这一课程思政根本目的出发，运用分组辩论、团队游戏、小组作业、创业者进课堂、头脑风暴、案例讨论、模拟商业路演等多元教学方式创设错位时刻，激发学生产生双环学习的行为。并通过中国共产党创业史、中国本土创业实践讲好创业故事，培养具有创业精神的青年人才。

（三）用实践讲理论，体现创业管理知识在实践中的应用，坚定道路自信

让学生走出"象牙塔"，通过"与创业者面对面交流"、学生和教师共同开发案例，以及前沿文献阅读与分享等教学活动，从实践中提炼理论案例（比如学生为了参加浙江省经济管理案例大赛、互联网＋创业大赛等活动而自主开发的案例）用于反哺课堂教学，让课堂教学"动起来"。

六、教学效果

（一）学生获得感

课程思政的目的是立德树人，因此，它的效果首先体现在学生获得感上，包括学生价值观和学生成长。

1.学生价值观的转变

（1）课堂上学生表现出积极上进的学习态度。比如在学习"创业机会的可能来源"这一知识点时，设置了"寻找身边的问题和抱怨，并提出解决方案"的小组讨论题。围绕这一话题，学生以小组为单位展开了热烈讨论，提出了阳光长跑打卡问题、酷热天气男生想打伞但碍于面子"无法"打伞的问题、外卖被错拿等切合自身实际的问题，并且能很好地利用组内成员的专业基础知识，提出创造性方案。

（2）学生身上体现出了家国情怀和为中华民族伟大复兴而学习的责任感与使命感。**典型案例1：**创业管理课程的学生卓林峰不仅获得了大学生创新创业大赛国家级立项一项，更是怀有家国情怀，参与"守得花儿开"公益活动以及2020年新冠肺炎疫情期间的社区"防疫抗疫"工作。卓林峰同学先后获得中国大学生自强之星、浙江省尚德学子社会公益奖等奖项（图3）。

图3 优秀学生代表

　　典型案例2："守得花儿开"——14年的坚守（图4）。自2007年起，"守得花儿开"支教队伍在浙江衢州、仙居，安徽蚌埠等地的不同村落开展暑期支教活动，支教人员用青春的激情点亮了贫困地区留守儿童的学习与生活，用温暖的爱心倡导公益的力量。"守得花儿开"支教活动的事迹在2019年登上了"学习强国"平台，并先后被《钱江晚报》、安徽青年网、搜狐网、台州网、开化新闻等媒体报道。

图4 "守得花儿开"支教活动

2.学生的成长性

典型案例： 新疆籍学生努尔艾力·依比布拉用互联网＋探索创业扶贫新模式，将家乡的美食、民族服装、文化元素等带出新疆，融合杭州的地域文化，探索出了一条既能实现自己创业梦想，又可以带领家乡亲朋好友脱贫致富的道路（图5）。虽然这中间也走过许多弯路，比如曾尝试逆向销售将杭州的服装销往新疆，但因季节、气候等因素失败，但艾力仍在不断探索新的可能业务。新疆籍学生艾力的创业，一方面体现了少数民族文化与汉族文化的融合，另一方面也体现了学生心系家乡百姓、帮助家乡扶贫脱贫的创业精神。

图5 新疆籍学生艾力的扶贫创业

（二）教师课程思政的科研成果

在课程思政建设过程中，教师的育人意识、育人能力也在不断提升，取得了一定的课程思政建设方面的科研成果。（1）"基于双环学习的课程思政实施过程、效果评价与优化策略研究"获得浙江省高等学校课程思政教育研究项目立项。该项目主要将双环学习理念引入课堂思政教学中，探讨课程思政教学的实现路径、效果评价与优化策略。（2）"新商科'一核、双环、三路'课程思政模式探索与实践"获学校教学成果奖一等奖一项。本案例第一作者张素平负责双环设计模式的提出，并将双环学习设计的理念融入课堂教学中，本案例第二作者胡保亮为该成果奖的第一完成人，负责方案设计与实施。（3）2019年，围绕创业管理课程设计的三份教学案例获学校优秀课程思政教学案例奖。

公司金融

栾天虹 ——

浙江工商大学 · 金融学院

一、课程概况

公司金融是金融学类相关专业的核心课程，定位于帮助学生了解和掌握公司金融学的基础理论和相关实务。课程从财务分析入手，研究公司的投资决策、筹资决策、股利分配决策、营运资本管理决策等公司金融基本问题。通过教学，学生可以框架性地了解公司金融三大决策，并能够运用所学理论进行相应的实务分析。本课程的授课对象为二年级的学生，他们正处于世界观、价值观和人生观形成的关键时期，他们了解一定的专业背景知识，对公司运作、不同金融产品、不同金融市场之间关系的认识还不够深入，但是已经具有一定的政治意识和公民意识。通过润物无声的方式，将课程思政融入专业知识中，对学生的政治意识、公民意识和三观的塑造具有积极意义，反过来也有助于学生专业知识的学习，自觉将专业能力培养与社会主义建设、中华民族伟大复兴相结合，从而实现立德树人。

本课程采用了乔纳森·伯克、彼得·德马佐、杰拉德·哈福德等编写的教材。同时，根据课时需要，可对教材的部分章节内容做相应的调整或取舍，并在课程案例、课程实验等内容上根据人才培养目标不断更新、优化，尤其是补充中国公司的案例。

二、课程目标

公司金融课程的主要目标是使学生对公司金融有较为全面的认识，在公司投资决策、融资方案比选、公司价值创造等公司资本运作方面既具有基本的理论知识，又具有独立分析、判断和初步的操作能力，可以从公司价值创造视角评价公司的经营活动，为今后从事公司经营管理工作或从事金融机构针对企业的金融服务工作打下良好的基础。

建立"知识、能力、课程思政"三位一体的教学目标。

（一）知识目标

帮助学生建立现代公司金融观念，熟悉公司日常金融活动的基本环节，掌握投融资决策和股利政策选择的基本方法，具备运用公司金融方法对实际经济问题作定量分析的初步能力，并为进一步学习更高层次金融学的课程打下基础。

（二）能力目标

通过混合式教学模式，坚持以学生为本，将理论与实践相联系，培养学生发现问题、分析问题、解决问题的能力，培养学生具有积极的人生观、价值观，提高实际工作能力，兼具全球化视野和长远的职业发展目标。

（三）价值目标

深化课程思政，实现全程、全方位育人。深入挖掘课程蕴含的思政元素，将其润物无声地融入教学全过程，在知识传授中强调价值引领。准确把握好课程思政的"时""效""度"，需要教师深入挖掘思政元素所蕴含的价值精髓，点滴渗透。

三、思政元素

（一）家国情怀

在讲授中国十几年来不同融资工具和资本市场的发展时，让学生了解中国资本市场的迅猛发展，中国公司在国外证券市场上市、并购和融资的成功历程，坚定学生们对中国制度的自信，激励学生好好学习专业知识，为中华民族的伟大复兴而努力，激发学生的家国情怀和爱国热情。

（二）创新意识

通过介绍债权与股权不同融资方式和融资过程、项目投资决策程序、项目现金流量的估算方法、项目是否可行的决策评价方法等，学生可以真正了解企业发展的生命周期与企业的融资生命周期，结合专业知识的学习，提高自己的融资创新意识及创新能力。通过包玉刚的案例，激发学生创新创业愿望，训练他们有序思维，养成预想和计划的行为习惯，为将来创业提供观念上和方法上的一些指导与帮助。

（三）诚实信用

诚实守信是重要的道德品质，也是职业操守。青年学生一定要诚信守法，因为这对于学生来说，是一生重要的财富。通过讲解包玉刚创业、经营过程中的诚实守信获得成功的案例，嵌入"诚信守法、成本节约"的思政元素，引导学生认识到诚信作为一项社会责任的重要意义。

四、思政育人元素的融入和课程思政内容

（一）融入元素之一：创新创业精神

包玉刚最初在银行可以做到经理，可是他毅然辞去可以发展得顺风顺水的银行职位，决定去创业，这种坚强的创业精神可以融入对学生创业精神的引导和教育中来。

包玉刚创业中多次创新，不安于现状，取得了最终的成功：（1）包玉刚买下旧

船后，与其他经营航运业的短租不同，他采取长期的出租方式，获得了成功。（2）当不少人都学包玉刚的办法，开始买旧船长期出租时，包玉刚又改变了方针，将新船长期租给客户，旧船留着自己经营。因为新船出租，租金自然比旧船高；而旧船自己用，效果则与新船一样。（3）当包玉刚成为"世界船王"，他却意识到航运业的风险太大，就开始"登陆"，将赚得的部分财产投资于越来越红火的房地产业，兼营酒店和交通运输。

通过讲授包玉刚的创新精神，可以教育和引导学生的创新意识。

（二）融入元素之二：家国情怀

尽管包玉刚有难以数计的财产，但他从来不允许自己和亲属的生活过分奢侈。对于生养他的祖国，他却慷慨大方。新中国成立不久后首次发行建设公债时，他尽自己的财力，认购公债达数万港元。改革开放后，他率先购买中国建造的船舶，推动了中国船舶的出口。1979年，他捐款1000万美元，在北京建造新型的旅游饭店包兆龙饭店；不久，又捐资1000万美元，在上海交通大学建造兆龙图书馆。他还捐款5000万元人民币创办了宁波大学，投资600万美元与内地合资建造宁波钢铁厂。

通过向学生讲授包玉刚的爱国之举，引导和教育学生的爱国爱乡情怀。

（三）融入元素之三：诚实守信

包玉刚在创业过程中，不仅通过诚实守信与银行达成了长期合作，而且他的良好信用也取得了日本船厂的赞誉，大大促进了事业的迅速发展。通过案例的讲授，让学生感受诚实守信在学习、未来工作或者为人处世中的重要作用。

五、案例的教学组织和实施

（一）案例的教学组织

公司金融课程采取线上线下混合式教学。案例的教授同样采用线上线下混合教学，分为三个阶段：（1）课前学生线上自主研读案例（图1）。提前熟悉案例内容，做好充分准备。（2）课中教学阶段，这个阶段又可以细分为三步，即教师导入案例并提出讨论问题、学生讨论汇报和教师总结。（3）课下讨论提交案例思政学习报告。

图1　学生线上自主学习

　　案例讨论阶段就是围绕着教师创设的引导性问题展开。为使讨论顺利开展，达到预期的效果，教师在课前拟出一份参考资料发给学生，内容包括案例说明、思政内容、相关的知识背景、建议查阅的报刊杂志和网站等，让学生有充足的时间预习准备，提早拥有讨论时的资料支持。在呈现案例和问题后，学生按座位前后左右组成一个小组，每小组6人。每小组选定一名成员分别担任小组长（组织、监控的职责）、记录员（记录每一位组员发言的要点）、成果总结人（归纳总结小组讨论的内容）、报告人（代表小组作全班汇报）、评价人（评价其他小组的讨论成果）的角色，角色之间既有分工又有合作，锻炼学生的协作能力。小组讨论的时间为35分钟，5分钟由小组长引入讨论主题，并作基调发言；20分钟小组讨论；5分钟归纳总结小组讨论的内容；5分钟报告人模拟全班汇报（图2）。

图2　学生进行小组讨论小组汇报

各小组记录员将讨论的问题、过程、每一成员的发言记录下来，并结合全组成员的讨论观点写成总结报告，作为小组讨论成果，各组报告人上讲台汇报。教师对各组的汇报做简单的点评，以鼓励为主。

教师点评是一个承上启下的过渡性阶段，之后进入教师总结阶段。教师首先从案例的内容到课程思政内容再到学生以后的工作或创业，以及为人处世等方面进行总结。其次通过对整堂课学习过程的反思，提出讨论中的不足。最后，引导学生继续探究：通过对该案例的学习、思考、讨论与交流，从中学到了什么？得到了哪些有价值的启示？

（二）实施案例

包玉刚（1918—1991），名起然，浙江宁波人，是世界上拥有10亿美元以上资产的12位华人富豪之一。他是世人公推的华人世界船王。1978年，他稳坐世界十大船王的第一把交椅。他创立了"环球航运集团"，是香港十大财团之一。他也是第一个进入英资汇丰银行的华人董事。1976年，他被英国女王授予爵士爵位。他热情支持祖国建设，除捐献巨资为家乡兴建兆龙学校、中兴中学、宁波大学外，还支持建造北京兆龙饭店、上海交通大学包兆龙图书馆，设立包兆龙、包玉刚留学生奖学金等。

1.勇于创新，不安于现状

包玉刚先是到衡阳一家银行当职员，后去重庆中央信托局工作。他以宁波人的勤奋好学精神和兢兢业业的作风，使自己的业务蒸蒸日上，所以到抗日战争胜利时，他已是重庆矿业银行的经理了。之后，他又回到上海，担任上海市立银行的业务部经理。许多人都认为，凭包玉刚的业绩和才干，再奋斗几年，行长的交椅一定会是他的。然而就在这时，包玉刚却出人意料地向行长呈上了辞职书，说他的兴趣不在银行方面，而在其他方面。他和父亲一起放弃了在上海的事业，全家迁往香港，靠着多年的积蓄，去另闯天下了。

后来，包玉刚虽然成为世界船王，但他也认识到，航运业的风险太大，不少曾经成功的航运商都被无情地淘汰了。所以从20世纪70年代初起，他就开始"登陆"，将赚得的部分财产投资于越来越红火的房地产业，兼营酒店和交通运输。

2.坚强的创业精神

1955年，37岁的包玉刚开始了他的"船王"之梦。可是，凭包家当时的资金，连一艘旧船都买不起。他专门去了一趟英国，想向一个很谈得来的朋友借钱。可是那个朋友一听说他要借钱买船，就变得像个陌生人一样。包玉刚两手空空回到香港，只好向香港汇丰银行贷款。可是汇丰银行对航运业不感兴趣，他们认为航运的风险太大。连碰钉子的包玉刚并不气馁，他转身就去了日本，日本银行竟没有要他找日本公司作担保，就同意贷款给他。包玉刚凑足了77万美元，再次前往英国，买下了一艘以烧煤为动力的旧货船，取名为"金安号"。当"金安号"从英国驶向香港，途经印度洋的时候，包玉刚已经办好了两件事，一是成立了"环球航运集团有限公司"，二是与日本一家船舶公司谈妥，将"金安号"转租给这家公司，从印度运煤到日本。

3.突破固有思维，创新经营

当时，世界各国经营航运业的人，都是采用传统的短期出租方式，也就是每跑一个航程，就同租用船只的人结算一次。这样不但收费标准高，而且随时可以提高运价。闻名世界的希腊船王奥纳西斯和尼亚可斯、美国船王路德威克，以及老一代香港船王董浩云，都是这样做的。可是包玉刚却出人意料地采取了长期出租的经营方式，就是把自己的船，通过订立合约，为期 3 年、5 年甚至 10 年地租给别人，租用者按月交纳租金，但租金标准却要低得多。包玉刚承认自己对于航运业务还不熟悉，不如先长租给别人，这样可以持续、稳定地获得租金收入；而在这个过程中，他也逐渐掌握了航运业务。

包玉刚买下"金安号"的第二年，苏伊士运河因埃及战争而关闭，航运费用猛涨。当年年底，"金安号"赚的钱就已经够包玉刚买下 7 艘新船。到1957年的下半年，航运业出现萧条，运价跌到最低点，那些短期出租的船主，每天都要赔本，只有包玉刚可以凭着合约稳收租金。这次低潮过去后，不少人都学包玉刚的办法，开始买旧船长期出租。可是包玉刚又改变了方针，将新船长期租给别人，旧船留着自己经营。因为，新船出租，租金自然比旧船高；而旧船自己用，效果则与新船一样。

4.诚实守信，为经营奠定了资金基础

包玉刚的诚实守信帮助他与汇丰银行建立了长期的合作关系。汇丰银行实际上成了包玉刚的"后勤部"，使包玉刚的资金像滚雪球一样越滚越大。包玉刚在汇丰银行的地位也稳步上升，后来成为汇丰银行的副董事长。在长期的合作中，日本船厂也同样更加信任包玉刚，常常是要包玉刚"先把船开走，慢慢付款"。

六、课程的特色及创新

（一）案例思政元素丰富

"世界船王"包玉刚的成长、创业、经营，以及成功后回报祖国和家乡的事迹，都是满满的正能量，内容集中，涉的素材多，蕴含了丰富的思政元素，是比较具有特色的案例。

（二）混合式教学模式介入

本课程创新性地使用线上线下混合教学模式。线上资源是"中国大学MOOC（慕课）"网精品课程——对外经贸大学"公司金融"课程。课程采用案例的问题启发式教学，并采用课堂讨论、汇报总结的模式，有利于学生有效地将知识点和课程思

政相结合，并进行案例的价值提升。线上课程网址：https://www.icourse163.org/spoc/course/HZIC-1461077168。

七、课程的教学效果

将真正的正能量案例进行深入挖掘，进行课程思政，对于教师和学生都是一次很好的思政教育。学生通过公司金融课程的学习，不仅提高了思想意识，也获得了很多创业的成果。2016 年以来，学生在省级以上创新创业大赛中屡获奖项。其中，有一项互联网＋项目获得国家级铜奖，省级奖项76项；省金融创新大赛获奖 20 项，国创项目几十项；省级经济管理案例大赛一等奖2项。

互动媒体设计

曹文波

浙江工商大学　艺术设计学院

一、课程概况

　　互动媒体设计以用户与数字产品之间发生的交互行为、产生的交互体验和用户界面设计等作为研究对象，致力于从整体上提升产品和服务质量。"互动媒体设计"已成为一门重要课程，其相关技术广泛应用于工业产品演示、商业推广、教育等社会生产领域。本课程旨在使学生掌握交互原型的规划与设计，创建具有较好用户体验的交互设计基础性应用。

　　在线授课平台由课题负责人自行建设（网址：http://www.graphicart.cn 和 http://graphicart.cn/courses/id1/）。课程通过录播、直播、线上教学成效检测与课程实践相结合的多维教学活动，并充分利用自建在线授课平台"E课堂"（图1、图2）及其他即时交流工具软件，与授课对象进行有效沟通，从而达到较好的预期效果。

图1　自建授课平台页面1

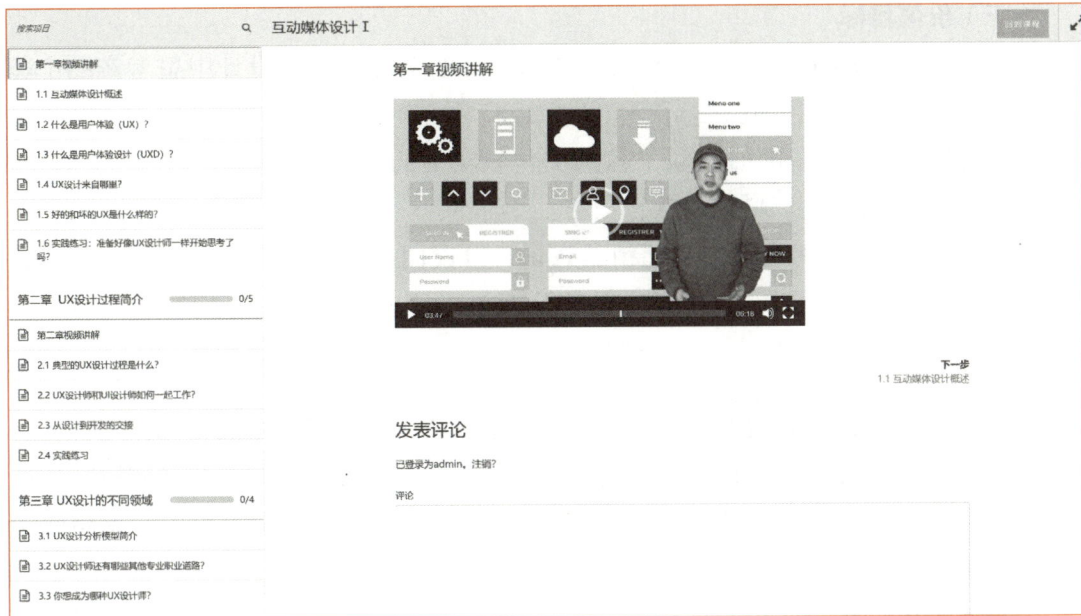

图2　自建授课平台页面2

二、课程目标

（一）知识目标

（1）掌握互动媒体设计的基本概念，了解其主要研究对象、应用领域及发展趋势。

（2）了解相关的市场分析、用户需求分析，基础性地了解用户任务分析、行为分析等概念，进行产品功能定位，运用手绘、计算机辅助设计等手段初步建立应用原型。

（3）了解并思考信息架构，推进结构和布局设计。

（4）熟悉且初步实现功能的基础设计，分步骤、有序地创建产品的交互功能。

（5）初步建立交互产品的体系结构、功能的应用分析与检测、可用性分析和用户体验设计等知识结构，为学生未来从事互联网等产业提供技术基础。

（二）能力目标

（1）具备初步的市场及用户研究能力，为建立应用原型提供必要的依据。

（2）培养整体推进产品架构和布局的系统性思维，具备数字产品原型设计能力。

（3）能有效调动设计过程中的所需资源，合理配置、科学部署，具备数字产品原型设计的实施能力。

（4）了解人机工程学、心理学等学科的基础知识，培养全局思维，增强数字产品用户体验设计创新能力。

（三）价值目标

（1）将以人为本的理念贯穿至数字产品设计的全过程，在设计中思考产品中蕴藏的社会、经济和人文价值。

（2）实现数字产品价值内涵、弘扬文化软实力的同时，构建优秀的审美体验，激发学生的家国情怀，以增强民族自信心。

（3）胸怀民族复兴之志，铭记精品意识，以锲而不舍的恒心传承工匠精神，使学生树立产业报国之理想，以更好地服务于社会。

三、思政元素

综合素养的培育与立德树人息息相关。先贤孔子就秉持"德高于识"的信念，且以"仁智合一"之思想确立儒家在教育领域的精神内涵。为了贯彻国家提出的课程建设指导精神，充分发挥课堂教学主渠道的重要作用，各类课程都应与思想政治理论课同向同行，形成协同效应。

（一）人文关怀、设计伦理学

在项目分析与研究的前期阶段，课程包含市场分析、用户需求分析、产品功能定位等环节。在讲授相关的专业概念之时也将"人文关怀"的理念贯穿其中，使学生在产品的规划过程中思考"以人为本"的重要性，秉持以用户为中心的设计思想，强化服务对象的全方位特性，尤其是考虑少年儿童、老年人、残障人士等用户群体在使用产品时的特定需求。在设计中着重于人因与人文也是设计伦理学的研究范畴。

（二）审美体验、道德与伦理

在项目前期分析与研究之后，将会进行产品的可用性分析、功能分析和用户体验设计。应在传授技能、技巧的同时，使学生切身地感受社会、经济和人文价值在产品中所能释放的重要能量；在实现产品价值内涵时，促使用户在使用产品的过程中获得流畅、舒适的审美体验。审美体验是人类较高层次的精神需求。

（三）锲而不舍、精益求精、工匠精神、服务社会

在数字产品原型设计实施阶段，如信息架构与设计实现、线框模型与设计流程、高保真用户界面（UI）、用户体验（UX）及交互实现等环节都须怀有精品意识，使学生对工匠精神的传承有锲而不舍的恒心，力图精益求精，使产品系统各环节的设计能臻于完善，以更好地服务于社会（图3）。

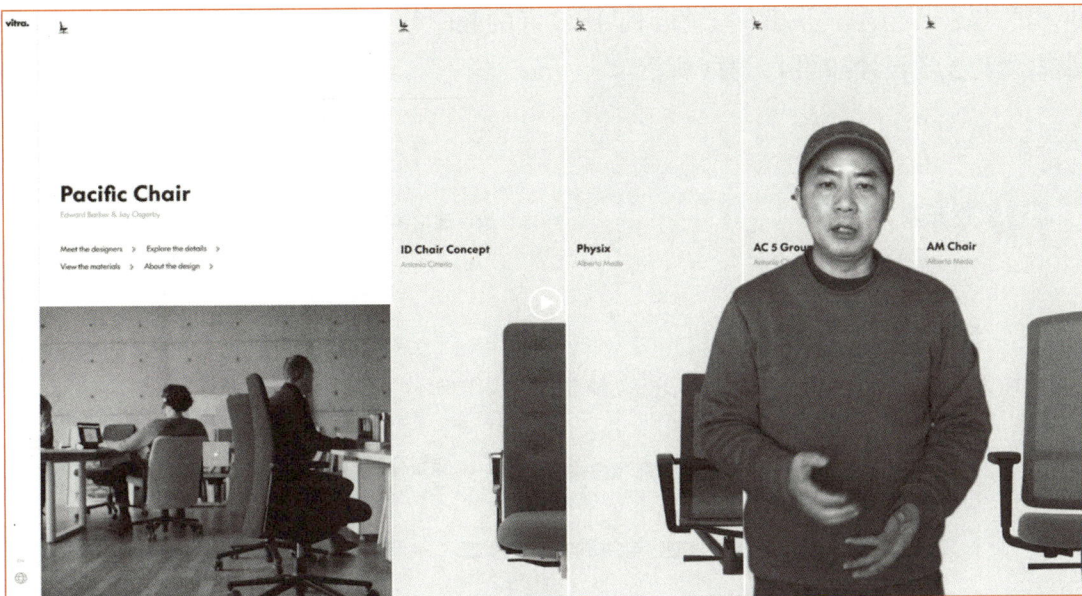

图3　线上授课讲解数字产品设计概念

（四）学贯中西、国粹屹立于世界文明之林

在互动媒体的规划、设计与实施中，规划设计其信息内容，即图片、视频、音频、文字等信息资源具有举足轻重的作用。在授课时通常会涉及对海内外优秀作品的分析与鉴赏、对传统文化类的选题项目进行信息化改造，此时需要鼓励学生"学贯中西"，吸收世界上最优秀的文明成果。提取中华民族之国粹，加以弘扬，使其更生动、更荣耀地屹立于世界文明之林，以提升中国的国际形象和地位。

（五）将锦绣河山、悠久历史、文化传统等家国情怀注入学习内容

本课程既密切与国际上先进的互动设计理念接轨，同时也关注学生素质的全面培养，适时地将祖国的锦绣河山、悠久历史、文化传统等家国情怀注入课程的学习内容。鼓励学生在研究课程的选题方面，积极传承并弘扬中华民族的传统文化，促进学生对祖先的智慧与创造力深入认知，使课程内容"润物细无声"地培育学生的爱国主义情操。

四、设计思路

"互动媒体设计"是一门涉及多领域协同的跨学科课程。授课视频大体分为两大类：理论研究和设计实践。通过图文课件和视频录播的形式，依据学生的认知规律，引导学生进行系统学习，从基础入门到实践提高，层层分解、步步深入。在课程的技术层、内容层和应用层都适时地融入思政元素，贯穿正确的价值引领。授课期间予以答疑解惑，引导学生适当调整学习进度。将立德树人的理念春风化雨般地融入

课程的各个环节中，从整体上收到了比较好的教学效果。课程思政元素融入教学实践概念及教学设计如图4、表1所示。

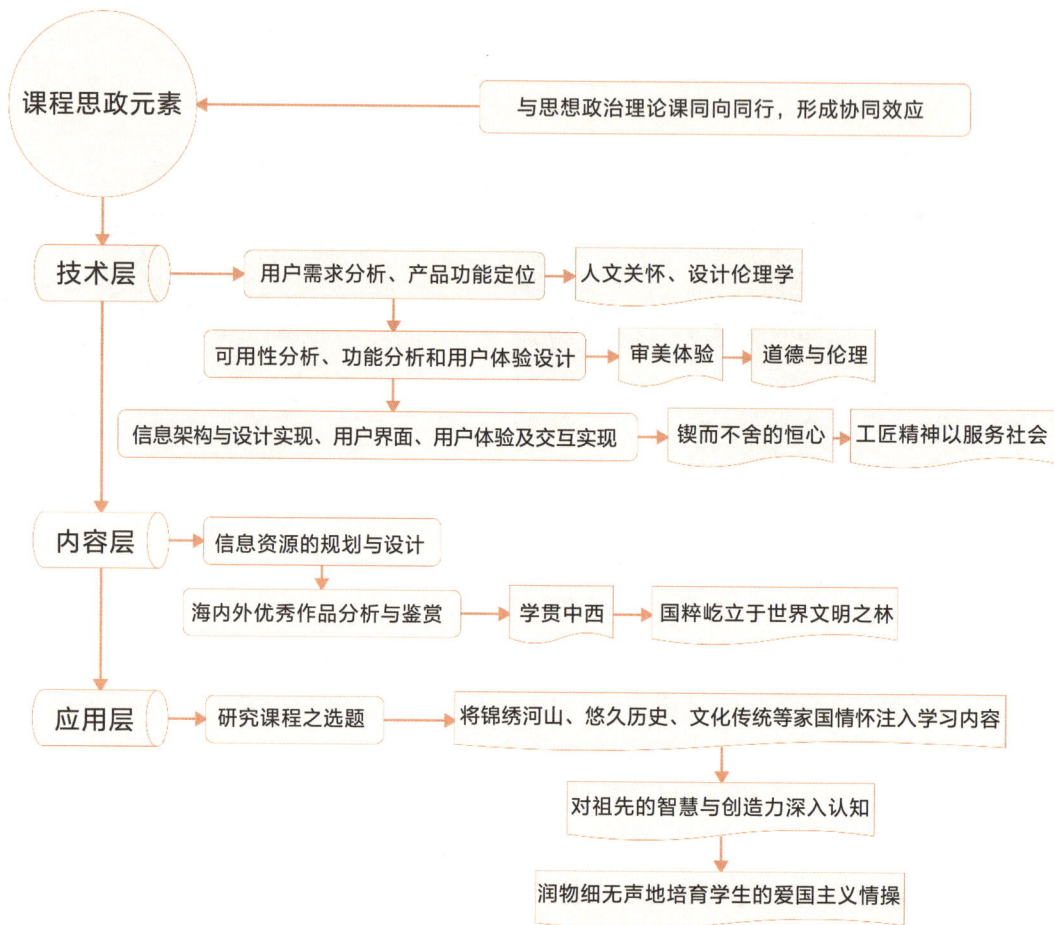

图4　课程思政元素融入教学实践概念

表1　课程章节思政元素的教学设计

课程章节	重要思政元素	相关联的专业知识或教学案例
设计基础概念	人文关怀、设计伦理	1. 进行市场分析、用户需求分析、可用性分析和功能分析，以确立具有人文关怀的产品功能定位 2. 在数字产品规划过程中思考以人为本的重要性，秉持以用户为中心的设计思想，强化服务对象的全方位特性，尤其是考虑少年儿童、老年人、残障人士等用户群体在使用产品时的特定需求

课程章节	重要思政元素	相关联的专业知识或教学案例
价值内涵与审美体验	审美体验、道德伦理	1. 传授技能、技巧的同时，促进学生切身地感受社会、经济和人文价值在产品中所能释放的重要能量，在实现产品价值内涵时，促使用户在产品使用的过程中获得流畅、舒适的审美体验 2. 审美体验是人类较高层次的精神需求，在与产品所进行的交互中构建审美体验，引入崇高美、秩序美、和谐美等概念，将审美理想与道德伦理联系起来，且潜藏于巧妙的设计构思中
信息架构与设计实现	工匠精神、服务社会	1. 在数字产品原型设计的信息架构与实现、线框模型与设计流程中，力图精益求精 2. 在高保真用户界面（UI）、用户体验（UX）设计与交互实现中，引入精品意识，锲而不舍地使产品系统各环节的设计能臻于完善，传承工匠精神以更好地服务于社会
信息资源的规划与设计	学贯中西、华夏独秀、弘扬国粹	1. 在互动媒体规划、设计与实施中，规划设计信息内容具有重要作用，如图片、视频、音频、文字等信息资源的思想内涵、合理布局及呈现方式等。引入弘扬国粹的概念 2. 对传统文化类的选题项目进行信息化改造时，鼓励学生"学贯中西"且吸收世界上最优秀的文明成果
课题项目的规划与定位	文化传统、家国情怀	1. 了解相关的市场，进行用户需求分析，从实用性、创新性、可行性、学术性等角度进行立项前评估，为初步确立项目应用的选题做好铺垫 2. 学习互动媒体设计中的科学与艺术，鉴赏海内外优秀互动媒体设计作品 3. 选题方向的积极引导。选题方向一：互联网＋浙江民俗艺术；选题方向二：互联网＋杭州老字号；选题方向三：互联网＋美丽乡村、江南古镇

五、实施案例

（一）案例1：围绕龙泉青瓷项目进行相关的课题调研和设计，加深了学生对传统文化的认知，以提升民族自信心

"互联网＋"是创新2.0下中国互联网发展新形态、新业态，是由知识社会创新2.0推动的互联网形态演进，是当今及未来社会的基础设施。世界上任何的传统行业和服务行业都将被互联网改变。浙江省境内大窑龙泉窑遗址于1988年列入第三批全国重点文物保护单位。2001年3月，龙泉窑遗址被评选为20世纪中国百大考古重大发现。2009年9月，龙泉青瓷传统烧制技艺入选人类非物质文化遗产代表作名录。据历史记载，龙泉青瓷在宋代、元代、明代大量出口至西域及东南亚国家，既是当时经济繁荣的见证，也是凝结华夏先贤智慧的文化象征。

学生运用所学的课堂知识和技能技巧，以龙泉青瓷为选题进行移动端App设计实践。学生积极参与对传统类行业的信息化改造，加深了他们对优秀传统文化的认

知，以提升民族自信心。该设计探索是一种颇具建设意义的教学实践（图5）。

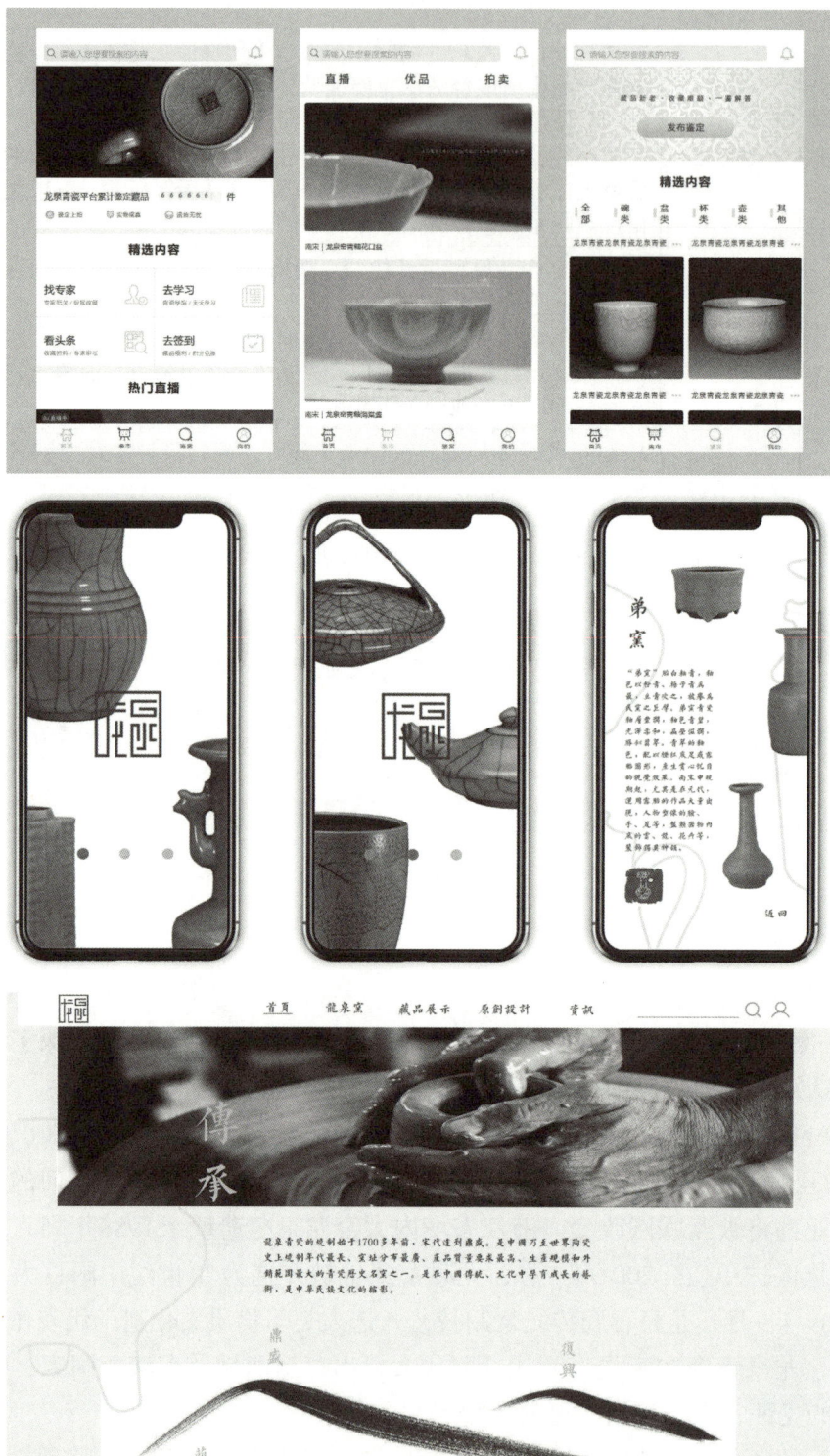

图5　彰显家国情怀的学生作品（龙泉青瓷）

（二）案例2：以唐代服饰为内容的数字产品交互原型设计，促使学生更深入地接触博大精深的中华文化

从18—19世纪第一次工业革命发明了蒸汽机技术到19—20世纪第二次工业革命有了电力的技术以来，很多行业发生了变化。互联网诞生后，也进一步推动了知识的产生及传播。从这个角度看，互联网是可以更有力地推动各传统行业发展的工具。当然，互联网也会推动和衍生出很多新的事物、新的机会。

"汉服古韵"是以唐代服饰为内容的数字产品交互原型设计（图6），旨在向社会大众以科普的方式介绍盛唐时期汉文化中的经典服饰。作品栏目主要为"服饰""妆容""发型"，以及重温浩瀚历史的"梦回大唐"。用户通过与作品持续交互，获得优秀的审美体验，并从中感受到中华文化的精粹，从而增强民族自信心。

图6 "汉服古韵"App交互设计

六、特色及创新

（一）自建独立在线授课平台

课题负责人通过申请域名、部署远程网站服务器，在前端和后端开发框架的支持下建设了一个能完整在线授课并实时展现学生作品的网站平台。目前云储存服务器也已搭建完毕，为今后提供更为丰富的授课资源做好了准备。自建独立授课平台网址：http://www.graphicart.cn 和 http://graphicart.cn/courses/id1/。

（二）蕴含思政育人元素

本教学课题蕴含了思政育人元素，将浓浓的家国情怀融入课程的学习内容。鼓励学生在研究课程的选题方面，积极传承并弘扬中华民族的传统文化，促进学生对祖先的智慧与创造力深入认知，从而培养学生的爱国主义情操。

（三）为学生开辟了学业成果展示空间

可以实时地将学生的作业发布至在线授课平台，为学生开辟一个展示学业成果的空间，促进学生在专业学习方面相互交流。

（四）打破时空限制的线上项目合作团队

通过在线授课和线上线下混合式地实施教学活动是新形势下现代教学模式的一种探索与实践，学习国外先进教学技术及经验的同时结合了传统艺术类教学的特点，力争循序渐进地进行教学策略的结构性改革。在线授课的教学实践帮助学生在学科技能的自我发展方面产生了较为显著的效果。学生利用互联网资源进行学习的兴趣与能力得以增强，且在新冠肺炎疫情期间能通过网络进行远程沟通与交流，打破了时空限制，学生组成了线上项目合作团队，以团队的方式进行项目实践。这种基于网络的项目团队为学生未来从事真实项目积累了宝贵的经验，顺应了信息时代知识经济发展的新趋势。

（五）大众同步教学与个例因材施教兼备

基础知识与技能的教学更具有系统性与自助性，经过一定周期的教学观察，学生基本能够按照视频教学内容进行自我学习，减轻了教师干预所产生的教学活动负荷，从而提高了实施教学的效能。

案例学习型教学发挥启发性作用，从而减少学生认知能力不均带来的进度不一问题，使大众性同步教学与因材施教的个例指导相得益彰。

七、教学效果

经过在线、线上线下混合式学习，学生们能掌握数字产品交互原型设计的基本方法，进行产品的功能、可用性分析，运用原型设计工具进行相关的数字产品交互式演示。多数学生能设计并制作出体验良好、展示流畅的作品，收到了较好的专业教学效果。

此外，本教学课题蕴含了思政育人元素，将浓浓的家国情怀融入课程的学习内容。鼓励学生在研究课程的选题方面，积极传承并弘扬中华民族的传统文化，促进学生对祖先的智慧与创造力深入认知，从而培养学生的爱国主义情操。

项目负责人所承担的在线开放课程"互动媒体设计1"已被浙江工商大学立项为2020年校级精品在线课程项目。

指导学生获奖：2021年中国高校计算机大赛移动应用创新赛三等奖（华东赛区），如图7所示。

指导学生获奖：2020中国包装创意设计大赛优秀奖。

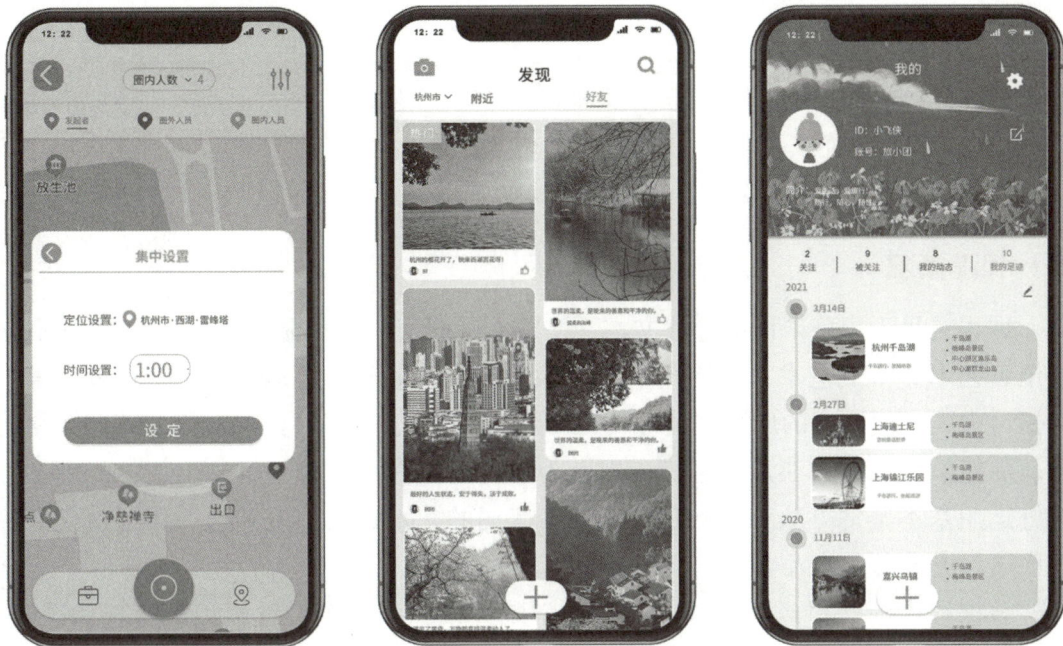

图7 获奖作品"随行"交互设计

唐诗宋词研读

崔 霞

浙江财经大学　人文与传播学院

一、课程概况

　　课程立足于唐诗宋词等经典文本，注重专题研讨，以作品带动学生鉴赏与创作，从语言艺术、审美艺术、政治艺术、情感艺术、人生艺术等多层面、多角度引导学生探讨中国古代诗词的传统"诗性特征"及现代"人文价值"。通过设置不同人文母题，促使学生汲取古典诗词精神养料，为己所用，古今融通，推陈出新，能理解并熟练运用基本鉴赏方法和基础理论，领略诗词的艺术魅力，感知优秀传统文化的深厚底蕴，提升自身的人文素养与审美境界。

　　该课程由浙江财经大学人文与传播学院开设，作为全校性通识教育选修课程，共32课时，每学期开课。

二、课程目标

（一）知识目标：掌握诗词基础知识，积累文化底蕴

　　以诗词经典作品为本，使学生能理解并熟练运用基本的鉴赏方法和基础理论，把握诗词精华，尝试仿写改写、自我创作等；同时注意引导学生分析、体会原始文本蕴含的思想、情感、情怀等，理解和领悟人类、社会、自然之间各种关系处理方式的嬗变，感知优秀文化的厚重积淀和极致魅力。

（二）情感目标：提升人文素养、审美品位，树立正确价值观，追求高尚精神境界

　　研读经典诗词，探讨人与自然、人与社会、人与人、生命意识、人生价值等主题，使学生突破专业教育课程造成的专门性或专业化的逻辑世界，超越功利追求，营造一种追求生命意义和人文精神的氛围，唤醒学生自主性、社会性和伦理性意识，提升人文修养和审美品位，使之具备健全高尚的人格，形成正确的价值观和崇高的精神追求。

（三）能力目标：有批判性思维能力、良好沟通表达能力，形成多元视野

　　通过课程内容安排的"跨界"、教学模式的"翻转"，提供多元化的认知视野和

多角度的思维方式，促使学生独立思考，培养创新精神，运用不同学科的思维方式分析、解决问题，形成审读、判断和应用的意识与能力。通过对不同人文母题的解读探讨，促使学生从古典诗词中汲取精神养料和知识力量，润泽身心。

三、思政元素

（一）育人文之本

从唐诗宋词等经典文本入手，进行专题研讨，端正学生三观，以诗词烛照文化，由文化赏鉴诗词，带动学生品读与创作，引导学生感知中国古代诗词的"诗性""人文""美学"特征及现代价值，激活诗词中的中华民族精神文化元素，夯实根基，增强文化自信心与自豪感，涵养富足的人文情怀。

（二）赏艺术之美

坚定审美导向，结合语言、政治、哲学、历史、美学、心理学等不同视角引导学生探讨、研究中国古代诗词艺术，潜移默化地让学生接受主流价值观的熏陶。以诗见人、以人品诗、由史鉴诗，唤醒人们心中的诗意，发现学生的灵心慧质，增强学生的文学素养，使其提高艺术欣赏水平和创作水平。

（三）养文化之智

古典诗词坚守人文走向，将思想政治教育与课程体系融合，启迪心智、涵养性情。在思政教育目标引领下，以专题为点，以能力为面，打破专业壁垒，挖掘课程中的美育、德育、智育等元素，使课程情怀化、智慧化、人文化，激发学生潜能，实现"全球视野、家国情怀、创新精神、专业素养"的人才培养目标。

四、设计思路

（一）教学过程育人元素的切入与衔接

1.文学处处皆育人，诗词凝聚真善美

课程确保德智美等元素贯穿教学全过程，在思政教育大格局下真正实现以思政为纲、以诗词为媒、以专题为径、以育人为标，发现诗词之美、践行诗词之道、坚守诗词之心，贯彻多方位、零时空、全身心的育人之法，助学生专业成才、思想成型、精神成人，课堂内外均与思政无缝衔接。

2.立足经典，注重研读，以德濡染，以文化人

诗词含人文之本，见文学之识，注重融通，成就高尚人生追求。课程设置十大母题，回归本体，以经典作品体悟诗词要义与精妙，由研习深入创作点评。引导学生在领略诗词魅力的同时洞察人情世态，掌握处世之道，积累文化底蕴。教师以身作则，凸显诗词之用，借作家介绍输入德性教育，用家国文化塑造积极人格。

（二）课程思政具体内容

课程总体设计如图1所示。

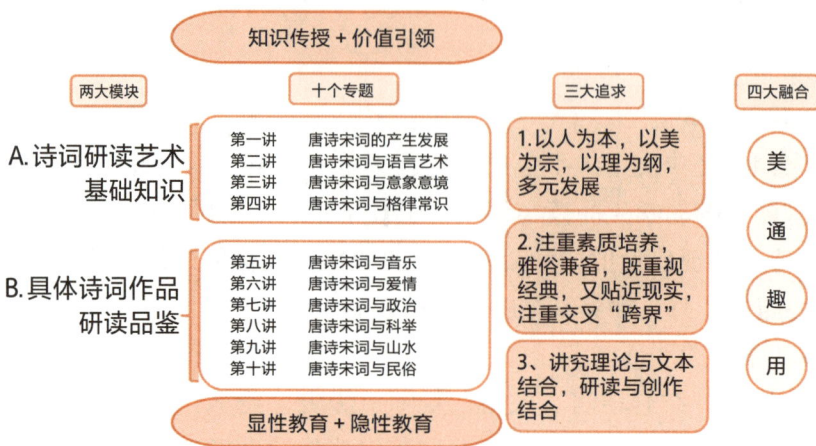

图1　课程总体设计

课程具体章节内容如表1所示。

表1　课程章节内容

序号	教学内容	课程思政育人目标	主要教学方法
1	诗词的产生发展	了解诗词的源远流长，掌握诗词经典化过程，增强文化自豪感、民族自信心，滋养人文情怀和爱国主义精神	理论讲授 问题驱动
2	诗词与语言艺术	养成文学敏感性和综合素养，学习运用相关技巧赏鉴诗词，增长诗词感悟和品评能力，辨析作品优劣	情景设置 点评比较
3	诗词与意象意境	窥见诗词艺术之美趣、诗词创作的独特技法和奥秘，涵养诗词灵性，体会意境营造之法	模拟创作 案例诊治
4	诗词与格律常识	掌握诗词创作的变与不变，熟悉文学创作的必要规则与协调处理方式、格律的运用和利弊转化	案例分析 情景设置
5	诗词与音乐	掌握诗词音乐特性，领会不同艺术领域交融互进的奇妙效应，感悟诗词的视听美感，提升对中华传统文化的认同感	诗词吟唱 作品分析
6	诗词与爱情	管窥古今爱情形态，了解文人心灵世界，体悟爱情的美好和情感的多面性，构建正确的恋爱观与婚姻观，培养爱与被爱的能力和智慧	分组辩论 角色扮演
7	诗词与政治	了解文人治世精神、道德操守、从政意识等，思考诗词蕴含的政治历史现实与文人理想调和等问题，以诗见世、证史、鉴人	问题探究 案例分析

序号	教学内容	课程思政育人目标	主要教学方法
8	诗词与科举	管窥人世的流变、人才的择用、文人的心态等社会问题,掌握古代的用人之道、选拔之法,建立科学的人才观	文献考证 影像辅助
9	诗词与山水	感知山水自然之美和诗词之趣,掌握文人借山水诗写胸中块垒的用心及古代文人游历对创作的影响等,涵养性情	情景设置 任务驱动
10	诗词与民俗	展现民俗风情、传统节日等,了解民俗与诗词相互作用的文化意义,增强民族认同感,强化民族精神,形成积极、健康的心态	剧目表演 作品鉴赏

(三)组织实施方法

1.三"一"模式统筹教学

"一点一纵一横"打造思政教学体系。以经典诗词为点,按时间线索和空间架构纵横梳理。以传授诗词知识为本,以塑成古今沟通的学习格局和认知视野为纲。

2.三"以"方法优化课堂

以文化人、以德育人、以美动人,紧扣永恒经典意义和指导价值,突破思维定式,以穿越式对话和共情化理解活化课堂,注重唐诗宋词文学体验,借古人智慧为今人构建精神世界。

3.三"多"机制实施考评

多过程、多向度、多次化评价考核,凸显人文特性,注重课堂内外过程性学习,强化品评创演等实践能力,师生共评,关注长期效应。

五、实施案例

本课程教学注重美德并举,春风化雨,润物无声。作为最彰显人文情怀的课程,尤重以文育人,强调内外兼修,讲究身心浸润濡染。教学内容多方融通,亦雅亦俗。

本案例为第七讲"诗词与政治"专题下内容,是"英雄诗词"议题中的一环,讲解时侧重引领学生科学观照诗词中呈现的历史风云及英雄人物的塑造等,强调不同时期人物的英雄观、政治观、历史观等的比照,古为今用、以小见大,引导学生思考"如何看待英雄、如何对待人生起伏变化、如何树立高远合理的人生目标"等问题,从而强化诗词与思政之间有形和无形的关联,把握诗词以美为宗、以情动人、以学为用等特点。课堂上以《垓下歌》《大风歌》等小诗作为引子和核心,穿越时空,进行纵横捭阖的脉络梳理,帮助学生形成较全面的诗词与人生认知体系,同时讲唱结合,自由发挥,充分呈现诗歌之美、文学之魅。具体设计如表2所示。

表2 "诗词与政治"专题设计

切入课程思政的课程知识点	"诗词与政治"专题之英雄诗词 "问天下谁是英雄"
课程育人目标	1. 学习研读与"英雄"话题有关的诗词作品，解读相关知识并懂得欣赏经典性作品，理解评价历史人物，体会多样人生。 2. 带领学生设身处地感悟作品，深入解读，独立思考，对诗歌思想感情倾向及人生命运进行客观审视与评价，提高思辨认知能力及口头表达能力。体会《垓下歌》等人物形象塑造之巧，主动比较判断，深入研究和积极探索。 3. 充实丰富自身感情，树立正确的人生观、价值观与英雄观、历史观等。借作品了解古人生活、思想情感等，正确评判文学人物和人生态度，合理看待现实与理想、历史与文学、虚构与真实等关系。
知识点与育人元素结合的教学设计	一、教学思政元素设计思路 （一）抛出话题，引入诗词与政治、英雄、人生的探讨 1. 何为英雄？引出项羽形象的还原与重塑现象。 2. 项羽是否为真英雄的评议及是否该以成败论英雄的判断。学生之前学过英雄类诗词，但缺乏深度解读和理性分析，少有对"英雄"问题的审视和反省。 （二）依循原作又有所跳脱的文本研读 1. 疏通句意，确定重点片段，进行解析和深度阐释。 2. 借助原作及其他资料评价诗中人物形象，对不同观点导引分析。小诗为解决大问题而设。 二、思政教学具体实施过程安排 （一）分析诗词 导入议题 1. 对比分析、主题探讨。 吟唱《垓下歌》《大风歌》，分析关键词句，引导学生就"项羽是否为真英雄？""刘项二人你更欣赏哪位？原因何在？"等问题自成阵营，展开讨论，进行陈述与观点辩驳，自由发挥。

2.观点亮相、明确任务。

（1）梳理观点，提炼分类：

A.肯定项羽；B.批评项羽；C.中肯兼顾可赞与可批之处

（2）展示图片，创设情境：京剧"霸王"脸谱解。

（3）抛出疑问，提请再议：

是否认可"悲剧英雄"说？缘何有各种不同论调？

以问题诱发兴趣，在诗歌具体分析中拉开一桩悬案的再探大幕。

（二）讲解评鉴　深度剖析

1.文本探究精简结合：分析诗词内涵，重点解读《垓下歌》《大风歌》二诗，结合《史记》和后人评析英雄类诗词作品展开。

2.诗词塑造人物评说：项羽形象的还原与重塑。

●多重展示：列举不同诗词中的"项羽印象"，梳理项羽的人生及其复杂性格，关键词概括。

●立体呈现：参考其他资料，对比《项羽庙》等，分析鲜活复杂而血肉丰满的项羽形象。

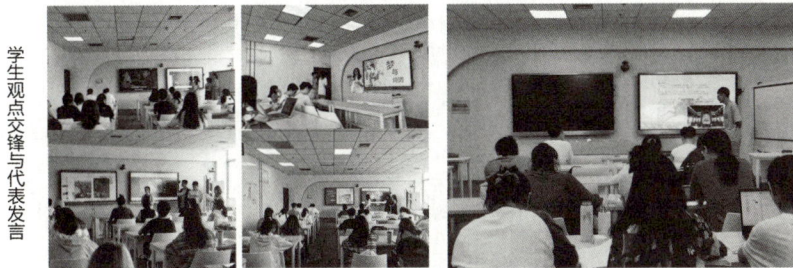

学生观点交锋与代表发言

●是非评说面面观：亮出各方说法，比较综合。

（1）对项羽同时代人的评价：A.对刘邦的评价　B.对韩信的评价

（2）项羽自我评价：结合《史记·项羽本纪》中重点片段详细解读。重点关注：

续 表

● 一首诗：《垓下歌》
与《大风歌》比较，插入楚歌吟唱，兼及背景介绍

● 一句话："天之亡我"
三次重复有何深意？体会累叠之妙，挖掘其中心理。
● 一次笑：项王笑曰："……纵江东父兄怜而王我，我何面目见之？"
生死关头竟至失"笑"：因何至此？
（3）古人评价：
主要观点：肯定赞美＋否定批驳＋客观惋惜，参李清照《咏项羽》、王安石《乌江亭》、杜牧《题乌江亭》等诗。
（4）今人评价：毛泽东、钱钟书、韩兆琦等人观点。
（5）司马迁评价：参考《项羽本纪》中"太史公曰……"总结。
（三）总结点评 反思追踪
1.立足诗作、深度追问。
（1）关于英雄成败探讨问题。
（2）如何评论诗词中的英雄故事和人生态度？
2.跳脱文本、升华课堂。
（1）深入思考：《垓下歌》虽短，实为一部悲剧英雄大片。穿插司马迁史家笔法和人生不幸等简析，引出诗中成功塑造人物的艺术及价值意义。

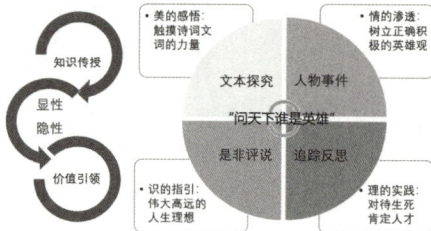

（2）点明态度：A.英雄不问成败？ B.如何对待生死？
调动教师的专业知识、看问题的眼光及理性分析、对人生的态度等，升华主题，注重现实启发性。
（四）布置作业 延伸拓展
结合《垓下歌》《大风歌》等诗及《史记》故事，完成一部与"英雄"主题有关的小剧本。

六、特色及创新

（1）注重"知识传授＋价值引领"教学体系，构建"显性教育＋隐性教育"课程模式，打造"润物无声＋惠泽终生"教育形态。注重素质培养，评创赏唱结合，使学生全面感受诗词之美、诗词之通、诗词之趣、诗词之用。

（2）以专题形式授课，设置不同人文母题，注重研读经典，践行思政教育。课程设计勾今连古，理论作品兼具，既保持继承传统文化优秀精神，又加强和当下现实的联结融通。

（3）立足诗词本身，品鉴诗词与人生，实现交叉"跨界"，多学科并举，进行多技能、多价值培养。融多元化的认识视野、多角度的思维方式、交错的时空观念、深广的现实观照为一体，超越学生对专业功利的追求。

七、教学效果

（一）课内教学反应好

借助诗词作品研读，推行真善美智教育理念，注重核心价值观引领和理想情怀共振，传播人生信念、家国情怀、处世之道、文化意识等。本案例引出关于"英雄"话题的探讨，帮助学生确立理性判断和对待人生起伏的正确态度，学生普遍反映有所得。课程思政元素多，如"诗词与政治"谈人生理想，"诗词与爱情"塑正确爱情观，"诗词与科举"看人才之用等均很实在。

（二）课外渗透效果佳

课外以生为友，切身濡染，良性互动，保持文学共鸣与情感交流，积极讨论、进行答疑、指导创作，提供价值导向和心理疏通，将思政落实到位。注重学术化与艺术化的呼应互补，指导学生打开视野、多域关注，品鉴诗词人生。如本案例中英雄不问成败、保持重压下的优雅风度的人生导向对学生影响正面而深远。

（三）思政影响力度大

课程美德并举、身心双修，思政无处不在，学生审美能力和人生境界得以切实提升。专家曾评本课"翻出新意，不落俗套，声情并茂"，学生称老师为"从诗中走出的女子""腹有诗书气自华"，课程广受肯定和欢迎，学生平均分高于96分（图2、图3），优秀率100%。

学年/学期	周课时	授课班级	任课教师	授课人数	课堂教学评分
2020-2021（1）	2	全校各级各专业学生	崔霞	188	系统暂无
2019-2020（2）	2	全校各级各专业学生	崔霞	60	96.79
2019-2020（1）	2	全校各级各专业学生	崔霞	60	96.33
2018-2019（2）	2	全校各级各专业学生	崔霞	57	96.52
2018-2019（1）	2	全校各级各专业学生	崔霞	79	97.03
2017-2018（2）	2	全校各级各专业学生	崔霞	157	95.68
		全校各级各专业学生	汤燕君	80	92.02
2017-2018（1）	2	全校各级各专业学生	崔霞	221	95.40

图2　课程教学评价

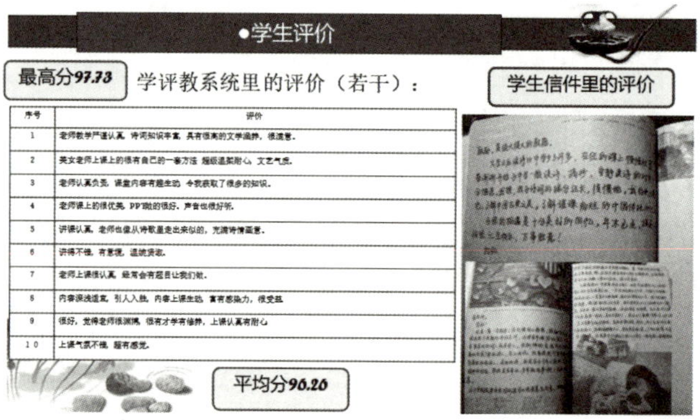

图3　学生评价

Intermediate Management Accounting

袁怡闻 ——

浙江财经大学　会计学院

一、课程概况

　　Intermediate Management Accounting（中级管理会计）是我校国家级一流专业会计学面向会计学（中外合作办学项目）大二学生开设的一门专业必修课。在培养具有国际视野应用人才的教育教学目标指导下，尤其是财政部2014年发布《关于全面推进管理会计体系建设的指导意见》以来，以双语课程为基础的管理会计的教学与应用更是广受重视。修读本课程的学生，毕业后往往有参加国际注册会计师资格认证考试、出国留学继续深造、从事国际会计师事务所及外企财务相关工作的打算。因此，突出社会主义核心价值观教育，融入中西方文化及管理会计实务差异比较教育，让家国情怀和使命担当在学生心灵中扎根，显得尤为重要。

　　本团队成员基于"立德树人"教育思想以及"以学生发展为中心"的教育理念，结合我校人才培养目标，针对课程教学大纲和教材内容，在部分章节知识点中挖掘融入管理会计思政德育元素，并录制了在线开放课程视频，使学生在观看视频学习国际管理会计专业知识时，潜移默化地接受思政教育。

　　此外，本团队成员基于该在线开放课程，依托省平台，开展线上线下混合式教学，设计并实施了一套能有效评价思政德育效果的课程考核方案，于2018级、2019级中加会计班修读的Intermediate Management Accounting课程中实施了2轮课程思政教育教学改革，积累了一定的课程思政建设实践经验。

二、课程目标

（一）知识目标

　　（1）使学生理解和掌握管理会计的有关概念、方法及原理，对管理会计有比较系统和全面的认识。

　　（2）使学生自如应用所学知识，在现代企业制度环境中，加工和运用企业内部财务信息，核算产品成本、编制预算规划、制定经营决策和考评责任业绩。

　　（3）使学生了解中外管理会计实务差异。

（二）能力目标

（1）培养学生理论联系实际的能力，结合所学管理会计基本原理和具体方法，使用专业外语沟通交流，发现、分析、解决企业内部经营管理实际问题。

（2）培养学生财务数据挖掘与分析能力，利用Excel加工和运用企业内部财务信息，预测经济前景、制定经营决策、考评责任业绩的能力。

（3）培养学生唯物辩证思维能力、创新精神和团队协作精神。

（三）价值目标

培养坚信坚守社会主义核心价值观，具有国际视野和家国情怀，对管理会计师有着高度的职业认同感和职业道德感，知晓会计法律法规，谙熟管理会计国际惯例和国内实务的高级会计人才。

三、思政元素

（1）在课程中以习近平新时代中国特色社会主义思想铸魂育人。引导学生在国际会计准则变迁与改革中透视中国在国际政治话语体系中的提升，增强学生对党的创新理论的政治认同、思想认同、情感认同，树立文化自信、制度自信。

（2）在课程中传递社会主义核心价值观，深化职业理想和职业道德教育。将爱国、敬业、诚信、友善等社会主义核心价值观融入管理会计职业道德教育，培养学生职业认同感和道德感。

（3）在课程中加强中华优秀传统文化教育。讲解中外管理会计实务差异，教育引导学生传承中华文脉，理解中华优秀传统文化中讲仁爱、守诚信、崇正义、求大同的思想精华。

（4）在课程中深入开展会计法治教育。引导学生理解全面依法治国新理念新思想新战略，深化其对法治理念、法治原则的认知和对会计法律法规的认识。

四、设计思路

（1）将思政德育元素有机融入在线开放课程视频资源。

本课程基于团队老师共同录制完成的校级第三批精品在线开放课程Management Accounting开展线上线下混合式教学。视频涵盖知识点与课程教学大纲核心知识点相匹配，并在部分章节中深入挖掘并融入了思政德育元素。例如，在第一章"Management Accounting and the Business Environment"（管理会计与商业环境）的三个教学视频中，分析了我国电商企业阿里巴巴集团国际领先的成功实践经验、管理会计成本核算中外实务差异，以及管理会计师道德行为规范的主要内容，引导学生树立文化自信、制度自信，培养学生对管理会计职业的认同感和道德感。

（2）基于"立德树人"教育思想实施线上线下混合式双语教学，提升思政德育效果。

根据Intermediate Management Accounting双语课程教学大纲和教学计划，挖掘管理会计专业课程中的思政德育元素，设计各章节教学目标和思政育人目标，规划每周线上线下教学内容，设计并实施线上线下混合式教学，推动课程思政建设。通过情景模拟、角色扮演、小组讨论与汇报、课堂辩论等多种教学形式，并辅助使用"雨课堂"智慧教学工具，开展参与式课堂教学。将思政德育元素嵌入作业习题，检验学生专业知识掌握情况及课堂思政德育效果。

（3）发挥实践教育基地思政育人功能，提升实践教学德育效果。

在课堂实践教学环节，与我校实践教育基地浙江英特集团深入合作，邀请集团财务总监及其他相关负责人与课程老师共同挖掘思政元素，探讨课程思政理论与实践教学方案。通过开展"基地精英进课堂"、专业实训、与基地精英共赴监狱交流学习等活动，对学生进行管理会计职业道德教育和法制警示教育，让学生切身感受如何在学习、工作和生活中践行社会主义核心价值观，推动课程思政实践教学与管理会计专业实践的有机融合。

（4）实施一套考核形式多样化、专业教育评价与思政德育评价相结合的学业考核方案（表1）。

设计并实施一套既符合课程特点，又反映"立德树人"教育思想，包含多种考核形式在内的形成性评价和终结性评价相结合、线上评价与线下评价相结合、教师评价与学生评价相结合的学业考核方式，综合考查学生的管理会计专业知识掌握程度、专业外语应用能力、财务数据挖掘分析能力，以及课程思政德育效果。

表1 课程学业考核评价表

考核类型	考核项目	占比	考核渠道	考核方式	评价标准
形成性评价40%	到课率	5%	线上考核	自评互评教师评价	是否旷课、迟到、早退
	课前及课后测试	10%			及时性、准确性、认真程度
	企业调研报告	5%			资料收集、加工、处理能力 报告写作规范，综合运用专业知识观察、分析和解决问题能力
	期中考试	10%			学生的会计专业知识掌握程度和思政德育效果
	课堂讨论与回答	5%	线下考核		课堂参与度、课堂问题回答情况 符合社会主义核心价值观
	小组展示	5%			团队协作能力、沟通表达能力

续 表

考核类型	考核项目		占比	考核渠道	考核方式	评价标准
终结性评价 60%	期末考试	单选题	10%	线下考核	闭卷考试	综合考察学生的管理会计专业知识掌握程度，信息检索能力、唯物辩证能力和专业知识综合应用能力
		判断题	10%			
		计算题	15%			
		案例题	25%			

五、育人元素实施案例

以课程第一章 "Management Accounting and the Business Environment" 为例，说明育人元素在课程教学中的切入点和具体实施路径（图1）。整个教学过程分为 "课前预习—课堂教学—课后复习" 三个模块，使学生在课前、课中和课后的学习形成一个有机整体，将思想政治教育贯穿于专业课程教学全过程，充分发挥课程所承载的思政教育功能。

课前，教师将慕课视频 *Ethical Code of Conduct for Management Accountants*（《管理会计师道德行为准则基本内容》）和课前测试题上传到网络课堂平台，布置课前预习任务，分析学生对慕课中专业知识的掌握情况。

课中，学生带着疑问进入课堂，由教师主导课堂教学的开展。教师首先进行课堂内容的引入，讲解管理会计的本质和基本内容，管理会计与财务会计的区别与联系，如何正确处理管理会计与财务会计、财务管理等相关课程的关系，培养学生唯物辩证的思想方法。

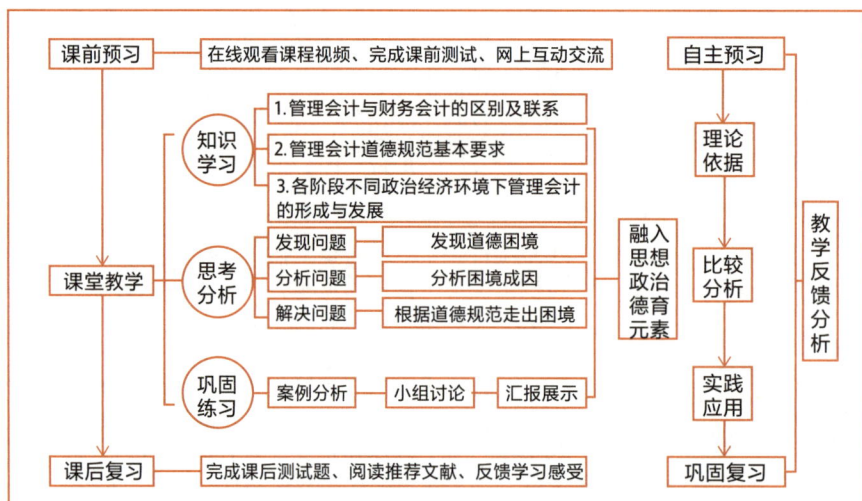

图1 第一章 "Management Accounting and the Business Environment" 课程思政教学设计流程图

接下来是"Ethical Perspective of Management Accounting"（管理会计道德规范）知识点的深入剖析环节，由学生上台讲解，调动学生的积极性和创造性思维能力。学生自行搜集相关资料，上台分享学习成果。在学生汇报过程中，教师引导学生提问和自主讨论，探索交流、分享成果，加深学生对管理会计师道德行为准则内容的认知（图2）。

（a）

（b）

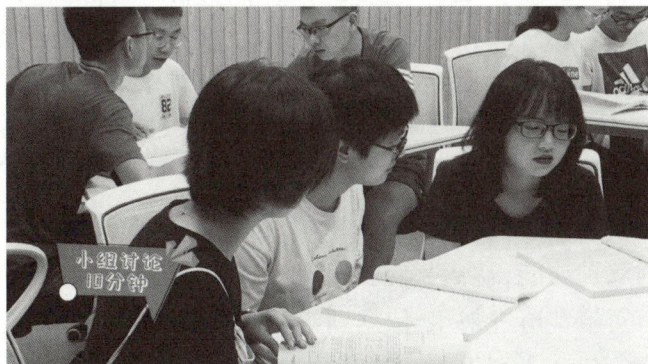

（c）

图2 学生汇报与小组讨论

稍作休息后，由教师对知识点进行延伸和拓展，讲解"Resolution of Ethical

Conflict"（道德困境的解决办法），使用"雨课堂"智慧教学工具，特别是随机点名、课堂测试与答题结果分享等功能，提高学生积极性。之后是案例教学环节，理论联系实际，学生根据给定案例资料分小组讨论案例，根据管理会计师道德行为规范准则要求，思考解决道德困境的办法。教师引导学生使用英文讨论交流，突出敬业、诚信等社会主义核心价值观教育。最后，教师对本次课堂内容进行梳理总结，布置课后复习任务。

课后，教师在平台上发布复习任务，将思政德育元素嵌入作业习题，结合当下国际政治经济热点话题，引导学生在线讨论交流，检验学生的专业知识掌握情况以及思政德育效果。

六、特色及创新

（1）创新教学资源，将思政德育元素有机融入学习资料库。

基于成果导向教育理念，将思想政治德育目标分解细化，有机融入课程教学大纲、教材、视频、富媒体教学课件、习题库、案例等教学资源及课堂教学各环节。利用浙江"三地一窗口"丰富的政治资源和实践资源，在课程教学内容中挖掘鲜活的思政德育素材，将其有机融入双语学习资料库。运用视频中的图片、动画和音效等辅助手段，增加思政教育趣味性，使其深入浅出、通俗易懂，提高学生兴趣和参与度。

（2）创新教学模式，以线上线下混合式双语教学模式和智慧教学工具为利器，提升管理会计课堂教学质量和课程思政育人效果。

专业知识传授和思政德育元素传递通过在线视频学习和在线测验在课前完成，专业知识内化和思政德育元素渗透、吸收则在课堂中通过合作、探讨、交流、展示、反馈等学习活动，经老师的帮助与同学的协助而完成，使学生真正成为学习的主人。此外，为了解决传统课堂教学过程中缺乏师生互动交流的问题，获得全面立体的教学反馈数据支持，本团队还采用了智慧教学工具"雨课堂"辅助课堂教学，并有幸得到了《杭州日报》和学校的报道，起到了一定的推广作用。

（3）创新教学形式，深化产教融合，加强校企合作，协同提升课程思政育人效果。

理论教学和实践教学相结合，以学生发展为中心，充分发挥实践教育基地课程育人和实践育人的双重功能，将"首创""奋斗"和"奉献"的红船精神有机融入专业实践教育。大力实施"请进来"，依据浙江经济社会发展需求新变化，与基地精英通力合作，在大纲制定、教材开发、教学设计、课堂授课等环节，共同开展课程思政建设。深入开展"走出去"，鼓励学生赴基地交流，以课程实训、移动课堂、共赴监狱参观学习等形式，面向真实财务环境开展任务式学习，在实践环节中强化社会主义核心价值观教育、法制教育和会计职业道德教育，协同提升课程思政育人效果。

七、教学效果

（一）受益学生数

本课程团队自行建设的校级精品在线开放课程"Management Accounting"已于浙江省高等学校在线开放课程共享平台以及中国大学慕课平台开课2轮，目前两个平台累计选课5159人次，课程累计访问量67640人次，共享高校4所，课程发帖回帖互动总数4515个，课程评价成绩在两个平台上分别为4.9分（满分5分）和4.8分（满分5分），后续会继续开设，每学年开设2轮。

本团队分别面向2018级中加班（51人）和2019级中加班（55人）学生，使用浙江省高等学校在线开放课程共享平台，以线上线下混合式教学形式，实施了2轮课程思政教育教学改革，期望本课程的教学改革实践可以为其他财会类双语专业课程教学模式改革和课程思政建设提供一定的借鉴意义，令更多学生受益。

（二）课程评价及成效

本团队以问卷调查形式向修读了本课程的2018级中加班学生和2019级中加班学生收集了反馈信息，并将实施教学改革与未实施教学改革的平行班级期末考试成绩和学评教成绩进行了对比。

从调查问卷结果看，87.85%的学生认为采用线上线下混合式双语教学模式后，自己的课堂参与度有所提高；78.50%的学生认为该模式增加了课堂上使用双语交流的情境；91.59%的学生认为智慧教学工具"雨课堂"的使用让课堂变得更加有趣，让原本枯燥的专业知识讲解变得更有吸引力；63.55%的学生认为线上线下混合式教学模式提高了他们的决策能力。

从学评教成绩来看，开展课程思政教育教学改革班级的学评教成绩为97.58分，高于未实施教学改革班级的学评教成绩。对比实施课程思政教育教学改革并实施线上线下混合式教学模式的中加1班学生与采用普通教学模式的中加2班学生两个班级学生的成绩：期末考试的平均成绩分别为72.92分、66.39分，存在一定差异；在计算题上得分比较接近，但在选择题和案例分析题上，中加1班学生平均得分为26.63分和40.25分，比中加2班学生分别高了0.28分和6.12分，其中案例分析题的得分优势比较明显。

从调查问卷结果、学评教和课程评价来看，基于"立德树人"教育思想和"以学生发展为中心""学教并重"的教育理念，以线上线下混合式双语教学模式对"Intermediate Management Accounting"课程实施课程思政教育教学改革，可在一定程度上加深学生对国际管理会计专业知识的理解，提高学生的信息检索能力和对专业知识的综合应用能力，在一定程度上提高了教学水平和教育质量，取得了一定教学改革成效和人才培养效益，达到了预期教学改革目标，具有一定的推广应用价值。

艺术策展与文本

叶 盛 ——

浙江财经大学 艺术学院

一、课程概况

策展的知识系统由综合学科构筑，其知识支撑一定程度上依赖于综合学识，如社会学、管理学、经济学、艺术学、传播学等，都是其关联学科。艺术策展与文本是浙江财经大学艺术学院美术学专业依托财经类高校经管学科优势，探索美术策展人才培养机制的核心课程。该课程既是专业实践类课程，又是虚拟仿真实验课程，主要面向美术学专业三年级学生，总计56学时，3学分，与艺术学院特色品牌学生活动"初创"展卖会一起安排在每学年第一学期。自开展课程思政教学以来，授课学生共4届，合计132人。

二、课程目标

（一）教学目标

（1）课程在系统讲解艺术展览的一般理论与发展历史的基础上，针对不同类型艺术展览进行分析，增进学生对艺术展览的了解，并使其具备展览深度研究和展览主题构思能力。

（2）结合具体展览（线上线下）案例讲述策展的要素和流程，以增进学生对策展流程的认识。

（3）通过虚拟仿真展览策划和"初创"展卖会课程实践，使学生掌握一定的策展实操能力和策划文本写作能力。

（4）通过第二课堂（学生活动与社会实践服务），鼓励和推荐学生投身美术展馆开展志愿服务，进一步锻炼学生的策展布展实操能力。

（5）通过第三课堂（学科竞赛），指引和指导学生利用课程所学专业知识参加学科竞赛，以赛促学。

（二）思政目标

该课程按照浙江财经大学"立德树人"的总体要求，利用展览这一社会美育和思政教育的重要载体，提出了"以展育人"课程思政理念，该理念涵盖了"双重育人"和"再育人"两层内容。

（1）通过展览案例分析，挖掘总结艺术展览对国家形象的体现，使学生增进民族自信心，不断培育和践行社会主义核心价值观，实现"展览育人"。

（2）通过展览分析与理论讲解，紧跟时事要点，深入学习重要会议、文件与讲话内容，不断深化先进性教育，培养学生政治觉悟与进步思想，实现"课程育人"，达到"双重育人"的效果。

（3）鼓励和推荐学生参加展览志愿服务，深化职业理想与职业道德教育。

（4）利用策展教学使学生在接受思政教育的同时，通过实践和社会服务将思政育人的内容进一步"再育人"。

三、思政元素

（一）提高政治觉悟

引导学生关注党和国家的政策导向，关注社会问题，从而培养学生的政治敏感度，提高政治觉悟。以学"四史"为基础，引导学生了解世情、国情、党情、民情，增强对党的创新理论的政治认同、思想认同、理论认同、情感认同，坚定中国特色社会主义道路自信、理论自信、制度自信、文化自信。

（二）重温经典思想

带领学生重温马克思主义基本原理、马克思主义中国化进程等内容。坚持用马克思主义观察时代、解读时代、引领时代，用鲜活丰富的当代中国实践来推动马克思主义发展，用宽广视野吸收人类创造的一切优秀文明成果。

（三）感受抗疫精神

带领学生感受在党中央领导下全国人民众志成城、齐心抗疫的伟大精神，感受中华民族在危难时刻上下同心的民族凝聚力，学习奋战在各条战线上抗疫英雄们大无畏的牺牲精神和无私奉献精神。

（四）继承传统文化

加强中华优秀传统文化教育。弘扬以爱国主义为核心的民族精神和以改革创新为核心的时代精神，教育引导学生深刻理解中华优秀传统文化中的美学精神和时代价值，教育引导学生传承中华文脉。

（五）深化职业教育

深化职业理想和职业道德教育。教育引导学生深刻理解并自觉实践各行业的职业精神和职业规范，增强职业责任感，培养开拓创新的职业品格和行为习惯。

四、设计思路

（一）整体设计思路

该课程将课堂教学和第二课堂、第三课堂视为一个有机整体（图1）。首先，在课堂教学的观展（案例分析）和析展（理论讲解）两部分授课内容中分别通过撰写观展报告、考察汇报和策展主题讨论、文本写作等教学手段作为融入点，衔接课程思政元素，并形成阶段性成果评价。课程在策展理论转化为实践操作技能掌握的过程中，一方面以课程作业的形式通过虚拟仿真策展实验帮助学生掌握实操技能，另一方面以学生活动的形式通过艺术学院"初创"展卖会实现真实展览策划，提升学生实践能力。其次，课程的第二课堂分为校外和校内两部分。在校外，通过鼓励和指引学生参加美术展馆志愿服务工作，深化学生职业理想和职业道德教育；在校内，通过学生活动的形式，以"初创"展卖会为舞台，将课程思政与美育教育相结合。再次，课程的第三课堂为学科竞赛，通过指导学生以课程所学专业知识为基础积极参加各项学科竞赛的"红色赛道"，扩大课程思政影响范围，做到学以致用，以赛促学。同时，学科竞赛的项目孵化将与第二课堂的"初创"展卖会相互依托，形成一个完整的课堂教学外部补充。最后，学生通过虚拟仿真策展实验和"初创"展卖会，将课程思政通过策展实践"再育人"。虚拟仿真策展实验和"初创"展卖会既是课程思政效果评价的重要载体，也是该课程育人成果展示的主要形式。

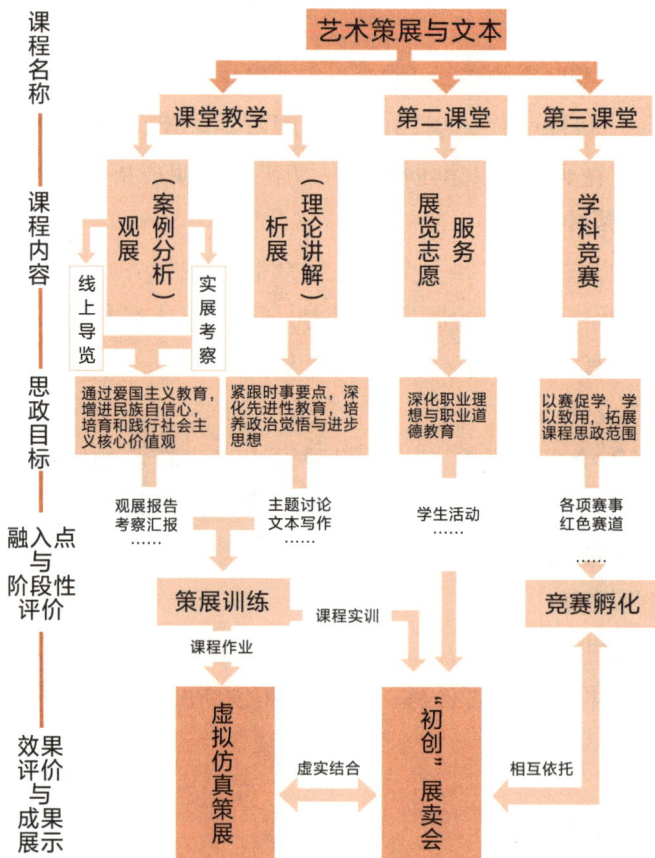

图1　课程思政设计思路导向图

（二）具体教学思路方案（表1）

表1　课程思政教学思路简表

教学内容概述	融入点	课程思政育人目标	教学方法	评价方式
大型红色主题展览策划	热点IP与展览主题把握	关注党和国家重大事件，培养政治敏感度，提高政治觉悟	引导提问讨论总结	无
大型红色主题展览策划	大型主题展览内容把控与文本写作要点	深入学习"四史"，坚守初心使命	知识点讲解	无
大型红色主题展览策划	建党100周年主题展览策划	认识学党史的重要性	课堂讨论	无
大型红色主题展览策划——重要案例分析	《真理的力量——纪念马克思诞辰200周年主题展览》导览	学习马克思主义和马克思主义中国化进程的内容，坚定政治信念	案例分析延伸读物	课后作业（阶段性评价）
考察"抗疫"主题展览（根据情况线上或线下）	展览内容分析和策划方案解析	感受全国上下众志成城、齐心抗疫的精神，学习抗疫精神与事迹，激发爱国情怀	案例分析	课堂汇报（阶段性评价）
线上考察历史文化博物展	展览内容分析和策划方案解析	感受中华优秀传统文化美学内涵，加强中华优秀传统文化教育	案例分析	考察报告（阶段性评价）
思政主题虚拟仿真策展实验	虚拟策划所有与思政内容相关的主题展览	涵盖但不限于课程所涉及的所有思政元素	虚拟仿真实验	结课作业（最终效果评价）
策划布置"初创"展卖会党建主题单元展	策划布置"初创"展卖会党建主题单元展	学习重要会议、文件、讲话内容；深化先进性教育，培养进步思想	课程实践	学生活动（参考性评价）
第二课堂鼓励推荐投身展览志愿服务	美术馆、博物馆年度志愿服务或短期志愿服务	深化职业理想和职业道德教育	个别指导过程分享	无

（1）在"大型红色主题展览策划"授课环节中，在讲解"热点IP与展览主题把握"知识点时，以引导提问和讨论总结的方式，引导学生关注党和国家重大事件，关注社会问题，从而培养学生政治敏感度，提高其政治觉悟。围绕大型主题策划，展览内容和文本写作要求学生以学"四史"为基础，了解世情、国情、党情、民情，增强对党的创新理论的政治认同、思想认同、理论认同、情感认同，坚定中国特色社会主义道路自信、理论自信、制度自信、文化自信。

（2）在"大型红色主题展览策划——重要案例分析"授课环节中，以中国国家博物馆的线上展览《真理的力量——纪念马克思诞辰200周年主题展览》为重点案例进行分析（图2）。通过内容导览和策展形式分析等教学手段，带领学生重温马克思主义基本原理、马克思主义中国化进程等内容。同时将《在纪念马克思诞辰200周年大会上的讲话》作为课后延伸读物，要求学生进行课后学习，并以作业形式撰写考察报告，作为课程思政阶段性评价。

图2 《真理的力量——纪念马克思诞辰200周年主题展览》案例分析

（3）在展览考察授课环节中，带领学生考察"抗疫"主题展览，通过展览内容分析和策划方案解析，带领学生感受在党中央领导下全国人民众志成城、齐心抗疫的伟大精神，感受中华民族在危难时刻上下同心的民族凝聚力；学习奋战在各条战线上抗疫英雄们无私奉献的事迹和大无畏的牺牲精神。以课堂展览考察汇报形式作为课程思政阶段性评价（图3）。

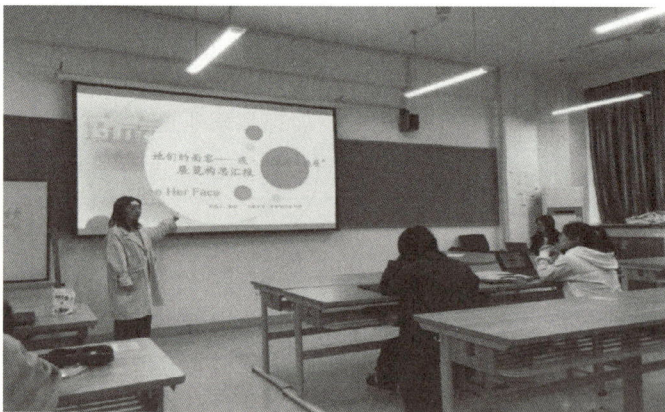

图3 课堂汇报：《看见，她们的面容——疫·情绘画主题展》

（4）在展览考察授课环节中，带领学生线上考察历史文化博物展。通过展览内容分析和策划方案解析，带领学生感受中华优秀传统文化美学内涵，加强中华优秀传统文化教育，弘扬以爱国主义为核心的民族精神和以改革创新为核心的时代精神。以课后展览考察报告形式作为课程思政阶段性评价。

（5）在课程实践授课环节中，通过课程实训，在"初创"展卖会中指导学生策划布置党建主题单元展，利用课程实践将思政内容转化为实际行动，将思政内容实体化，做到知行合一；最后以课程作业形式，将思政主题虚拟仿真策展实验作为课程思政效果评价载体。

五、育人元素实施案例

该课程的结课作业要求学生通过虚拟仿真策展实验，完成一场思政主题的展览策划并汇报。首先，学生选择和确定虚拟展览的思政主题和展览内容，并做开题陈述。其后，任课教师与全体同学一起讨论每一个展览选题与展览内容，给出指导意见，完善虚拟展览。最后，学生完成虚拟展览完整策划案写作，进行汇报，并接受全体上课同学投票打分。整个虚拟仿真实验过程是课程思政的重要内容，同时作业成果也成为课程思政效果评价的载体。

以《永远跟党走——建党100周年美术作品展》虚拟展览策划为例，学生提出了庆祝建党百年的主题和以100幅绘画作品作为展览主要内容的构想。任课老师指导学生参考以往同类型的主题展览，并要求学生按照党史将这100幅绘画作品划分为几个板块。首先，让学生在寻找参考资料的过程中学习党史，并分析如何将党史学习和展览策划相结合；其次，虚拟展览策展板块的划分，使得学生了解我党历史的不同时期，从而对党史有更深层次的认识。经过多次课下党史学习，学生最终完成了虚拟策展作业《永远跟党走——建党100周年美术作品展》（图4、图5）。

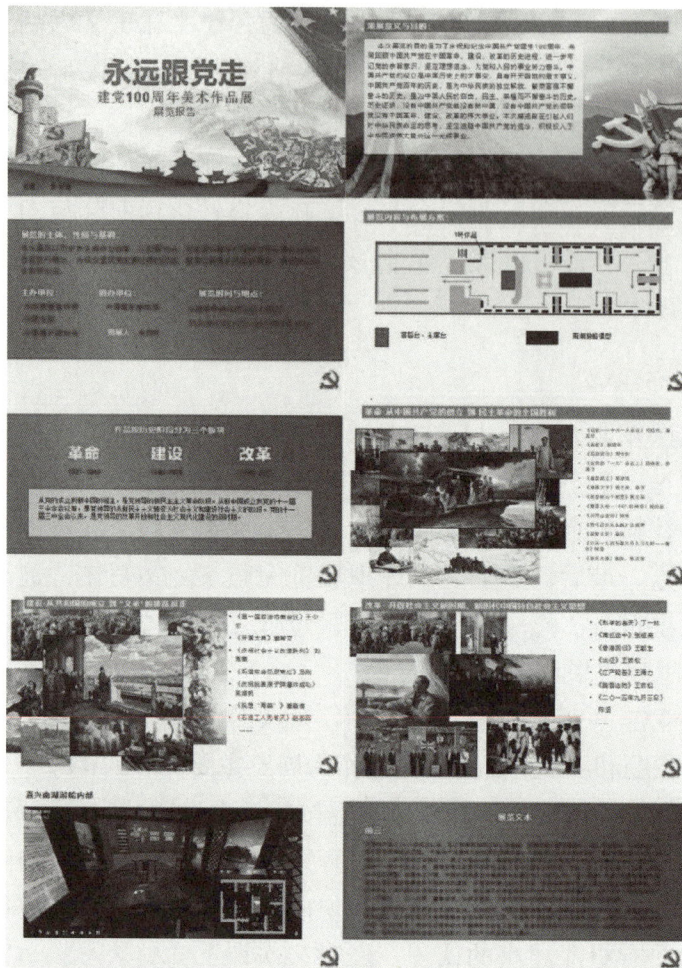

图4 《永远跟党走——建党100周年美术作品展》虚拟策展汇报PPT

图5 学生在汇报《永远跟党走——建党100周年美术作品展》展览策划书

六、特色及创新

（一）层次分明

课程的思政教育在授课过程中逐层深入：首先以观展的案例分析为切入点，为课程思政作铺垫；其次在策展要点方法讲授过程中，进一步开展先进性教育；最后通过策展实践和虚拟策展作业形式，巩固课程思政内容，引导学生通过实践和社会服务将思政育人的内容进一步"再育人"。

（二）虚实结合

课程通过真实和虚拟的策展实践，将思政教育融入具体的项目。一方面，实践促进学生将所接受的思政教育内容转化为实际运用，做到知行合一；另一方面，实践培养了学生策划主题展览的实操技能，并通过策展将思政育人的内容"再育人"。此外，虚实结合的策展练习不仅是检验学生专业技能掌握情况的课程实践，同时也是课程思政效果考评体系的重要组成部分。

（三）利于推广

课程在教学过程中充分利用线上线下展馆资源，通过实地考察和线上导览的方式，将课堂转换到博物馆、美术馆，以最直观的方式将思政教育与课程专业内容相结合，提高学生学习积极性，提升教学效果。对线上线下展览资源的利用，不仅积极响应国家《关于全面加强和改进新时代学校美育工作的意见》中充分发挥美术展馆资源的要求，而且能够突破时间与空间的限制，满足各高校开展相关课程思政育人项目的需要，具有推广价值。

七、教学效果

该课程2020年被立项为浙江财经大学校级课程思政示范课程。近年来，课程思政在课堂教学基础之上拓展至"第二课堂"（社会实践与课外活动）和"第三课堂"（学科竞赛），并取得一定成果：多位学生在社会志愿服务工作中获得浙江省"最美文化志愿者"、浙江美术馆"年度优秀志愿者"、宁波美术馆"年度优秀志愿者"等称号（图6）；学生探究展览和国家形象关系的论文在2019年由浙江省文艺评论家协会主办的"新中国70年：文艺作品与国家形象"第二届浙江省高校青年文艺评论征文活动中被评为"十佳论文"（图7）；自开展课程思政以来，作为课程实践一部分的"初创"展卖会，从学院的一个学生活动发展为浙江省大学生艺术实践工作坊品牌项目（图7），也从学院实践育人的一张"名片"蜕变为学校美育教育的重要载体。"初创"展卖会不仅是艺术学子展现才华、全校师生感受艺术文化的沃土，同时也成为思政教育与美育教育相结合、文化传承与艺术熏陶相辉映的热土（图8、图9）。

2021年，课程思政教学成效获《人民日报》、中国教育在线、浙江在线、杭州网等多家媒体报道（图10、图11）。

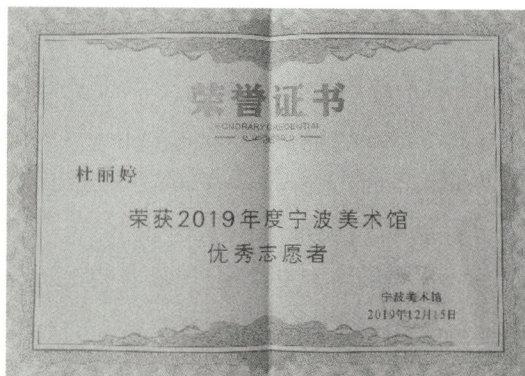

（a）　　　　　　　　　　　　　　（b）

图6　学生获得的浙江美术馆和宁波美术馆"年度优秀志愿者"证书

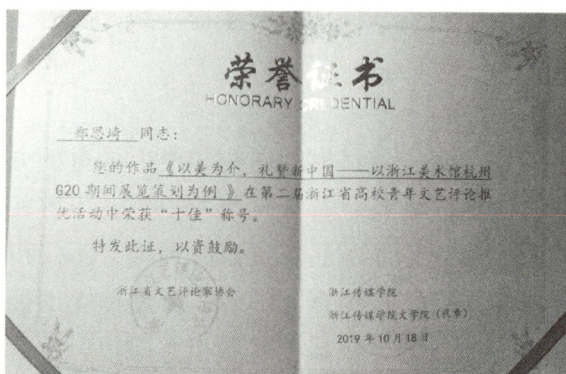
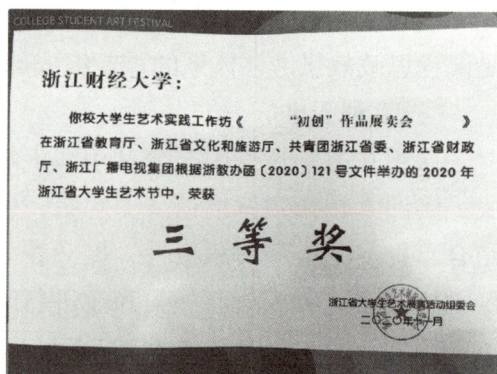

（a）　　　　　　　　　　　　　　（b）

图7　学生获文艺评论"十佳论文"证书和"初创"展卖会获浙江省大艺节奖项证书

图8　第六届"初创"作品展卖会现场

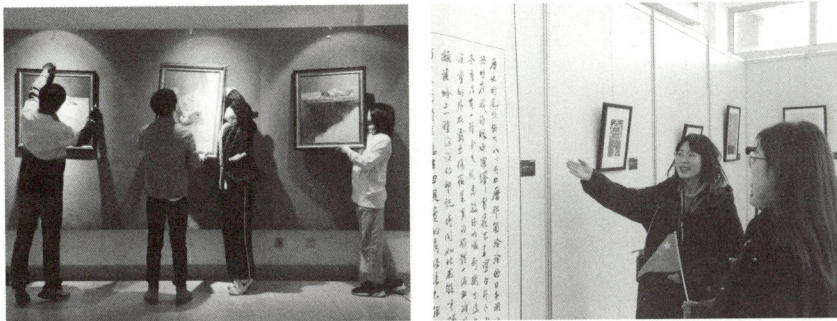

（a）　　　　　　　　　　　（b）

图9　课程实践——"初创"展卖会布展训练、展览现场

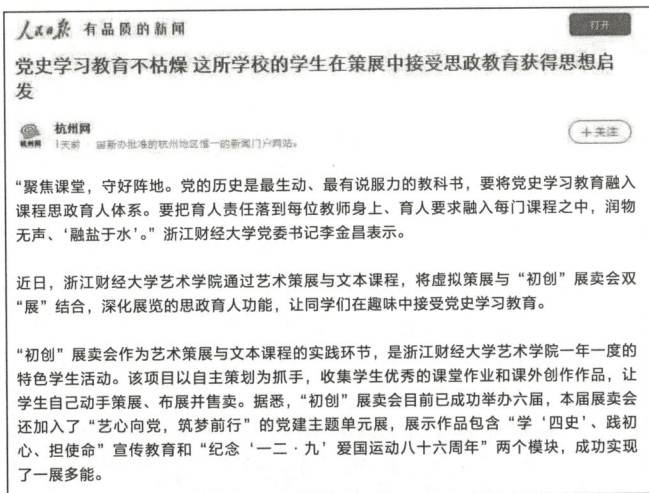

图10　《人民日报》报道

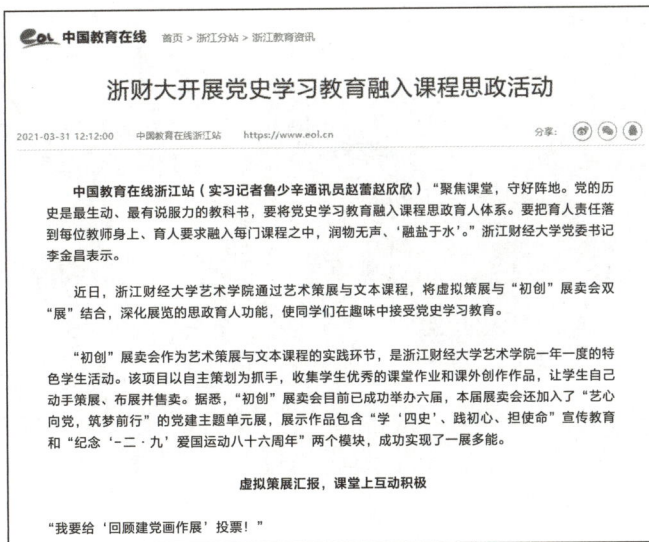

图11　中国教育在线报道

市场营销学（全英）

钱　晨

浙江外国语学院　国际商学院

一、课程概况

市场营销学主要讲授商品或服务从生产者手中移交到消费者手中的一种过程，任务是刺激、创造、适应及影响消费者的需求，是企业或其他组织以满足消费者需求为中心进行的一系列活动，是系统地研究市场营销活动规律性的一门科学。

市场营销学（全英）是省级一流本科课程，在"浙江省高等学校在线开放课程共享平台"开设私播课（SPOC）和慕课（MOOC）。本课程48学时，其中线上学时占1/4，线下学时占3/4，课程提供线上1000余分钟的学习视频和其他学习材料。课程在红船精神等思政素材建设、团队授课模式、课程授课模式等方面进行了系统化的改革和尝试，学生课程互动性明显提升、思考力提升显著，获得了学生的肯定（图1、图2、图3）。

图1　浙江省高等学校在线开放课程共享平台在线教学视频资源（课程主持人）

图 2　线下课程实录（课程主持人）

图 3　线下课程实录（课程组教师：外籍教师蒂莫西教授）

二、课程目标

本课程面向经管类专业的本科生与学历留学生，课程执行中外学生同班、同修的授课模式，为课程提供了多文化交融沟通平台，同时也为"构建中国特色哲学社会科学话语体系"搭建中外交流平台。课程目标包括以下几方面。

（一）知识目标

掌握基本知识，理解基本理论，能读懂市场营销基本知识点，理解营销的中国情境。

（二）能力目标

具备运用理论分析问题的意识和能力，中外学生均能理解和比较不同文化下的营销案例，能在课程实践中体现运用价值。

（三）素质目标

能全面体现营销管理者良好素养和文化理解能力，能够理解并执行红色理念。

三、思政元素

红船精神是中国共产党建党初期形成的革命精神，其核心是"首创精神、奋斗精神、奉献精神"，蕴含着丰富的育人价值。首创精神反映了中国共产党人锐意进取、勇于创新的开拓精神，有利于锻造青年的创新意识。奋斗精神折射了先辈们为崇高的理想信念而坚贞不渝奋斗的实践精神，能够引导青年树立崇高理想信念并为之矢志奋斗。奉献精神体现了中国共产党以人民为中心的初心使命，有利于培育青年的社会责任和担当精神。

（一）首创精神

本课程有4~5次课程实践，需要以小组为单位，在学习、整理、思考在线平台教学视频的基础上，完成相应实践作业，作业一般要求使用合适的研究方法，训练用科学方法提升直觉、数据、理论和逻辑的可靠性，鼓励用一手数据探索中国问题、提出本土对策。调研过程通常会出现各类问题，需要小组成员商讨并给出有效的解决方案，学生锻炼了随机应变的能力，以及百折不挠、不怕困难的品质。

（二）奋斗精神

本课程在线学习视频资源长达1000余分钟，课程团队会针对学生期望分数与期望获得，制定不同的学习方案，有效解决不同层级学生的学习需求。同时，课程团队会鼓励学生"冲"一下更高级别的学习方案，也鼓励小组成员之间互相督促、勉励，在这一过程中，学生锻炼了不怕吃苦的奋斗精神。

（三）奉献精神

本课程会将营销伦理贯穿课堂教学，学生能理解营销的意义与初衷，营销与双碳，营销与自然、社会和谐发展之间的关系，能从可持续发展的高立意理解营销策划的本质，能从课程中体会商业边界和企业家奉献精神。

四、设计思路

课程思政教学改革需要贯穿教学始终，全方位的融入方可达成"润物细无声"的教学效果。因此，在实际教学改革中，本课程将思政元素全过程地融入知识、能力、素质目标的设定和达成等环节。本课程学习是一种体验式学习，不仅要习得基本知识、技能和运用，也要习得商科思辨能力，以应对毕业后的复杂社会情境，因此本课程着重培养学生正面主动思考和快速学习的能力，实施抓手是如下的"三步学习力"培养模式。

（一）刻苦求索、广泛阅读

扎实阅读参考书知识点、拓展阅读推荐书目，在第一节课堂上讲解红船精神中"百折不挠的奋斗精神"，用学长们的学习报告和笔记来激励学习内驱力。第一步学习力培养过程中，要求每位学习者根据阅读内容，提出 3 个专业问题。这一步有效激发学习者主动学习和思考的能力，是学习力积累阶段。

（二）归纳知识、勤于实践

按照授课要求，学习课程知识点视频和案例视频。知识点学习视频是帮助学生自学案例所覆盖章节的有益辅助和正面有益引导，能够在体系和逻辑上为学习者提供知识点串联。授课者为学习者提供一本较为通用的"参考书"，同时提供给学习者如何获取互联网资源的方法，培养其运用多元资源的能力。

案例学习视频是在知识点学习视频的基础上，让学生思考如何将理论运用于实际的思考载体。案例学习视频中包含案例描述、引发思考、实践作业三个主体部分，要求组成团队完成课外实践，考查学习者的团队合作精神、吃苦耐劳精神，同时考查营销设计中的环境保护意识、敢为人先的首创精神。这一步有效培养学习者实践和抗挫折能力，是学习力提升阶段。

（三）讨论案例、激辩观点

线下课程组织模式包括案例讨论、团队构建、课程实训。案例讨论是每节线下课程首先安排的环节，旨在帮助学生回忆、梳理和解决课外学习过程中遇到的难题和问题。针对在线下课程互动性较低的时刻，我们尝试了"师生角色互换"的对策，让一组学生模拟授课者，串接所有提问环节，实践证明这一方法能较快激发学生课程活跃度和参与度。同时，在互换角色的过程中，授课者对授课团队有意引入思政元素给予特别加分。

课程实训是针对某些操作性强的知识点章节而设计的，目的在于让学生获得身临其境的学习体验。例如，在讲授研究方法的案例课程中，我们基于中国经典品牌营销问题，通过现场实际演练"问卷调查"和"焦点小组访谈"，让学生了解到定量和定性分析的区别及特征，同时也增强了对本土品牌的热爱，课堂上中外学生观点差异，激发了对中国文化的探讨与理解。

五、实施案例

（一）案例选用

《把营销案例写在中国大地上——"红船精神"育人价值的课程体现》十大案例旨在以市场营销基本理论为载体，讲好外国文化能理解的中国故事，讲授以"润物细无声"的方式将"四个意识""四个自信""两个维护"等思政元素贯穿始终，让学习者时刻感受到正能量、传播好正能量，讲好红船精神。十大案例借助浙江省高等学校在线开放课程共享平台，实行线上线下混合式教学模式。十大案例包含10个案例视频（共计约200分钟）、17个知识点讲解视频（共计约350分钟），搭配线下课程（共计约36课时）所集成的课程体系。

（二）案例描述

十大案例内容框架如下。

（1）Case Study 1 中国消费者的新消费。

（2）Case Study 2 中国市场营销战略与启示。

（3）Case Study 3 顾客服务与本土消费者理解。

（4）Case Study 4 市场营销成功的驱动力。

（5）Case Study 5 市场营销调研与本土实践。

（6）Case Study 6 中外消费者行为的差异与比较。

（7）Case Study 7 市场细分与消费者行为。

（8）Case Study 8 品牌与文化。

（9）Case Study 9 新产品与新消费升级。

（10）Case Study 10 广告与受众。

《顾客需要、欲望和需求》（Case Study 1 Needs，Wants and Demands）是十大案例的第一个案例，理解和读懂顾客是贯穿课程始终的一种营销理念和基本技能。这里以此为例，梳理思政内容的融入情况。

第一，课程第一课堂融入思政元素。课程阐述需要、欲望和需求的基本知识点的过程中，嵌入文化差异的理解内容。需要是消费者生理及心理的需要，如人们为了生存，需要食物、衣服、房屋等生理需求，以及安全、归属感、尊重和自我实现等心理需求。市场营销者不能创造这种需要，而只能适应它。欲求是消费者深层次的需求。不同背景下的消费者欲求不同，比如中国人需求食物则欲求大米饭，法国人需求食物则欲求面包，美国人需求食物则欲求汉堡包。人的欲求受社会因素及机构因素，如职业、团体、家庭、社会等影响。

第二，课程的第二、三课堂融入思政元素。除了第一课堂，课程还包含线上自学，线下团队实践，线下自学等第二、三课堂的学习环节，这些环节中也积极融入思政元素。例如，在案例讨论的过程中，比较与对比不同文化差异下的顾客差异的思考，引发学习者对文化自信的思考。深入理解顾客的需要、欲望和需求能够帮助企业制定合理有效的营销战略。课程要求学习者在线上学习阶段结束后，拍摄一段"给营销找找茬"的视频，以一个品牌或一个产品为分析对象，分析其没有完全理解顾客需要、欲望和需求的地方。在收到的作业中，有团队从营销目的国顾客的需要、欲望和需求角度，分析比较中外茶叶的营销方式，提出了不少新颖的观点；也有团队参观了"中华老字号博览会"，分析中国经典老字号品牌的国际营销方式，如何把中国传统文化跟随产品和服务传输到世界其他国家和地区。同时，视频制作环节要求高、任务紧，需要很高的团队配合，也需要不怕苦、不怕累的精神，在数据收集的过程中需要较高的科研素养和学术道德，这些都是红船精神的集中体现。课程会分析中外学生面对问题时候的异同，从而分析文化差异，揭示"红船"子女的优秀品质。

（三）教学组织

一个完整的阶段性教学周期包含两周，第一周是知识学习与准备，第二周是知识运用与分析。以第三周线下教学为例（图4），前一周（第二周）是线上教学，教学内容有：学习知识点视频、学习案例教学视频，并做好小组讨论、完成小组作业，做好第三周线下教学的准备。第三周是线下课堂教学，首先回顾知识点、讲解重难点；其次围绕案例进行课堂分析和讨论，请优秀作业小组分享观点、课堂讨论；最后，根据社会热点新增案例，请学生运用本章知识点进行分析。线下课程以案例为主线，培养学生自主学习、主动发现和解决问题的能力，课堂会点评和反馈每个小组的分析角度、分析方法与结果，横向学习有助于学生拓展视野和灵活思维方式。

教学周		线上教学		线下教学
第二周	第4课时	复习第1、2章知识点教学视频： 01 Marketing-Managing Profitable Customer Relationships; 02 Company and Marketing Strategy-Partnering to Build Customer Relationships		1. 课外由小组组长组织进行线下小组讨论、组织演讲练习； 2. OFFICE TIME：每周三是办公室答疑时间，随来随答。
	第5课时	学习第1、2个案例教学视频： Case Study 1 Needs, Wants and Demands; Case Study 2 Marketing Strategy		
	第6课时	分组在线讨论，形成小组作业。		
第三周	1. 课外进行在线教学平台自学； 2. 建议按照1:1配套自学时间（按照成绩达到优秀的一般投入），即周教学3课时，配套自学3学时。		第7课时	1. 简单回顾主要知识点； 2. 回顾第1、2个教学案例并引发新思考： Case Study 1 Needs, Wants and Demands; Case Study 2 Marketing Strategy
			第8课时	演讲与点评。
			第9课时	课堂教学案例讨论与分析。

图4　教学设计样例

六、特色及创新

（一）正面引导，沉浸体验

十大案例甄选需符合正面引导的原则，营造沉浸式案例的学习体验。十大案例甄选原则：一是授课教师亲身经历的真实正面案例，亲历者身份更有助于描述案例和讲述案例细节，给学生提供一种沉浸式的学习体验；二是单个案例需要至少能够承载参考书中3个章节的知识点，案例学习的初衷是让学生体验如何把理论运用于实践，案例本身必须能够涵盖一定量的知识点；三是案例之间需要有一定的连续性和印证性，在某些课程中，讲授者会针对一种案例现象进行多理论的解释，案例间的知识点交叉有利于这种授课模式的实施。

（二）案例翻转，赋能学习

以融入思政元素的沉浸式案例为课程主线，知识点为自学辅线，翻转课程，实现线上线下混合式教学，提升教学正能量。线下课程改变传统逐一章节知识点讲授的授课方式，实现以案例为主线、重新组合知识点的教学改革创新。将知识点学习与反思作为线上自学内容，将案例讨论与知识点实训作为线下课程内容，实现翻转课程。十大案例的具体操作均分为3个阶段。

（1）提前1~2周布置学生线上知识点视频学习作业。

（2）根据本周主要知识点内容，布置学生线上案例视频学习作业，安排团队课外实践作业。

（3）课程案例分析、团队讨论与对话、课程实训。

3个阶段的学习与实训，都要求学生加入中国元素、中国情境，在让学生逐渐养成主动寻找问题和解决问题的思维方式与学习习惯的同时，养成主动对本土文化、本土消费者行为思考的习惯。

七、教学效果

（一）学生发表论文和获奖情况（2019—2021年）

（1）傅昌銮、钱晨、余晨阳：《关于培育"首店经济"激发消费新动能的建议》，《浙江商务》2021年第3期。

（2）黄依珊、王舒晴、钱晨：《长三角地区数字贸易发展比较与建议》，《北方经贸》2021年第3期。

（3）指导学生参加营销类大学生A类学科竞赛（2020年浙江省会展策划创意大赛），获得省级二等奖2组、三等奖1组。

（4）指导学生立项2021年浙江省大学生科技创新活动计划（新苗人才计划）：宠印垂直类遛狗服务平台，卢汐汝（2019级国贸专业）。

（二）教学周期的教学评价结果

2019—2021年教学周期的教学评价结果如图5所示。

序号	选课学期	课程号	课程序号	课程名	教师号	教师名	平均分	评教人数	平均分
	2019-2020-2-1	MANA1103	01	管理学原理（全英）	03013	钱晨	95.53	17	94.41
	2019-2020-2-1	MANA1103	02	管理学原理（全英）	03013	钱晨	95.04	26	
	2020-2021-1-1	MANA2213	01	市场营销学（全英）	03013	钱晨	95.1	23	
	2020-2021-1-1	MANA2213	02	市场营销学（全英）	03013	钱晨	91.95	21	

图5　教学评价结果

（三）课程学情调研

有关授课对象反馈的情况，我们主要通过教学评分、督导听课、课堂氛围与实时反馈等几个方面进行如下梳理。本课程教学评分94分，受到了学生的充分肯定和欢迎。同时，课程接受了学校两位督导的联合听课，均认为学生的课堂互动非常好，学习主动性很强。我们在第一期混合式教学运行结束后，发放了学生问卷，目的是了解学生学习状态，以便于我们及时调整教学方案。我们使用SPSS统计分析软件对问卷数据进行了分析，蒂莫西教授撰写了调研报告（图6）。报告数据显示，学生普遍认为“教师富有激情”“我可以学到很多新东西”“课程中教授的内容很清晰”。让课程组感到鼓舞的是，学生对问题的评价都比较积极正面。这与两位督导的听课感受相仿，他们感受到学生能够比原先更愿意在课堂上随时讨论交流和分享自己的观点。

Student Course Evaluation of Marketing 2019.

A survey of the students in the Marketing class was carried out on Monday 11 November 2019. The scale used for the survey was: 1 = Very Strongly Disagree, 4 = Neither agree or Disagree, 7 = Very Strongly Agree. Table 1 shows the mean score of the data in descending order.

Table 1: Student Responses by Descending Mean	Mean	Std. Dev.
The teacher was enthusiastic	**7.65**	**0.62**
I learnt new things in the class	**7.19**	**0.71**
The things taught in class were clear	**7.02**	**0.76**
The things I learnt will help me in my future life	6.83	0.82
The things I learnt will help in in my future employment	6.52	0.87
I enjoyed coming to the Etiquette class	6.48	0.97
The video helped me learn	6.03	1.03
The things taught in class are important for me to know	6.01	0.98
The course made me think	5.89	0.88
I would recommend the course to my friends	5.52	1.71
I could understand what the teacher said	5.51	1.20
I think the course not too easy	4.35	1.46
There not too many assignment	4.12	1.23

Eight of the survey responses as in Table 1 were in the Strongly Agree to Very Strongly Agree category. For example “I learnt new things in the class” with a mean of 7.19 and “The things taught in class were clear” with a mean of7.02. The response to the question “There not too many assignment” was rated as Neither Agree or Disagree with a mean of 4.12.

Overall the results were very encouraging. The students seem to have a **positive attitude** towards the course and also seem to have had a positive leaning experience. It also needs to be noted that some students reported that they had difficulty understanding the English in the course.

图6　蒂莫西教授撰写的调研报告

音乐学科教学论

苏 燕

浙江外国语学院 艺术学院

一、课程概况

音乐学科教学论是研究音乐教育活动中"教"与"学"的艺术学科，作为整个音乐教育学科中一门相对独立的学科开设。这门学科结合最新的国内外教育理念和国家新课程标准介绍音乐教育教学中的一般规律与教学方法。该学科主要阐述音乐教育的功能与目标、音乐领域的教学方法、音乐教学艺术与教学策略等基本理论与实践内容。本课程集音乐性、技能性、知识性、跨学科性于一体，在整个专业课程体系中起到教学技能提高的作用。课程继承老一辈音乐家的教育成果，又鼓励新的音乐教育理念与教学方法的探索创新，增强学生用新式方法弘扬中国音乐主题，讴歌民族精神和时代精神。

本课程由浙江外国语学院艺术学院开设，是音乐学（师范）专业的一门教师教育类必修课程，共32学时，安排在第五学期开课。

二、课程目标

（一）知识目标

（1）掌握音乐教学原理、教学原则、课程理论等基本概念，了解中国音乐教育发展特色，熟悉当前国内中小学音乐教与学的基本情况。

（2）掌握国内音乐教育教学中音乐感受与鉴赏教学法、音乐表现法、音乐创造法，以及音乐与相关文化教学法的教学设计策略，了解不同类型的教学法中的教学过程与步骤。

（3）掌握国外著名音乐教学体系的教育思想、内容，并且能做出评价。

（4）掌握现代音乐课堂教学新技术，熟悉现代化教学手段在课堂中的应用。

（二）能力目标

（1）能够根据不同教育阶段对象来设计相应的教学案例，提高创新和自主学习能力。

（2）能够保持音乐教师的弹、唱、跳、指挥等基本音乐技能，具有终身学习的意识。

（3）能够熟练使用现代音乐教育技术来提高音乐教学效率。

（4）能够组织音乐课内与课外相应的音乐活动，提高学生组织能力和独立工作能力。

（三）价值目标

（1）正确认识立德树人的教育思想，以及激发投身对基础音乐教育教学的工作热情，弘扬德艺双馨、敢于创新的精神，提升音乐审美与创新意识。

（2）掌握音乐课程的本质与价值，分析音乐对人的审美感知与情感体验，掌握音乐要素之间的联系，获得较完整的音乐概念和结构框架。

（3）增强民族文化自信心，促进中国特色音乐教育文化和谐发展，培养社会责任感和家国情怀。

三、思政元素

深入贯穿新时代美育精神及思政元素与课程的融合。本课程着重培养学生的艺德为人、中国音乐文化自信与家国情怀。

（一）以德为纲，艺德为人

音乐教育既具有教育的基本属性，遵循教育的共同规律，又有其音乐艺术的特殊功能和目的，通过审美活动和美的形式内容培养教育对象高尚的道德情操、文明习惯和滋养心灵。艺术专业毕业的学生在未来就业中大部分走向演艺工作岗位，他们的道德观念和道德品质对中国艺术领域的道德水平有直接的影响，尤其是对青少年成长会起到一定的示范作用。

（二）树立文化自信，传承与创新相结合

从几千年前的"乐教"传统到明清时期民间音乐的自然传承与戏曲的师徒制，构成了中国古代音乐教育的独特传统。自近代学堂乐歌开始出现到近些年国外音乐教学法的引入，这些为当代中国音乐教育的发展留下了宝贵的音乐教育理论和实践教育经验。作为当代教育者，需取其精华，深入分析，以适应时代发展的需要，用创造性的理论研究成果来充实及创造出中国特色的音乐教育体系，并使之发扬光大。

（三）彰显家国情怀，品味音乐的魅力

一段熟悉的旋律，记录了一个时代的回忆。义务教育1~9年级音乐教材中选取了自新中国成立以来各个历史时期的主题歌曲，但是歌唱祖国、赞美家乡的主题是始终不变的。每个年代都有值得回忆的艺术家和音乐偶像，他们承载着每代人最独特的记忆。音乐伴随我们成长，在留声岁月里与音乐同行，与国家同在，每个人、每个时代见证着我们的光荣与梦想。

四、设计思路

音乐学科教学论是一门综合性的交叉学科，其根据音乐学（师范）和音乐舞蹈学专业人才培养方案，以社会主义核心价值观教育为主线，坚持立德树人为根本，将思政教育有效融入课堂，在教学大纲、教案及教学过程中融入思政元素。本课程采用"一线三模块"的课程思政设计思路和DCA（do-chech-assignment，实施、检查、任务）教学模式，把思政元素巧妙融入专业教学过程，理论联系实际，充分提炼音乐专业课程蕴含的育人因素，巧妙融入爱国情怀，实现知识传授和价值引领相统一，教书与育人相统一。

（一）"一线三模块"的课程思政设计

课程内容突出培养学生的教学能力，将理论知识紧紧围绕工作任务的需要，教学过程注重对教师教育理论的掌握，以及能胜任中小学一线音乐教师的教师技能，同时进行过程性与结果性多元主体评价。这门课的实施策略是"一线三模块"。"一线"指"师德美德"的思政线，"三模块"指"音乐课程设计""音乐教学技能"与"音乐教学评价"三个教学模块。授课要点与思政内容的融合体现在以下三方面。

（1）音乐课程设计：传递细致、多元的音乐风格与题材，音乐家的优秀品质与经典作品，培养学生音乐审美、评美、创美的艺术精神及创新能力。

（2）音乐教学技能：培养学生说课、模拟上课、发现教学中存在的问题及解决问题的能力，正确并且自然地把音乐情感和正确的价值观结合起来，形成明确的思政点。

（3）音乐教学评价：除了结果性评价外，在过程性评价中格外强调知识、能力、思政三者的结合与平衡，在评价标准与体系中涉及三个方面的结合，在培养国际视野下的音乐人才中更加注重家国情怀的提升等。

（二）"DCA"教学模式的构建

课程资源建设依托"超星学习通"网络平台，采用线上＋线下混合式"DCA"教学模式，具体如下。

D（do）实施：

（1）微课导入：播放有关案例历史背景介绍的纪录片，传播民族主义/近现代爱国主义艺术审美精神，让学生了解歌曲的文化内涵、创作背景及意义。

（2）线下课堂中分析优秀音乐课程案例，邀请中小学音乐名师进大学课堂来做讲座，树立模范榜样，传递耐心、专注、坚持的优秀师德品质及精益求精的工作精神。

（3）实践导师线上指导并布置任务，让学生在见习—实习—研习三个过程中培养学生的教师素养及师范技能。

（4）开展实践教学，组织主题活动。分组去中小学听课调研，观察中小学生特征，关注校内的生活和情感，完成不少于 1000 字的调研探访总结，各小组针对报告和总结进行总结并打分。

（5）主题讨论。首先，回顾调研，线上分数最多的一组学生分享调研感悟。其次，播放"案例点评"动画，发起主题讨论，提高学生对经典或获奖案例的关注度，让学生体会优秀案例认真打磨的过程，通过歌曲了解文化内涵等精神。

（6）项目实训。教师安排学生分组实训，培养学生的协作能力，通过音乐微格教室实训提高学生作为未来教师的服务意识，强化学生上讲台的意识。

（7）音乐家采访。让学生走近音乐家，进一步了解音乐家在创作时候的思想感情、个人情感，以及如何把思想情感通过艺术化的手法来体现。

C（check）检查：

（1）课前评估学生参与互动情况，教师利用微课"弹幕"功能与学生互动，评估学生的活动参与情况。

（2）对学生在实训过程中是否严谨、专注，学习态度是否端正，是否具有团队协作精神，有无违反规章制度，分析和解决问题的能力如何等进行考核。

（3）通过线上线下相结合的方式进行考核。线下考核：技能点的掌握情况，作业是否符合重难点、教学设计、教学目标等标准。线上考核：导师评价，在线集赞。

（4）对学生是否积极参与话题讨论及答题环节表现等进行考核。

A（assignment）任务：

将"思政、艺德"纳入学生考核体系，布置不同主题题材的歌曲，强化学生对不同题材的认知和理解能力，培养学生的情怀。

五、实施案例

（一）案例1：折射历史意蕴、彰显信仰力量的优秀音乐作品鉴赏——《在灿烂阳光下》（图1）

切入课程思政的知识点包括：音乐欣赏聆听的三个步骤；感受音乐作品的情绪与情感；理解音乐的感性特征与精神内涵。通过彰显"真善美"的优秀音乐作品，引领同学们在欣赏优美的作品中提升作品解读能力，剖析创作背景与时代意义，在真切感受"真善美"的音乐氛围中拓展历史视野，认识到自己在新时代所担当的使命和责任，把爱国情、强国志、报国行自觉融入学习奋斗之中。

（二）案例2：丝绸驼铃·逐梦神州——"一带一路"沿线国家的音乐与相关文化（图2）

切入课程思政的知识点包括："一带一路"沿线国家的音乐地域风格与流派；不同地域歌曲创作特点与音乐要素分析。《音乐课程标准》指出，中小学音乐课程内容设置需要了解与说出中国和世界部分国家的代表性歌曲或者乐曲，以及相关的风土人情。"一带一路"沿线国家的艺术文化具有多元性和鲜明的文化特色。通过了解这些特色有利于加深对音乐作品的了解，有利于尊重艺术、尊重艺术家的创造劳动，养成良好的艺术欣赏习惯。这样不仅可以理解世界文化的多样性，而且还可以感知音乐中的民族风格和情感，从而理解音乐文化的多样性，并热爱中华民族音乐文化。

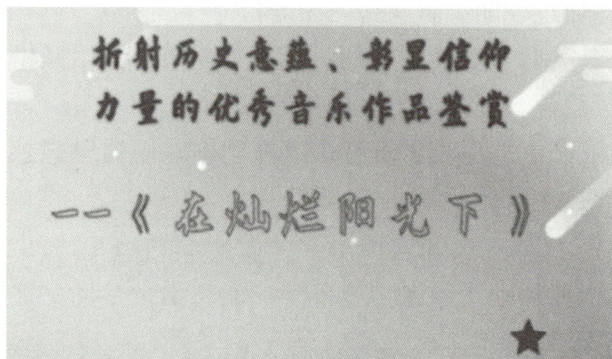
（a）

（b）

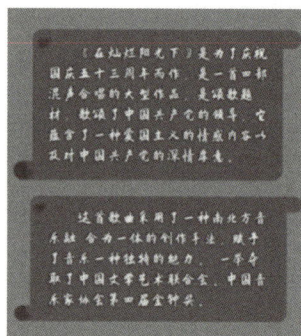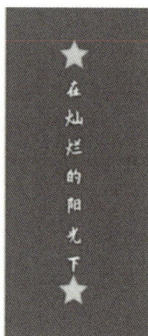
（c）

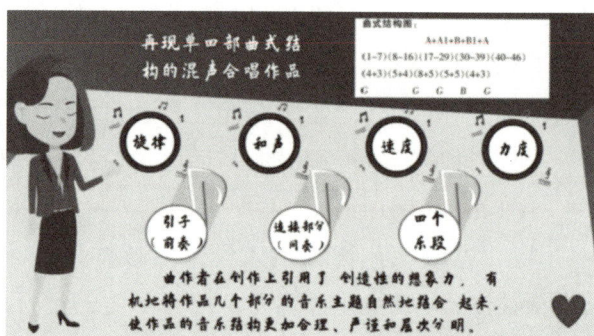
（d）

图1　案例1微课

（a）

（b）

图2　案例2微课

（三）案例3：荡气回肠·沁人心肺·为兵服务·讴歌时代的作曲家——印青（图3）

切入课程思政的知识点包括：了解作曲家生平事迹；掌握作曲家作品和作品风格；深入作品内涵和主题精神反映。围绕立德树人的目标，通过了解作曲家创作的优秀音乐作品的不同风格与体裁，引领学生在认识作曲家相关背景与文化中提升对作曲家在创作过程中蕴含的爱国之情的认识，在真切感受音乐氛围中拓展音乐表达，抒发情怀，认识到自己在新时代所担当的使命和责任，把爱国情、强国志、报国行自觉融入学习奋斗之中。

图3　案例3微课

六、特色及创新

（一）"线上＋线下"混合式学习模式

线上以微课的形式进行预习与知识巩固；线下课堂进行理论讲授与讨论，同时邀请杭州市中小学名师走近大学课堂进行案例分析与指导（图4）。本课程基本理论学习与教育见习、实习、研习等实践活动相结合。

图4　中小学音乐名师走进大学课堂系列

（二）思政教育融合深入

面对西方文化的强势来袭和自媒体时代的到来，以及网络音乐的冲击和影响，教学中注重音乐"民族性"与"世界性"的交融发展。在教学法的运用上，创设情境，抛出问题，通过校园音乐文化和课堂现象反映出的问题激发学生对音乐教学方法的运用及思考，同时在西方教学法中国化的运用方面注重体现世界音乐的发展规律和民族音乐特质的教育新风格。

（三）"四层四环"综合教学模式共同推进

以发展学生音乐基础知识和音乐基本技能核心素养为导向，深入分析教学内容，特别是与课程相对应的基础教育音乐案例，从分析学生的理解层次，设计课堂问题，到厘清问题解决思路，以此来展开课堂教学，落实教学目标。并基于教学实践，提出应加强教育实践教学，了解目前国内中小学一线音乐教育的现状，更好地促进学生对思政内容的思考，激发学习者对教师职业的热情。

七、教学效果

（一）学习满意度调研分析

两轮学习必修本课程的人数为186人。在最终学习成绩评估前，先采取线上问卷的方式调研学生对本课程的教学满意程度，其结果是96.5%的学生对混合式教学效果表示满意。"线上＋线上"混合式教学中，62.1%的同学选择"思政元素"环节为最喜欢的环节，78.6%的同学认为"思政元素"融入课程可以提高课堂参与度，80.3%的同学认为"思政元素"的融入可以提高学习积极性，78.7%的同学认为"思政元素"的融入可以提高与他人合作交流，65.5%的同学对于"用后台数据生成对学生的形成性评价与总结性评价"表示满意。

（二）学习过程与结果评价

表1和表2分别是音乐学科教学论课程2018—2019学期和2019—2020学期的成绩表。通过对比两期的成绩数据，可以发现从2018—2019学期过程考核和学习效果

明显不匹配到逐渐改善，直至2019—2020学期基本一致；从期末成绩的优良率由59.3%上升到72.4%，平均分由85分提高到91.7分。过程性考核中讨论和互动得分较高的同学平时思想态度端正、思维比较活跃，喜欢参与教育实践，善于思考。

（三）课程建设分享与推广

未来5年，我们将进一步扩大共享范围，尤其是国内师范院校和音乐/艺术院校，增加在线课时数量，扩展教师教育类等相关课程的开放。充分发挥网络教学资源的作用，达到课程内容的资源共享，预计服务高校数量15余所，服务人数1000人左右。

表1　2018—2019学期成绩表

2018—2019秋季学期				
考核目标	权重值	过程考核成绩		期末成绩	
		优良率	平均分	优良率	平均分
自主学习	25%	50.1%	79.1分	59.3%	85分
参与意识	10%				
学习实践	40%				
学习效果	25%				

表2　2019—2020学期成绩表

2019—2020秋季学期				
考核目标	权重值	过程考核成绩		期末成绩	
		优良率	平均分	优良率	平均分
自主学习	25%	62.1%	84.1分	72.4%	91.7分
参与意识	10%				
学习实践	40%				
学习效果	25%				

造型语言——形状

吴　忠、吴　敏、杨　钊、梁诗琪

浙江万里学院　设计艺术与建筑学院

习近平总书记在全国高校思想政治工作会议上指出："要坚持把立德树人作为中心环节，把思想政治工作贯穿教育教学全过程，实现全程育人、全方位育人。"① 各门课都要"守好一段渠、种好责任田"，并和思想政治理论课同向同行，形成协同效应。

一、课程概况

造型语言——形状为浙江万里学院环境设计专业必修课程，主要培养学生的基础视觉艺术造型能力，通过课程学习掌握形体透视、比例、结构、对比、虚实等立体塑造方法。课程源于"素描"课程，历经多轮省、市、校各级教学改革和精品课程建设形成现有名称，已连续开设22年。

自2017年以来，针对浙江万里学院环境设计专业一年级新生现状，课程试行以课程思政理念为引领的课程改革。课程改变传统"描摹"式教育教学方式，形成由课外调研、课堂讲授与创作实践等一系列课题模块和相应的课程单元组成的以"主题创作"为导向的课程教学模式。形成了特色鲜明的课程教学宗旨：一是强调综合素质的培养，着重强调社会认知能力和自我学习能力的培养；二是引导学生用"人民艺术家"的眼光观察生活、体验生活；三是在具体的课题研究和创作实践中提高对于造型基础知识、基本规律和表现技巧的学习。着力培养学生成为具有"家国情怀"和"文化自信"的创作型人才。

二、课程目标

本课程建设紧紧围绕学校"高水平应用型大学"的办学定位，秉承环境设计专业"复合型"专业人才培养要求，以"立德树人"为根本任务，围绕"价值塑造、知识传授和能力培养融合"，以"主题创作"为导向，通过课外调研、课堂讲授与创作实践相结合，使学生不断提升造型基础水平认知和养成基础学习与创作实践思维转换的能力；着力构建"应用型设计人才人文教育"的课程建设目标（图1）。

---

① 立德树人，为民族复兴提供人才支撑——学习贯彻习近平总书记在全国高校思想政治工作会议重要讲话[EB/OL].（2016-12-08）[2022-041-10]. http://news.cctv.com/2016/12/08/ARTIDajATUy6TXqJPWq19Fj6161208.shtml.

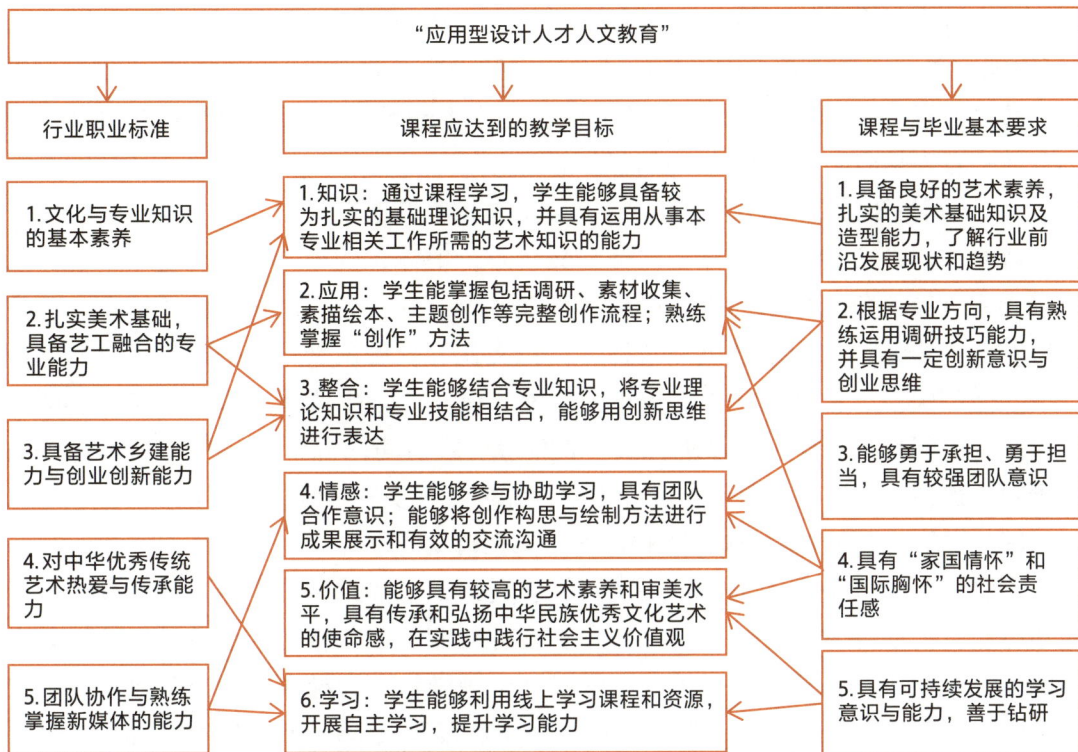

图1　造型语言——形状课程思政育人目标

（一）知识目标

通过课程学习，学生能够具备较为扎实的课程基础理论知识，并具有运用从事本专业相关工作所需的艺术知识的能力。

（二）能力目标

通过课程学习，学生能够熟悉包括调研、素材收集、素描绘本、主题创作等在内的完整创作流程；掌握"主题创作"方法，养成基础学习与创作实践思维转换的能力。

（三）价值目标

通过课程学习，学生能够具有较高的艺术素养和审美水平，具有传承和弘扬中华民族优秀文化艺术的使命感，自觉传承和弘扬中华优秀传统文化，增强文化自信；在实践中立足时代、扎根人民、深入生活，践行社会主义核心价值观，具有家国情怀和文化自强意识。

三、思政元素

课程以"立德树人"为根本任务，着力推进课程思政教育教学改革；紧跟时代热点，深入挖掘课程的思政教育元素和功能，积极探索将育人内容与专业知识、技能教育内容有机融合，坚持把培育和践行社会主义核心价值观融入教书育人全过程；"润物细无声"地巧妙融入中国特色社会主义和中国梦教育、社会主义核心价值观教育、劳动教育、中华优秀传统文化教育，坚定学生理想信念，切实提升"立德树人"的成效；着力培养学生提升社会责任感与担当意识。

（一）坚持知行合一，培育和践行社会主义核心价值观

社会主义核心价值观是体现社会主义核心价值体系的根本性质和基本特征，反映社会主义核心价值体系的丰富内涵和实践要求，是社会主义核心价值体系的高度凝练和集中表达。课程结合抗疫精神、红色文化、乡村振兴等社会热点，进行基础知识、造型关系、社会调研等知识单元传授、讲解；学生依据课程要求对社会热点问题深入田间地头调研，以及进行素材收集等实践活动；引导学生将小我融入大我，把国家、社会、公民的价值要求融合为一，并体现在实际行动中。

（二）结合实践教学，深化职业担当和文化自觉

课程思政建设应把业务理论与实践结合起来，在实践教学中深化职业理想和职业道德教育，引导学生深刻理解并自觉实践各行业的职业精神和职业规范，培养良好的职业担当，增强职业责任感。课程以"主题创作"为导向，把部分教学环节置于田野现场，实施课外调研、课堂讲授与创作实践等教学环节，让学生走出象牙塔，在广阔的田野中直面鲜活的人、事、图、文、物、场，实现了人类学研究方法与设计采风的跨界共生，将人文精神的培养、思辨思维的塑造、艺术创作的实践融于一堂课内，使学生多种能力得到发展，拓展学生的人文视野和素养，增强其社会责任感和使命感，提高职业素养，养成文化自觉意识。

（三）立足区域特色，加强中华优秀传统文化教育

课程融入区域特色文化，使学生切身感受到传统文化的魅力并发自内心地喜爱。课程结合传统与现代、东方与西方、绘画与工艺、学院与民间、科学与艺术等内容，对素材整理、创作表现等课程知识单元进行讲解；学生依据主题调研进行思维导图（素描笔记）设计练习和创作表现能力训练。课程旨在使学生形成基础知识学习与创作实践思维转换的能力，引导学生自觉传承和弘扬中华优秀传统文化，增强文化自信。

（四）厚植家国情怀，培养和增强文化自强

习近平总书记主持中共中央政治局第二十九次集体学习时曾说："弘扬爱国主义精神，必须尊重和传承中华民族历史和文化。对祖国悠久历史、深厚文化的理解和接受，是人们爱国主义情感培育和发展的重要条件。"①课程通过基础知识、造型关系、社会调研、主题创作等知识单元传授，引导学生立足时代、扎根人民、深入生

---

① 习近平主持中共中央政治局第二十九次集体学习 [EB/OL].（2015-12-30）[2022-04-10]. http://www.xinhuanet.com/politics/2015-12/30/c_1117631083.htm.

活，树立学生的家国情怀，增强文化自强。

四、设计思路

　　课程紧跟时代热点，积极探索将育人内容与专业知识技能教育内容有机融合，着力推进课程思政教育教学改革，深入挖掘课程的思政教育元素和功能，发挥学科课程知识传授、育人功能及价值引领的作用互动；在提高学生创造力、想象力等专业技能的同时，培养学生艺术综合素养，激发学习兴趣，提高学习能动性，积极发挥专业特色，潜移默化地对学生进行思想政治教育，实现以文化人，以文育人；着力培养学生的社会责任感与担当意识。课程思政实施方案如图2所示。

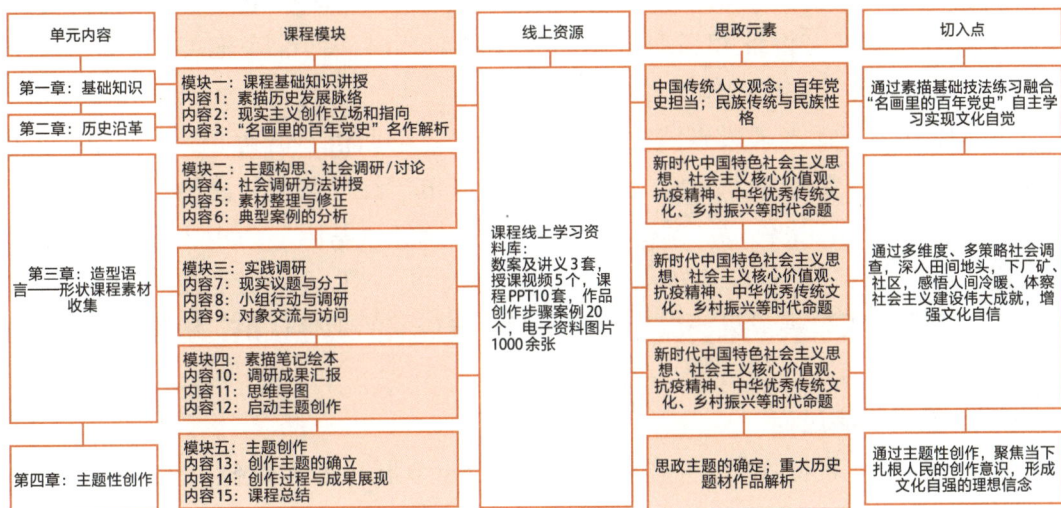

图2　造型语言——形状课程思政实施方案

　　课题一：课程基础知识讲授

　　内容：课程历史发展脉络；现实主义创作立场和指向；"名画里的百年党史"名作解析。

　　实施路径：传统文化（红色经典）—传承弘扬—文化自觉

　　课题二：主题构思、社会调研/讨论

　　内容：典型案例分析；社会调研方法讲授；素材整理与修正。

　　课题三：实践调研

　　内容：行走与采集；现实议题与分工；小组行动与调研；对象交流与访问。

　　课题四：素描笔记绘本

　　内容：调研成果汇报、点评；思维导图；集中汇报；小稿凝练。

　　实施路径：社会调研—深入社会一线—主题凝练—文化自信

课题五：主题创作

内容： 创作的基本规律；创作主题的确立；创作过程与成果展现

实施路径： 聚焦当下扎根人民的创作意识—文化自强

五、实施案例

（一）案例名称

《七十年乡村之变——"走进梁弄"主题创作》。

（二）案例主题

2019年，为全面落实高校思想政治工作精神，深化高校校本课程思政工作，浙江万里学院设计艺术与建筑学院"造型语言——形状"课程组结合"新中国成立70周年"时代元素，设计和组织教学内容及教学素材，精准实施《七十年乡村之变——"走进梁弄"主题创作》教学案例。

案例以浙东革命老区梁弄镇发展为蓝本，以"学回信、悟初心、践使命"为价值导向，组织学生走出课堂，实地感受梁弄，厚植"红色文化"内涵，构筑完整的课程主题创作内容。案例以"学习回信精神，传承红色基因"为指导思想，旨在将总书记的亲切关怀、殷切期望转化为学习的强大动力，"以小见大"反映新中国成立70年来的乡村巨大发展成果，深化大学生对主流价值的理性认识，增强大学生"四个自信"。

（三）教学实施过程

本案例结合"素材收集、主题性创作"两个章节展开教学实施（图3）。

图3 学生实地调研余姚市梁弄镇横坎头村

第一步，理论讲授。通过讲授"造型语言——形状"素材收集过程和手法等理论知识，结合典型案例的分析、社会调研方法讲授、素材整理与修正等课内知识，指导学生形成以"问题为导向"的社会调研意识，掌握素材收集方法。

第二步，实地调研。带领学生实地深入社会一线，通过梁弄镇实地行走与采集、现实议题与分工、小组行动与调研、对象交流与访问等完善调研过程，完成在地现场走访、调研，收集一手创作素材。

第三步，讨论汇报。引导学生开展思维导图绘制、调研成果现场汇报、小稿凝练等教学环节，明确形成创作主题（图4）。

（a）调研成果现场汇报　　　　　　　　（b）教师点评、讲解、凝练主题

图4　讨论汇报

第四步，创作展览。通过讲解"造型语言——形状"主题性创作的基本规律、创作主题及创作实践，形成完整的创作成果，实施"七十年乡村之变——'走进梁弄'主题创作"课程展览（见图5）。展览分三个篇章：

（a）时任宁波市教育局朱达局长莅临指导　　　　（b）浙江省教育厅干武东副书记莅临指导

图5　创作展览

关怀篇（总书记两封回信）。纸短情长，嘱托殷切；千山万水，心心相印。15年前，故人一游，如流星坠落在这个平凡的小村庄里。15年后，千里之外，故人两页信笺，激起万丈波澜，如春风拂面，拂动发展的河流，唱响富裕的赞歌。15年的道路，深深脚印背后，是不忘初心，牢记使命的坚守，是砥砺前行，持续奋斗的不竭动力。

红色篇（浙东革命根据地）。走得再远，不能忘记为什么出发；成就再辉煌，也不能忘记曾经的奋斗和牺牲。这片红色土地，曾是全国19个抗日根据地之一，新四军战士和游击队员在此浴血奋战，被人们称为"浙东延安"。丰富的红色资源，"锻造"了这片土地；绵延70多年的红色故事，历久弥新，见证了光明和希望。

奋进篇（70年砥砺奋进）。尺笺暖人心，号角催人进。红色基因，深植在这片土地的血脉中，为这片土地的振兴提供着不竭的动力。巍巍四明，孕育了红色的种子；青山绿水，阅尽了沧海桑田。新时代的振兴，传承着这份"红色"再出发，革命老区全面奔小康的样板愈发闪亮！

（四）教学成效

（1）造型语言——形状课程获浙江省第一批省级课程思政教学项目建设立项。

（2）课程组教师受邀在浙江省高校课程思政现场交流会（艺术学类）做主题分享。

（3）课程作业获教育部社科司主办全国大学生作品展示活动"优秀奖"。

（4）课程作业获浙江省大学生艺术节"二等奖"3件。

（5）课程建设获浙江万里学院课程思政教学建设校级"优秀奖"。

（6）课程主讲教师获宁波市教育局"优秀课程思政教师"。

（7）形成《70年的乡村之变课程思政优秀作品集》、教学论文多篇，以及各类教学项目申报材料和特色试用教材。

（五）案例创新点

课程将"创作"理念引入教学，使学生解决复杂问题的综合能力和高级思维得到提升；有效唤醒学生的学习兴趣，教学方法适应设计基础平台课程。

课程内容紧密结合时代热点，更加强调学习过程探究性和学习成果个性，学生自主学习能力得到加强。

课程将学生学习、创作放置在社会实践中，探索"创作"与"实践"的联系；提高课程学习的难度，增强了学生课前、课后自主学习的能力。

课程充分运用现代教学工具和资源，实现课内课外、校内校外联动发展。

课程自主探索形成了适合本校特色的教学模式：课程将人文精神的培养、思辨思维的塑造、艺术创作的实践融于一体，使学生多种能力得到发展。

六、特色及创新

（1）课程立足本校环境设计专业学生实际，以构建"应用型设计人才人文教育体系"为目标，以抗疫精神、红色传承、乡村振兴等社会热点为表现内容，着力解决传统设计艺术基础教育忽视专业知识传授与价值引领之间的断档问题，实现"课程思政"教育教学理念。

（2）打破传统"描摹"式教学形式，将学生学习、创作放置在社会现实中，紧扣社会热点，形成以"主题创作"为要素驱动的教学模式，学生解决复杂问题的综合能力和高级思维得到极大提高；引导学生在课程学习中树立家国情怀。

（3）探索形成适合本校特色的教学模式：课程把部分教学环节置于田野现场，让学生走出象牙堵，在广阔的田野中直面鲜活的人、事、图、文、物、场，实现了人类学研究方法与设计采风的跨界共生，将人文精神的培养、思辨思维的塑造、艺术创作的实践融于一堂课内，使学生多种能力得到发展。

（4）根植于区域优势，围绕"应用型设计人才人文教育"人才培养目标，通过横向建设，形成多个以"红色寻访""乡村振兴"为主题的实践育人基地；形成特色鲜明的多元化育人平台建设。

（5）课程将育人内容与专业知识、技能教育内容有机融合，培养学生以正确的理念和方法解决实际问题的能力，提升社会责任感与担当意识。

七、教学效果

（一）育人成效不断提升

依托教学成果，完成各类课程作品展多次；学生在各类学科竞赛中累计获奖172项，主持6项国家及省级双创计划。其中，学生微视频作品获教育部社科司主办的全国大学生作品展示活动"优秀奖"。

（二）教学建设成果丰硕

依托教学成果，课程团队立项省课程思政示范课程一门，获校级课程改革项目"优秀奖"1项、校教学改革项目1项、校级以上荣誉称号5项，发表教学论文多篇。

（三）课程影响辐射面广

依托教学成果，完成"抗击疫情主题创作""七十年乡村之变"等线上、线下课程作品展，完成"多维度助力乡村振兴"等校地合作项目，得到省市领导、兄弟院校专家、学者的一致好评，获得人民网、学习强国、浙江新闻及《浙江教育报》等媒体报道30余次。具体如图6所示。

"抗击新冠疫情"线上作品展　　　　　　　　"一花一世界"作品展

艺术激活棠溪——多维度策略助力乡村振兴成果转化展

图6　教学效果

市场调查与预测 ①

余红剑、潘洪刚、赵　鑫 ——
杭州师范大学　阿里巴巴商学院

一、课程概况

市场调查与预测是工商管理等经济管理类本科专业重要基础性课程，教学内容主要包括市场调查与预测工作的内涵、重要性及行业发展态势，市场调查的选题及其论证，市场调查的方案策划，常用调查方法的选择与应用，概念测量与问卷设计，市场调查的抽样设计，市场调查的实施，市场调查数据的回收与统计分析，各类常用定性与定量预测工具的选择与使用，市场调查与预测报告的撰写等。该课程教学目标突出强调系统理论知识、实践能力和技能、综合素质的三者有机融合与同步协调。

二、课程的知识与技能目标

知识维度：（1）了解市场调查与市场预测的概念定义、基本原则与重要意义；（2）了解常用市场调查与预测方法的内涵、优缺点、最佳适用情境及应用步骤；（3）理解市场调查与预测方案策划的构成要素及其意义；（4）理解调查问卷的构成要素与设计原则；（5）理解常用抽样方法的内涵、优缺点、最佳适用情境及应用步骤；（6）了解调查实施的基本步骤及其注意事项；（7）掌握常用数据清洗与统计分析方法；（8）了解市场调查与预测报告文本构成要素，并准确理解其撰写要求。

技能维度：（1）能透过管理现象准确界定管理问题，并根据需要进行市场调查与预测的科学选题与论证；（2）能正确开展市场调查与预测方案策划，并撰写规范的策划书；（3）能根据需要正确选用市场调查与预测方法；（4）能设计符合要求的调查问卷；（5）能根据实际情境正确选用与开展抽样设计与实施；（6）能规范开展实际调查；（7）能正确运用相关工具开展数据清洗与统计分析；（8）能独立撰写符合要求的市场调查与预测报告；（9）提高人际沟通、公开演讲、科学研究与文本撰写能力。

---

① 　基金项目：（1）浙江省2021年度高等学校课程思政示范课程：市场调查与预测；（2）浙江省2020年度产学合作协同育人项目：基于校企合作的"市场调查与预测"课程项目教学模式与长效机制；（3）杭州师范大学线上线下混合式一流本科课程建设项目：市场调研与预测；（4）杭州师范大学高等教育课堂教学改革课程思政专项："消费者行为学"课程思政元素挖掘与教学融入的理论与实践。

三、课程的思政元素与素质目标

（一）思政元素

本课程思政元素主要包括：（1）政治生活维度——关心国家、社会经济生活及身边各类重要事情，爱国家、爱生活；（2）为人维度——培养换位思考的习惯，善于人际沟通、协作，诚实守信等；（3）处事维度——爱岗敬业、吃苦耐劳、不畏困难、精益求精等；（4）认识维度——唯物主义世界观、科学认识论、系统观等。

（二）素质目标

本课程素质目标包括：（1）养成关心国家政治经济与社会生活大事的习惯；（2）体会并形成竞争与团队协作意识；（3）培养精益求精的工匠精神；（4）养成换位思考的沟通习惯；（5）锤炼不怕困难与刻苦耐劳的意志；（6）培养实事求是的科学精神；（7）塑造诚实守信的人格魅力。

（三）课程思政育人元素的切入点

本课程通过多措并举全方位开展课程思政的教学（表1）。

表1　本课程思政育人目标与主要教学内容及方法

序号	教学内容概述	课程思政育人目标	教学方法
1	市场调查与预测概述（市场调查与预测的概念、特点、原则、类型、意义、相关行业、机构与就业机会等）	A1、A6	B1~B3、B6、B7
2	市场调查与预测方案策划（调查与预测的选题与论证、目标与内容确定、方案策划等）	A1~A4、A6	B1~B5、B7
3	市场调查与预测的常用方法（常用调查方法、定性与定量预测方法等）	A3、A4、A6	B1~B4、B7
4	调查问卷设计（变量测量、量表、信度、效度、问卷设计等）	A2~A4、A6	B1~B7
5	抽样方法（随机与非随机抽样、抽样方法与设计、样本规模确定等）	A3、A6	B1~B4、B6、B7
6	调查实施（调查实施工作内容、调查质量控制、调查特殊情况处理等）	A2~A7	B1~B4、B6、B7
7	数据整理（数据的审核、录入与整理等）	A3、A6、A7	B1~B4
8	数据分析（回归、列联表、方差与聚类等）	A3、A6	B1~B4、B7
9	调查与预测报告撰写（功能、结构、特点类型、格式与撰写要求和注意事项等）	A1~A7	B1~B7

"课程思政育人目标"编码：	"教学方法"编码：
A1：养成关心国家政治经济与社会生活大事的习惯	B1：课外专题视频教学法
A2：体会并形成竞争与团队协作意识	B2：教师讲授
A3：培养精益求精的工匠精神	B3：课堂师生及生生研讨教学法
A4：养成换位思考的沟通习惯	B4：项目教学法
A5：锤炼不怕困难与刻苦耐劳的意志	B5：三项技能人人过关教学法
A6：培养实事求是的科学精神	B6：产学合作协同育人教学法
A7：塑造诚实守信的人格魅力	B7：案例教学法

以表1中"市场调查与预测概述"内容的教学为例，该部分有关市场调查与预测意义的内容有助于培养学生关心国家政治经济与社会生活大事的习惯，市场调查与预测中诸如"端正指导思想"与"如实反映情况"等原则的教学有助于培养学生实事求是的科学精神。

四、课程思政教学方法

本课程除采用教师讲授、课堂师生及生生研讨教学法与案例教学法等常用传统教学方法外，还创新性地综合采用了"课外专题视频教学法""项目教学法""三项技能人人过关教学法""产学合作协同育人教学法"（图1）。

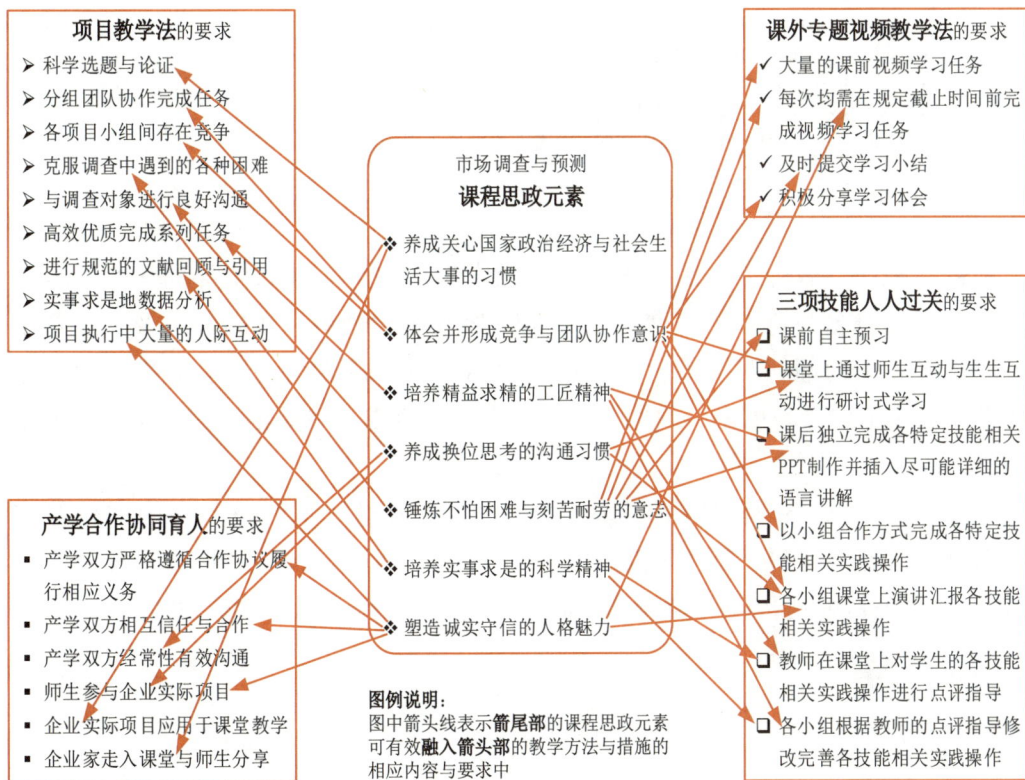

图1　课程思政育人元素及其在课程教学中的切入点和实施路径

（一）项目教学法

本课程的"项目"就是要求学生自由分组，围绕所学专业，根据教师的要求，充分运用本课程的知识与理论自主选题、策划、实施一个真实"市场调查与预测"的项目，并在项目结束后撰写项目报告、进行汇报交流，让学生在教师指导下开展相关自主学习与训练。本课程的项目教学法具体实施路径如图2所示。

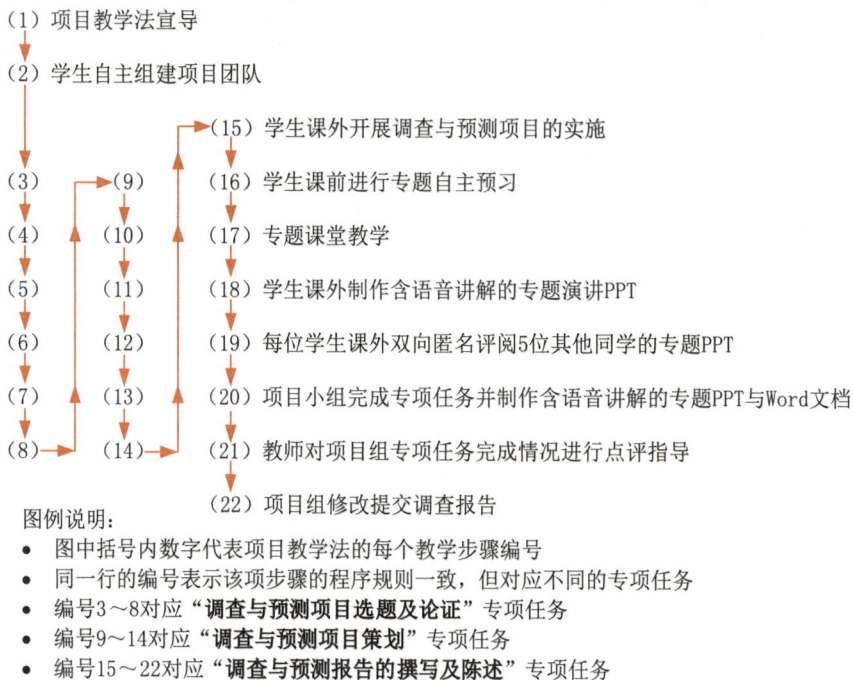

（1）项目教学法宣导

（2）学生自主组建项目团队

（3）　（9）　（15）学生课外开展调查与预测项目的实施

（4）　（10）　（16）学生课前进行专题自主预习

（5）　（11）　（17）专题课堂教学

（6）　（12）　（18）学生课外制作含语音讲解的专题演讲PPT

（7）　（13）　（19）每位学生课外双向匿名评阅5位其他同学的专题PPT

（8）　（14）　（20）项目小组完成专项任务并制作含语音讲解的专题PPT与Word文档

（21）教师对项目组专项任务完成情况进行点评指导

（22）项目组修改提交调查报告

图例说明：
- 图中括号内数字代表项目教学法的每个教学步骤编号
- 同一行的编号表示该项步骤的程序规则一致，但对应不同的专项任务
- 编号3～8对应**"调查与预测项目选题及论证"**专项任务
- 编号9～14对应**"调查与预测项目策划"**专项任务
- 编号15～22对应**"调查与预测报告的撰写及陈述"**专项任务

图2　课程项目教学法实施路径

项目实施前，教师首先需要进行项目教学法的宣导，通过宣导向学生充分介绍项目教学法的概念与特点、该课程采用此教学方法的理由、实施环节及其注意事项等，以获得学生的理解与支持，也为后续项目顺利实施做好准备。其次，教师还须督促学生自主组建项目团队，每组3～5人，项目组成立后原则上一个学期内不得变动项目组成员。

项目实施过程中，教师除根据项目进展需要通过线上线下与课内课外等多种方式对学生进行指导外，还要敦促学生重点完成"调查与预测项目选题及论证"[①]、"调查与预测项目策划"[②]与"调查与预测报告的撰写及陈述"[③]三个专题的多道程序的学习。

---

① 图2中第（3）～（8）步。
② 图2中第（9）～（14）步。
③ 图2中第（16）～（21）步。

项目实施后，教师引导各组学生在课堂上分享交流项目执行的经验与体会，并做必要的点评与指导。

（二）三项技能人人过关教学法

本课程在教学设计上选择了"调查与预测项目选题及论证""调查与预测项目策划""调查与预测报告的撰写及陈述"三个专题作为需要"人人过关"的三项重点专题并充分体现在项目教学等所有教学活动中。

上述每个重点专题都要求每个学生经过以下几个阶段的强化学习（以"调查与预测项目策划"专题为例）：

（1）课前围绕"调查与预测项目策划"专题预习教师指定及自选学习资源

（2）课堂专题研讨并听取教师专题讲授如何进行"调查与预测项目策划"

（3）课后制作包含尽可能详细语音讲解的"调查与预测项目策划"专题汇报PPT

（4）课后认真评阅5份其他同学制作的"调查与预测项目策划"专题汇报PPT

（5）认真参与项目组，共同合作完成所选主题的"调查与预测项目策划"方案，进行该专题实战演练

（6）有可能被教师随机抽取在课堂上代表项目组进行"调查与预测项目策划"方案汇报

（7）在课堂上与同学老师一起研讨其所在项目组完成的"调查与预测项目策划"方案，并听取教师的点评指导意见

（8）课外进一步修改完善"调查与预测项目策划"方案

（三）产学合作协同育人教学法

校企合作能为项目教学提供重要的优质资源保障，本课程的"产学合作协同育人"教学法的特色与亮点主要为：

（1）企业专家进课堂。本课程根据与企业商定的合作教学内容与进度安排定期邀请企业专家进课堂向学生讲授实务性较强的知识点，或者向学生介绍企业实施市场调查的实际过程及其要点。

（2）企业项目进课堂。本项目选用合作企业正在进行及已完成的真实市场调查项目作为典型案例用于课堂教学，必要时邀请该项目的企业负责人来课堂做专题"案例教学"。

（3）教师带着课程走进企业。教师走进合作企业，全过程参与合作企业多项市场调查项目，既为企业提供技术支持，也让教师积累更多的实际调查经验（图3）。

（4）学生走入企业参与真实项目实训。本课程的每个选课学生均被安排参与企业至少一个调查或预测项目的完整过程。

图3　任课教师带领学生入企开展调查与实训

（四）课外专题视频教学法

课程要求在讲述每个专题之前学生都认真学习教师精选推荐的专题教学视频，并在课前撰写并提交每次的相关视频学习小结，该学习小结完成质量计入学生学期总成绩。

本课程要求学生课外自主学习的视频主要如下：

（1）邱泽奇（北京大学），《社会调查与研究方法》（国家精品课程），平台：中国大学MOOC（慕课）网https://www.icourse163.org/course/PKU-1002531002? from=searchPage

（2）忻红（河北经贸大学），《市场预测与决策》，平台：中国大学MOOC（慕课）网https://www.icourse163.org/course/HEUET-1449623165?from=searchPage

五、教学中的课程思政元素融入案例

（一）课程思政元素融入教学方法

以"项目教学法"为例，该教学方法要求学生分组形成团队（每个团队3～5人）完成市场调查与预测的选题及论证、方案策划、调查实施、数据分析与调查（预测）报告撰写等系列工作。其中：（1）项目选题及论证有助于学生养成关心国家政治经济与社会生活大事的习惯；（2）分组合作完成项目有助于学生体会并形成团队协作意识；（3）各组之间的比赛（教师评定成绩）有助于学生体会并形成竞争意识；（4）调查中遇到的许多困难有助于锤炼学生不怕困难与刻苦耐劳的意志；（5）与调查对象的沟通有助于学生养成换位思考的沟通习惯；（6）要求学生高效优质完成方案策划与报告撰写有助于培养学生精益求精的工匠精神；（7）敦促并指导学生进行相关文献回顾与数据分析等工作有助于培养学生实事求是的科学精神；（8）项目实施过程中的师生互动、生生互动以及学生与外部调查对象等的互动有助于学生塑造诚实守信的人格魅力。

（二）课程思政元素融入教学内容

本课程每学期分16周授课，每周教学专题如图4所示。

1.市场调研与预测导论	9.实验调研法
2.科学与社会研究	10.学生调研与预测方案策划教师点评指导
3.社会科学研究与理论	11.概念测量与问卷设计
4.案例调查与分析方法	12.调研抽样与调研实施
5.调研与预测项目选题及论证	13.数据整理、评估与分析
6.非实验调研方法	14.调研与预测报告的撰写及陈述
7.学生选题及论证教师点评指导	15.学生市场调研与预测报告点评指导
8.调研与预测项目策划	16.市场预测方法

图4　本课程每周教学专题

以第7次授课内容"学生选题及论证教师点评指导"为例，此次教学的任务是以点评并指导学生分组汇报"项目选题与论证"的方式让学生掌握如何进行调查与预测"项目选题与论证"，并达到如下课程思政育人目标：（1）养成关心国家政治经济与社会生活大事的习惯，主要通过引导学生结合国家政治经济与社会生活大事来进行项目选题与论证；（2）体会并形成竞争与团队协作意识，因为学生的"项目选题与论证"成绩将计入学生的学期总成绩，不同项目团队之间在完成质量方面存在比较与竞争，每个项目团队成员均需要通力协作才能为整个项目取得较好的成绩；（3）培养精益求精的工匠精神，因为项目的选题论证需要学生遵循科学的逻辑进行严格的论证，教师在点评中也会不断指出并让学生充分认识到论证的不足之处；（4）养成换位思考的沟通习惯，因为选题论证的目的就是要让教师和其他同学（读者）认可并接受其选题，学生需要站在他人的角度来设计其论证逻辑思路；（5）培养实事求是的科学精神，因为学生需要结合实际情况进行有根有据的论证。

六、特色及创新

（1）本课程采用的项目教学法能让学生切身体验真实调查与预测项目实施的困难及所需的"思政育人元素"。如学生为顺利完成项目任务，必须关注国家政治经济与社会生活的大事才能更好地进行选题，必须学会与团队成员合作，必须克服种种困难，必须换位思考地与他人进行有效沟通等。

（2）本课程将思政育人元素同学生开展市场调查与预测真实项目全过程的实际体会相结合。教师在学生已有相关实际感受时通过及时的点拨与提醒巧妙融入相关思政育人元素。如学生在为项目方案策划"犯愁""努力""碰壁"或"遇挫"时，教师提醒学生要"换位思考"，站在读者角度进行相关内容结构设计与逻辑安排。

（3）本课程采用"产学合作协同育人"的教学模式，能让学生有更多机会接触来自产业界的课程相关信息，更好地拓展学生的视野，提高课程思政育人效果。如邀请产业界人士进入课堂讲授其开展市场调查与预测的丰富经验与遭遇过的各种复杂情境，或者教师带领学生参与企业真实市场调查与预测项目的全过程，帮助学生深刻体会工作与生活的不易，锤炼不怕困难与刻苦耐劳的意志。

七、教学效果

本课程除如期实现了前述"知识""技能"与"素养"三维教学目标外，其教学效果还突出表现在：

（1）提高了学生对本课程的学习积极性，因为由学生根据自己的兴趣自主选题的市场调查与预测项目的实施可以促进学生开展大量的建构学习。

（2）显著提升了学生的学习能力，因为本课程要求学生完成大量的课前预习。

（3）增进了师生感情，因为本课程的教学改革要求教师投入大量的时间与深厚的情感，并有更多的机会与学生进行深度沟通。

（4）提升了教师的教学教改能力与工作成就感。本课程自开展教改以来，团队成员先后发表了6篇密切相关的长篇教改论文，获立了4个省部级教改项目、2个校级教改项目，该课程的主要教改成果《多措并举"调能动、夯理论、培能力、育思政"的课堂教学改革研究与探索》获得了杭州师范大学第九届教学成果奖二等奖（高等教育类）。

管理会计

韩 进

衢州学院 商学院

管理会计课程落实"课程育人",对实现专业课与思政元素的同向同行具有重要意义和独特优势。本课程团队经过五年不断的探索和改革,创新了"课内课外、校内校外"多维联动,"学—赛—研—训"四位一体的教学模式,依托校内外资源,利用产学研教育平台,将管理会计课程教学内容与创新创业实践相结合,与"管理案例大赛""挑战杯""金融创新大赛"等赛事相结合,将专业知识和立德树人精准融合,渗透课程思政元素,丰富课程张力,实现"学—赛—研—训"与"知—信—行—悟"完美匹配,培养学生的创新创业思维和团队意识,达到理想的育人效果。

一、课程概况

衢州学院是浙江省应用型建设试点示范学校,2020年人力资源管理专业入选浙江省一流本科专业建设点,管理会计是该专业"卓越经理人培养"方向的重要选修课,是一门将管理与会计融为一体的综合性学科交叉课程。该课程自2016年开设以来,连续五年面向大学三年级学生授课。

课程团队基于课内课外、校内校外多维联动的理念,实践了"学—赛—研—训"四位一体的教学模式(图1)。课程的理论教学内容分为成本分析与控制、经营预测与决策、绩效考核三个知识模块。除了模块化理论知识的学习,课程以赛促学、以研助学、以训督学,形成"学—赛—研—训"四位一体。通过参加各项全国、全省竞赛,依托实训基地开展项目研究和企业实训,将课堂延伸到社会,将理论与实践相结合,增强学生对知识的探索学习和应用能力。

课程采用"课前课内、校内校外"多维联动的教学方法,课前自主预习,主动参与探讨;课后反思复盘巩固知识,参加学科竞赛,个体辅导;课内引导启发教学,管理案例研讨,激发互动式探究热情;课外企业调研、实训实践,企业导师答疑,实现"理论—实践—理论"的循环学习模式。

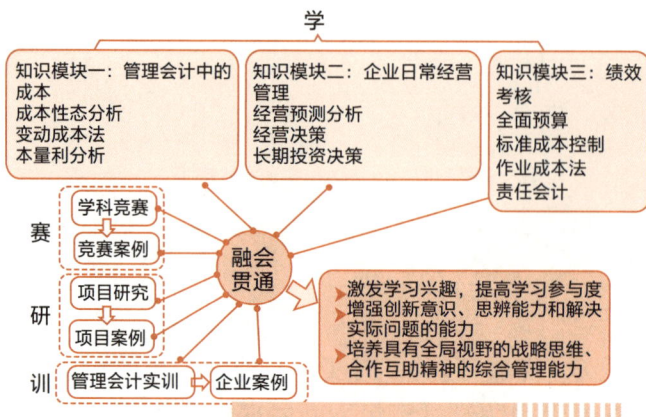

图1 管理会计"学—赛—研—训"四位一体的课程教学体系

二、课程目标

（一）知识目标

系统掌握企业成本性态分析、本量利分析、成本控制管理、经营预测和决策、全面预算、标准成本控制、绩效评价与考核的技术和方法。

（二）能力目标

具备成本分析与管理问题的思辨能力；具备项目财务决策、绩效评价和风险管控能力；具备沟通谈判与组织协作能力，以及全局视野的综合管理能力。

（三）素质目标

具有较强的主动探索学习和创新意识；具有合作互助的团队精神；具有严谨科学、务实敬业、诚实公正的职业素养；树立公正、法治、诚信、敬业的社会主义核心价值观。

三、思政元素设计与实施

（一）课程思政育人要求

为了夯实思政育人基础，提升思想政治教育亲和力和针对性，满足学生成长发展的需求和期待，课程团队联合衢州学院马克思主义学院针对思政课程的内容进行梳理，归纳整理了十项重要的课程思政育人要求（图2），并据此选取合适的思政育人元素，将其融入管理会计课程教学中。

图2　管理会计课程思政育人要求

（二）思政元素映射思维导图

采用思政元素映射思维导图（图3）明确管理会计教学大纲中的课程思政融入点，将理论知识与课程思政有机融合。

（1）结合管理会计发展前沿和相关政策法规，运用典型案例分析、启发式教学、多元互动等新型教学方法，正确引导学生养成知敬畏、守底线的职业品质和德行。

（2）通过企业实际案例分析，将诚信、公正、法治、敬业等社会主义核心价值观融入管理会计课程。如在本量利分析和项目投资评价的授课环节中，可以很好地将公正、诚信教育融合进来。为了使财务状况更加吸引投资者的注意，上市公司往往会在财务报告中"避重就轻""扬长避短"。对此，运用折现现金流量模型、安全边际等专业知识可以起到显著的"识别"作用。

（3）在生产经营预测与投资决策讲解中，通过华为公司的芯片战略决策由外购转向自主研发，引导学生树立科技强国的信心和决心；通过比亚迪公司疫情期间生产口罩，引导学生将社会主义核心价值观内化为精神追求，外化为社会责任等自觉行为；通过华友钴业投资新能源产业，植入绿色环保、可持续发展的理念。

（4）通过多元互动的教学方法鼓励学生组成学习小组，合作调查案例公司的行业背景、思政背景、财务现状等。分析财务数据后进行小组汇报，学生提问、教师总结。生生互动、师生互动，在互动中教育学生要秉持谨慎的态度，如实反映会计信息，不可以高估资产与收入、低估负债与费用，杜绝违法行为。通过不同的教学方法，寓教于乐，培养学生的会计职业素养，养成严谨务实的工作作风和明是非的职业道德操守。

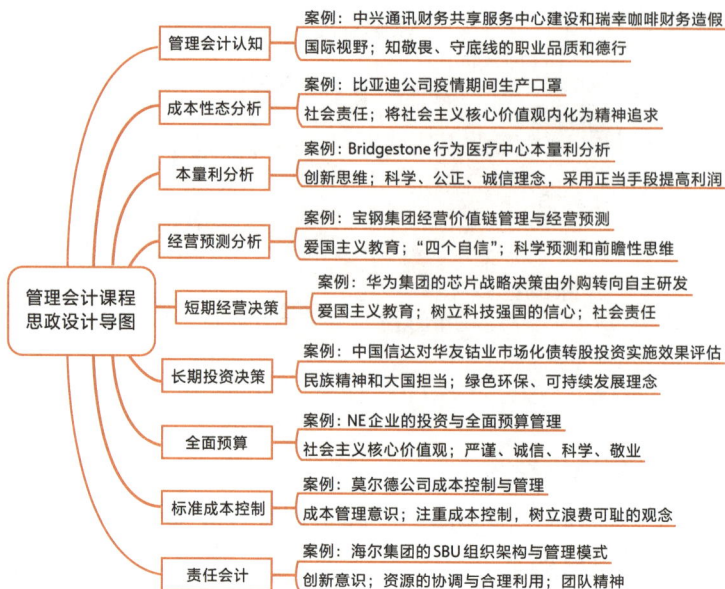

图3　管理会计课程思政元素映射思维导图

（三）课程思政实施路径

根据管理会计"学—赛—研—训"四位一体的课程教学特点，以"知—信—行—悟"为路径实施课程思政（图4），课内理论讲授＋课外网络资源学习，夯实理论基础知识；管理案例分析＋企业调研，强化理想信念和价值认同；学科竞赛＋产学研基地实训，引导践行管理伦理和职业道德；项目研究＋社会调研，促进思想领悟总结升华，通过理论学习—案例实证—项目践行—思想升华的行动路径进行教学，落实"课程育人"。

图4　管理会计课程思政实施路径

四、思政育人实施案例——长期投资决策

本部分以"长期股权投资——华友钴业市场化债转股"为例阐述课程思政教学的开展与实施。课程主要采用理论授课、视频学习、企业调研、案例分析、项目驱动、互助探究等教学方法。

（一）章节教学目标

知识目标：掌握长期投资决策中项目评价方法及经济附加值（EVA）企业估价模型。

能力目标：读懂财务报表的能力；分析财务指标的能力；财务决策能力。

素质目标：严谨科学地分析和解决财务问题；团队精神、探索精神、民族精神；社会责任及可持续发展理念。

（二）课程设计思路

将理论讲授和案例分析相结合，以学生分组项目调研及学科竞赛为引导，以衢州地方龙头企业（华友钴业）作为研究对象，以企业的财务报表评价作为任务驱动，进行研究学习，然后根据EVA估价模型计算企业价值，给出华友钴业是否具有较好的发展前景和成长能力、是否具有投资价值的结论。整个过程由教师指导，学生自主完成，体现了团队合作学习与探索实践精神。

（三）思政元素与育人目标

1.树立法治、诚信的社会主义核心价值观

我国首轮债转股中，部分企业认为债转股是"免费午餐"，通过债转股拖延时间再破产，给国家财产造成损失，还有企业恶意拖欠债务，道德风险频发。本轮债转股定位为"市场化、法制化、有序开展、统筹协调"。

2.培养学生的爱国主义精神和社会责任感，将社会责任感转化成自觉行为

国家需要有担当、有社会责任感的机构和企业家，本案例中的投资主体中国信达的经营理念是深耕不良资产主责主业，有效防范化解金融风险，不断提升服务实体经济质效，坚定维护金融安全，做对国家有贡献、对市场有价值、对股东和社会有回报的金融资产管理公司。

3.培养学生的绿色理念和可持续发展观念

项目投资决策不仅要考虑其经济价值和利益，还要考虑环境保护和可持续发展性。本项目的被投资企业华友钴业是我国新能源产业龙头企业，是全球最大钴产品供应商，致力于发展低碳环保新能源锂电材料，其子公司衢州华友是国家第一批绿色示范企业，是华友钴业的核心竞争力所在。新能源产业的发展对我国碳中和、碳达峰目标的实现具有重要意义，通过对案例的剖析，引导学生理解大国重器、大国责任、人类命运共同体。

4.培养学生正确的投资理念、价值和认知体系

任何一项投资都是有风险的，在进行决策时，必须考虑时间价值和投资风险的评估，采用科学、公正和合理的方式方法对项目进行评价。同时增强对风险的敏锐度和防范意识，对投资收益要进行谨慎评估，防止资本贪婪。

（三）实施过程

1.理论知识学习与储备：投资决策中的时间价值和投资决策指标

通过课堂理论知识讲解与网络平台学习相结合的方式，培养学生的时间价值观和投资决策理念，使学生掌握时间价值的计算方法和投资决策指标的计算与应用，认识到必须采用科学、公正和合理的方式方法对投资项目进行评价，同时增强对风险的敏锐度和防范意识，对投资收益要进行谨慎评估。

2.网络与实地调研进行案例研究：华友钴业市场化债转股的背景、动机与流程

学生课前花时间和精力从网络上搜集大量二手资料，并在教师的指导和引荐下实地考察了华友钴业的子公司衢州华友，获取了一手资料，通过详细调研学生了解了投资方中国信达和债转股企业华友钴业的真实情况，并绘制了华友钴业市场化债转股流程图（图5、图6）。在此过程中，学生充分认同中国信达的经营理念——"立足不良资产经营主业，围绕问题资产投资和问题机构救助，着力化解金融机构和实体企业不良资产风险"，充分认可了华友钴业在新能源产业领域取得的成就，充分理解了国家的"碳中和、碳达峰"战略。通过案例研究，将社会主义核心价值观内化为学生的切身感悟和行动，有效地实现了课程思政育人目标。

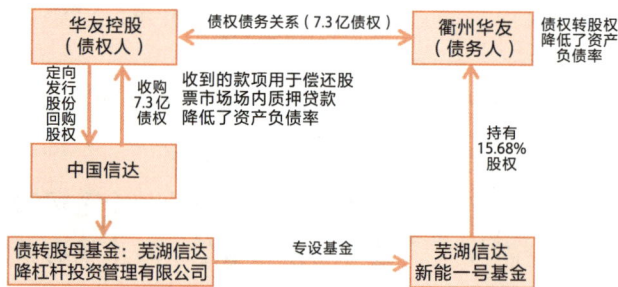

图5　华友钴业市场化债转股流程

（a）

（b）

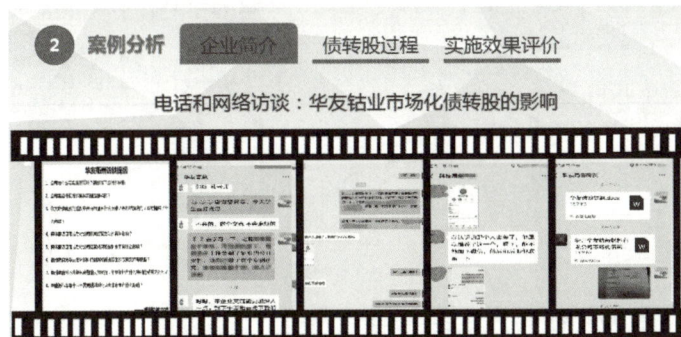

（c）

图6 学生网上查询、实地调研和网络访谈资料

3.探究式学习：掌握财务报表分析和EVA企业价值估价模型

本项目的一个重要目标是根据调研资料，计算并分析评价中国信达对华友钴业的市场化债转股效果如何，是否值得投资。这个过程由老师讲解原理和步骤，学生实践操作，分组进行（图7）。财务指标分析的数据来源于企业财务报表，是对企业过去的经营状况和财务成果的真实反映，在知识讲授和讨论过程中，明确强调，作为企业财务工作人员，来不得半点马虎和弄虚作假，财务工作需谨慎、务实、诚信。

企业价值EVA通过对未来现金流量的估算，反映了投资者对资本增值部分的预期程度，突出企业的真实业绩。将财务指标分析与EVA估价模型相结合，更加准确全面地评价本投资，培养了学生作为财务角色的严谨与敬业的工作素养。

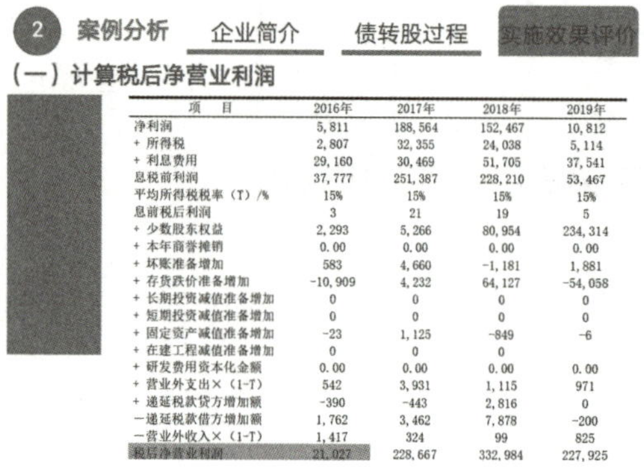

② 案例分析　企业简介　债转股过程　实施效果评价

（一）计算税后净营业利润

项目	2016年	2017年	2018年	2019年
净利润	5,811	188,564	152,467	10,812
＋所得税	2,807	32,355	24,038	5,114
＋利息费用	29,160	30,469	51,705	37,541
息税前利润	37,777	251,387	228,210	53,467
平均所得税税率（T）/%	15%	15%	15%	15%
息前税后利润	3	21	19	5
＋少数股东权益	2,293	5,266	80,954	234,314
＋本年商誉摊销	0.00	0.00	0.00	0.00
＋坏账准备增加	583	4,660	-1,181	1,881
＋存货跌价准备增加	-10,909	4,232	64,127	-54,058
＋长期投资减值准备增加	0	0	0	0
＋短期投资减值准备增加	0	0	0	0
＋固定资产减值准备增加	-23	1,125	-849	-6
＋在建工程减值准备增加	0	0	0	0
＋研发费用资本化金额	0.00	0.00	0.00	0.00
＋营业外支出×（1-T）	542	3,931	1,115	971
＋递延税款贷方增加额	-390	-443	2,816	0
-递延税款借方增加额	1,762	3,462	7,878	-200
-营业外收入×（1-T）	1,417	324	99	825
税后净营业利润	21,027	228,667	332,984	227,925

（a）

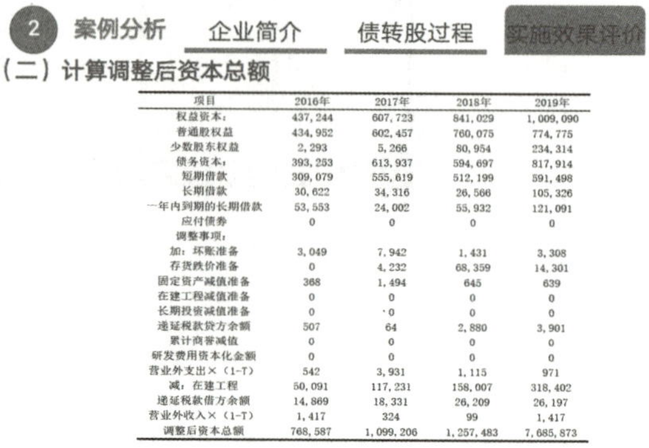

② 案例分析　企业简介　债转股过程　实施效果评价

（二）计算调整后资本总额

项目	2016年	2017年	2018年	2019年
权益资本	437,244	607,723	841,029	1,009,090
普通股股权益	434,952	602,457	760,075	774,775
少数股东权益	2,293	5,266	80,954	234,314
债务资本	393,253	613,937	594,697	817,914
短期借款	309,079	555,619	512,199	591,498
长期借款	30,622	34,316	26,566	105,326
一年内到期的长期借款	53,553	24,002	55,932	121,091
应付债券	0	0	0	0
调整事项：				
加：坏账准备	3,049	7,942	1,431	3,308
存货跌价准备	0	4,232	68,359	14,301
固定资产减值准备	388	1,494	645	639
在建工程减值准备	0	0	0	0
长期投资减值准备	0	0	0	0
递延税款贷方余额	507	64	2,880	3,901
累计商誉减值	0	0	0	0
研发费用资本化金额	0	0	0	0
营业外支出×（1-T）	542	3,931	1,115	971
减：在建工程	50,091	117,231	158,007	318,402
递延税款借方余额	14,869	18,331	26,209	26,197
营业外收入×（1-T）	1,417	324	99	1,417
调整后资本总额	768,587	1,099,206	1,257,483	7,685,873

（b）

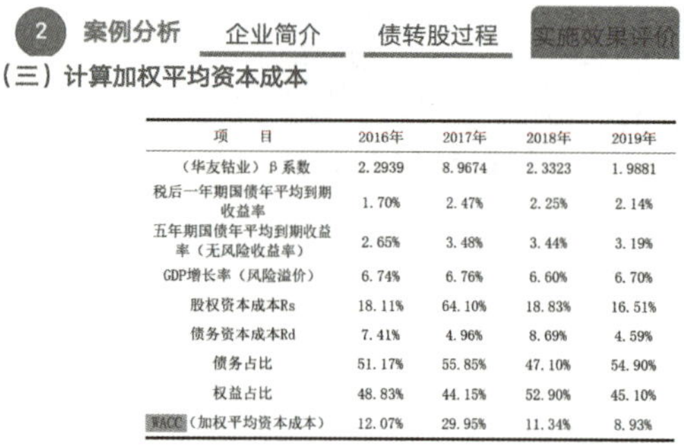

② 案例分析　企业简介　债转股过程　实施效果评价

（三）计算加权平均资本成本

项目	2016年	2017年	2018年	2019年
（华友钴业）β系数	2.2939	8.9674	2.3323	1.9881
税后一年期国债年平均到期收益率	1.70%	2.47%	2.25%	2.14%
五年期国债年平均到期收益率（无风险收益率）	2.65%	3.48%	3.44%	3.19%
GDP增长率（风险溢价）	6.74%	6.76%	6.60%	6.70%
股权资本成本Rs	18.11%	64.10%	18.83%	16.51%
债务资本成本Rd	7.41%	4.96%	8.69%	4.59%
债务占比	51.17%	55.85%	47.10%	54.90%
权益占比	48.83%	44.15%	52.90%	45.10%
WACC（加权平均资本成本）	12.07%	29.95%	11.34%	8.93%

（c）

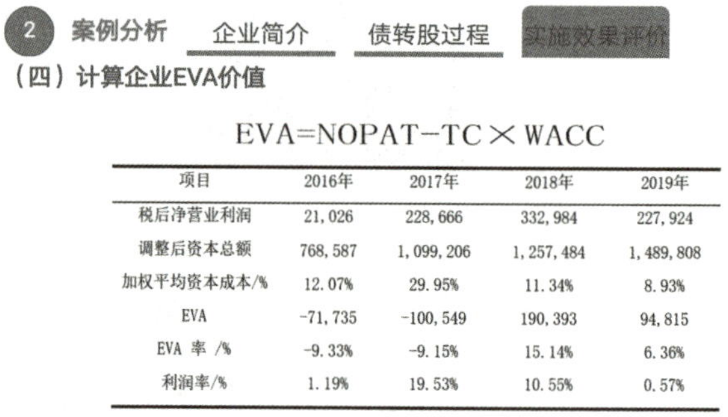

② 案例分析　企业简介　债转股过程　实施效果评价

（四）计算企业EVA价值

$$EVA=NOPAT-TC \times WACC$$

项目	2016年	2017年	2018年	2019年
税后净营业利润	21,026	228,666	332,984	227,924
调整后资本总额	768,587	1,099,206	1,257,484	1,489,808
加权平均资本成本/%	12.07%	29.95%	11.34%	8.93%
EVA	-71,735	-100,549	190,393	94,815
EVA率/%	-9.33%	-9.15%	15.14%	6.36%
利润率/%	1.19%	19.53%	10.55%	0.57%

（d）

图7　"巨无霸"小组成果展示
（浙江省大学生金融创新大赛二等奖作品）

4.研究结论：市场化债转股的结论与启示

最后，学生得出了"华友钴业的EVA价值与市场价值基本相符，具有较大的发展潜力和投资价值"的结论。同时，本项市场化债转股降低了华友钴业和华友衢州的负债率，降低了企业财务风险，优化了股权结构，实现了企业去产能、增效益。学生不仅得出了相关结论，并且通过资料查证分别对政府、投资机构和债转股企业提出了相关建议，体现了较强的创新精神和解决问题的能力。

五、特色及创新

（1）管理会计课程团队创新了"课内课外、校内校外"多维联动，"学—赛—研—训"四位一体的教学模式，依托校内外资源，利用产学研教育平台，将管理会计课程教学内容与创新创业实践相结合，与"管理案例大赛""挑战杯""金融创新大赛"等赛事相结合，激发了学生的创造力和创新意识，提升了课程内容的新颖性。

（2）采用思政元素映射思维导图，明确了管理会计课程教学大纲中的课程思政元素的融入点，选取合适的思政育人元素，将其融入管理会计课程教学全过程，实现理论知识与课程思政有机融合。

（3）以"知—信—行—悟"为路径实施课程思政，课内理论讲授＋课外网络资源学习，夯实理论基础知识；管理案例分析＋企业调研，强化理想信念和价值认同；学科竞赛＋产学研基地实训，引导践行管理伦理和职业道德；项目研究＋社会调研，促进思想领悟总结升华，通过理论学习—案例实证—项目践行—思想升华的行动指导学习，落实"课程育人"。

六、教学效果

（1）采用问卷＋座谈的方式对学生进行问卷调查，92.7%的学生对课程教学效果满意，本课程通过课程思政改革真正实现了从向学生传授知识转换成引导学生主动学习，学生"主动探索学习、主动要求学习"的比例明显提高。近三年，人力资源管理专业学生参加各类竞赛如管理案例大赛、"挑战杯"大学生创新创业大赛、统计调查大赛、金融创新大赛等，取得了丰硕成果，获浙江省 A 类学科竞赛奖项 40 余项，国家级、省级创新创业训练项目 13 项；人力资源管理专业学生的升学率分别为12%、19.23%、22.22%，升学院校层次也有明显提升。

（2）管理会计课程已分模块融入育人元素，并被推荐为2020年浙江省线下一流课程，学生综合素质和应用能力得到大幅提升。近三年人力资源管理专业毕业生初次就业中进入全国 500 强、浙江省 100 强企业 20 余人，考取国家机关、事业单位 14 人，年均就业率超 96%。在武书连 2021 中国大学本科毕业生质量排行榜中，衢州学院在浙江省 31 所普通本科大学中排名第17，新生质量等级为 E＋，毕业生质量等级为C。

（3）适应互联网＋教育，课程信息化建设和应用取得一定的进展，开发系列课件和课程学习资源，实现部分资源上网，为智慧教育体验、学习提供了良好的平台，为学生学习提供了优质资源库。

微观经济学

谢行恒 ——

宁波工程学院　经济与管理学院

一、课程概况

微观经济学是一门以市场经济为制度背景，研究市场经济体制和运行机制，以及政府、企业和消费者的经济行为，并在此基础上研究微观经济管理方法的学科。它是教育部财经类和管理类专业的核心课程之一，也在不同程度上构成许多经济类学科后续课程的理论基础。通过学习，学生不仅能掌握核心经济学知识，分析和解决经济问题，也能利用经济学研究方法从专业角度去观察生活中的现象，打破常规思维，进行有效选择，进而使自己受益。

二、课程目标

（一）知识目标

学生能掌握经济学核心知识，并运用基本原理分析和解决中国实际问题。结合马克思主义政治经济学，能从历史等角度分析西方经济理论在中国的适应性，采用定性和定量分析方法，对经济发展提出切实可行的建议。

（二）能力目标

引导学生以经济学"选择"角度观察生活中的各类现象，提高对周围经济因素的敏感性，培养创造性思维和批判性思维，激发求知欲，提高独立解决问题的能力。

（三）素质目标

利用经济理论，能从全局角度进行选择，具有大局观、经济敏感性、爱国意识、公共意识、责任意识、敬业意识、人文素养、政治素养和经济学素养。

（四）价值引领

从经济学"外部性"等理论角度，引导学生思考自己的行为对社会的影响，结合社会主义核心价值观，从合理资源配置的角度对学生的价值观和世界观产生积极的影响。利用西方理论精髓，结合中国实际，以国际化视野思考中国的经济发展，培养对中国经济发展的责任感和使命感，服务地方经济发展。

三、思政元素

（一）制度自信和民族自豪感

通过对我国经济发展历程和成效的介绍，让学生了解我国经济领域取得的巨大成就，增强学生的民族自信和制度自信。

（二）古代经济治理智慧的传承与弘扬

利用中国古代经济学思想或典故与西方经济学理论相对比，展现中华民族智慧，了解东方经济理论。

（三）社会主义核心价值观的展现

将经济学中的"选择"原理，与社会主义核心价值观相结合，培养学生正确的价值观和德法兼修的职业素养，提升外部环境的正能量和彼此的幸福感。

（四）对中国经济发展的使命感和责任感

厚植家国情怀，立足中国实践，思考和解决中国问题，培养学生经世济民、为国家发展献策献计的责任担当和奉献精神。

（五）创造思维和批判思维

以马克思主义政治经济学思想为指导，进行中西对比，从意识形态等方面思考"洋为中用"问题。

（六）全局观和国际发展视野

从全局角度思考资源配置问题，培养绿色发展观，开阔国际发展视野。

四、设计思路

（一）思政点与育人元素衔接

课程采用模块化教学方式，根据不同知识模块的特点，设定课程思政育人目标，通过课堂讲授、情景模拟、案例分析、课堂讨论、学生视频实录、微视频等方式将思政元素融入课上和课后的教学中，并结合第二课堂，对思政内容进行实践和巩固（表1）。

表1　教学内容与思政目标结合点

教学内容概述	课程思政育人目标	融入方式
绪论：初探经济学	了解中国经济发展的成效，培养制度自信和民族自豪感	课堂讲授、案例分析、课堂讨论、视频展示等
价格理论：需求、供给、价格决定，外部性	新时代全局观、价值观、道德观和发展观；培养对中国经济发展的使命感；社会主义核心价值观	课堂讲授、情景模拟、案例分析、课堂讨论、学生视频实录、微视频等
消费者行为理论：效用、消费者均衡、社会福利	倡导理性消费、诚信营商、国际市场公平竞争、马克思主义价值论	课堂讲授、课堂讨论、角色扮演、案例分析、微视频等

续 表

教学内容概述	课程思政育人目标	融入方式
生产理论：短期和长期生产函数	绿色发展观、中国制造、企业社会责任、经济发展责任感等	课堂讲授、课堂讨论、角色扮演、案例分析等
成本理论：短期和长期成本函数	绿色发展观、生态发展观、珍惜劳动果实、尊重劳动人民等价值观	课堂讲授、课堂讨论，情景模拟、案例分析等
市场理论：完全竞争市场和不完全竞争市场	社会主义市场经济发展观、供给侧改革、经济效益和社会效益统一观等价值观	课堂讲授、案例分析、课堂讨论、视频展示等
第二课堂：社会实践	立足中国经济实践、分析和解决中国经济发展问题、服务地方经济等责任担当	国际展会志愿者活动、参观当地企业、总结和撰写企业成功案例、参与企业发展

（二）课程思政的具体内容

在课程思政内容的选择上，课程以知识模块为单位，结合思政需求，确定思政目标，重点着力于思政案例的精挑细选，既要符合学生兴趣，贴近生活，又能结合中国现状，解决实际问题，适当进行古今对比、中西对比，通过思政案例的分析和延展，生动地融入思政点（表2）。

表2 部分知识模块与思政案例结合点

教学知识模块	课程思政案例	育人目标
价格政策	司马迁《史记：货殖列传》	通过对比古代经济思想与西方理论的异同，引导学生思考我国古代文化特色和智慧结晶，鼓励学生进行古今对比、中西对比
	我国猪周期的原因和解决策略	在分析中国实际问题基础上，比较西方经济学理论与我国实际政策的异同，让学生了解西方理论在我国的适用性和我国制度的优越性
	深圳：稳租金商品房	通过对消费者保护政策的分析，比较中西方租房政策的特点，展现我国在解决老百姓住房问题上的努力和成效，体现政策上的优点
基数效用论	赌博的边际效用分析	通过案例分析，从经济学角度论证民间有关"走进赌场就已输了"的观点，引导学生树立正确的价值观，远离赌博，远离非法校贷
	新旧葡萄酒价值之争	介绍马克思主义政治经济学有关劳动和劳动价值论方面的知识，让学生了解西方经济理论存在的阶级性以及在我国应用的适应性问题
弹性理论	魏国李悝《平籴法》举措	让学生了解我国古代伟大的经济学思想
	我国耕地轮作休耕制度	引导学生关心我国农业政策发展的实践和意义，培养学生"发展农业经济，造福人民"的使命感和责任感

教学知识模块	课程思政案例	育人目标
弹性理论	禁毒政策的经济学分析	通过经济学的理论分析，让学生了解"预防和教育"对禁毒的重要性，引导学生远离毒品，珍爱生命
外部性	《中华人民共和国环境保护税法》	分析庇古税在我国环境政策制定中的应用现状和适用性，鼓励学生思考中国实际问题
	中国碳排放交易	思考科斯定理在我国碳排放交易中的应用，分析环境资源配置问题的解决策略；培养学生利用西方理论思考和解决中国问题的意识，增强对中国经济发展的使命感和责任感

（三）组织实施方法

1.线上线下相结合

采用线下授课、线上拓展的教学模式。线上主要让学生观看慕课视频和教师自录视频，作为线下课前的预习和课程思政的手段之一。同时，通过线上师生间的深度讨论，有利于课程思政的融入和深化（图1）。

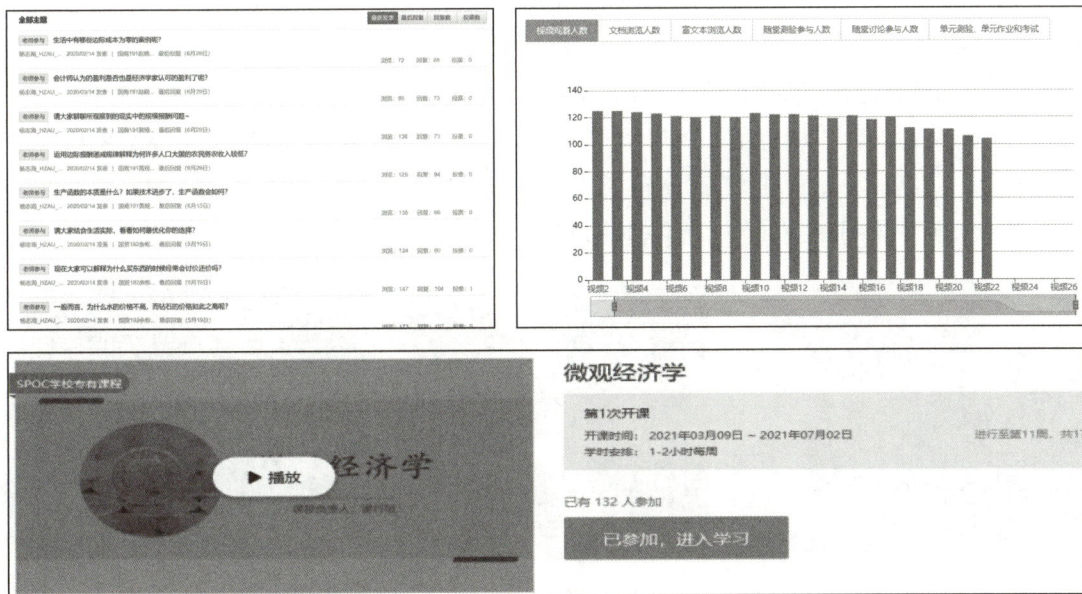

图1　线上讨论和视频学习资料

2.课堂教学多形式

教学形式主要包括：利用中国经济实际案例介绍理论；引经据典，介绍古代经济思想；讨论互动，探究思政内涵；情景模拟，提升教学即视感；角色扮演，体验理论应用。教师从知识单元中挖掘思政元素，学生从学习生活中捕捉思政元素，并制成视频，作为课堂讨论的素材和课外预习的知识模块。目前已形成52个师生录制的视频。师生合力捕捉思政元素，增强学生参与感和体验感（图2）。

图2　教师与学生录制有关课程思政的部分视频

3.第二课堂助思政

课程团队利用第二课堂，践行中国经济发展的使命感和责任感，学以致用，为地方经济服务。带领学生开展志愿者活动，服务社会，参与企业发展，撰写企业成功案例，已形成近50万字书稿，出版图书3本。近年来，第二课堂的实践成果颇丰，4次获得国家B类竞赛特等奖，其中个人奖54项；获浙江省A类竞赛一等奖3次，二等奖5次，三等奖2次，浙江省新苗奖4次，校级立项6次，并发表论文数篇。通过第二课堂实践，将国家发展、社会需求和学生培养相融通（图3、图4）。

（a）得力集团

（b）港务局码头

（c）宁波旷世蜡业

（d）云隆公司

（e）双鹿集团

（f）夏厦集团

（g）乐歌集团　　　　　（h）宁波君禾股份有限公司　　　　（i）ICX慈溪家电馆

（j）中之杰　　　　　（k）宁波华晟轻工集团　　　　（l）百度（宁波）云智基地

图3　团队教师带领学生参观和座谈的部分企业

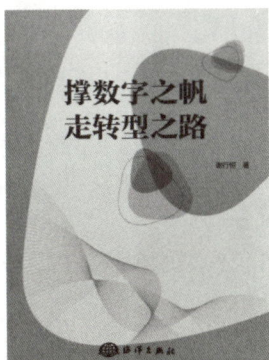  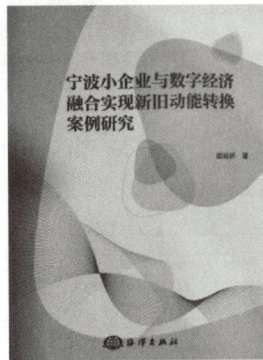

（a）　　　　　　　（b）　　　　　　　（c）

（d）　　　　　　　（e）　　　　　　　（f）

图4　团队教师指导学生撰写的部分企业案例

五、育人元素实施案例——以"外部性"课堂教学为例

课堂教学案例如表1所示。

表1　"外部性"课堂教学案例

（一）课程导入	
	"公地悲剧"情景介绍
分析原因	市场不是万能的，它不能解决外部性问题
导入主题	从经济学角度分析，外部性是产生环境污染的主要原因
引出问题	污染顽疾如何解？
课程思政	显性思政：通过"公地悲剧"的典型案例和环境污染的现状分析，思考环境资源配置存在的问题 隐性思政：引导学生关注环境问题，增强环境保护人人有责的意识
（二）理论介绍	
	1. 外部性概念和特点 2. 外部性分类 3. 引导学生思考生活中的外部性 4. 播放学生拍摄视频并进行讨论

续　表

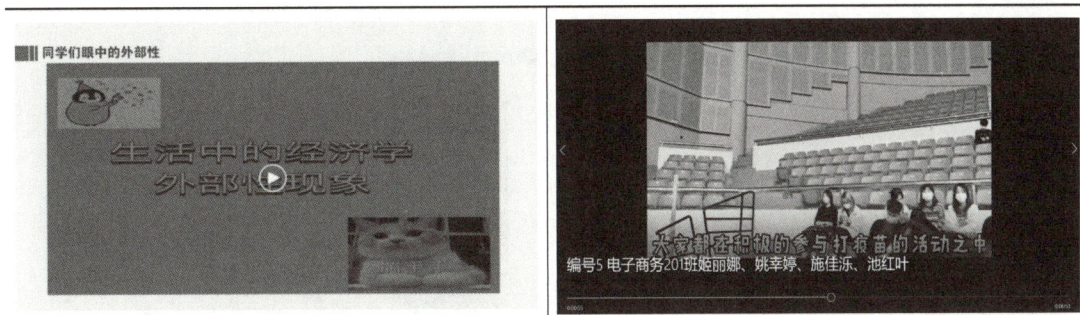

延伸思考	外部性对社会总福利的影响有哪些？ 分析结论：正的外部性增加总剩余；负的外部性减少总剩余
课程思政	显性思政：利用外部性原理分析现实生活和生产中存在的外部性行为和事件 隐性思政：（1）引导学生思考自己行为的外部性影响，倡导文明和谐，兼顾别人的感受，尊重他人的习惯；（2）倡导社会正外部性，减少社会负外部性

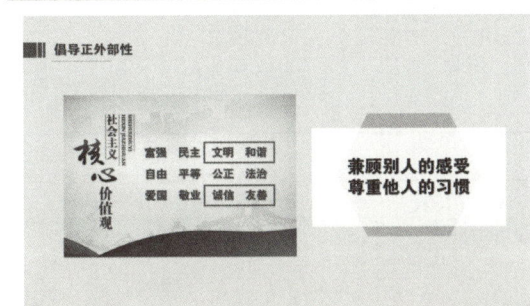

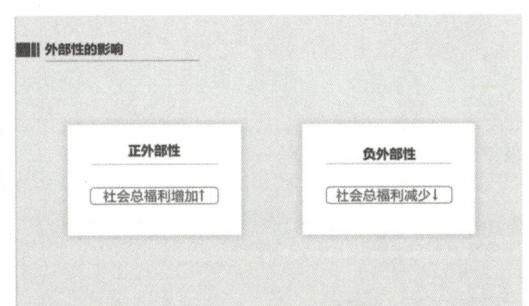

（三）理论应用

逻辑分析：负外部性产生原因

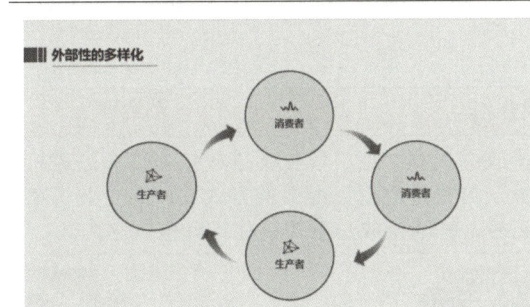

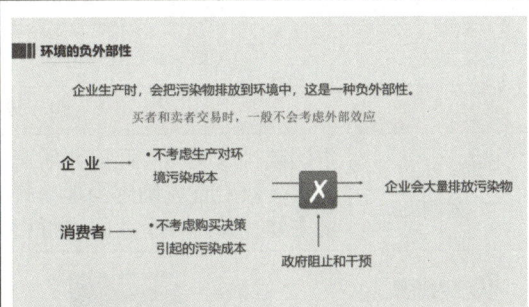

如何解决？庇古税和科斯定理

续 表

庇古税的原理与案例	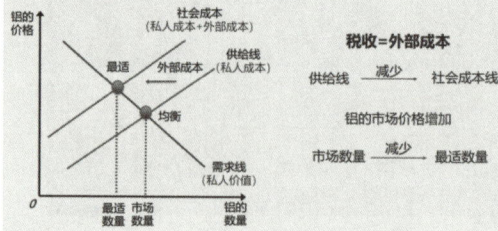
课程思政案例： 《中华人民共和国环境保护税法》	

课堂讨论：庇古税优点

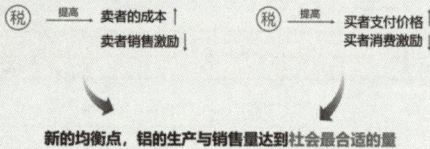

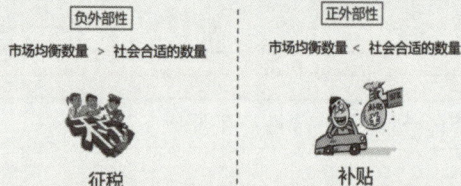

（四）案例分析	
课程思政案例	中国碳排放交易：政府要明确碳排放的权利，把二氧化碳排放权当作商品进行买卖。政府首先确定当地减排总量，再将排放权以配额的方式发放给企业等市场主体，并允许企业间进行市场交易，将碳排放总量控制在指标范围之内

提出问题	碳排放配额交易如何改善环境资源配置效率？

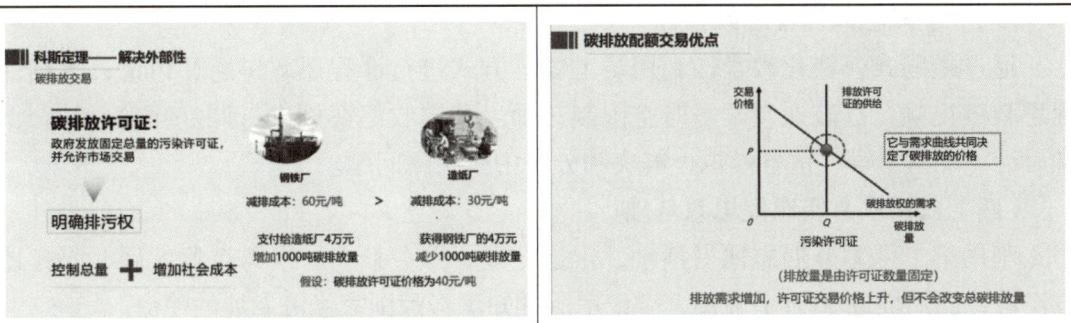

分析问题	碳排放交易决定总排放量，使供给曲线完全无弹性，排放量由配额数量固定
解决问题	只要存在污染权的自由市场，最后的配置都将有效率； 污染权明确＋交易成本低　　控制总量＋增加社会成本
案例总结	碳交易机制的建立，是将市场引入生态领域，是政府和市场共同作用的结果，提高了整个社会对资源分配的效率，进而提升了社会整体效益
课程思政	显性思政：利用科斯定理在碳排放交易中的实践，分析环境资源配置问题的解决策略 隐性思政：培养学生利用西方理论思考和解决中国问题的意识，增强对中国经济发展的使命感和责任感

（五）课程结束语：保护环境

环境关系到国家现代化建设的全局和长远发展，是造福当代、惠及子孙的事业。我们一定要保护好我们赖以生存的环境，既要金山银山，又要绿水青山。

课程思政	显性思政：融入"绿水青山就是金山银山"理念，引导学生关注环境问题 隐性思政：培养学生环境保护的使命感

六、特色及创新

（一）多角度分析课程思政需求

根据学校的定位和专业培养目标，从国家发展需求、个体成长需求、职业素养需求和社会价值需求等角度，确定育人元素和思政元素的方向和内容。

（二）多维度挖掘课程思政内容

从价值引领、知识传授和能力培养三个方面挖掘课程元素。如将我国古代的经济治理思想与西方经济理论相比较，体现东方特色的经济治理智慧；将经济学中的"选择"原理，与社会主义核心价值观相结合，引导学生树立正确的价值观，利用马克思主义政治经济学思想分析西方经济学理论在中国的适用性，思考和解决中国问题，培养经世济民的使命感和责任感。把思政元素通过中西对比、古今对比、适应分析和思辨创新等方式进行传授，培养学生创造性思维、批判性思维、经济敏感性和发展使命感。

（三）手段融入课程思政目标

通过主题式模块化教学，利用线上线下方式进行课程思政讲解和讨论；录制课程思政微视频，打破课堂学习时空限制；师生共同收集案例进行课堂互动。结合课堂讨论、课堂思辨、情景模拟，解决和分析中国实际问题。

（四）双课堂夯实课程思政基础

利用第二课堂开展志愿者活动，走进企业、服务社会，参与企业发展、服务地方经济，已形成近50万字书稿，牢记用所学知识奉献国家经济发展的使命。

课程特色及创新如图5所示。

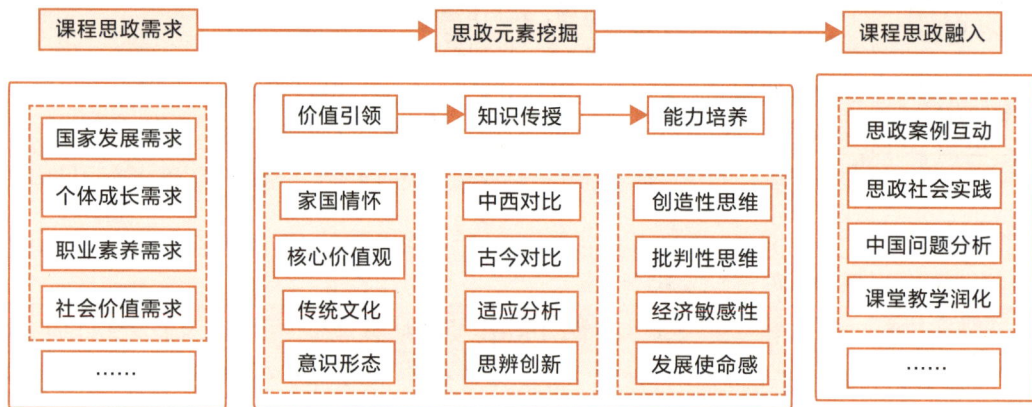

图5　课程特色及创新

七、教学效果

（1）微观经济学为我院专业基础课，自开展思政教学以来，课程团队已向3届学生授课，涉及4个专业、24个行政班、700多名学生。思政内容润物细无声地融入教学内容中，教学反应好，团队负责人教学业绩连续八年为A，学生评教在学院名列前茅。

（2）课程团队针对人才培养和教学目标，进行课程思政的总体设计，从四个维度的需求，以模块化方式凝练思政内容，并形成多个知识专题形式的课程思政微视频，作为学生课前预习和课后知识补充的内容，微课获得了浙江省第一届高校教师教学创新大赛"课程思政"微课专项大赛二等奖。

（3）课程团队在校课程思政示范课建设中，分章节内容设置不同的思政方向，并不断拓展其中的内容和案例。微观经济学课程是浙江省第一批一流线下课和浙江省第一批课程思政示范课。主讲教师获浙江省第十一届高等学校青年教师教学竞赛文科组一等奖，校教学创新大赛二等奖。

大学生核心素养导论

沈陆娟、徐金寿

浙江水利水电学院　创业学院

一、课程概况

学校主推SWH-CDIO-E工程教育模式，提出培养上手快、后劲足的"德才兼备"的应用型人才，注重软硬技能并重培养。本课程旨在立德树人，是一门培育大学生养成核心能力、为人处世素养、锤炼必备品格的通识教育人文素质课，是开展课程思政面向学生层面的先行引导课。

本课程为全校本科生开设，通过具体理论和方法技巧的讲授及大量课堂实践演练，使学生对团队合作、职业沟通等职业素养有一定的理性认识，最终把所学所得内化为稳定的思维意识和行为习惯。课程主要通过三课堂联动开展，第一课堂（第一学年）理论教学16学时；通过课程概论，加入团队、感受团队，职业沟通和倾听，团队冲突、激励和培育，说服拒绝和交谈技巧，非语言沟通和沟通礼仪、工作中的沟通等6个专题进行；通过组织实物情境、语言表达、动作表达、生活体验等实施教育教学。本课程教学手段创新，线上线下联动，充分运用学习通布置课堂作业、小测试、组织讨论、投票选择、浏览活动区的讨论答疑等；运用贝腾软件进行线上实训和团队综合设计实践项目等。第二课堂（第一、二学年）交流引导、训练养成16学时。第三课堂（第二、三学年）红色基地、锻炼习得16学时。

二、课程目标

（一）知识目标

掌握团队要素、高绩效团队激励和培育机制等；掌握沟通的基本理念和技能；懂得书面与口头表达的重要性，理解情绪管理和终身学习的重要性。

（二）能力目标

提升学生工作执行力和团队合作能力；良好的人际沟通和交往能力、耐心倾听和情绪管理能力、自主学习和信息处理能力、口头和书面表达等八大能力，最终把所学内化为稳定的思维意识和行为习惯。

（三）价值目标

树立正确的职业理想、加强职业道德修养、修炼职业情商、塑造职业形象，引导学生养成良好的做人做事态度，培养态度、诚信、感恩、相助、信仰、情怀等核心素质，融入社会主义核心价值观。

三、思政元素

从显性引导、隐性融入，再到红色资源法和行走课堂法等，践行学校"课程思政十法"（表1），旨在培育学生6项必备品格，养成八种核心能力。

表1 学校课程思政十法

方法	路径	"课程思政十法"主要内容
一、模式创建法	创建专业思政人才培养新模式	将水文化（SWH）蕴含的德育元素"水的品质、水利精神"融入专业人才培养全过程，创建SWH–CDIO–E工程教育模式
二、分类建设法	构建课程思政分类建设新体系	重点建设"大学生写作与沟通""大学生核心素养导论""体育CDIO""中国水文化概论"课程
三、红色资源法	精选思政元素和开发育人资源	建立"红色资源库"，培养学生树立理想信念、科学精神、家国情怀、国际视野、社会责任感等
四、教学设计法	做好课程思政教学新设计	把课程育人目标、德育元素、思政点，列入教学计划和课堂讲授的重要内容
五、显性引导法	建好课程思政引导课和交流平台	对教师开设"课程思政导论""课程思政与教育教学能力"，对学生讲好"大学生核心素养导论"课程
六、隐性融入法	基于隐性思政改革课堂教学方法	主推项目制、翻转课堂、体验式教育教学方法，推行"知识＋技能＋态度"（KSA）三位一体课程考核方式，通过教学方法改革添加育人与成才的有效"复合肥"
七、信息技术法	运用互联网＋教学开展线上思政	提高新媒体信息技术辅助教学水平，开展互联网＋教学资源库建设，探索"互联网＋"课程思政的有效教学形式
八、行走课堂法	开展校外红色基地育人活动	开展红色追忆、农村蹲守、劳动体验等社会实践活动，将"读万卷书"与"行万里路"相结合
九、思政认定法	对开展课程思政的课程进行认定	教师自主申报，对开展课程思政实施举证，具体推进课程思政全覆盖
十、人才评价法	课程思政人才培养评价运作机制	"人才培养—学校测评—毕业生跟踪—用人单位评价—反馈改进"的五位一体运作机制

课堂教学隐性融入育人元素（图1）。运用"冰山模型"诠释了软技能与硬技能、显性与隐性、表现与潜质、现在与将来几对辩证关系。将中国优秀传统文化教育融入课程，如结合名著《西游记》《水浒传》人物故事来讲述高绩效团队特征和团队角色，提升文化自信；将《亮剑》等优秀作品引入，进行沟通原则、说服赞美技巧知

识点教学和爱国主义教育；将生活中的案例引入，让学生感受倾听的作用，进行生命教育，突出尊重、换位思考、同理心、感恩等传统美德和核心价值观。从沟通礼仪、表情、动作、眼神等讲授出发，培养学生职业意识、职业素养、职业道德，提升审美自信、职业自信。

图1 课堂理论教学

第二课堂通过专家讲座、课题研讨、交流引导和示范课演绎等，逐渐树立起培育核心素养的新思想、新目标和新方法。第三课堂主要在校外红色基地采用"行走课堂法"进行农村蹲守、红色追忆、劳动实践、教学实习等"体验式教育"，树立正确的理想信念，具有家国情怀（图2）。

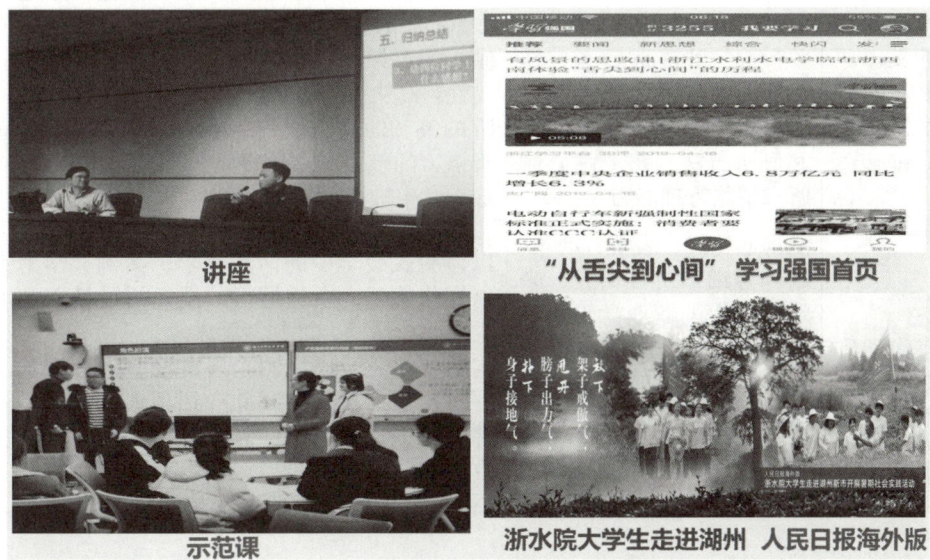

图2 第二、三课堂教学

四、设计思路

课程章节思政元素的教学设计如表 2 所示。

表 2　课程章节思政元素的教学设计

教学内容概述	课程思政育人目标	教学方法
融入团队和团队激励	提升学生工作执行力和团队合作能力；培养态度、诚信、相助等核心素质，树立合作共赢的做事原则，进一步培养文化自信、家国情怀等优秀品格	1. 实物情境体验：通过图片、视频呈现案例，如新东方、马云团队，了解团队要素、角色，突出创业者的爱国情怀和积极向上的人生观、价值观；2. 语言表达体验：布置团队游戏，小组讨论投屏分析、PPT汇报，锻炼沟通能力、分享合作；3. 将中国优秀传统文化教育融入课程，如结合四大名著《西游记》《水浒传》等书中团队内容来讲述高绩效团队特征和团队角色。4. 将火神山医院的建设作为案例，强调团队合作的重要性，也体现我国集中力量办大事的中国特色社会主义制度的优势
职业沟通概论：深入解析非暴力沟通、工作中的沟通要点，赞美、说服、拒绝等方法	掌握沟通的基本理念和技能，懂得书面与口头表达的重要性；培养良好的人际沟通和交往能力，树立考虑对方需求、换位思考等信念，突出尊重、理解、坦诚、宽容、适当、及时六大沟通原则。学会非暴力沟通（爱的语言）的方式方法	将"冰山模型"和浙江省教育评估院对用人单位调研的大数据分析融入课程，讲述职业沟通、合作的重要性。 体验式教学设计：1. 实物情境体验：讲述沟通故事，凸显防止主观误差重要性；观看《亮剑》作品，体会沟通的基本原则，如尊重、理解、宽容、坦诚等，以及说服赞美的方法，进行爱国主义教育。2. 语言和动作表达类体验：如角色扮演，让学生根据问题情境分析，扮演角色，学会爱的语言（非暴力沟通）
倾听：讲解倾听的概念、意义、原则、倾听的三个层次，总结反馈式倾听。	讲授倾听的重要意义，感受倾听所体现的品质态度：尊重、理解、包容、共情、关爱、防止主观误差，体现核心价值观，通过角色扮演了解影响倾听的因素和倾听方法，培养耐心倾听和情绪管理能力	开展BOPPPS教学法：1. 从《寻找我的兄弟老六》故事出发，让学生感受倾听的力量，并进行生命教育；2. 通过讨论活动，代入角色中，思考同理心倾听的反馈，突出换位思考，倾听对方需求的重要性。3. 从生活实际案例剖析和操作练习中体会倾听的3F（fact、feel、focus）方法，让学生感受倾听语言的魅力和尊重理解等原则的语言表现方式，最后学生进行价值分享
非语言沟通和沟通礼仪	从沟通礼仪、表情、动作、眼神等细节讲授出发，来培养学生的职业意识、职业素养、职业礼仪，以及尊重、谦逊、守礼、理解、诚信等职业道德；提升学生的职业情商和职业自信，塑造良好职业形象	以体验式教学中的活动教学、案例教学为主，辅以操作练习、案例探讨、视频纠错等方式培养学生的职业情商、批判性思维等； 沟通礼仪、工作中的沟通讲授中进行情景剧表演评价，包括自我介绍和介绍他人、交换名片、眼神手势、礼貌用语、语言是否流畅和整体效果等方面

教学内容概述	课程思政育人目标	教学方法
团队建设和培育（包括团队冲突及解决、领导力等）体验式实训	从活动游戏中体验团队成员的物色、沟通、组建的全过程；体会团队冲突及解决策略、团队合作能力、领导力的培养，深刻理解团队与个人发展的共损共赢关系。提升创新思维、合作共赢思维和沟通能力，体会乐于助人是稀缺的人格品质，主动帮人是领导力的重要基础等	学生在全程参与式体验过程中，教师将只起到组织观察引导作用，并不会给予明确的决策判断依据及建议，学生在参与过程中享有充分的分析判断裁量权；从游戏体验中培养与他人合作、分享、多赢的做事原则与方法技巧，了解团队需要的组织分工机制、沟通协调机制、利益分配机制、退出转让机制等
徐副校长讲座（第二课堂）：人文素养启蒙、做人做事教育、领导力、SWH-CDIO-E工程教育模式中软硬技能融合培养方式等	使学生明确："六项必备品格""八种核心能力"是影响终身可持续发展的核心素养；引导学生在校学习和生活过程中做到"有涵养、懂做人、会做事"	提出大学生应具备适应大学的学生素养、适应职场的职业素养以及适应社会的公民素养，围绕"SWH-CDIO工程教育模式和人才培养""如何提高领导力，怎样提升执行力""做人做事教育"等进行讲授。达成减少"教条式"的说教，创设"动情点"，以引起学生的情感共鸣、启迪思想、触动灵魂，做到"学习知识、锤炼品格、养成能力"三位一体
实践项目PPT汇报（期末考试之一）：要求学生组建团队完成课外实践项目，并于课上进行汇报和答辩	明晰项目构思、设计、实现、运行的全过程，提升专业知识技能和合作沟通能力；对职场有初步感受，培养"忠诚、干净、担当、科学、求实、创新"的水利精神，进行生态教育等，树立正确的择业观、价值观和人生观	课外实践项目，含专业项目、专业相关调研、专业对应职业的相关调研访谈、社会调研、情境模拟等，通过问卷调查、生涯人物访谈、职场体验等，让学生能更好地灵活运用沟通、团队合作理论中学到的知识，培养综合能力。同时，课内要进行分组PPT汇报和答辩，评价指标体系为项目简述、项目实施、实施中的问题和如何解决、项目成果、PPT汇报等，包括同学互评和老师点评

五、实施案例

（一）案例1：倾听的重要意义，感悟倾听所体现的品质态度，尊重、理解、包容、共情、关爱等，防止主观误差，体现核心价值观

通过《寻找我的兄弟老六》视频案例分析倾听的重要意义，体会倾听是增进友谊的需要，是心灵慰藉的需要，辨析听与倾听，强调倾听需要关注语言和非语言信息；同时对学生进行生命教育、人生观、世界观教育，体会倾听所应有的品质。通过《一个汽车推销员的故事》案例体会倾听的价值，进行社会主义核心价值观的教育，如尊重、共情、理解等品质，以及职业意识、职业素养、职业道德的培养（图4）。

图3　案例1：一个汽车推销员的故事

通过《主持人采访小朋友》的案例了解倾听的重要作用，防止主观误差，体现换位思考，从他人视角出发看待问题的思辨思维。通过"父子倾听"实例剖析和角色扮演，辨析生活中常见的提问模式、指导模式、教训模式、判断分析模式等与反馈式倾听的区别，体现核心素养培养的重要性和掌握有效倾听方式方法的重要意义（图5）。

图5　案例1：主持人采访小朋友

（二）案例2：开展团队实训和综合项目实践，思政元素隐性融入

借助团训软件，针对团队成员个人能力、团队意识、组织分工、优势互补、竞争意识等设计一个综合性实践互动情景游戏，学生在全程参与式体验过程中，深刻理解团队的组建与管理过程中所蕴含的真正要义。讲解团队冲突和解决、领导力培养等理论，从游戏体验中培养与他人合作、分享、多赢的做事原则与方法技巧（图6）。

图6　育人元素融入实训教学

六、特色及创新

（一）提炼了本校特色的大学生核心素养内涵并实施能力测评

经过10年的研究与实践，课程团队提出了蕴含本校特色的大学生核心素养即"水文化＋"育人元素——"六项必备品格"和"八种核心能力"。开发了核心能力"五维度"测评认证体系，实施能力测评认证模块：自我管理、职业沟通、团队合作等（图7），由高校毕业生就业协会颁发等级证书。

（二）建立了"三课堂联动育人"机制

第一、二、三课堂联动育人。基于OBE成果导向的教育模式，采用案例讲解、互动交流、显性引导、体验教育、BOPPPS教学法等，保障学生获得学习成果并持续改进。运用现代信息技术（借助学习通、贝腾软件等），增加团队实训、项目实践等锻炼习得内容，引导学生做到"学习知识、锤炼品格、养成能力"三位一体。

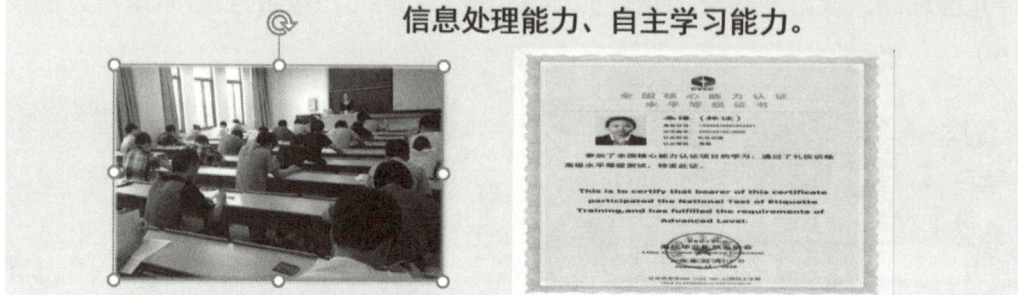

图7　课程内容与测评

（三）德育元素润物细无声融入课程

倡导课程思政隐性融入（图8）。将中国优秀传统文化融入教学，将前沿知识，如非暴力沟通等详细讲解，自然插讲当前国家、国际形势新闻；寻找红色案例、视频等建设"红色资源库"，增强"四个意识"，坚定"四个自信"；实施"知识＋技能＋态度三位一体"考核，养成良好学习行为习惯，培养自我管理能力；精选"水文化＋"课程思政育人元素，弘扬水利精神；利用校外红色基地（行走课堂）载体进行育人。

理论课堂　　　　　团队实训

第二课堂　　　　　第三课堂

图8　德育元素融入课程

七、教学效果

2011年至今本课程覆盖26个本科专业、6个专科专业，获益学生2.5万人左右；近千名学生通过"职业沟通"模块能力认证。"核心素养领域"相关成果获2016年浙江省政府颁发教学成果一等奖，并入选教育部产学合作协同育人项目和浙江省高等教育教学改革项目。

本课程2017年为校"三位一体"考核课程；2018年获校首批"课程思政"示范课程立项；2020年入选"省一流线下课程"；2021年课程负责人参加省首届高校教师创新教学大赛获"正高组"三等奖；2021年获浙江省首批课程思政示范课程建设项目立项。

据《浙江省高校毕业生职业发展及人才培养质量调查报告》，我校（2015—2018届）四届毕业生"综合素质、管理能力、创新能力、合作与协调能力、人际沟通能力、心理素质及抗压能力"指标用人单位满意度均逐届上升。2018届上述6项指标在全省排名均进入前四位，列同类型高校排名第一（图9）。

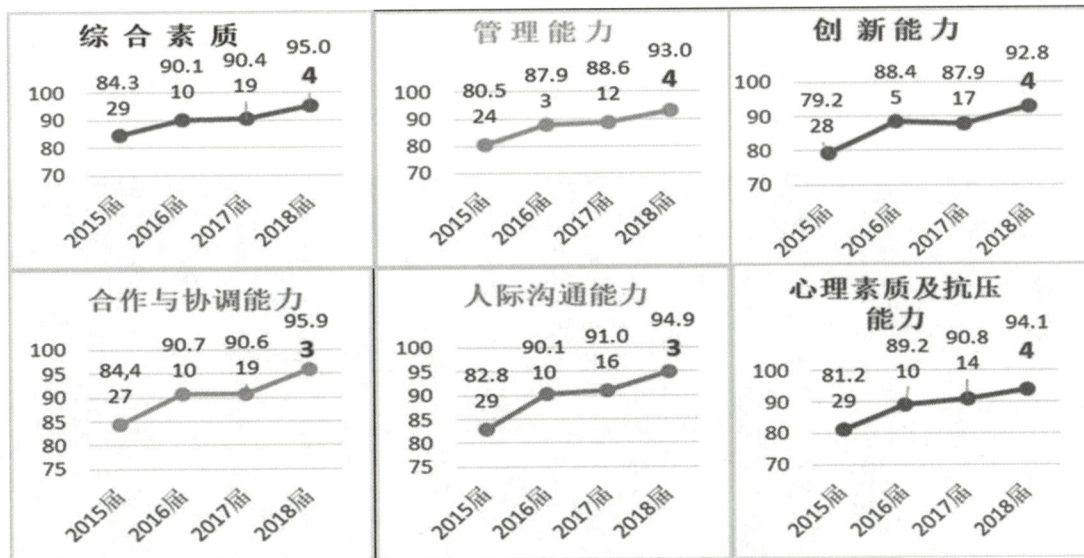

图9 《浙江省高校毕业生职业发展及人才培养质量调查报告》数据

课程育人效果得到了周远清教授等的高度评价，引起了《中国教育报》、《光明日报》、《浙江教育报》、中国教育在线、人民网等媒体的关注报道。第三课堂的实践课程形成了示范辐射效应，节水科普教育等志愿者服务被《人民日报》《浙江日报》等报道。

钢琴合作

李雁南

浙江音乐学院　钢琴系

一、课程概况

钢琴合作（piano collaboration）又称协作钢琴（collaborative piano），其历史悠久，体裁丰富，形式多样，在各种器乐合作形式中占有重要地位。这是由钢琴丰富的舞台表现力、无限的音乐创作空间，以及对其他乐器良好的互动能力和指挥能力决定的。钢琴合作艺术的学习对钢琴独奏能力的成熟有着潜移默化的作用。

作品素材上，除了原作，钢琴合作还打开了更广阔的音乐天地——作曲家常常将本人和其他作曲家的经典声乐、器乐作品移植于黑白键盘，弥补了原本一人双手无法穷尽的遗憾，大大提升了钢琴的舞台感染力。这是过去近两个世纪以来最受青睐的一种舞台形式（图1）。

图1　钢琴合作

在浙江音乐学院的音乐教育学院，经过3年的前期探索和酝酿，我们已于2019年将钢琴合作教学纳入本科钢琴课程体系。该课程建立在一对一钢琴个别课基础上，集理论研习、小组辅导、集体创编和舞台实践于一身，具备极强的专业性、实践性、创新性、应用性，是强化本科生专业知识广度和深度，提高学生音乐表演能力、团队协同能力及研究创新能力的专业拓展课程（图2）。

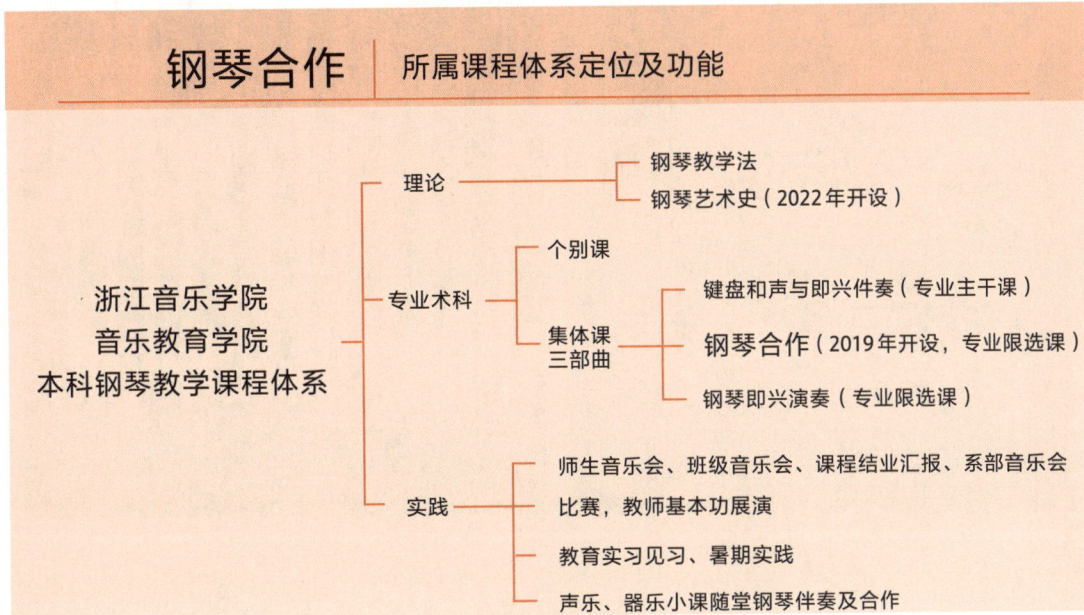

图2　钢琴合作所属课程体系定位及功能

钢琴合作自开展课程思政教学以来，始终坚持社会主义核心价值观的育人导向，探寻音乐课程所蕴含的美育教学元素与思政德育教学元素之交集，寓价值观引导于知识传授和能力培养之中，帮助学生塑造正确的世界观、人生观和价值观。

现行的钢琴合作课程教师团队共5人，其中博士2人，硕士2人，副教授1人，一学年受益学生数80～100人，师生比达到1∶10，既实现了精耕细作的小组教学，也促成了像结业音乐会这样的大型舞台实践和展演，迄今共完成3届、6个学期的教学。期间，课程共获得5个相关课题支持，完成论文3篇，著作1部；举办4场高质量钢琴合作音乐会，共计40个经典和创编曲目，累计111名师生参演（图3）。

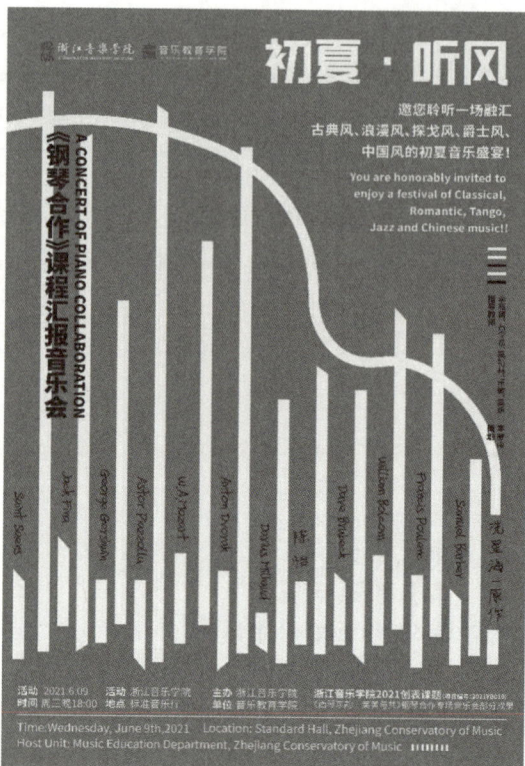

（a）　　　　　　　　　　　　　（b）

图3　相关成果

二、课程目标

浙江音乐学院音乐教育学院秉承"事必尽善"的校旨，契合新时代、新形势下中小学和社会音乐普及教育师资需求的变化，将"多能一专"复合型音乐教育人才的培养作为目标，尤其是在培养学生具有过硬的专业知识技能、出色的团队协作水平、敏锐的批判思辨意识和求实的科学创新精神的同时，具有坚定的政治信念和职业抱负，能够继续接力，胜任立德树人的教育使命。

钢琴合作课程自身具备的人文审美、合作创造、艺术实践等课程属性，要求学生在掌握专业技能的同时，锤炼品德修为，让音乐教育人才有时代担当，以真才实学服务人民，以创新创造贡献国家。

（一）知识目标

通过概览钢琴合作音乐史，领略作曲家创作风采和在该领域的贡献，以及赏析和演奏部分代表性音乐作品，初步学习古今中外钢琴合作的历史、文化和文本。

（二）能力目标

（1）在钢琴独奏的基础上，提高音乐合作的表演能力。

（2）在教师团队引导下进行创编活动，提高键盘的应用能力。

（三）价值目标

（1）树立文化自信。

（2）提高团队意识与合作水平。

（3）增强创新能力。

（4）培育劳动素养和职业道德。

三、思政元素

根据本课程育人目标，教学团队坚持将美育与德育教学要素相融合，通过显性的专业知识技能传授彰显隐性的思政育人功能。

（一）比较学习，树立文化自信

借由通古知今、中西互鉴的比较学习，以及中国作品专题研究，来增强学生的文化自信和文化传承使命感。

（二）多元合作，全面提高团队意识与合作水平

通过音乐表演、集体创编、人际沟通等多元、多层次的合作学习来深化团队意识，提高学生在舞台、社交、艺术创造等诸多方面的合作水平。

（三）活用专业知识，融合音乐语汇，增强艺术创新能力

通过对现存音乐风格流派的求同存异、兼收并蓄，以及艺术素材、音源和舞台表现形式等的大胆试验，来提高学生的学习好奇心、内驱力及探索创造精神。

（四）舞台及社会实践，提升劳动素养和职业道德

通过校内外艺术实践和社会实践，践行艺术服务于民的宗旨，从而培育劳动素养和职业道德。

四、设计思路

设计思路如表1所示。

表1 设计思路

序号	教学内容概述	课程思政育人目标	教学方法
1	理论研习——通古知今、中西互鉴的中西方钢琴合作音乐历史、文化、文本之比较学习	树立文化自信	通过讲授法、讨论法，读书指导法实现通古知今、中西互鉴的中西方钢琴合作音乐历史、文化、文本之比较学习。中国本土作曲家的作品往往包含地方戏曲、曲艺、民歌甚至民俗神话等，恰是对本民族文化遗产的抢救和保护，其作曲技法和音乐美学思想也都较西方音乐有独到之处。引导学生意识到不同时期、不同地域的作曲家有着相似的家国命运和人文情怀，从而在求同存异中完成对中国本土音乐文化的身份认同，形成文化自觉自信及文化保护的使命感

续表

序号	教学内容概述	课程思政育人目标	教学方法
2	合作基本功训练——四种钢琴合作基本形式的区别、乐趣与挑战：一架钢琴四手联弹、一架钢琴六手及多手联弹，双钢琴四手联弹、双钢琴八手联弹	提高团队意识与合作水平	教师通过现场教学法、直观演示法来阐释这4种常见钢琴合作形式的难易度。重点演示合作难点中踏板的参与、呼吸律动的统一、触键音色的统一、乐谱理解的统一，树立集体和谐与个体诠释相互制衡的合作准则。 学生组通过讨论法来辨析这四种基本合作形式的乐谱差别和音响表现力差别；通过练习法在不断试错中达成初步完美的合作，并完成作品的排练和舞台呈现
3	创作改编——采用先模仿后原创，乐器数量和种类由少变多，原始素材由短变长，节奏、旋律、和声、织体等音乐元素由简至繁，发展材料由教师命题到自由选择的创编步骤	增强试验、探索和创新能力	教师通过任务驱动法给学生布置无唯一正确答案的开放式作业，强调由简至繁的学习顺序，通过对一系列命题材料和形式的创编来规范创编的听觉效果和学习效率。 学生组在教师引导下通过自主学习法初步探索创编，并通过教师反馈，不断在和声进行、旋律变奏、织体选择等方面取得进步。 教师进而通过启发法鼓励学生加入人声、拟声、器乐、电声等，大胆试验，寻求学生自己的声音
4	实践锻炼——高雅艺术进校园、中小学音乐教育实习见习、暑期实践、支教等一系列校内外艺术实践和社会实践活动	培育劳动素养和职业道德	采用教师教育中经典的实习作业法：学生们有了钢琴合作的知识和技能，将群众耳熟能详、喜闻乐见的高雅艺术作品带入剧院、校园、社区、医院、养老院等场所，深入生活，服务群众。在群众的愉悦反馈中体会音乐的美育价值和音乐工作者的职业意义。 通过艺术实践活动增强学生的群众服务意识，对未来工作建立信心和热情，为投身音乐美育事业做好准备，建立职业道德规范；干一行、爱一行、钻一行，坚信在各行各业任何岗位都能发光发热

五、育人元素实施典型案例——通过比较学习树立文化自信

钢琴合作音乐本是西方钢琴音乐的重要分支，其历史悠久，文化深厚，文本丰富。但受教学硬件、师资、教材、教学传统等的局限，钢琴合作在中国仍是小众教学，基本只在全国各大专业艺术院校钢琴系、管弦系开展，且以舞台表演为训练目标。另一方面，从五四运动学堂乐歌开始，中国本土的及中国风格的钢琴独奏曲目创作已有百年历史；伴随着在中国持续近半个世纪的钢琴热，佳作更是层出不穷，且达到了相当的社会流传度和认可度，并实现一定的文化输出。相比之下，钢琴合作曲目获得的创作和教学关注，其文化历史的梳理、作品数量和质量的调研都相对有限，尚处于起步阶段。

综上，对教学而言，中国钢琴合作音乐的教材、音像、文献和教学经验奇缺，是一大片亟待耕耘的科研天地。因此，浙江音乐学院音乐教育学院"钢琴合作"课程的设计不但给学生接触传统经典的西方钢琴合作文化的机会，还将数量可观的中国本土作曲家及其优秀钢琴合作曲目引入教学视野。

我们从形式最普及、曲目最丰富的钢琴四手联弹曲目作为切入点，选取艺术感染力强、作曲家和演奏者都偏爱的民歌和舞曲进行互鉴（表2）。

表2　中西作品比较学习：钢琴四手联弹

西方代表作品	中国代表作品
古典主义时期：四手联弹创作史上最高产的奥地利作曲家舒伯特和他的大量进行曲，兰德勒舞曲（一说是圆舞曲的前身）、嬉游曲、波洛涅兹舞曲。	鲍元恺（1944—）《炎黄风情：二十四首中国民歌主题钢琴曲》（2007，朱培宾改编）取材来自中国老百姓代代传唱、耳熟能详的民歌，如《小白菜》《茉莉花》《小河淌水》《兰花花》《紫竹调》《走西口》等
浪漫主义时期的组曲集：勃拉姆斯的匈牙利舞曲、华尔兹；德沃夏克的斯拉夫舞曲以及《波希米亚森林》。	
20世纪3位美国作曲家的民俗舞和社交舞曲集：塞缪·尔巴伯的《纪念册》、戴夫·布鲁贝克的《爵士点描》、威廉·鲍肯的《拉格泰姆曲集》和《亚当的花园》	陈怡（1953—）《中国西部组曲》由引子、蒙族民歌、藏族民歌、苗族民歌四乐章组成

虽然创作数量上不占优势，但我们可以观察到本土作曲家的作品往往包含不同地域、民族的丰富的戏曲、曲艺、民歌甚至民俗神话等，这恰是对文化遗产抢救和保护的真实行动；其作曲技法和音乐美学思想也都较西方音乐有独到之处。教师尤其要引导学生意识到不同时期、不同地域的作曲家有着相似的人文情怀——作为人民的艺术家，创作素材要取之于民，深入群众，奏出最质朴的音响。

尤其值得一提的是，在这个比较学习的过程中，师生真正达成"学习共同体"，以实现教学相长的双赢模式。

一方面，由教师团队牵头，将出版极为零散的中外作品乐谱及其音响和文献从纸质出版、网络平台和线上专业数据库获取，逐渐编纂成曲库，供师生共享学习。

另一方面，很多曲目，特别是中国本土作品并没有音像资源同步问世，使用的又是音响相对生涩的现当代创作技法，即使是教师都很难靠内心听觉去窥视作品。对这部分处于"聋哑"状态的曲目，课程大大发挥了学生的集体力量——将乐谱分发练习，连同对作曲家及其曲目的初步文史研习。将作品分析的任务打包布置给学生，在随后的读谱课中反馈，互相观摩聆听，分享讨论理论研习成果，由此来收获听觉体验，汇集文献资料。这种举措既锻炼了学生的读谱能力、合作能力和学科研究能力，又为课程获得了宝贵的一手资料，从而为将来的教案设计、教材遴选等奠定了重要基础。

通过比较学习，学生们在钢琴合作的艺术活动中见证了中华优秀传统文化之博大精深；在兼收并蓄、求同存异中完成了对中国本土音乐文化的身份认同。这对推动音乐教育本土化进程，实现大学生群体对中华文明的文化自觉、文化自信和文化传承，提高其政治认同，有着不可估量的作用。

六、特色及创新

（一）通古知今、中西互鉴，弘扬文化自信的新课堂

本课程不但涉及西方钢琴文化的重要分支，还使大量的中国优秀本土作曲家、华裔作曲家及其合作曲目跃入教学视野。通过比较学习，领悟和感受中国传统文化，对提升大学生的文化自觉自信意义重大。

（二）"移花接木"的教学语境

将"钢琴合作"这一纯表演艺术移植于教师教育的教学语境，为学校输出具备演奏、协作、排演、创编、自主研习及社交公关等综合素养的"多能一专"复合型音乐教育人才做好储备。

（三）全方位全过程、多元多层次的深度合作

音乐表演、集体创编、团队沟通等多元立体的合作关系贯穿课堂始终，既包含核心的专业技能锻炼，又要求学生在同一学习目标下凝聚集体智慧和意志，凸显了互相助力、共同进步的团体合作优势。

（四）弹性的课堂教学和柔性的学生评价，为构建课程思政长效机制提供参考

根据教学内容设立弹性的课堂教学机制——可以是一对一的个别曲目指导，一对多的集体理论研习，也可以是教研团队针对同一小组的多对一大师课，以及全体师生的观摩、比赛和舞台汇报（图4）。

此外，全程记录学生在出勤、学习态度、课堂参与、作业反馈、团队合作、创新思维等方面的表现，创建更加精细、科学、柔性的复合型学生评价机制。

（a）

（b）

图4　课堂教学

七、教学效果

在知识和技能上，钢琴合作的趣味和挑战都是独奏难以企及的。本课程作为键盘集体课三部曲之一，承前启后，为学生们开启了音乐团队协作的新天地，无论是曲目练习、史论研习，还是技法探讨等，学习充满新奇、趣味和挑战，是一种师生共同喜爱的生动教学模式。形式上，钢琴合作的教学灵活多变，集个别指导、小组讨论、集体观摩、团队创编、大师课工作坊等为一体，多元互渗，促成健康的教学生态。同时，本课程还为有一定即兴伴奏能力的学生提供合作和创编的平台，为之后专业要求更高的钢琴即兴演奏课程打下基础。在育人工作上，本课程所凸显的文化自信、团队协作、思辨创新的课程特质，与课程思政之立德树人的本质、协同育人的理念、科学创新的思维等指导思想高度吻合。

钢琴合作是音乐教育学院、高等音乐教育研究所成立之际首批具有改革和探索性质的新课程之一，是音乐教育学院钢琴教学顺应新时代、新形势，以及社会新需求做出的积极教学尝试，也是浙江音乐学院培养"多能一专"之音乐教育人才、实践课程思政指导思想中要求知识传授、价值塑造和能力培养多元统一的重要课程基地。

组合（演唱）

一、课程概况

　　组合（演唱）课程是浙江音乐学院音乐表演（流行演唱）方向的专业主干课，是集演唱与肢体的融合教学。在流行音乐高等教育学科建设中，音乐表演的人才培养应多元化、多样化，从而适应瞬息万变的当代流行音乐的发展与市场。通过本课程的学习，学生的演唱合作能力、舞台肢体与和音演唱技能得到加强。本课程对学生了解与学习流行音乐的表演形式有着重要的作用。

　　课程由浙江音乐学院流行音乐系开设，作为音乐表演流行演唱专业的一门专业必修课程，共64学时，在第五、六个学期开课。

二、课程目标

（一）知识目标

（1）熟知并了解中国流行音乐及组合发展历史。

（2）综合运用和声、乐理知识编写组合和声作品。

（3）熟练地了解流行音乐演唱风格，通过解读作品历史创作背景，促进演唱能力的提高。

（4）对"中国风""古风"等中华传统元素流行风格了解并熟知。

（二）能力目标

（1）具备良好的音乐与声部协调能力，能准确演唱流行音乐中的组合作品。

（2）具备一定的流行舞蹈能力，良好的舞台表现力，以及将舞蹈与演唱结合进行组合表演的能力。

（3）掌握正确发音，在演唱作品时能有准确的语言表述，从而更加地道准确地表达作品。

（4）有改编、编创的能力，将现有优秀华语作品进行升华，或有流行音乐组合演唱及舞蹈自我编创的能力。

（三）价值目标

　　通过对作品的演唱及表演，学生能充分感受流行音乐的演唱多元化及风格的多样性，获得丰富的演唱经验，提高个人的演唱能力、舞台表演技能及与多声部和声演唱配合；具备能将流行音乐与中国传统音乐相结合，并重新编创改编的能力。同时充分运用语言与非语言符号，将肢体与声音结合，让优秀的正能量作品感染带动学生的同时，利用流行音乐的大众性传播，形成认知呼应。

三、思政元素

（一）强调浙江文化，热爱浙江为主题

改编浙江民歌《采茶舞曲》，并配以流行歌舞表现形式，将其由课堂走向实践。

（二）更新教学内容、手段，增加音乐赏析类作品

通过赏析优秀华语音乐，树立正确的价值观，深度挖掘提炼优秀作品中所蕴含的思想价值和精神内涵。

（三）教学设计上融入原创命名主题环节

将"奋斗""中国风""浙江传统民族作品改编"作为课程教学内容，亲身参与中增强创新精神、创造意识，扎根中国大地，在实践中增长智慧才干。

（四）借助平台传播正能量

开通官方抖音"浙音流行歌舞组合"，以"歌舞青春颂，唱响中国梦"为主题，其中4811组合的中国风作品《梨花笑》点赞量破30万。

（五）强调"文化自信"

以中国作品作为赏析类作品，积极鼓励同学们创作原创正能量作品，深入挖掘课程思政元素，有机融入课程教学，达到润物无声的育人效果。

四、设计思路

本课程中，主要从"原创""流行与传统音乐""传播""偶像能量"等流行音乐特有的关键词去培养发展该学科方向切入点，提高育人的针对性和有效性。

（一）课程思政切入点

1."原创"

"原创"即鼓励原创歌曲与改编华语作品，课程思政开展以来，组合课堂诞生了很多质量优秀、内容积极向上的原创与改编经典华语作品，如国风作品《梨花笑》、阿卡贝拉原创改编《醉》、校园青春摇滚《在你身边》等。

2."流行与传统音乐"

"流行与传统音乐"即在选题方面注重与传统音乐相结合的作品，如中国风、古风等极具中华民族风格的作品；如改编浙江民歌《采茶舞曲》、极具杭州地方性作品《印象西湖雨》等，将中华优秀传统音乐文化通过课堂创造性转化得以创新性发展。

3. "传播"

"传播"即利用当下流行音乐传播手段的特点，开通"浙音流行歌舞组合"官方抖音，以"歌舞青春颂，唱响中国梦"为主题，上传优秀原创课堂作品，利用流行音乐的"快"属性，传播正能量，其中"4811"组合的中国风作品《梨花笑》抖音版已点赞达30多万。

4. "偶像能量"

"偶像文化"是流行音乐文化中的一种，偶像对青年一代的带动性和引导性的力量是无穷的。流行音乐系自建系以来，诞生了一批偶像与实力并存的学生，如单以纯、邢晗铭、张恩岱、洪一诺等，这些同学作为演员重新组合，参演以原创编创为主题的歌舞组合专场音乐会，线上线下同步直播，参与直播媒体达数十家，在线人数高达30多万。思政育人的同时，反哺感染群众，具有一定的带动性。

（二）课程思政具体内容

充分发掘中华民族音乐元素，将博大精深的中国传统音乐与流行音乐相融合，立足于流行音乐的特点融合发展属于中国特色的流行组合演唱教育，让专业课程与思政真正地结合，并双管齐下。具体内容包括：

1.深化课程与思政有机融入的教学改革

抓住教材、教师、教学三大关键要素，从教学方法、教学内容为改革抓手，注重开展专题式教学如"国风""中国戏剧元素"等舞蹈主题组合教育。

2.拓展教学内容

通过欣赏优秀内容的组合作品，感受其中丰富的思想政治教育素材，梳理知识培养和品德教育的共通点和关联点，将思政教育融入组合课程教学内容和过程之中。

3.立足于课程，增设传播平台

依靠线上与线下同步，将优秀的组合歌舞作品特别是带有引导、积极意义的原创作品发布，传播正能量的同时，更加发扬学科精神。

4.加强思政理论化教学研究

课程思政改革从教育根本做起，组合演唱课程是新兴科目，课程的理论研究特别是思政与课程相结合的理论研究较为匮乏。

5.中国化教材建设

课程教学团队拟于两年内筹划出版具有中国化特色，以中国作品为主导内容的组合演唱课程教材，结合不同歌曲的特点，深入挖掘思政元素，实现专业教育与思政教育的有机统一，让流行组合中的国风、古风有理论、有抓手，更好地指导实践。

（三）组织实施

1.将课程思政融入组合（演唱）课堂教学建设

将课程思政落实到课程目标设计、教学大纲修订、教案课件编写各个方面，设立主题式环节，如"中国风""青春""古风""浙江民歌"等改编原创等，贯穿于课堂授课、教学研讨、实训、作业各环节。

2.推进教材内容进人才培养方案、进教案课件、进考试

考试内容中，增设必选项——演唱华语中国风作品，同时推进本土化教材建设，预计2022年出版上市属于自编的中国化流行组合课程教材。

3.创新课堂教学模式

利用新媒介及流行音乐传播特点，开通"浙音流行歌舞组合"官方抖音，与教学同步，上传优秀原创课堂作品，传递正能量。推进现代信息技术在课程思政教学中的应用，激发学生学习兴趣，引导学生深入思考。

4.紧抓实践

深入"手握梦想""时代流声""高雅艺术进校园"等社会实践、志愿服务、实习实训活动，让流行组合演唱的专场音乐会及原创中国风节目有不断拓展课程思政建设的方法和途径。

五、实施案例

实施案例如表1所示。

表1 实施案例

序号	教学内容概述	课程思政育人目标
1	感悟欣赏主题——优秀华语作品如《不忘初心》《红旗飘飘》等（作品鉴赏）	爱国主义精神，从优秀作品中领悟正确的人生观和世界观，热爱祖国、展现时代精神
2	感悟欣赏主题——《中国话》《爷爷泡的茶》等，从表演形式、歌词内容等入手（作品鉴赏）	以语言传递信息为主，让学生汲取优秀作品中的正能量，融入课程内容，深入浅出，教育引导学生增强中国特色社会主义道路自信、理论自信、制度自信、文化自信
3	理论课程——讲授对现有优秀独唱作品改编及和声编写技巧	通过对独唱作品的二声部、三声部的改编，在改编的过程中体会作品内涵，修身立德、学习知识、培养能力，做到德才兼备
4	理论课程——中国歌舞组合历程与发展概况	通过对中国歌舞组合发展历程的梳理，了解不同年代背景下表演形式的变化与演唱内容的变迁，通过感受历程，体会推动着中国流行音乐一路向前、发展壮大的历程和精神标识，形成"四个意识"，意识到现有的不足与差距
5	改编主题——将《走向富强》《在灿烂阳光下》编为歌舞组合作品	核心价值观——富强，在音乐文本表达中领悟时代的变迁与发展，以及民族自豪感

序号	教学内容概述	课程思政育人目标
6	改编主题——现有优秀华语作品如《梦不落雨林》《热带雨林》等作品	思政育人主题不仅局限在爱国，还有生态文明教育等积极向上意义的作品，通过对作品的认知与教育引导，身体力行，倡导简约适度、绿色低碳的生活方式，为建设美丽中国做出自己应有的贡献
7	改编主题——优秀青春正能量作品《少年》将其变为歌舞组合作品	通过对《少年》作品的改编及演唱，引导学生坚定理想信念，激发努力学习，树立远大理想信念的自觉性，刻苦钻研的研究和创新精神
8	原创主题性作品环节——奋斗	组合内部分工负责原创作品的作词、作曲部分，用不同的角度阐释"奋斗精神"的内涵，让学生通过专业所长，有机融合思政，深刻理解奋斗精神的实质
9	原创主题性作品环节——中国风	在歌曲中加入中国文化元素作为创作背景，用现代的音乐唱出古典的味道，感受中华文化博大精深，体现文化自信
10	原创改编主题性作品环节——浙江地区民族作品改编	通过改编浙江地区民族作品，以《采茶舞曲》《对鸟》等为例，通过现代编曲或风格改编，用多人组合演唱流行舞蹈的表演形式，感受、感悟浙江传统文化精神，保护文化传承发展

六、特色及创新

（一）特色

（1）新的教学模式和教育理念，团队式教学，两位教师分工不同，分别负责合音与舞蹈两个方向同步教学，采用"车轮式"教授流程，从战略上加强对课程思政整体统筹和长远规划。

（2）多专业结合、多维度拓展思政课程视野。组合（演唱）课程教学是集流行舞、音乐工程、录音艺术等多门课程的跨专业、多维度合作课程。

（3）思政育人的同时利用新媒介转化传播，提升课程价值。利用新传播、新媒介及流行音乐传播手段特点，开通"浙音流行歌舞组合"官方抖音，与教学同步，上传优秀原创课堂作品，传播正能量。

（二）创新

（1）以"传承"中国传统音乐文化为教学内容的创新。课程教学中多以弘扬中华文化、原创国风作品等为育人精神，以"原创""传承"为抓手，配以组合表演形式，富有感染力，以"传承"中国传统音乐文化为出发点，发扬"中国风""古风"等风格，教学与传承中华文化双管齐下。

（2）紧密结合实践的课程创新。创立中国风改编品牌作品及专场音乐会，已有中国风组合"音之境""V-girls"，以中国风作品在全国及省级比赛中斩获佳绩，并发行单曲。

（3）考评上的创新。组合演唱Ⅱ的期末考试是以一场音乐会形式进行的，音乐会内容聚集了教学上的优秀作品，用观众"大众点评"的投票方式，组成组合成绩的一部分。

七、教学效果

（一）思政建设成果

（1）以中国风为主的品牌组合"音之境"连续两年蝉联全国校园好声音华东冠军与浙江省大学生艺术节专业组组合第一名。

（2）开展以浙江特色为主题的原创歌舞组合音乐会"不燃怎样"，10余家媒体线上线下同步直播。并由课堂走向了实践，线上直播点播量突破30万。

（3）诞生优秀中国风原创作品，如《梨花笑》《醉》《在你身边》等。其中，"4811"组合的国风作品《梨花笑》抖音点赞达31万。

（4）2021年组合（演唱）课程获建2020年浙江省一流课程建设项目。

（5）2021年浙江省高等学校课程思政教学研究项目"课程思政视域下流行演唱专业主干课程教学的改革与探讨"获试点课程建设。

（二）"歌舞青春颂，唱响中国梦"组合演唱课程实践效果

（1）校园青春女子组合"V-girls"（已出道，图1）发行单曲，代表作品《校花一朵朵》、*The Bloming Sky*。

图1　校园青春女子组合"V-girls"

（2）"音之境"（第三代）在2020年浙江省大学生艺术节闭幕式现场演唱"环境保护"主题歌曲《梦不落雨林》，通过歌舞表演来传达环保概念（图2）。

图2 "音之境"组合

（3）2020年校运动会超大组合（35人）歌舞演唱《乘风破浪》，歌颂青春，为校运动会加油助威（图3）。

（a）

（b）

图3 运动会超大组合

（4）以"中国风""原创音乐""浙江文化"为主题元素的组合专场音乐会"不燃怎样"，线上线下同步直播，媒体达10多家，其中"中国蓝TV""浙广直播"点击率破50万（图4）。

图4 "不燃怎样"海报

（5）浙江公共新闻频道、中国蓝TV，对"不燃怎样"原创音乐会以"呈现青春态度、歌舞青春"为主题进行专题报道（图5）。

图5 媒体报道

（6）创新课堂教学模式，组合演唱课程的线上展示平台官方抖音，发布以"歌舞青春颂，唱响中国梦"为主题的原创短视频（图6）。

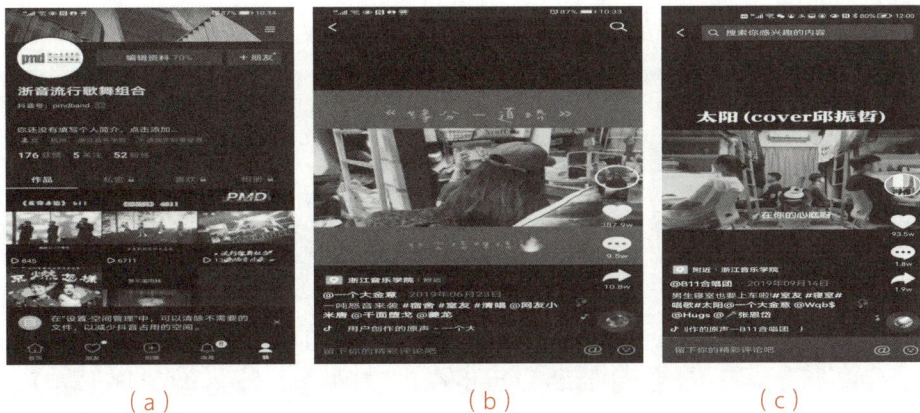

图6 官方抖音及女子组合"4811"官方抖音、男子组合"B11"官方抖音（都获得百万级点赞转发量）

（7）组合课程品牌组合"音之境"（第一、二代）——代表学校蝉联"唱响青春中国梦"第二、三届全国高校校园好声音大赛的华东地区冠军。

图7 "音之境"获奖现场

（8）组合课程品牌组合"音之境"（第三代）——演唱作品《梦不落雨林》呼吁环保，保护森林生态，连续两年（2020年、2021年）蝉联浙江省大学生艺术节最佳组合（专业组第一名），以及十佳歌手奖（图8）。

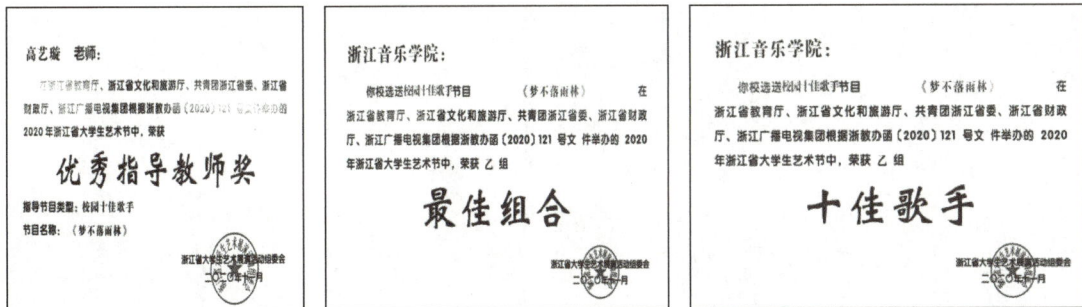

图8 获奖证书

（9）组合课程实践（发展浙江文化）系列（图9）。

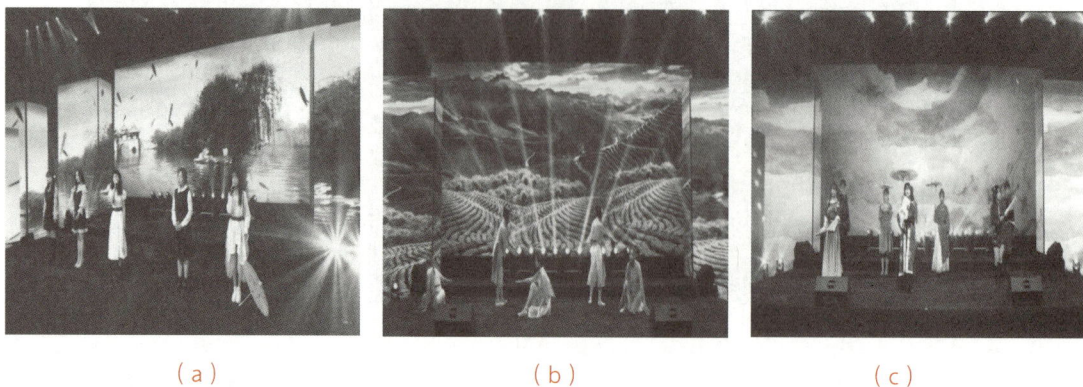

（a）　　　　　　（b）　　　　　　（c）

图9　重新编创《印象西湖雨》《采茶舞曲》《醉》

（10）组合课程实践（青春热血正能量）系列（图10）。

（a）　　　　　　　　　　（b）

（c）　　　　　　　　　　（d）

图10　原创音乐小品剧《礼物》《原动力》《超级冠军》现场实践图片

管理学

孙金秀、钱　辉 ——

浙大城市学院　商学院

一、课程概况

　　管理学是经济管理类专业大一新生的专业基础课程。课程以立德树人为核心，以"管理者如何有效管理其组织"为主线，系统介绍管理学的思想和方法，重点培养学生的理性思维和分析问题能力，为相关专业的新商科建设与发展打好基础。

　　第七章"决策及其过程"的主要内容包括决策的五要素，以及科学决策的六个步骤、四种方法、五个技巧和三类影响因素。

二、课程思政设计理念与设计思路

（一）课程设计理念

　　（1）以提升创新性为方向，采用线上线下混合教学模式（图1），一方面，引入数字化和智能化教学手段，设计资源丰富、形式多样的线上学习场景；另一方面，深化翻转课堂设计，探索PAD教学模式，打造"两性两式"（时代性、先进性、体验式、沉浸式）的"对分课堂"。

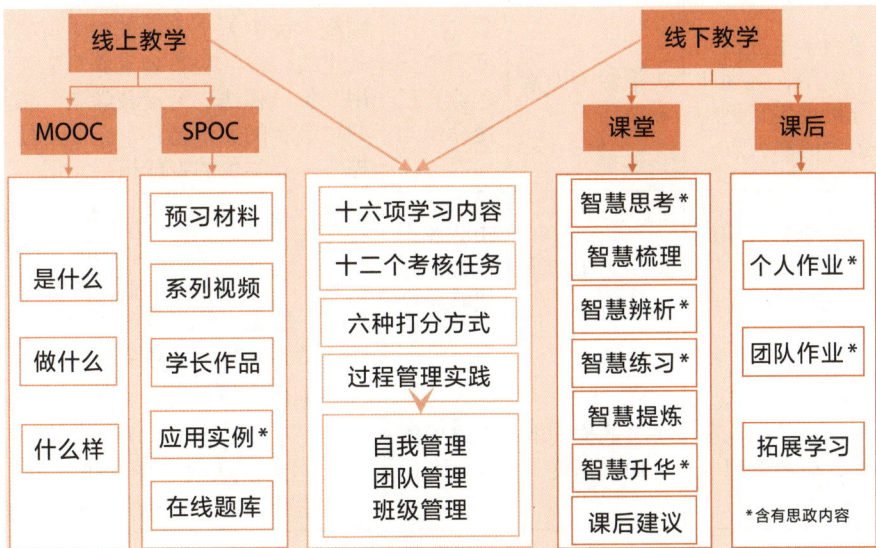

图1　线上线下混合教学模式

（2）以提升高阶性为方向，以"知道→熟记→理解→应用→实践"为进阶路线，有针对性地设计各阶段教学模块和教学要求，引导学生深度学习，选取最新富含思政内涵的热点管理问题，训练学生的高阶思维和实践能力，将思政教育潜移默化地融入专业知识讲解和分析中，注重发挥学生在学习中的主观能动性，激发学生的学习兴趣，实现教学与育人的统一。

（3）以提升挑战度为方向，设计"过程性—多元化"的考核任务，提高任务复杂度和得分难度，充分调动学生在"课前、课中、课后"的学习积极性，引导和推动学生在平时多花精力学习，让学生"忙起来"。

（二）课程思政设计思路

在SPOC平台应用实例、智慧思考等五个教学模块和环节中融入课程思政内容（表1）。

表1　管理学教学环节思政融入设计表

教学模块环节	教学目标	专业知识	思政元素	专业知识与课程思政的融合
SPOC平台应用实例	熟悉概念性知识和程序性知识，熟悉本章知识的应用场景	决策的作用	政治认同国家意识	围绕"决策的作用"这条主线，以"重大决策部署的深远影响"为切入点，采用启发式教学法，引导学生提高政治站位
智慧思考	翻转课堂，推动学生自己做，提高对理论的理解和应用	决策的要素、过程、技巧、影响因素	家国情怀企业责任奉献精神	围绕"科学决策的理论学习与运用"这条主线，以"如何进行科学决策"为切入点，采用任务驱动法，学生模拟决策会议情景，感受家国情怀、企业责任和个人奉献对决策的重要影响
智慧辨析	带领学生进行知识应用，辨别和分析现实案例中蕴含的知识点	决策影响因素和技巧	家国情怀企业责任使命担当	围绕"决策者个人因素对决策的影响"这条主线，以"决策者素养"为切入点，采用案例分析法、辩论教学法，感受不同时期决策者的家国情怀、企业责任、奉献精神，培养学生的责任担当意识
智慧练习	开展课堂实践活动，推动学生在"思中学""干中学"	科学决策的理论知识	团队意识竞合理念战略思维全局意识	围绕"科学决策的理论学习与实践"这条主线，以"如何使决策更有效"为切入点，采用模拟对抗教学法，结合游戏实践，感受决策过程中竞争与合作的重要性，培养战略思维和全局意识
智慧升华	知识点总结与凝练，启迪思想	决策的作用的延伸和拓展	战略思维全局意识	以"决策的作用为主线"，以"不同的决策决定不同的人生"为切入点，采用启发式教学法，从故事中启迪智慧，培养人格，提升学生的战略思维和全局意识

三、本章思政目标

（一）思政目标

让学生感受到家国情怀、社会责任和个人精神对科学决策的影响，体会到个人发展与国家命运、社会环境的不可分割性。

（二）学习目标

要求学生理解决策的重要知识点，尝试运用科学决策方式来进行决策，初步辨识现实决策中存在的问题并解决问题。

四、课程思政教学内容及设计

（一）教学模块一：智慧思考

1.知识点

决策的五要素，科学决策的六个步骤、五个技巧、三类影响因素。

2.思政素材

引导学生选择富含思政元素的决策事例进行解读和展示。2020年12月的小组展示，选用"华为出售荣耀业务"决策事例，按照决策步骤编排情景剧，模拟华为董事会决策会议。

3.思政元素

家国情怀、企业责任、奉献精神。

4.教学过程

步骤一：情景剧表演

学习小组以情景剧的方式模拟华为董事会做出出售荣耀手机业务的决策会议，时长约10分钟。首先，"董事长"宣布会议主题"是否出售荣耀手机业务"；其次，"董事会成员"阐述观点，分析利弊，提出可行方案；再次，"董事会成员"对方案进行分析比较；接着，"董事会成员"投票选出最合理的决策方案；最后，"董事长"宣布最终决策方案。

步骤二：班级讨论与学生点评

围绕以下问题展开讨论与点评：

（1）华为出售荣耀手机业务的决策是不是科学决策？

（2）哪些因素影响了华为的决策？

（3）怎么看待华为的这个决策？

在学生讨论和点评的过程中，教师引导学生从家国情怀、企业责任和个人奉献精神的角度看待华为决策，从而引申出民族企业的责任担当和企业家的使命。

步骤三：教师总结

（1）对专业知识点进行归纳，让学生认识到华为的这一决策，基本符合科学决策的理论观点。

（2）向学生强调，华为出售荣耀手机业务是"壮士断腕"的悲壮之举，是家国情怀、企业责任和个人奉献精神的综合体现，反映了民族企业的责任与担当，以及优秀企业家胸怀祖国、服务社会、关心员工的精神品质。

5.专业知识与思政元素融合要点

（1）知识总结。此次情景模拟教学活动，增强了学生对决策的认识，使学生熟悉掌握了决策的流程、实质、重点等，提升了学生理论知识与工作实际有效联系的能力。

（2）能力培养。表演情景剧是一个团队合作的过程，需要团队成员协作沟通、了解信任、相互配合，有助于提升学生的交流表达能力和团队协作能力。

（3）价值引领。选题需要提前报备，体现时代脉搏、社会主流价值观以及国家重大方针和政策。决策事例不仅要求有利于引导出知识点、解读知识点，更重要的是有利于知识点渗透时事政治，拓宽政治视野。

（4）知识传授、能力培养、价值引领一体化推进。采用了任务驱动教学法，按照提出任务（学习决策过程、技巧、影响因素，了解华为出售荣耀手机业务决策的前因后果，排练情景剧）——分析任务（课堂表演情景剧）——引出教学内容（提问和讨论）——讲授新知——总结评价的过程展开。教师的适度引导和学生的主动思考相辅相成，较好地实现了潜移默化的课程思政教育目标。

（二）教学模块二：智慧辨析

1.知识点

（1）影响决策的三类因素。

（2）科学决策的五个技巧。

2.思政素材

（1）电视剧节选：抗美援朝决策会议视频。

（2）PPT展示与视频：吉利收购沃尔沃的决策（图3）。

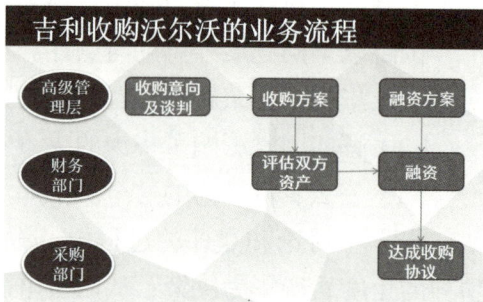

图3　智慧辨析模块的思政素材

3.思政元素

家国情怀、企业责任、使命担当。

4.教学过程

步骤一：给出资料并引导提问

通过PPT展示和视频，给出如下资料：播放出兵援朝的决策会议（电视剧视频节选），将学生带入决策会议的情境当中。

吉利收购沃尔沃的背景分析、收购过程、收购决策的流程等。

引导学生围绕以下问题进行自由分析与讨论。

问题1：上述决策的背景和动机是什么？

问题2：哪些因素对上述决策产生了影响？

问题3：最高决策者的个人因素对决策有何影响？

问题4：如何使决策更有效？

步骤二：学生辨析

围绕上述问题，学生们各抒己见，辩驳问难，互相学习。教师相机点拨，梳理观点，厘清阵营，形成辩论。学生在辩论中主动获取知识，深度挖掘学习潜能，深化思维品质。

步骤三：教师总结

（1）梳理总结知识点。环境的制约和决策者的个性特征，对决策有着重要的影响作用。

（2）决策者的认知和判断对决策的影响尤为突出。抗美援朝的出兵决策，反映了老一辈革命家对国家安全与意识形态对立的敏感。吉利收购沃尔沃的战略决策，体现了中国企业家敢为人先的创新勇气和心无旁骛谋发展的决心。

（3）如何让决策更有效？准确地收集和利用信息，把握时机。更重要的是决策者的进取意识、机遇意识和责任意识。

5.专业知识与思政元素融合要点

（1）知识传授。结合出兵援朝和吉利收购沃尔沃的决策实例，梳理决策的影响因素，总结后发现在不确定环境下，最高决策者的个人特性和行为对于战略决策起着关键的作用。

（2）能力培养。利用层层递进引导式提问法，引导学生就"决策影响因素和决策技巧"各抒己见，辩驳问难。教师稍加分拨，厘清阵营，点燃激化，形成辩论，引导学生深度思考、深度探究和深度交流，通过深度学习培养学生的高阶思维能力。

（3）价值引领。通过梳理出兵援朝决策的背景和动机，引导学生深刻感受老一辈革命家开创伟大事业的筚路蓝缕和奉献精神。从吉利收购沃尔沃的决策可以引申出中国汽车行业转型升级的必要性和紧迫性，感受企业家精神和责任担当对企业发展的重要影响，提升学生的理想抱负和责任担当意识。

（4）知识传授、能力培养、价值引领一体化推进。决策过程和决策技巧没有固定的规律可以遵循。同样的影响因素，在不同的历史时期发挥着不同的作用，即使在同一时期，影响程度也不尽相同。围绕"决策者个人因素对决策的影响"这条主线，以"决策者素养"为切入点，将思政元素（家国情怀、企业责任、使命担当）融入专业知识（不同历史时期决策者的素养与顶层架构思维对决策后果的重大影响）中，寓价值观引导于知识传授之中，知识传授、能力培养、价值引领同向同行，形成协同效应。

（三）教学模块三：智慧练习

1.知识点

通过对所做的决策模拟练习（打牌游戏）的回顾与讨论，加深对科学决策理论基本观点的认识。在决策模拟实践中学会如何正确决策，并真实地获得决策反馈。

2.思政素材

决策模拟练习，是一种团队对抗性的游戏。思政素材包括游戏规则、小组汇报与交流。

3.思政元素

团队合作、竞合理念、战略思维、全局意识。

4.教学过程

步骤一：学生汇报与交流

以"针对决策模拟游戏的复盘与讨论"为主题，学习小组代表在课堂上进行分享与讨论，分享决策过程、结果、所得启示、经验教训（图4）。

图4　小组代表对决策模拟游戏进行复盘与讨论

步骤二：教师总结与点评

（1）正确决策的前提是目标明确。目标不明，决策难定；目标错误，一错百错。模拟决策游戏的首要目标是完成股东委托的任务，展现决策者的职业道德和素养。

（2）决策的过程也是竞争与合作的过程。只注重眼前利益的人常失去长远利益。合作才能共赢，诚信是成功合作的关键。竞争的目的是发展自己，而不是打败对手。竞争制胜需要创意，打破思维定式。

5.专业知识与思政元素融合要点

（1）知识传授。决策模拟练习及讨论，加深了学生对科学决策理论基本观点的认识。

（2）能力培养。决策之前和决策实施过程中，需要成员反复协商，凝聚共识。将成员之间的不同见解和技能运用于解决问题，有利于培养学生的团队协作能力和决策能力。

（3）价值引领。决策时各小组单独进行，互不干扰。复盘和讨论时两个对抗小组面对面进行，回顾决策过程，优化决策方案。结合游戏经历，学生深刻体会到竞争与合作意识给自己内心带来的启发和力量，从而树立竞合观念、集体主义观念和大局意识。

（4）知识传授、能力培养、价值引领一体化推进。决策模拟游戏是从认识过程（决策制定）向实践过程（决策实施）的转化。复盘与讨论是对决策方案的验证和修正，是从实践到认识的飞跃。想要在决策模拟游戏中脱颖而出、名利双收，不仅需要掌握和运用科学决策理论、决策技巧，也需要学会集中集体智慧、趋利避害，最重要的是战略思维和全局眼光。

（四）教学模块四：智慧升华——管理智慧故事

1.知识点

章节知识点的总结和回顾。决策作用知识点的延伸和拓展。

2.思政素材

管理智慧故事——决策决定人生（图5）。

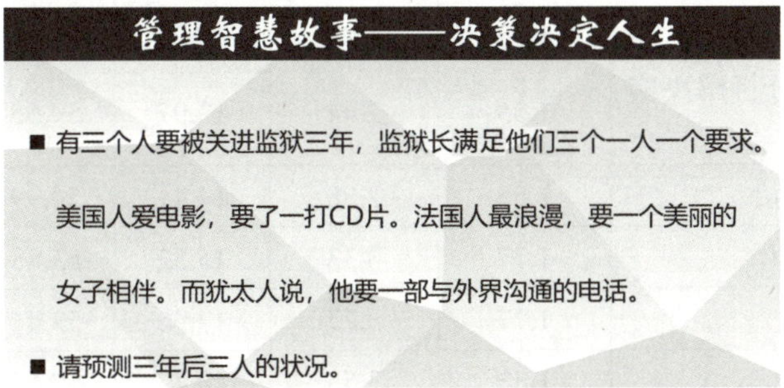

管理智慧故事——决策决定人生

■ 有三个人要被关进监狱三年，监狱长满足他们三个一人一个要求。

美国人爱电影，要了一打CD片。法国人最浪漫，要一个美丽的女子相伴。而犹太人说，他要一部与外界沟通的电话。

■ 请预测三年后三人的状况。

图5　智慧升华模块的思政素材——管理智慧故事

3.思政元素

战略思维、全局意识。

4.教学过程

围绕知识点提出一个管理智慧故事，从小故事中得到大智慧。决策决定了人生的走向，选择比努力重要，美好的生活都是通过不断正确决策而来。加深学生对决策重要性的认识，强化学生心灵改造和品格培养，引导学生增强战略思维、全局眼光和统筹意识，拓宽视野。

5.专业知识与思政元素融合要点

（1）知识传授。智慧升华与SPOC平台应用实例模块的知识点相呼应，是决策作用的延伸和拓展。决策不仅影响国家利益、企业发展，也决定个人生活质量。

（2）能力培养。该模块是决策知识的总结，启发学生思考为什么要学习决策，让学生清楚地知道自己需要学习什么。通过梳理知识、总结方法，提升学生构建知识框架、形成知识体系的能力。

（3）价值引领。启迪智慧，培养人格，提升课堂的温度。人的一生总是在做各种各样的决策，每一个决策就是人生时间线上的一个节点，时间线串起了人生长度，决策则决定了人生走向。

（4）知识传授、能力培养、价值引领一体化推进。讲好管理故事，将战略思维、全局意识的思政元素引入决策决定人生的故事中，引领学生塑造品格，强化科学决策理念，增强科学决策能力，提升科学决策意识。

五、教学效果（表4）

表4　课程的教学效果调查反馈

选项	不完全同意（%）	不太同意（%）	无法确定（%）	基本同意(%)	完全同意(%)	平均分
提高了我的自我管理能力	1.33	3.1	14.41	60.53	20.62	3.96
强化了我的团队合作意识	1.55	2.88	7.76	56.76	31.04	4.13
让我学会了多角度思考问题	1.77	2.88	10.42	58.76	26.16	4.05
锤炼了我的沟通协作能力	1.55	2.66	10.64	58.54	26.61	4.06
培养了我运用理论分析解决实际问题的意识	1.55	2.44	13.97	59.65	22.39	3.99
让我与同学关系更融洽	1.55	2.88	14.41	54.99	26.16	4.01
让我变得更加宽容	1.77	3.33	15.52	53.88	25.5	3.98
让我变得更加自律	1.77	3.77	17.96	53.44	23.06	3.92
让我变得更加注重诚信	1.33	3.55	10.42	57.65	27.05	4.06

续 表

选项	不完全同意（%）	不太同意（%）	无法确定（%）	基本同意（%）	完全同意（%）	平均分
小计	1.58	3.05	12.84	57.13	25.4	4.02

注：此表来自2021年2月管理学课程教学效果调查问卷的第15题。

第15题：你觉得管理学课程给你带来了什么改变？［矩阵量表题］该矩阵题平均分：4.02，满分：5，答题人数：451。

（1）学生对教学模式认可度较高，对整个教学过程记忆深刻，学习氛围好，对课程学习中蕴含的思政元素有了深刻认知（图6）。

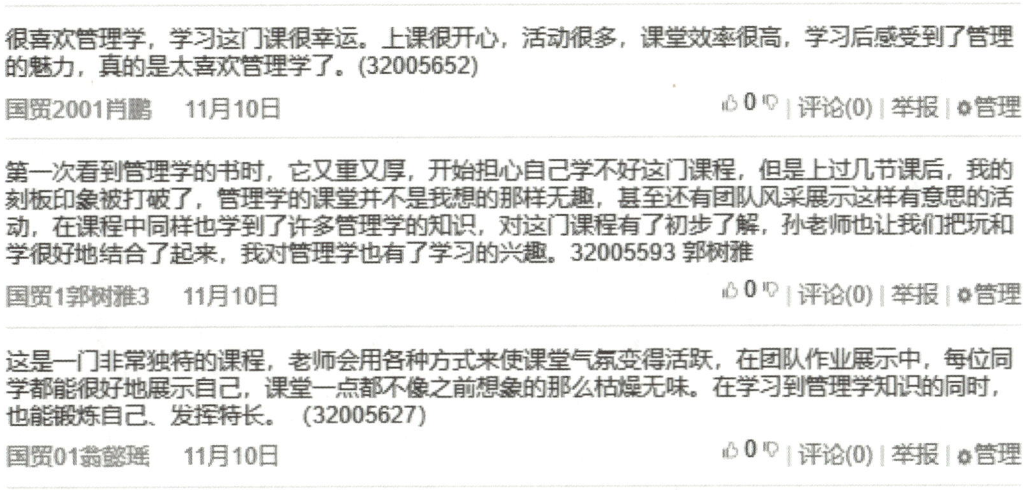
很喜欢管理学，学习这门课很幸运。上课很开心，活动很多，课堂效率很高，学习后感受到了管理的魅力，真的是太喜欢管理学了。(32005652)

国贸2001肖鹏　11月10日　0 | 评论(0) | 举报 | 管理

第一次看到管理学的书时，它又重又厚，开始担心自己学不好这门课程，但是上过几节课后，我的刻板印象被打破了，管理学的课堂并不是我想的那样无趣，甚至还有团队风采展示这样有意思的活动，在课程中同样也学到了许多管理学的知识，对这门课程有了初步了解，孙老师也让我们把玩和学很好地结合了起来，我对管理学也有了学习的兴趣。32005593 郭树雅

国贸1郭树雅3　11月10日　0 | 评论(0) | 举报 | 管理

这是一门非常独特的课程，老师会用各种方式来使课堂气氛变得活跃，在团队作业展示中，每位同学都能很好地展示自己，课堂一点都不像之前想象的那么枯燥无味。在学习到管理学知识的同时，也能锻炼自己、发挥特长。 (32005627)

国贸01翁懿瑶　11月10日　0 | 评论(0) | 举报 | 管理

图6　学生在论坛留言——课程的收获与体会

（2）教学内容丰富多样、紧贴现实，学生高阶思考的能力显著提升，对国家和社会发展的关心显著加强，学生的社会参与意识和家国情怀大大增强。

（3）课程组的教学理念和实践工作，起到了一定的示范效应。2021年，该课程被认定为浙江省一流本科课程、校级课程思政示范课程。任课教师获得浙江省首届教学创新大赛三等奖。

六、特色与创新

（一）多样化融入思政教学内容，隐性渗透式教学

遵循“以人为本”的教育理念，努力创设师生间互动式、参与式的教学氛围，采用知识讲授法（案例引导、归纳总结、知识升华），学生演练法（情景剧、角色扮演、小组对抗赛、学生微课），互动交流法（SPOC论坛留言、个人反思与点评、组间互动交流）等方法，实现知识传授、能力培养和价值引领深度融合，切实发挥高校立德树人的根本作用。

（二）翔实与生动并重，趣味与严谨相融，话题度与专业性兼备

思政素材具有较强的时代感和时效性，不断引入新形势、新观点、新理论、新方法。话题度高、专业性强，有利于拓宽学生的政治视野和知识面。

（三）横向模块化与纵向层次性交织，知识传授、能力培养和价值塑造一体化推进

模块化教学解决了由同一课程不同老师（7 ~ 10位）授课的教学内容与进度无法统一问题，有利于教学模式的共享和推广。横向内容的模块化与纵向知识、能力、思政的层层递进、互相交织，基于知识内在规律和逻辑层级，进行思维层级训练及思想引领，实现知识传授、能力培养和价值塑造一体化推进，从而形成知识传授和思想引领协同效应。

创意设计思维

董德丽 ——

浙大城市学院　创意与艺术设计学院

一、课程概况

　　创意设计思维课程是面向设计学科视觉传达设计专业本科一年级学生开设的一门专业基础课程，共48学时，2学分。

　　本课程以立德树人为根本任务，使学生了解创造性思维的本质特征与创意设计思维方法等相关理论知识；通过创意设计思维方法的探索与实践，使学生具备发现问题、分析问题与解决问题的思维能力；通过守正创新的价值观，引导学生立足时代、扎根人民、深入生活，树立正确的艺术观与创作观，自觉传承中华优秀传统文化，积极弘扬中华美德，从而提升学生的审美与人文素养，增强文化自信与责任担当。

　　经过多年教学研究与改革实践，本课程建设取得了一定的成果：获得浙江省第十届高校青年教师教学竞赛文科组一等奖；浙江省本科院校课程思政征文特等奖、杭州市市级精品课程、校级教学方法改革示范课堂、校级重点课程思政示范课程；参与建设中国大学慕课课程；课程负责人入选杭州市教学名师。

二、课程目标

（一）知识目标

（1）了解思维的形式，创造性思维的概念、特点、本质特征及突破传统思维的方法。

（2）理解创意设计思维方法的视觉化创作过程及目标。

（3）掌握创意设计思维方法在品牌设计中的运用。

（二）能力目标

（1）思考并解决复杂问题的创新设计能力。

（2）创造性思维方法的视觉化创作能力。

（三）价值目标

　　依据教育部印发的《高等学校课程思政建设指导纲要》中提出的"结合专业特点分类推进课程思政建设"指导原则，将价值引领、知识传授、能力培养及素质提升四个部分有机融合：文化自信价值引领的正确性、专业聚焦知识传授的高阶性、思考并解决复杂问题能力培养的创新性、学科竞赛素质提升的挑战度，这四部分环环相扣、高度融合，尤其强调价值引领的重要意义，最终达到课程思政全面提高人才培养质量，为党育人、为国育才的最终目标（图1）。

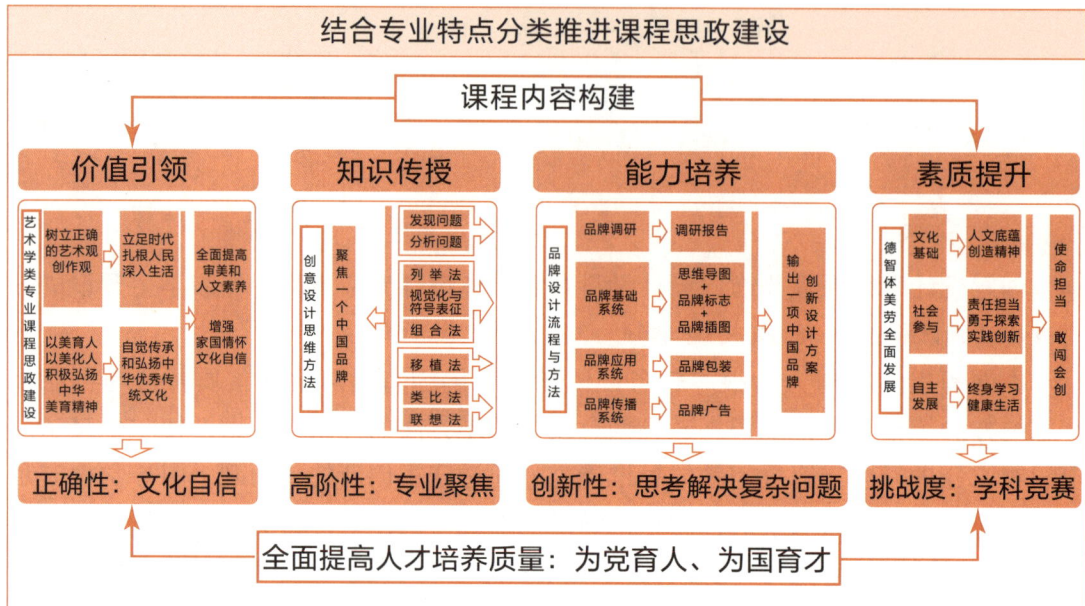

图1　课程价值目标

三、思政元素

该课程结合设计专业特点，与课程思政深度融合，着重培养学生的创新思维能力，具体思政元素如下：

（一）爱国主义、热爱祖国灿烂文化、民族自信

设计创新不是无源之水、无根之木，而是基于对国家与民族的热爱有感而发的创作过程及结果。通过创造性思维方法的学习与实践，让学生明白中华民族是富有创新精神的伟大民族，激励学生热爱祖国灿烂文化，坚定民族自信，做到守正创新。

（二）立足时代、扎根人民、深入生活，树立正确的艺术观与创作观

艺术来源于生活，设计创新要基于正确的艺术观与创作观，更要立足时代、扎根人民。在创意设计思维方法的运用过程中，使学生理解设计创新的服务对象以及可能遇到的问题与困难。

（三）文化认同、文化自信，积极弘扬中华优秀传统文化

中华民族拥有悠久的历史文化，中华优秀传统文化极具民族精神与民族气质。设计创新要继承与发展中华优秀传统文化，更要积极主动弘扬中华美德，提升学生的人文与审美修养，建立文化认同，坚定文化自信。

（四）敢闯会创、锐意进取、责任担当

设计的本质是创新，创新的过程与结果要经历理论知识到设计实际能力的转化，这期间会遇到很多思维发展过程中的困难，需要引导学生勇敢面对创造性思维的障碍，并利用创意设计思维方法进行创造与表现，在不断尝试设计创新中体现专业对国家发展的责任担当。

四、设计思路

课程将思想政治教育贯穿于教学全过程，深入挖掘中国优秀传统文化元素，系统重塑东方范式设计美学，运用设计之美求真育人、寻根铸魂。

（一）宏观层面的课程思政实施技术路径

首先，服务国家战略。深入挖掘中华优秀传统文化，通过系统重塑东方美学范式，进而扎根服务国家战略，助力"三农"建设、助推乡村振兴。其次，打通两种关联。建立国家、地方发展与学科专业之间的关联，打通创新思维方法与艺术设计实践之间的关联。再次，结合专业特点。凝练极具中国文化特色的设计之美，以美育人，树立积极、正确的艺术设计价值与创作观，提升文化素养，积极弘扬中华优秀传统文化。最后，达到终极目标。求真：辨析经典、去伪存真；育人：为党育人、为国育才；寻根：回溯传统、形成认同；铸魂：学以致用、文化自信（图2）。

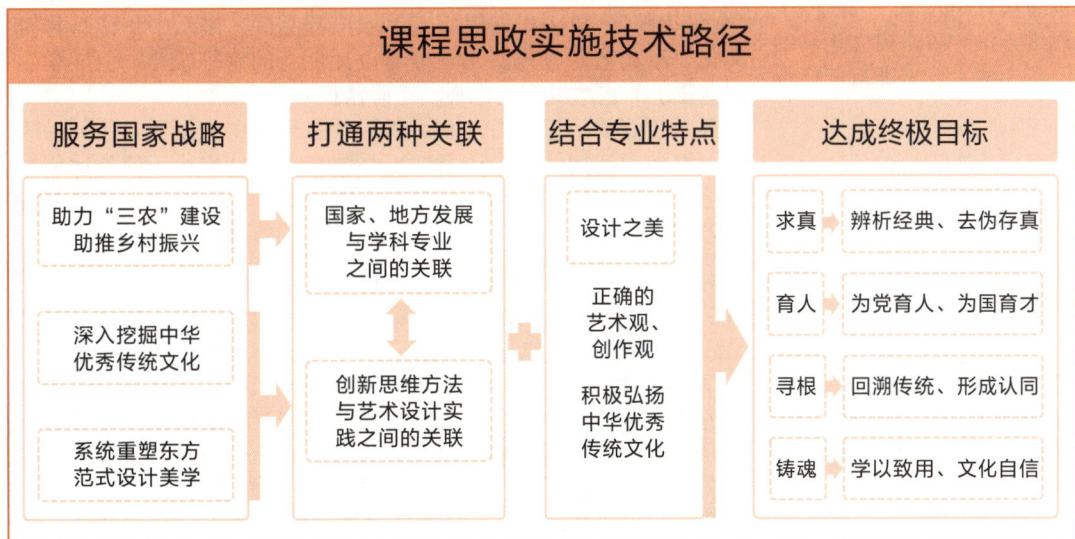

图2 宏观层面的课程思政实施技术路径

（二）微观层面的育人内容与专业知识技能相融合的实施路径

在教学内容的安排与具体实施过程中，结合大量设计实践案例引导学生从国家战略与地方发展角度思考自身的专业学习与职业理想，课程思政育人内容与专业知

识技能环环相扣、逐层推进，不断夯实学生专业基础，提升设计实践能力与水平，并潜移默化、润物无声地全面增强学生审美与人文素养，树立文化自信，积极弘扬中华优秀传统文化（表1）。

表1　课程章节思政元素的教学设计

课程章节	重要思政元素	相关联的专业知识或教学案例
创意设计思维概述	爱国主义、热爱祖国灿烂的文化、民族自信、创新思维	1. 通过中国古代至当代具有代表性的发明创造，引导学生正确认识中国智慧对于世界的贡献，坚信中华民族是富有创新精神的伟大民族，树立民族自信 2. 通过揭示创新成果背后所蕴含的深厚历史背景与文化底蕴，引导学生理解设计与文化密不可分，从而深刻感悟到祖国拥有光辉灿烂的历史文化，是设计创新取之不竭的源泉与宝库，坚定文化自信 3. 创造性思维的特征及其本质体现了在任何时代，创新都是驱动社会发展的原动力，创造性思维对社会与个人的发展都具有十分重要的作用与意义，要坚持创新思维引领发展
创意设计思维方法	立足时代、扎根人民、深入生活，树立正确的艺术观与创作观	1. 设计创新一定要立足时代，它与国家和地区的建设发展密不可分，国家"十四五"发展规划中，农业作为立国之本、强国之基，农产品品牌的打造离不开设计创新，通过引入"广东省农业区域公用品牌"设计案例，促进学生理解创意设计思维方法在农产品品牌设计中的运用及其成效 2. 结合浙江高质量建设"共同富裕示范区"，引入"西湖龙井""金华火腿""象山柑橘"等著名农产品品牌，展示中华优秀传统文化、经典艺术、典型元素等与设计创新的有机融合，引导学生树立正确的艺术观与创作观，正确认识时代责任 3. 通过创意设计思维方法在品牌设计各形式中的运用，例如品牌标志设计中运用的组合创意法、品牌海报设计中运用的类比创意法等，引导学生建立创新意识并实践创意方法，能够勇敢挑战传统思维的局限与障碍，努力探索创新思维下的新成果
创意设计思维方法的运用与实践	文化自信、积极弘扬中华优秀传统文化、敢闯会创、责任担当	1. 通过"三农"建设与乡村振兴中例如"长白山人参""丽水山耕"等中国优秀农产品品牌设计案例，展示中国传统文化与农产品品牌的天然联系与深厚底蕴 2. 从中国优秀农产品品牌设计中所体现出来的民族审美与东方美学范式，不仅不会因为时代的变迁而被淘汰，反而由于自身的特色与优势更富国际影响力与竞争力，引导学生树立文化认同，坚定文化自信，并积极传承与弘扬中华优秀传统文化 3. 实践是检验真理的唯一标准，通过"禹上田园""临海邻鲜"的设计过程解读，启发学生建立敢闯会创的思维能力与锐意进取的精神，树立责任担当
创意设计思维的结果评价与实施	创新精神、辩证思维、锐意进取	1. 基于设计类课程的授课特点，通过设计提案形式进行课程环节设计，在组织学生答辩过程中，教育学生不畏挫折、勇于实践，并让学生分析如何提升创意设计思维方法的综合运用成效 2. 对设计作品进行比较与评价，针对设计问题辩证分析与总结，提升学生创新思维能力，树立求真务实、永不言弃的创新精神

五、实施案例

案例1：以故宫文创为典型创新设计案例，提升学生的爱国主义热情与民族自豪感，激发学生热爱祖国灿烂文化，坚定民族自信（图3）

近年来，在国家倡导的"传统文化活化""让故宫走进百姓生活"等文化复兴引领下，以故宫文创为代表的创新设计为人民日益增长的美好生活需要提供了丰富多彩的精神财富。中华优秀传统文化不仅为新时代设计创新提供了源源不断的设计素材与创作灵感，而且极大提升了中国设计在世界的影响力与竞争力。通过故宫文创产品的创新设计方法解读，促进学生对祖国传统文化的再认知与设计热情，激发学生对祖国灿烂文化的热爱，坚定民族自信。

（a）

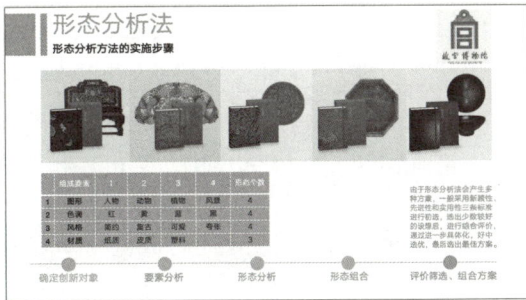

（b）

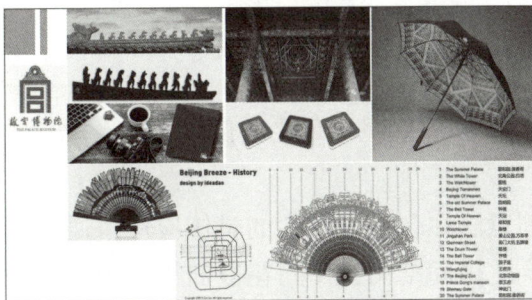

（c）

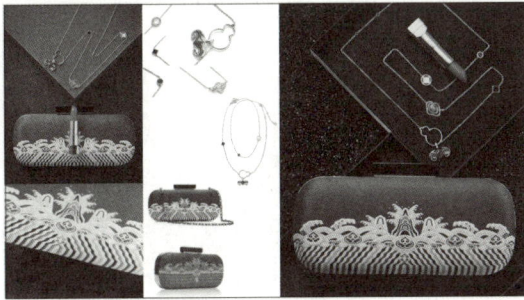

（d）

图3　案例1展示

案例2：以中国优秀农产品品牌视觉设计案例引导学生立足时代、扎根人民、深入生活，树立正确的艺术观与创作观（图4）

艺术来源于生活，设计具有时代性。中国作为农业大国，在"乡村振兴"战略部署实施过程中，"三农"建设蓬勃发展，农业是立国之本、强国之基。通过著名农产品品牌"广东省农产品区域公用品牌""长白山人参"品牌视觉设计案例，揭示品牌设计一定要立足时代、扎根人民、深入生活，这样才能深度挖掘与梳理农产品特色和优势，并且运用正确的艺术观与创作观打造东方美学范式的品牌形象，体现时代气息与民族气质，使学生坚定"越是民族的，越是世界的"创作信念。

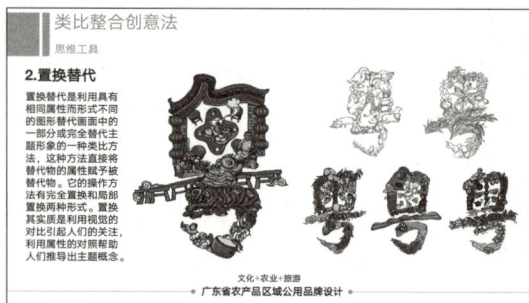

（a）

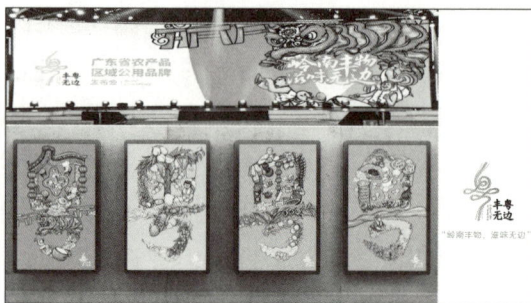

（b）

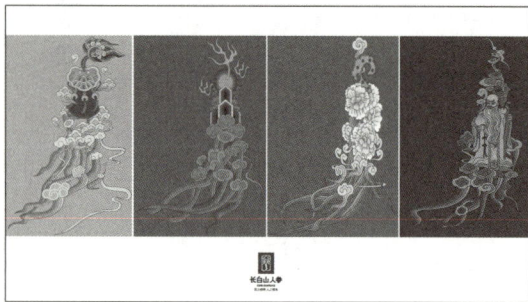

（c）

（d）

图4　案例2展示

案例3：以中国现代包装设计案例引导学生积极弘扬中华优秀传统文化，树立文化自信，守正创新（图5）

以现代包装设计为切入点，解读移植创意法在包装设计中的具体应用。通过对中国古代宫廷御用提梁盒、传统首饰盒、陕北民间窑洞、民间花被面等代表中华民族智慧的传统文化造物元素进行形态移植、结构移植、材质移植等多种形式的移植创新，使包装设计在包装造型、结构、形态、视觉与触觉肌理等各方面都凸显东方韵味和中国特色。借助移植创意法使各种包装设计在新时代设计语境下得到创新发展的新路径。由此启发学生设计的根本是守正创新，传承与发扬中华优秀传统文化，大力弘扬传统美德，坚定文化自信。

(a)

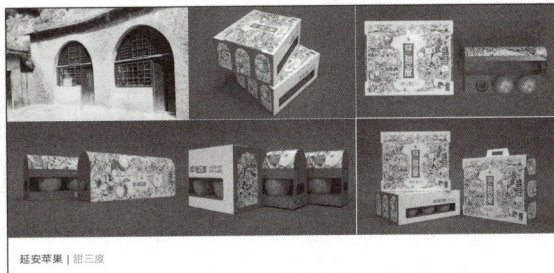
(b)

(c)

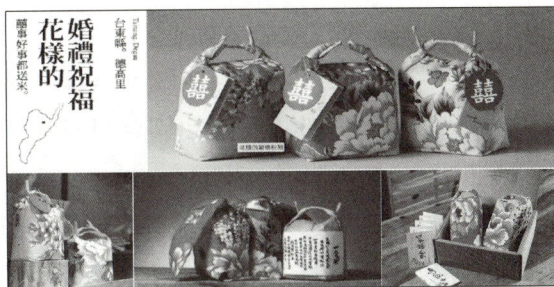
(d)

图5 案例3展示

六、特色及创新

（一）课程特色

课程将教学内容与课程思政有机融合，创建了服务国家战略、打通两种关联、结合专业特点，达成为党育人、为国育才终极目标的课程链路，形成以创新思维方法和品牌设计流程与方法双轮驱动助推品牌创新设计落地为特色的课程体系。

（二）课程建设创新点

1.价值引领全面化

通过打通国家、地方发展与学科专业之间的关联及创新思维方法与艺术设计实践之间的关联，深入挖掘中华优秀传统文化元素，系统重塑东方美学范式，进而扎根服务国家战略，助力"三农"建设、助推乡村振兴。并结合专业特点，以美育人，积极弘扬中华优秀传统文化，达成求真育人、寻根铸魂的价值引领建设目标。

2.知识结构系统化

通过六种创意设计思维方法与品牌设计流程与方法的同向同行教学，促使学生构建系统化的专业知识结构体系，夯实专业设计基础。

3.能力培养多元化

在品牌设计流程中运用六种创意设计思维方法，体验与实践品牌设计四个视觉系统，全面提升学生设计实践能力与水平。

4.素质提升高阶化

基于创新思维能力的培养目标，通过创意设计思维方法与品牌设计流程及方法同向教学，促进学生专业知识与设计应用能力的转化，为后续高阶课程储备创新能力，有效提升专业综合素质。

七、教学效果

（一）课堂直接成效

1.抬头率、专注度显著提高

通过不断的课程改革与实践，从课程体系的构建、课程内容的设置及教学环节的设计，使课程更加贴近社会热点与专业发展前沿，学生在课堂学习过程中的专注度明显提高。

2.专业兴趣更加浓厚

将国家和地方建设发展与学生所学专业进行关联，将创意设计思维方法与设计实践进行关联，使学生感到祖国灿烂文化的巨大魅力与现代设计的无限创造力，对创新设计产生浓厚兴趣，极大地激发其创作热情。

3.课间交流明显增加

课程内容激发学生的设计创作欲望，在探索使用创意设计思维方法过程中如何更好地进行设计创新成为交流讨论的焦点，课间交流频繁、沟通顺畅。

（二）课后间接成效

（1）学生积极主动思考所学专业与国家、地区发展之间的关系，规划自己未来的职业理想。

（2）学生运用创新思维方法解决设计问题，并能够做出基于专业角度的解读与分析。

图6为设计实践后学生的思想反馈。

崔萌同学的设计构思感悟：

课程作业："我和我的家乡"——农业品牌广告设计

设计构思初稿：

构思解读：

　　首先，我最大的一点感受是：在课前老师布置观看《我和我的祖国》这部影片的时候，我虽然也深受感动，但是我并没有意识到，我自己作为设计类的学生，能在国家发展与地方建设中做些什么事情，总感觉我自己的专业学习与家乡关系不大。

　　但是，真正通过这次"我和我的家乡"主题设计，我的想法有了很大的改变。我在搜集余姚资料的时候，才发现这个生我养我的地方原来有那么多好吃的东西、好玩的地方，还拥有那么悠久的优秀传统文化，我第一次这么认真地思考我能够为家乡做点什么。后来我就想把我家乡的富饶与美丽传播给更多的人，所以我把家乡的特产、风景等元素进行组合，再用这些组合图形置换掉元宝身上的金属，实际上就是运用了置换替代的创意，把我的家乡类比成金元宝，我要好好保护她，也要让更多的人了解她，喜爱她！

图6　"我和我的家乡"主题设计视觉创意构思（学生作品）与解读

　　图7为学生的品牌视觉设计作业。

涌泉蜜桔品牌形象设计

创意解读：

　　临海市涌泉镇是我的家乡，这里盛产皮薄多汁的无核蜜橘，它以"天下一奇，吃橘带皮"而闻名中外。

　　在此次农产品品牌视觉设计中，我的构思是通过提取家乡名胜古迹的元素，例如"江南长城""千佛塔""龙兴寺"，与戚继光的形象结合起来，突出他"雄镇东南"的人物形象特点。将家乡特产与历史人物、地标性建筑联系在一起，整合绘制成橘子舟的形象，上面承载了历史文化与民俗风景。通过戚家军的形象，传达中华优秀传统文化，并大力弘扬中华民族威武不屈、坚强独立、自强不息的伟大民族精神。为涌泉蜜橘的品牌形象注入民族精神与家国情怀。

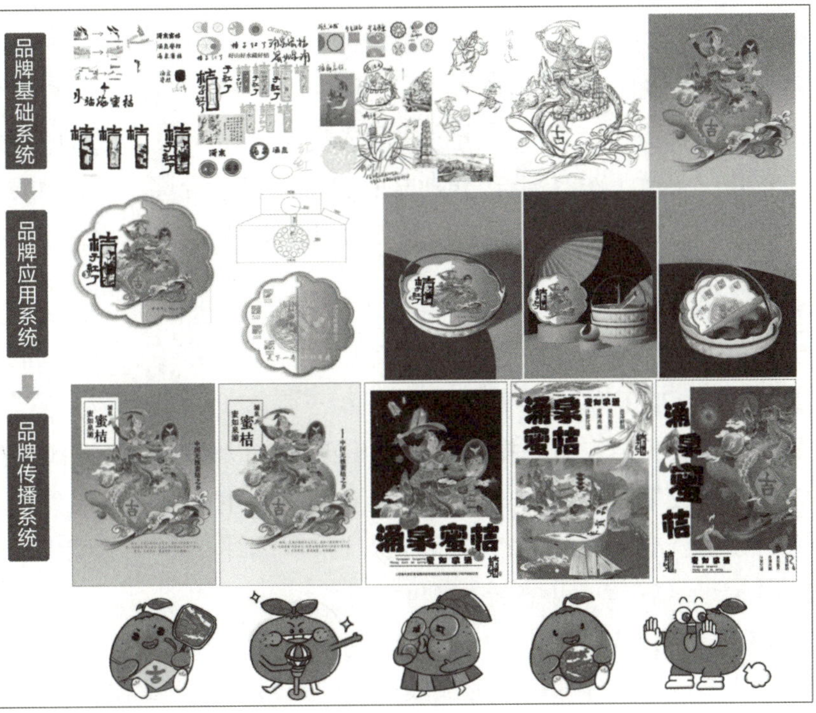

品牌基础系统　品牌应用系统　品牌传播系统

图7　"我和我的家乡"农产品品牌形象设计（学生作品）与解读

网络新闻实务

刘建民

浙大宁波理工学院　传媒与法学院

一、课程概况

网络新闻实务是网络与新媒体业务的重要基本技能，是网络与新媒体专业学生必须了解与掌握的一项重要业务技能。课程系统讲解网络新闻"采写编评摄"等基本实务理论与实践原理。课程现为浙江省线上线下一流课程（2019）、浙江省课程思政示范课程；是从2007年起坚持了14年的"行、访、叙、写"新闻传播实践教学品牌项目"行走的新闻"核心承载课程。

该课程由浙大宁波理工学院传媒与法学院开设，作为网络与新媒体专业主修课程，共64学时。课程教学团队由新闻传播学科专任教师组成，负责人刘建民为浙江省教育厅新闻传播教指委委员、浙江省高校"三育人"先进个人（2010）、2019—2020年浙江省"三育人"岗位建功先进个人（2020）、浙江省教育系统"两先一优"优秀共产党员（2021）。曾获浙江省教学成果一等奖、浙江大学教学成果一等奖等教学成果奖，获得教育部新闻传播学专业教指委、中国新闻学与传播学教学改革创新项目（2015）。

二、课程目标

（一）知识目标

以视频化要点讲解提供在线知识渠道，以情境再现仿真实践模拟网络新闻现场，以项目化成果考核的形式教会学生新闻内容生产。能够总结网络新闻实务的基本理论、原则、准则和范畴；能够辨识"采写编评摄推"实境中的基本原理和规范体系应用。

（二）能力目标

能够运用课程知识，形成较成熟的采写能力，掌控新闻实践中的新闻叙事机制；能够面对新闻传播和新时代背景下的国内外新闻情境，独立完成新媒体内容生产与运营。

（三）价值目标

以培养高素质全媒体复合型新闻传播人才为要义，注重坚持马克思主义新闻观知识传授与"讲好中国故事"价值引领相统一，引导学生"课堂上学习、课堂后思考，走出校园提问、走进社会实践"。通过"行、访、叙、写、察"，激活中国故事的家庭细胞，创新新闻叙事的载体和方法，拓展中国故事的青年途径，构筑中国故事的青年话语。

三、思政元素

（一）有机融合

思政桥接锚定思政教育与课程有机融合，以思政主题的实践项目驱动专业课程的新闻实践。与社会机构、驻校媒体、宣传部门等合作共建课程项目，找到并找准思政教育与本课程有机契合点。通过《我家四十年》《国是千万家》《我的小康之家》《浙里是我家》等形成精准的专业实践和思政教育的完美桥接与融合。这样的新时代大背景下的课程思政入口，是新时代马克思主义新闻观的教学实践、育人实践、青年实践，是中国特色社会主义新时代的现场激发（图1）。

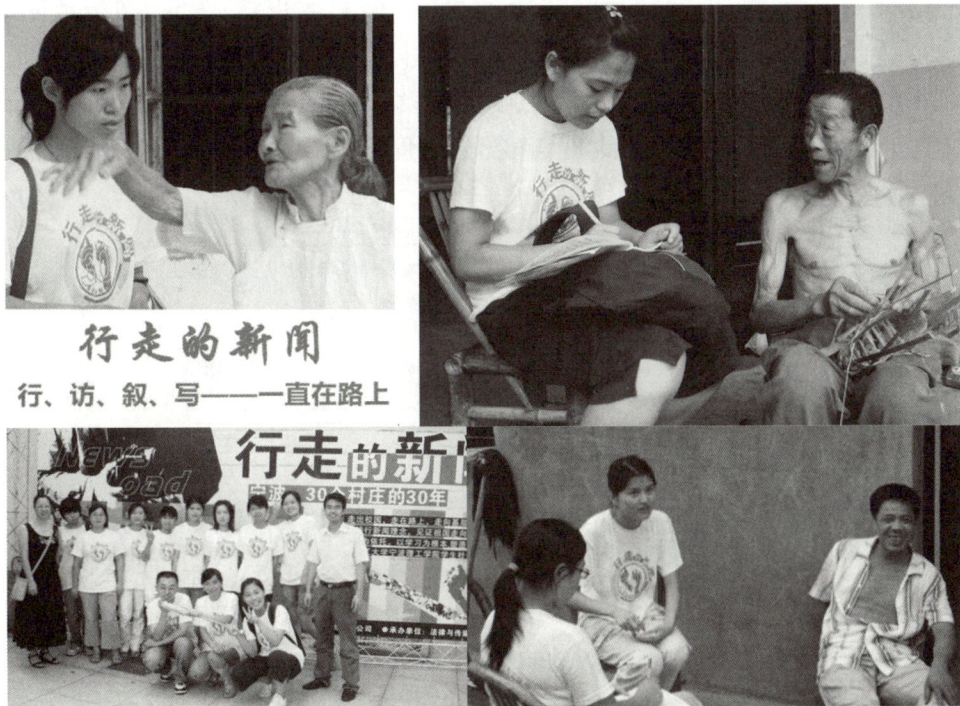

图1 "行、访、叙、写"现场实践

（二）元素切入

本课程思政元素发掘和内容供给集中体现在对"中国故事"的挖掘与讲述之中。思政元素在本课程教学过程中的全程呈现，使学生在实践中感受中国体温、看见中国社会、讲述中国生活、发现中国精神、体会中国智慧、读懂中国未来。讲故事是国际传播的最佳方式。思政选题集中展示浙江打造"重要窗口"、争创社会主义现代化先行省的生动实践和丰硕成果。

（三）实施路径

本课程价值塑造、知识传授和能力培养以"行、访、叙、写"为落地实践的核心抓手，实现"四向四做"卓越新闻人才培养落地发芽。"行"是走向社会；"访"是关注现实；"叙"是中国叙事；"写"是实践突破。坚持马克思主义新闻观知识传授与"讲好中国故事"价值引领相统一，将价值塑造、知识传授和能力培养紧密融合，引导学生"课堂上学习、课堂外思考，走出校园提问、走进社会实践"。

四、设计思路

课程总体设计思路如图2所示。

（一）教学内容

课程内容理论知识单元包含10个模块：（1）网络新闻与新媒体新闻认知；（2）网络新闻采访；（3）网络新闻写作；（4）网络新闻报道；（5）网络新闻编辑；（6）网络新闻评论；（7）网络新闻专题；（8）网络图片编辑；（9）国内新闻资讯App；（10）新形态的媒体力量。实践教学部分设计项目：宁波建城1200年背景下的宁波文化基因挖掘（故事或访谈）。实践部分全程贯穿：（1）选题与素材；（2）现场访谈；（3）图文制作；（4）作品发布。

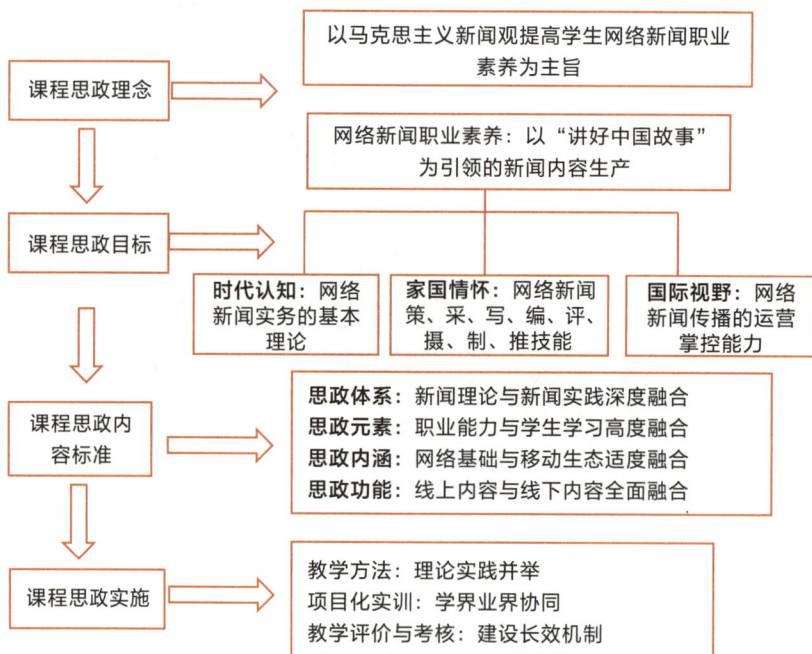

图2　本课程思政总体设计思路

（二）育人元素

聚焦重大主题与历史叙事的新闻聚合；铸就知行底蕴与行学本色的实践整合；探索课程思政与时政观察的学术融合。

育人元素对应教学内容知识单元：（1）领悟正确的新闻实事观；（2）树立正确的新闻职业观；（3）建构正确的主流媒体观；（4）打开正确的国际传播观；（5）遵循正确的媒介政治观；（6）践行正确的新闻实践观；（7）确立正确的中国故事观；（8）形成正确的影像流量观；（9）了解正确的新闻生产观；（10）勾画正确的媒体生态观。

（三）教学方法

通过理论讲授、项目驱动、情景教学、课堂讨论、直观演示、自主学习、主题教学、案例教学、案例解剖、视频观摩等教学方法的综合运用，实现思政桥接"一家亲"、行访叙写"一手抓"、成果固化"一条道"的专业实践品牌项目的长效运作机制。

五、实施案例

（一）案例1：《红星照耀中国》的经典价值

融入的课程知识点：网络新闻采访知识点及要求，即沟通方式、采访方式与方法、采访问题设计、提问类型等。

教学目标：坚持马克思主义新闻观知识传授与"讲好中国故事"价值引领相统一，将价值塑造、知识传授和能力培养紧密融合，引导学生"课堂上学习、课堂外思考，走出校园提问、走进社会实践"。

育人元素：树立正确的新闻职业观——红色经典为什么红？

主要内容：《红星照耀中国》分享，人民记者采什么、写什么？

实践教学：街采

教学方法：现场指导、课后讲评

教师讲述（故事化展开）：斯诺与《红星照耀中国》

埃德加·斯诺（Edgar Snow，1905—1972）生于美国密苏里州，美国著名记者。代表作《红星照耀中国》。他于1928年来华，曾任欧美几家报社驻华记者、通讯员。1933年4月到1935年6月，斯诺同时兼任北平燕京大学新闻系讲师。1936年6月斯诺访问陕甘宁边区，写了大量通讯报道，成为第一个采访红区的西方记者。抗日战争爆发后，又任《每日先驱报》和美国《星期六晚邮报》驻华战地记者。1942年去中亚和苏联前线采访，离开中国。

思考：如何认识西方新闻话语霸权时代的新闻叙事？

课堂观摩：《斯诺》专题纪录片（央视制作）

讨论：一个记者如何在正确的时间，出现在正确的地点（新闻现场），采写真实的新闻素材，传播新闻真相？

案例：西方"政治正确"媒体们的表演，如关于新疆棉的所谓报道解析，分析西方新闻叙事的破产。引导学生在课堂上下写好自己的中国故事，为国际传播视野中的中国叙事发声。

（二）案例2：新时代属于每一个小康之家

融入的课程知识点：新闻叙事与中国故事（媒体力量）

教学目标：通过理论讲授、项目驱动、情景教学、课堂讨论、直观演示、自主学习实践、主题教学等教学方法的综合运用，实现思政桥接"一家亲"、行访叙写"一手抓"、成果固化"一条道"的专业实践品牌项目的长效运作机制。

作业要求：《我的小康之家》自媒体推送、公众号运营

育人元素：勾画正确的媒体生态观

教学主题："中国故事——我家故事"专题讨论

教师总评（《我的小康之家》学生作业点评）：

以微观的"小家"为切入口，通过家庭小康之路的变迁，展现宏观的国家发展图景，感知历史和时代的脉动，正是我们在前期的课堂上完成《我的小康之家》作品的一大特点。总体来看，出自"00后"学生之手的中国小康之家的样本，充溢着中国性、故事性和人文性；挖掘故事内外的人生，体味不同人群在不同历史时期所遭遇的各种鲜为人知的际遇；解读、披露各时期鲜为青年所知的历史进程，这些样本见证了历史，更记录了中国的沧桑巨变。学生的这些叙事作品汇聚起来，透着暖心的家庭气息、逼人的青春气息、动人的奋斗气息、火热的时代气息、这些观察作品汇聚起来，洋溢着怡然的学术气息，这些接地气的观察作品透着真相、真知、真情、真理。

部分作品点评节选：

《生在小河旁》中，"跟着黄浦江的潮水走，一叶扁舟荡到大江口"的浙江嘉兴最靠北的小镇——油车港镇的合心村里，今日欣欣向荣的景象可以作证；《一把剪刀闯荡南北》中，那个在湖南乡下捧着小人书而忘了放牛的少年，如今变身为浙江义乌生意兴隆的理发店老板的幸福生活可以作证；《时光里的稻香》中，杭州市富阳区周公坞这个静谧的小乡村旧貌换新颜的巨变可以作证；《先打工后开店的温州人》中越过越红火的日子可以作证；《妈妈挣来一个家》中那双灵秀而又坚韧的双手可以作证；《我家眼镜店》中在东北售卖眼镜的外公外婆和在河北经营眼镜店的爸爸妈妈可以作证……《开向小康的五辆车》通过对家里20世纪90年代初的第一辆车"重庆长安工具车"到21世纪第五辆车"沃尔沃"20多年家庭用车迭代的描写，清晰呈现出家庭在奔向小康之路上的奋斗历程。每一辆汽车更新换代的背后，都是父母坚持不

懈、辛勤奋斗的故事。《守得云开见月明》《鸡毛飞上天》《几十年风雨一肩扛》《风雨中的平凡之路》《为房奔波这些年》……每一个故事都告诉我们，向中华民族伟大复兴目标进发的巨轮，没有坐享其成的乘客、事不关己的看客，你、我、他，亿万中国人，都是划桨者、搏击者。《她们的生意经》中的外婆，《江南水乡的铿锵玫瑰》中一个人带着儿子的单亲妈妈，《也曾打拼到非洲》中的父亲，《家东北，家江南，家小康》中的外公外婆……他们全都一步一步走在奔小康的路上。

学生讨论发言记录（专业能力提升、思想认识收获）：

张晓宇：《生在小河旁》里主要讲的是我爸爸、爷爷、妈妈通过家门口的小河，走水路去上海运输废铁的故事。我们因为每个家庭的故事，得以窥见那个时代的发展。

叶霄霞依：我的文章——《永不言弃》，写下了祖辈父辈的美好回忆，用文字传达内心深处最真挚的情感。

何流：我主要描写了我父亲奋斗的历史。我的父亲最开始是修空调的，但是他通过自己的努力，后来创立了机械销售有限公司。我的文章以车为符号，展现了家庭变迁的历史。

课程总结：思政引导——新时代，读懂自己的家是读懂中国的起点。

六、特色及创新

（一）特色

行之有效的知识教育、实践教育和课程思政三位一体的育人实践——"行走的新闻"行基层、访现实、叙中国、写才干。破解当下新闻观教育与新闻实践环节落地"两层皮"、学院式新闻教学与新时代背景下新闻内容生产"两条道"、新闻传播专业教育与课程思政教育"两股劲"的困局，为课程思政提供了一个特色的样板。

坚持不懈的新闻传播教育教学的创新实践——理论教学，教师在顶层领跑；实践教学，学生在田野奔跑。课程理论教学以马克思主义新闻观为指导，实践教学以"为家国画像，为青春构图"为行动指南，以学生时政视野的开阔和国情认知教育为教学主题，致力于通过课堂内学习讨论和课堂外全真实践的全面结合开启并提升学生内在潜力、学习动力和专业能力。

与时俱进的课程思政教育与专业教育的融合实践——专业教育，教师铸就"知行"底蕴；思政教育，学子尽显"行学"本色。课程设计观察者、叙述者双重视角，以学术随笔等方式关照和回应叙述，增强专业知识的学术表达，达到师生时空碰面、情感碰触、思想碰撞的多层效果，是师生合作、教学相长、心灵相契的教学新方式。

（二）创新

实现专业教学与思政教育环节的集群化合演——在智能媒体时代的"七大"新

闻实务上下足功夫，在新闻策、采、写、编、评、摄、推的格局下，形成教学合力。以"行、访、叙、写"为思政实践核心，强化新闻叙事及新闻话语能力培养。

实现实践项目与思政题材选择的时政化优选——强调聚焦重大国家发展、地方实践战略，对实践内容体系进行时政化、项目化设计与重构，树立用中国话讲好中国事、用身边事体现中国情的鲜明导向，不断实现新闻实践教育课程结构中实践项目的均衡性、综合性、价值性和选择性。

七、教学效果

正式出版学生新闻调查作品集21部。近4年来结合重大时代背景推出4部"家"系列作品：2018年，学生用《我家四十年——纪念改革开放40周年特别田野调查》记录历史；2019年，学生用《国是千万家——庆祝新中国成立70周年特别田野调查》献礼庆典；2020年，学生用《我的小康之家——"00后"眼中的中国小康之家观察》呼应时政，为小康之家画像，为全面小康构图；2021年，学生用《浙里是我家——纪念建党100周年"百年百家"观察笔记》从红船出发，到"绿水青山就是金山银山"理念，共迎百年华诞（图3、图4）。

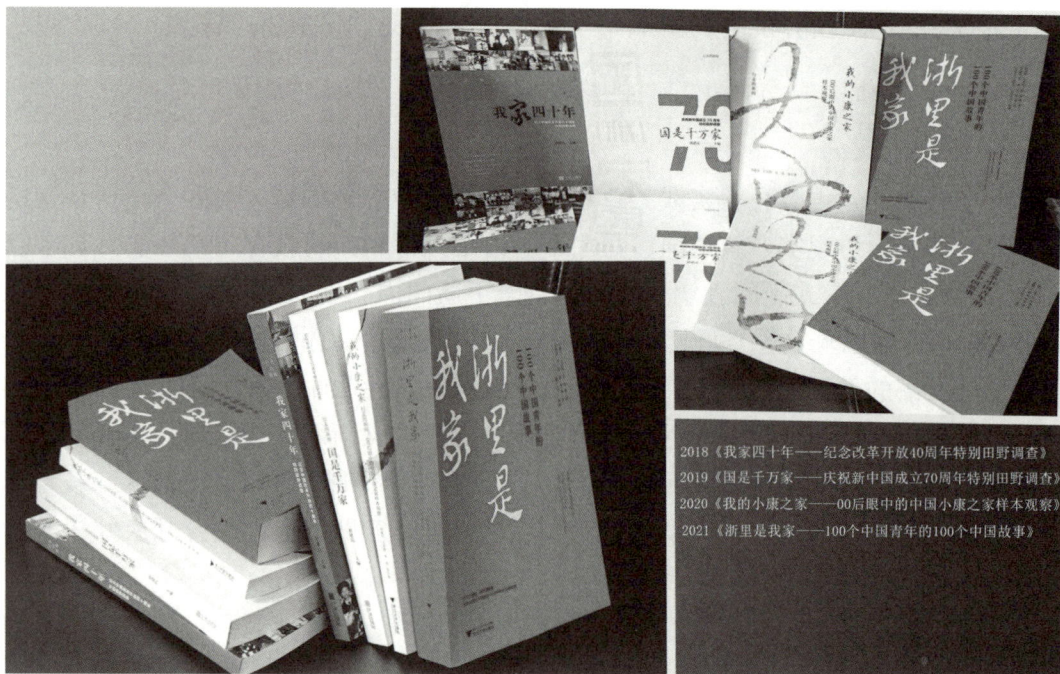

2018《我家四十年——纪念改革开放40周年特别田野调查》
2019《国是千万家——庆祝新中国成立70周年特别田野调查》
2020《我的小康之家——00后眼中的中国小康之家样本观察》
2021《浙里是我家——100个中国青年的100个中国故事》

图3　部分课程成果

"行走的新闻"
引入驻校媒体及机构
《中国教育报》宁波记
者站现代金报发展研究
中心

各级各界领导专家
指导"行走的新闻"
全国人大原副委员长许嘉璐
著名教育学家潘懋元先生
浙江大学前校长杨卫

可复制的人才培养
传媒校友回课堂

图4　人才培养影响

　　本课程实践成果已形成示范辐射效应。中国人民大学、浙江工业大学等10余所高校部分师生到校与本课程组成员进行交流指导。本课程学生作品集发行到各院校累计15000余册。

财政学

林琼慧

温州理工学院　经济与管理学院

一、课程概况

财政学是一门研究政府收入和支出活动及其对经济中的资源配置、收入分配以及经济稳定与长期增长之影响的经济学科。课程主要内容包括公共财政职能、公共支出理论、公共收入理论、财政体制和财政政策。与其他课程相比，财政学课程在政治认同、家国情怀和社会主义核心价值观等方面具有天然的"课程思政"属性。教学中要引导学生坚持用社会主义核心价值观对政府的财政行为进行分析，正确认识财政与经济的辩证关系，激发爱国之情，树立正确的价值观和理想信念，增强社会责任感。本课程选用"马工程"教材《公共财政概论》（高等教育出版社，2019年第1版）开展教学活动。

二、课程目标

（一）知识目标

（1）了解财政学的基本概念和公共财政的职能。

（2）掌握政府财政支出和财政收入的基本原理，了解国家生财、聚财、用财三财之道的规律。

（3）理解与政府有关的诸多经济现象和经济政策。

（二）能力目标

（1）能够运用财政学理论分析各类财政现象，认识经济财政中的现实问题，提高分析问题的能力。

（2）培养学生自主学习和独立思考的能力，提高学生的理论水平及对政策的理解能力。

（三）思政目标

（1）家国情怀：了解我国政府的财政职能，激发爱国之情，树立制度自信。

（2）增强法律意识：财政宗旨是为国理财、为民服务，研究的是治国之道、依法治国。

（3）人文素养：帮助学生构建良好品德、公共意识、团队合作、创新、社会责任与担当等多维度的价值体系，厚植人类命运共同体理念。

三、思政元素及设计思路

在教学中将社会主义核心价值观与财政学课程体系融合，从课程框架结构、课程内容和教学方法着手，对该课程思政内容进行嵌入式设计，将社会主义核心价值观三个层面具体化、生动化，承担起课程思政应具备的精神塑造、价值观培养等职能。课程设计思路如表1所示。

表1　课程设计思路

思政目标	思政元素	部分课程思政切入点	教学方法
政治素质	政治认同 家国情怀 制度自信	1. 结合我国国情分析财政的职能、我国社会救助制度等知识点，激发学生的政治认同 2. 在讲授财政支出中的国防支出时，回顾国庆阅兵仪式；讲授社会保障、消费支出、投资支出及财政支出规模增长理论时，举例改革开放以来我国在这几方面取得的成绩；新冠肺炎疫情防控期间，我国财政资金用于疫情防控、补贴生产、采购防控物资等，使学生了解中国共产党的执政之道，激发爱国之情和制度自信 3. 讲授财政政策时，举例我国政府在稳定宏观经济中的作用，激发同学们的家国情怀 4. 政府介入教育的理由之一是教育具有实现社会收入分配公平的功能，增强学生的大局观、平等意识、公正意识	讲授法、讨论法、任务驱动法、探究法
法治意识	学法知法 遵纪守法 诚信经营	5. 在"财政职能"章节讲授市场的失灵、外部性等知识点，让学生明确遵纪守法、诚信经营的重要性 6. 税收概念的学习让学生牢记依法纳税是公民应尽的义务，学法知法、遵纪守法	讲授法、讨论法、任务驱动法、探究法
人文精神	社会责任感 价值取向 理想信念 创新意识	7. 通过中西方政府财政职能、社会保障方面的对比分析，帮助学生坚定理想信念，树立正确的价值观 8. 我国政府的科技支出，尤其是航空技术方面的支出从无到有到优，激发学生的创新意识 9. 讲授社会保障、消费支出、投资支出知识点时结合政府工作报告进行分析，勉励学生紧跟时代步伐，激发社会责任感	讲授法、讨论法、任务驱动法、探究法
职业素养	团队合作 工匠精神 吃苦耐劳	10. 通过财政学小组讨论、案例分析等教学环节的设置，培养学生的团队合作精神 11. 讲解基础设施投资知识点时，举例港珠澳大桥九年艰辛的建设历程所蕴含的工匠精神	讲授法、讨论法、任务驱动法、探究法

四、实施案例

授课内容：第四章第三节　政府对教育的支出

（一）知识教学目标

（1）理解教育的产品属性。

（2）理解政府介入教育支出的原因。

（二）思政育人目标

（1）通过张桂梅案例的分析，感受信念坚定的共产党员的人格魅力。

（2）学生深刻领会"两会"关于教育的精神，培养学生分析问题的能力，增强社会责任感和使命感。

（3）通过政府介入教育支出的原因分析，帮助学生树立正确的人生观、世界观，厚植家国情怀及制度自信。

具体教学过程如表2所示。

表2　教学过程

教学环节	教学内容及教学方法		学生活动	设计意图及切入的思政元素
	教师活动			
课前探索	发布课前任务：阅读2021年政府工作报告，思考政府工作报告为教育划了哪些重点		读思	学生阅读2021年政府工作报告中有关教育的论述，为课堂讨论做知识储备
课中导学	基础知识教学	课前用"课堂派"考勤 第一步　案例导入：《感动中国》2020年度人物张桂梅（2分钟小视频，张桂梅案例首用）	学 思 议	导入新课、渲染氛围，感受信念坚定的共产党员的人格魅力
		第二步　课程内容教学：（讲授法、中央政策解读与案例讲解相结合） 一、政府介入教育领域的原因 1. 教育是具有较强收益外溢的混合物品；（张桂梅案例二用） 2. 教育具有实现社会收入分配公平的功能；（张桂梅案例三用） 3. 教育支出是重要的人力资本投资 二、中国对教育支出的总体情况 展示我国改革开放以来GDP增长及教育支出占GDP的比重数据		专业知识学习与思政教育融合 思政元素1：树立正确的世界观、人生观 思政元素2：平等、公正 思政元素3：大局意识 思政元素4：制度自信 （分属个人层面、社会层面、国家层面，全面践行社会主义核心价值观）
		第三步　学生讨论：结合张桂梅校长的事迹谈谈2021年政府工作报告为教育划重点的必要性（张桂梅案例四用）		学生深刻领会"两会"关于教育的精神，培养学生分析问题的能力，增强社会责任感和使命感 思政元素5：社会责任感和使命感
		第四步　课堂小结：总结知识点，布置课外学习任务		思政元素6：家国情怀、制度自信

续 表

教学环节	教学内容及教学方法		设计意图及切入的思政元素
	教师活动	学生活动	
课后拓展	第五步 布置课外任务：思考以下议题，参与教学 App 互动 1. 进城务工人员子女入学难怎么破？ 2. 如何看待"择校热"？	行	课外拓展成为课内教学的有益延伸，有利于基础知识的巩固，也有利于思政教学的巩固和内化

课前探索

课前任务： 阅读 2021 年政府工作报告，思考政府工作报告为教育划了哪些"重点"。

课中导学

导入新课： 观看《感动中国》2020 年度人物张桂梅（图1）部分节选，时长 2 分钟。

图1 《感动中国》2020 年度人物张桂梅

思考：

（1）"燃灯校长"张桂梅为什么要创办免费女子高中？

（2）在丽江市政府和华坪县政府的支持下，张桂梅的华坪女高最终得以成功创办，政府的出资理由是什么？

学生回答、教师归纳、导入新课：

我国宪法、教育法和义务教育法明确规定，公民不分性别依法享有平等的受教育机会；2021 年政府工作报告提到了要"发展更加公平更高质量的教育"。张桂梅从 2002 年起四处奔波筹集资本办免费女子高中，专门招收贫困家庭女孩子，但五年只筹措到 1 万元，后丽江市和华坪县各出资 100 万才解决了办学经费问题。那么，政府支出介入教育领域的原因是什么呢？

讲授新课

一、政府介入教育领域的原因

1.教育是具有较强收益外溢的混合物品

教育具有很强的正外部性，教育收益可以通过受教育者外溢给社会，从而提高整个社会劳动生产率和国民经济的发展水平，乃至影响国民福利水平。通过教育可以提高一国国民的文化道德素质，减少社会不安定因素等，也可以提高一国政府的行政管理水平等。

张桂梅校长说："提高山区母亲们的教育水平，将至少改变三代人！"一个接受过良好教育的母亲会给家庭带来更多的收益，所以女性受教育的外溢性会比男性更强。张桂梅校长用教育之光阻断贫困代际传递，这就是我们常说的知识改变命运。

温故而知新：

提问1： 如何区分纯公共物品和私人物品？什么是混合公共物品？

提问2： 纯公共物品、私人物品和混合公共物品的提供方式有哪些？

预设答案、教师归纳分析： 义务教育属于纯公共物品，纯公共物品由政府提供。义务教育以外的高层次教育一般属于混合公共物品。张桂梅所创办的女子高中不是纯公共物品，不能像国防和国家安全一样，完全由政府免费提供。这类教育具有外溢性，因此政府应适当地给予补贴。

2.教育具有促进社会收入分配公平的功能

提问： 为什么教育具有实现社会收入分配公平的功能？

预设答案、教师归纳分析： 受教育者可以从高层次教育中获得更多、更高的知识和技能，在将来找到一份较好的职业，获得较高的收入，拥有更多的晋升机会。但是教育作为一种人力资本投资是受到每个家庭收入情况制约的。政府介入教育领域，可保证教育机会的公平，并避免优秀人才资源的流失。比如我国的九年义务教育就是由政府提供的，它使每个学龄儿童都有接受基础教育的机会。

东西部地区可以加强教育协作，完善资源共享机制以缩小东西部的教育资源差距，实现教育公平，在共同富裕的道路上齐头并进。

3.教育支出是重要的人力资本投资

提问： 为什么说教育支出是重要的人力资本投资？

预设答案、教师归纳分析： 对于家庭来说，用于教育的支出是一种人力资本的投资，如果低收入家庭暂时无力支付学费，可以向金融部门申请贷款。事实上资本市场是不完善的，受教育者不能以他们未来的收入作为抵押来融资。那么，无能力支付学费的人就会被剥夺受教育的机会，为了避免这种情况的发生，由政府主办教育并为教育贷款提供担保，有助于弥补教育资本市场的不足。

二、中国对教育支出的总体情况

提问： 改革开放以来我国政府GDP及教育的支出情况告诉我们什么信息？

预设答案、教师归纳分析： 改革开放成就举世瞩目，中国的经济得以腾飞，教育的支出占GDP比重越来越大。1993年党中央国务院首次提出了国家财政性教育经费达到4%的目标。经过20年的努力，终于在2012年实现4%的目标。"十三五"期间国家财政性教育经费支出持续上涨，2016年突破3万亿元，2019年突破4万亿元，连续八年保持在4%以上。以1993年的867亿元为起点，到2019年的4万亿元，国家财政性教育经费支出增长近50倍。教育投入越来越多，教育资源越来越优质，学习路径越来越广。

学生讨论

教师布置讨论任务： 紧跟时代前进步伐，关心国家时事，这是当代大学生应有的责任感和使命感。请结合张桂梅校长的事迹谈谈2021年政府工作报告为教育划重点的必要性。

学生自由讨论、教师点评

课堂小结

"育才造士，为国之本。"教育关系国计民生，是一个民族最根本的事业。"两个一百年"奋斗目标的实现、中华民族伟大复兴中国梦的实现，归根到底靠人才、靠教育。"燃灯校长"张桂梅，一位坚定的共产党员，通过教育让1800多名山区女孩改变自己的命运，进而改变三代人的命运。从新中国成立到今天，中国教育事业取得的成就举世瞩目。我国政府还会持续加大财政教育支出力度，强化教育领域的薄弱环节。"教育兴则国家兴，教育强则国家强。"我们坚信在中国共产党领导下，中国的教育会越来越强，中国经济会越来越强。

课后拓展

布置课外任务：

（1）进城务工人员子女入学难怎么破？

（2）如何看待"择校热"？

五、特色及创新

（一）课程思政与思政课程"同向同行"协同育人

财政学课程具有天然的"课程思政"属性，与思政课程有着共同的育人目标，政治同向、价值同向、文化同向。但思政课程仍是立德育人的"主渠道"，财政学课程思政通过思想价值引领，结合专业知识开展多种形式的思想政治教育，与思政课程同频共振、共生共享、相得益彰。

（二）教学案例的本土化和时代特征

教学中我们经常采用中央政策解读与案例讲解相结合的教学方法来培养学生分析问题的能力，教学案例选择突出本土特色。比如结合2021年上线的首款由温州市政府主导的全民商业补充医疗保险产品——益康保谈社会保障制度。

（三）渲染氛围引学生同频共振

思政教育目标仅靠外在的灌输是无法实现的。教师自己要有强烈的家国情怀；此外，教师可以选择恰当的视频等素材渲染氛围，在情感上引起学生同频共振，让他们主动去接受课程思政，价值观才能内化于心、外践于行。

六、教学效果

（一）学生课程思政获得感得到增强

本课程教学过程中采用多种方法，调动学生学习积极性，用课程思政引领涤荡学子心灵，激励他们立鸿鹄志、做追梦人，增强获得感。从课后与学生的交流来看，学生课程思政获得感普遍得到增强。

（二）编写案例集

布置学生在课外自己编写案例并用所学的财政学原理进行分析，在搜集案例素材的过程中，关注民生、关注社会，也培养了学生分析问题和解决问题的能力。

（三）构建课程思政与思政课程"同向同行"教学生态共同体

积极探索并构建课程思政与思政课程"同向同行"的财政学教学生态共同体。

广告策划与设计

汪晨敏

湖州学院　人文学院

一、课程概况

广告策划与设计是现代广告活动中的重要环节，也是广告学研究中最核心的组成部分，具有很强的理论性及实用性。本课程引导学生在更广阔的背景下了解广告策划的含义，深入探讨广告策划的理论，熟练运用广告设计的原理和技法，进行高层次的广告策划与设计。

本课程是广告学专业的核心课程和必修课程，也是学生接触该专业的先修课程，在一定程度上能检测学生对广告学专业的认知程度和表现能力。在专业人才培养方案中，该课程开设在第四学期，共计36学时，2学分。

二、课程目标

（一）知识目标

（1）了解广告策划与设计的基本理论与原理。

（2）把握现代广告活动的规律，熟悉广告策划与设计的运作流程。

（3）掌握广告策划与设计的方法与技巧。

（二）能力目标

（1）能够完成广告策划项目的前期调研与资料分析。

（2）能够形成独到落地的广告创意。

（3）能够进行多维立体的广告表现。

（三）价值目标

（1）着手广告策划与设计项目——锻炼学生组织协调和团队协作的能力。

（2）开展项目的实施——培养学生探索求真和改革创新的精神。

（3）确定最佳策划方案——弘扬精益求精、追求卓越的新时代工匠精神。

三、思政元素

结合广告策划与设计与地方社会经济的紧密联系，该课程着重培养学生的爱国主义精神、红色文化传承与实事求是态度。

（一）爱国主义

广告策划与设计立足移动互联网背景，结合时代需求，将国产咖啡品牌贝纳颂和湖州本土品牌老娘舅（2017 年度中国餐饮业十大品牌之一）作为课程理论和实践的对象。本课程关注其品牌发展，向学生传递"中国品牌、中国制造"正在提升我们的消费者体验，正在实现创造美好生活与美好未来的初心与梦想。

通过实例融入中国古人哲学智慧、审美情趣和传统色意象的操作，号召学子树立起全力建设自主、自立、自强的中国品牌形象，大力弘扬中华优秀传统文化的信心，同时也倡导他们要积极培养文化自信，不要盲目迷恋国外品牌。基于此，教学过程既是中国现代商业文明视角下广告专业技能的学习过程，又是社会主义核心价值观视角下厚植家国情怀、培育家园意识的实施过程。

（二）红色文化

海报设计作为广告设计中的一种设计形式，在传播正能量、发挥社会影响力方面具有不可估量的作用。本课程将海报设计与浙江省大学生多媒体设计竞赛相结合，积极渗透学科竞赛与专业特色相融合、教学理论与教学实践相促进的教学理念。在2021年主题"从'浙'里看百年"的推动下，挖掘中国共产党成立一百周年，浙江大地上之江儿女们的奋斗足迹，感受红船精神、浙江精神、"绿水青山就是金山银山"理念对新时代大学生的思想启发和精神指引，并用广告设计的视觉语言呈现红色文化在新时代的意义。

（三）实事求是

尊重湖州作为长三角一体化国家战略城市的事实，一切从湖州目前的城市定位、发展规模和潜力展望的事实出发。通过老娘舅长三角300＋直营门店分布的战略布局以及为上海世博会、G20杭州峰会、浙江省运会提供指定用餐服务的事实，让学生在广告策划与设计的过程中，立足湖州学院对标对表区域经济社会发展的重大战略需求以及地方应用型高校的办学定位，拓宽视野，关注并参与该品牌相关的广告策划与设计活动。同时，在广告学处于新闻传播学学科的背景下，让学生不断强化优秀全媒体人的职业素养，打造个人形象广告，锻炼自身成为满足区域产业转型升级需要的高素质应用型人才。

四、设计思路

课程章节思政元素的教学设计如表1所示。

表1 课程章节思政元素的教学设计

课程章节	重要思政元素	相关联的专业知识或教学案例
广告提案设计	工匠精神 中国制造 文化认同	1. 以国产咖啡品牌贝纳颂为引子导入中国制造的自豪感。围绕品牌核心产品体现中国制造、追求完美的设计初衷。 2. 参考另一国产品牌小牛的广告提案设计风格所体现的技术创新，引导学生运用优秀中国传统文化——充满古人哲学智慧和文学想象的中国传统色，确定可视化设计的基调。 3. 借助书籍《中国传统色：故宫里的色彩美学》、网络资源zhongguose.com感知中国传统色的视觉张力，确定贝纳颂广告提案可视化设计的画面风格，创造作品的意境，提升艺术的表现力。
学科竞赛广告设计	红船精神 "绿水青山就是金山银山"理念 浙江精神 中国智造	1. 抓住中国共产党成立一百周年的契机，结合2021年浙江省大学生多媒体设计竞赛的主题——从"浙"里看百年，用海报设计的形式表达中国共产党对新时代浙江大学生的思想引领。 2. 通过为学生解读往届比赛主题"浙江诗路行"等获奖海报的精神要义、阅读红色典籍、观看红色影片、走访红色基地，挖掘理论的视觉元素，体现设计的思想价值和社会意义。
微信公众号广告策划与设计	爱国主义 实事求是 文化自信 自主、自立、自强	1. 从湖州本土品牌老娘舅微信公众号广告的软文策划到品牌传统节日表情包设计，引导学生立足本土，立足学校办学定位。 2. 编辑出适合中国人阅读语境的广告宣传文章，设计出传递中国人审美偏好和审美情趣的微信表情包。 3. 使学生切身感受国家之强大、民族之兴盛、中国品牌之崛起，产生积极的文化认同感。
H5广告设计	改革创新 精益求精 自强不息	1. 以《人民日报》新媒体平台发布的2019年政府KPI H5为设计模板，引导学生以2021年学业KPI为创意思路，运用创造性思维掌握H5融媒体交互的核心功能和技术应用。 2. 对于多媒体元素本着移动设备自适应、用户体验达到最佳效果的态度，力求作品的精益求精。并让学生对自己的大学生涯规划产生触动，设计自身版的个人形象广告，努力塑造一个自强不息的新时代大学生形象。

五、实施案例

案例1：从老娘舅微信公众号软文广告编辑、表情包形象设计入手，提升中国本土品牌自主、自强、自立的形象，激发学生的家国热情（图1）

近年来，国家高度重视建设和培养中国自主品牌，极力塑造中国品牌自主、自立、自强的形象。为了提升中国品牌的认知度和影响力，2017年，国务院将每年5月10设立为"中国品牌日"。品牌年轻化，利用新媒体开展品牌推广和广告宣传是中国品牌的新式"法宝"。《人民日报》等主流新媒体，与天猫、京东等电商平台合作，开启"国潮来了""国潮好物"广告推销新模式。在这样的社会环境、媒体环境的催化之下，选择湖州本土品牌——体现湖州区域经济特色发展的老娘舅作为广告策划与设计课程的案例教学对象，把爱中国、爱家乡、爱国货的爱国主义教育根植于学生的内心。

教师结合中国传统节日、行业性节日、品牌周年纪念日等节点，展示老娘舅在新媒体广告策划与宣传、线下实体店公益营销活动（连续多年的教师节免费套餐）的成果，从而设计本章节的教学内容。以新媒体为主线，确立老娘舅微信公众号广告设计（软文的图文设计与编辑）和传统节日表情包设计，融乐趣于严肃的爱国主义教育话题，体现老娘舅广告策划与设计的趣味性、审美性、交互性、体验性。在软文编辑中，站在适合中国人阅读语境的角度，创作广告宣传文章《老娘舅一年卖7亿碗的秘密》。在表情包设计中，站在能传递中国人审美偏好和审美情趣的角度，设计表情包"棒""冲鸭""新年好"等。使学生切身感受国家之强大、民族之兴盛、中国品牌之崛起，产生积极的文化认同感。

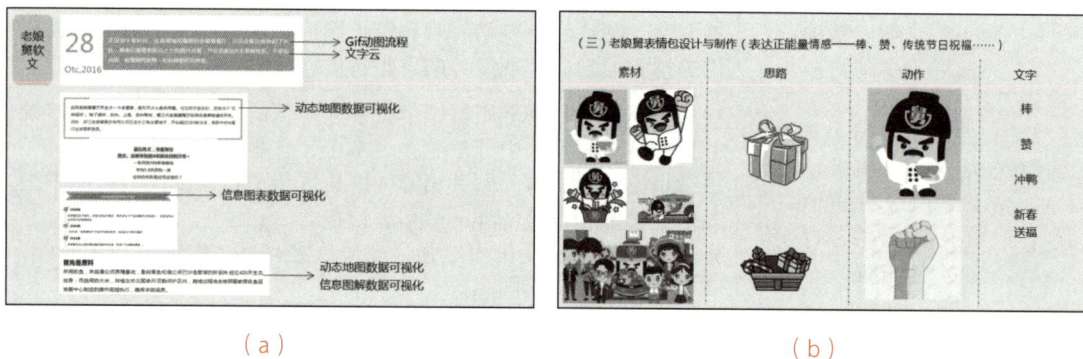

（a）　　　　　　　　　（b）

图1　案例1教学内容

案例2：以浙江省大学生多媒体设计竞赛"从'浙'里看百年"海报设计为例，倡导学生感受浙江精神，传承红色文化（图2）

2021年浙江省大学生多媒体设计竞赛的主题是"从'浙'里看百年"，旨在提高大学生的家国情怀，进一步了解中国共产党百年发展历程，培养大学生的创新意识，活跃校园文化。该竞赛是湖州学院的学科竞赛项目，教师以课程为依托，每年辅导学生参与竞赛，连续多年获得省级二等奖和三等奖。从近两年的比赛主题词来看，浙江元素的比例越来越高。2020年的"浙江诗路行"和2021年的"从'浙'里看百年"都是较能够体现浙江精神、浙江文化的。

教师借此安排海报设计的课程内容，通过引导学生学习红船精神、"绿水青山就是金山银山"理念、浙江精神、中国智造等内容，从广告创意的角度挖掘红色文化和浙江精神的视觉元素，体现设计的思想价值和社会意义。以杭州、嘉兴、湖州为例，科技智造是杭州的典型元素，绿水青山是湖州的典型元素，红船精神是嘉兴的典型元素。最后再增加从红色元素到现代奋斗成就的元素，以二维码的形式，用蓝、绿、红三种色调将"看"的内涵融入图形的画面构成中，并赋予"扫一扫二维码，看杭州蓝创未来，成就智造中国""扫一扫二维码，看嘉兴红潮涌动，铸就奋斗中国""扫一扫二维码，看湖州绿水青山，绘就生态中国"的文案意象。

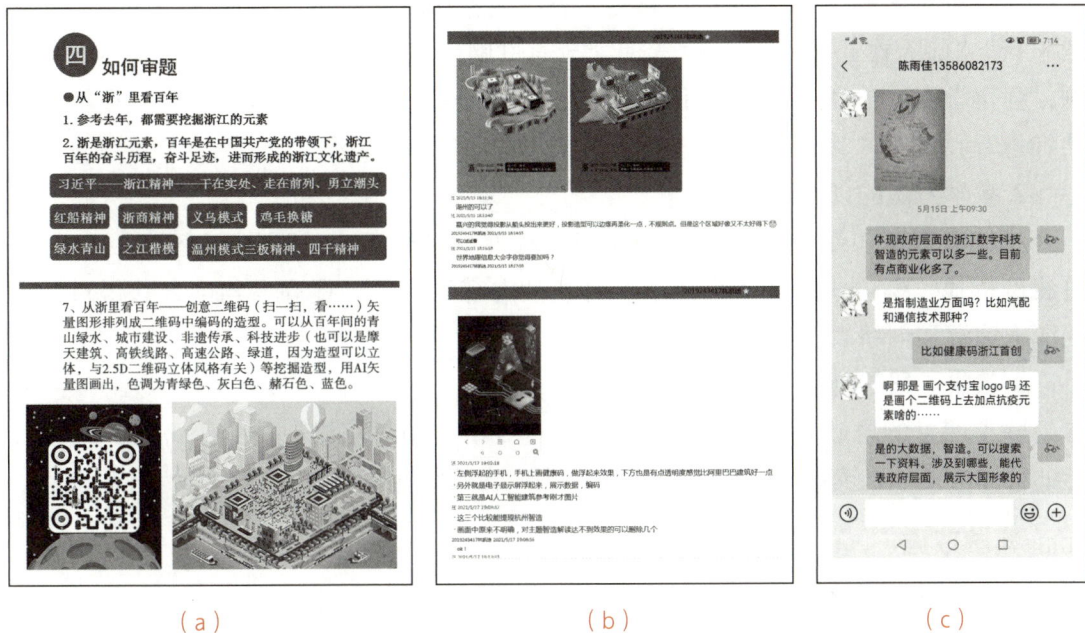

（a）　　　　　　　　　　　（b）　　　　　　　　　　　（c）

图2　海报设计指导过程

六、特色及创新

（一）特色

1.融

一是指把课程思政的指导思想融合在课程内容的设计中，选择的教学案例国产品牌、本土品牌、"从'浙'里看百年"主题海报、政府和个人年度KPI都深深地烙上了从个体到家乡到国家成长与发展的印迹。二是指一个教学章节中的一个教学片断可以同时融汇好几种课程思政元素，比如"从'浙'里看百年"海报设计，融汇了革命精神、爱国主义、敢于创新、精益求精等多种思政元素。三是指专业知识与其他学科知识的融通，广告策划与设计是一门综合性的课程，在课程的实施中，需要教师具备本土化和国际化的专业视野，也需要学生培养广告学、营销学、设计学、文化学、思想政治学等多学科贯通的素养。

2.真

一是指传承湖州学院前身湖州师范学院求真学院"特色求真"的办学目标，在思政教学过程中践行"求真知、干真事、做真人"的人才培养理念。二是指选取湖州本土的餐饮品牌老娘舅，让学生在品牌日常的线上线下体验中感受品牌广告策划与设计活动的真实魅力，为日后服务于本土企业奠定实践基础。

（二）创新

1. 教学理念的创新

在课程思政教学中，渗透广告人"职业理想和职业道德"养成、广告作品"创意先行""优秀作品至上"的教学理念。通过网络及时引入最新、最优秀的教学案例，强化学生的"高立意""博眼界"意识，逐步养成关注、积累、思考与设计作品的广告专业素养。

2. 教学方法的创新

将社会热点、专业时代特色和课程思政教学结合起来。运用探究式、比对式、自我剖析式、模仿式的方法强化学生对教学内容的兴趣，提高参与度，获得对知识的深入理解和创新表现。

3. 教学手段的创新

除了课堂的思政教学，还号召学生通过线下走访、拍摄、体验等方式，结合线上的移动应用、社交媒体和网络资源，体现广告策划与设计表达的多样性和创造性。

七、教学效果

（一）学生设计作品丰富

此处展示老娘舅公众号软文广告（图3）和表情包（图4）、H5学生个人形象广告部分作品（图5）。

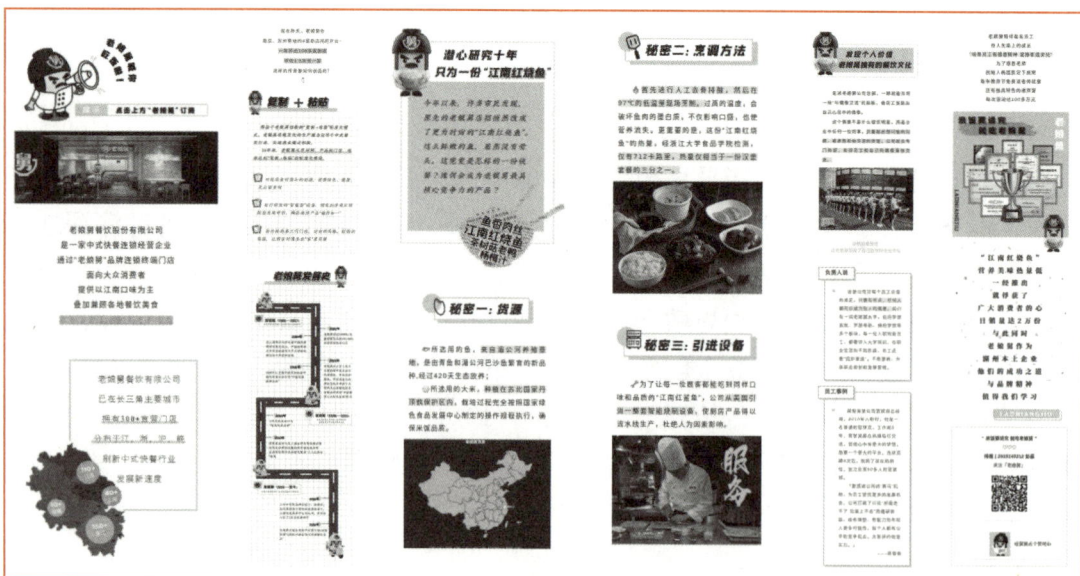

图3　老娘舅公众号软文广告（学生作品）

图4　老娘舅表情包（学生作品）

图5　H5学生个人形象广告（微信扫一扫观看）（学生作品）

（二）学生参与学科竞赛

指导学生参与历年学科竞赛，包括浙江省大学生多媒体设计竞赛、全国大学生广告艺术大赛，还有行业大赛金犊奖，取得了较好成绩。其中大学生多媒体竞赛的成果最为丰硕，2007—2016级广告专业学子都有获奖，共计二等奖8项。2021年"从'浙'里看百年"主题的作品（图6），从创意到表现都较为出彩。

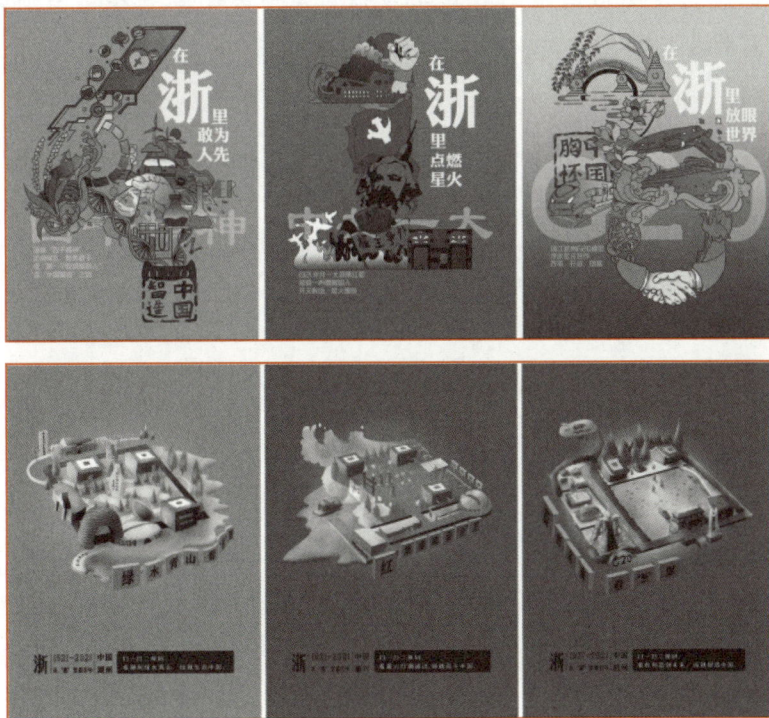

图6　"从'浙'里看百年"海报设计参赛作品（学生作品）

（三）学生课后体会深刻

林凯迪（2019级学生）：广告策划与设计是对于广告专业学子未来就业很重要的技能培养课程，通过学习，我收获颇丰。该课程基于课程思政的总体视角，把专业知识与思政元素很好地融合起来。如让我们在接触湖州本文品牌老娘舅中树立中国品牌崛起并走向世界的信心，也培养了大学生爱国爱家爱岗的人生观和价值观。课程思政的引领，不禁让我体会到，一个好的创意和设计思路对于广告策划与设计活动固然重要，但是只有在大国梦、中国梦、文化自信、新国潮风等正确的思政指引下，才能更好地展开，展现中国人的文化精神，体现中国高等教育之下莘莘学子的知识素养和人格素养的形成。

而在"从'浙'里看百年"学科竞赛海报设计学习过程中，我发现图形元素与广告设计有着千丝万缕的联系，如何将红色文化融入广告设计中，又为我们重新提供了一个学习红色文化、感受红色文化的渠道，让专业课变成专业知识和党史教育两相合的场所。我希望能在今后的课程学习中，感受更多专业知识与思政文化的思想碰撞。

陈雨佳（2019级学生）：广告策划与设计让我明白了广告学是一门以人为中心、关注人、围绕人、研究人的学问。老师将思政元素融入该课程，更加让我们明白广告不仅仅是现代消费社会独立的个体，它更从思政元素中获得了灵魂，让我们在思考如何赋予广告应有的吸引力与宣传力之前，需要在中国文化、中国精神的大框架之下展开广告策划与设计活动。

英美文学

方 岚 ——

浙江工业大学之江学院　外国语学院

英美文学中的优秀文学作品体现了人类对客观世界的认识，显示了人类成长的精神轨迹，并给世世代代以审美的愉悦。以英美文学课程为例，就是把文学作品知识的传授与价值引领有机地结合起来，实现课程思政的目标。

一、课程概况

英美文学课程是我国高等院校英语专业教学中一门十分重要的专业知识必修课程。根据《高等学校英语专业英语教学大纲》，英美文学在英语专业高年级阶段开设，分为英国文学和美国文学。目前，浙江工业大学之江学院的英国文学、美国文学分别在英语专业本科三年级第一、二学期开设，每周2课时，英美文学共计64课时。课程教材使用刘炳善主编的《英国文学简史》（河南人民出版社）和吴伟仁主编的《美国文学史及选读》（外语教学与研究出版社）。课程师资队伍由一名副教授、两名讲师、一名助教组成。近年来借助省一流课程建设（线下）、绍兴市课改、学院核心课程建设的契机，教学团队做了各方面的探索和实践来提高教学效果、开展课程思政。

二、课程目标

英美文学课程是高校英语专业的必修课程，是提高学生英语水平、文学鉴赏能力和人文素质的有效途径。结合我院英语专业人才培养要求，通过本课程的学习，学生能较为详尽地记忆英美文学的渊源和发展以及英美文学史上的重要作家及其作品；初步具备独立阅读、欣赏、领会英语文学原著的能力，运用文学批评的基本理论和方法，训练对文本的感受、分析、思辨能力；通过英美文学认识英美文化和国民性格，培养人文情怀、提高人文素质；从知识、能力、素质三方面达成课程目标。课程同时把英美文学教学与思政教育结合起来，注重学生客观了解和剖析西方世界及其文化优劣能力的培养，使其用世界语言讲好中国故事，树立文化自信。

三、思政元素

本课程通过教学主题渗透育人思想，增强学生的文化自信，培养学生健康、正确、积极的人生价值观。英美文学课程中的思政元素主要有以下几个方面。

（一）社会主义核心价值观引领教育

课程教师在深入理解英美文学作品的基础上，对符合社会主义核心价值观、具有德育价值的内容，导入思政元素。虽然英美文学作品反映的是西方的价值观，但与东西方文明在价值观领域也存在着广泛的交集。例如，殖民地时期的美国作家本杰明·富兰克林的代表作《富兰克林自传》在讲述其人生奋斗与成功经历的同时，也宣扬了善与美的道德真谛，从中我们可以挖掘出社会主义核心价值观中所包含的富强、敬业、诚信的思政元素。

（二）批判性教育避免盲目崇拜

英美文学作为人类文明的一部分有其积极意义，但其蕴含的意识形态与价值观并不具有天然的优越性与普遍的适用性。为避免学生在学习英美文学后对西方文化和价值观产生片面的盲目崇拜，帮助学生形成批判性思维与辩证的历史观，"英美文学"课程的授课教师需进行必要的批判性教育。例如，教师在分析美国浪漫主义作家霍桑的作品《红字》时，不仅要分析女主人公由罪人转变为天使的成长经历，也需引导学生对西方文化有更全面的认识：西方文化不仅有早期在《富兰克林自传》中所体现的勤劳、节制、回报社会等美德，也有在《红字》中所展现的虚伪、残忍、专制的一面。

（三）对比分析教育提升道路自信

在讲授英美文学作品时，在有可比性的前提下，可在历史背景、人物分析等方面联系中国的历史与现实，引领学生展开讨论，帮助学生提升道路自信。比如"美国梦"是美国文学中贯穿多个时代、作品的主题，其中美国作家菲兹杰拉德的《了不起的盖茨比》最具代表性。教师可通过文本解读来引导学生对比《中国合伙人》与《了不起的盖茨比》两部文学作品，概括总结"中国梦"与"美国梦"在历史背景、实现方式和最终目标上的差异，使学生在认识到"美国梦"历史局限性的同时，明确认识到：个人梦想的实现必须建立在中华民族伟大复兴这个"中国梦"的基础上，号召同学们树立远大的理想和爱国情怀，将自身梦想与"中国梦"结合在一起。

英美文学课程近年来专列"课程思政"教学设计表（图1），旨在英美文学课的授课内容中发掘和导入可以培养大学生理想信念、价值取向、社会责任的题材与内容，在学生学习专业文学知识的同时，全面提高缘事析理、明辨是非的能力，让学生成为德才兼备、全面发展的人才。

"课程思政"教学设计表

学院	外国语学院	专业	英语	课程名称	英国文学史
授课教师	方岚	授课班级	英语1801-1803班	学分	2
课程类别	A.通识课　B.专业基础课　C.专业必修课　D.专业选修课				
教学目标	通过本课程的学习，使学生对英国文学的渊源和发展以及英国文学史上的重要作家及其作品有较为详尽的了解，初步具备独立阅读和赏析英语文学原著的能力，同时进一步提高英语语言理解和表达能力以及人文素养，熟悉文学批评的基本理论和方法，训练对文本的感受能力、理辨能力、分析能力，为学生进一步的学习和研究提供学术基础。 把思政教育与文学史教学结合起来，使得外语类课程中传授的内容不仅仅只是外语语言与文学知识灌输，而更注重学生客观了解和剖析西方世界及其文化优劣能力的培养，使其用世界语言讲好中国故事，树立文化自信，守住意识形态阵地，成为政治素质过硬的国际专业人才。				
"课程思政"教育内容	"课程思政"中德育元素与教学内容的融入： 第二周学习任务：了解中世纪文学的年代划分及主要文学体裁，掌握《贝奥武夫》的主要内容及史诗特点，理解英雄主义的相关主题内容，培养学生有担当、敢作为的英雄主义气概。 第五周学习任务：理解弥尔顿作品中体现的革命精神，掌握《失乐园》彰显的革命精神和人物的象征意义，尝试对比了解《天路历程》与《西游记》，通过比较中西文学作品，增强学生对中国经典文学作品的认同感，增强文化自信。 第七周学习任务：了解菲尔丁作品的主要写作特点，掌握《汤姆琼斯》人物形象分析，拓展分析《汤姆琼斯》折射的道德观，培养学生健康、正确、积极的道德观。 第八周学习任务：了解18世纪苏格兰浪漫主义代表诗人及其主要作品，理解《一朵红红的玫瑰》修辞美，理解《友谊地久天长》体现的国际友谊，加深学生对国际化、全球化背景下"共同体"趋势与现状的认识。 第十一周学习任务：理解狄更斯作品的主要写作特点，掌握《雾都孤儿》人物形象分析，拓展分析《雾都孤儿》中人性的善与恶，通过作品分析和解读，使惩恶扬善的理念深入人心。 第十二周学习任务：理解简奥斯丁的主要作品《傲慢与偏见》的主题内容，掌握《简爱》主要人物形象分析，拓展分析《简爱》中女权主义意识，倡导自由、平等、和谐的理念和氛围。 第十四周学习任务：理解《福尔赛世家》的作品结构与主题，了解萧伯纳的文学地位及其社会主义理念，理解《华伦夫人的职业》内容及主题思想，通过作家及其作品理解社会主义制度的优越性。				
教学方法与举措	1. 教师在课程教学中立德树人 教师在课堂上言传身教，学术研究无禁区，课堂讲授有纪律，言论行为有底线，在课堂上传递正能量。教师对待课程和课堂的态度，既是潜移默化的课程思政，更是最直接的课程思政。在组织学生进行听说读写译和讲解语言知识的过程中，教师通过口授、学生自主思考、学生分组讨论、师生互动交流等教学方法和手段，将德育教育有机融入英语教学过程中，使学生通过自己的学习和思考，在学习语言的同时获得正确的思想观念、价值观点和道德规范。 2. 创造思政教育环境 在《英国文学史》教学过程中，教师可以采取辩论赛、小组讨论、角色扮演等形式，引导学生有效地查找资料，全面分析中西方文化差异，将中华民族传统文化内在化，增强民族认同感和自豪感。课程教学中引入课程思政教育理念，不局限于课堂四十五分钟，借助于开放式的网络教学，将学习过程延伸到课前、课中和课下。 3. 利用互联网充分挖掘文本中的德育元素 利用现代便捷的qq或微信，教师定期或不定期发布与教学内容相关的讨论话题，通过分析学生的回帖等数据，了解学生的思想状态和兴趣热点，从而对自己的教学内容和教学方法动态调整，提高教学效果。同时，结合课堂上所上内容，教师还可以发表自己的观点，影响学生的思想，从而引导学生树立健康向上的态度，这种润物细无声的方式学生更加容易接受，更加有思想教育效果。				

图1　英美文学"课程思政"教学设计表

四、设计思路

课程教学在整体设计中坚持每课"三省"：知识传授明晰否、能力提升落实否、育德功能实现否。在育德功能方面，坚持按照"办好中国特色社会主义大学，要坚持立德树人，把培育和践行社会主义核心价值观融入教书育人全过程"的根本要求，将学科资源、学术资源转化为育人资源，实现"知识传授"和"价值引领"有机统一，推动"思政课程"向"课程思政"的立体化育人转型。

在具体设计思路上，用3M结合法组织课程思政教学，即注重message（教学内容）、medium（媒体和技术）、method（教学法）的动态结合。对于"英美文学"课程教师来讲，必须把教学内容、课堂教学活动、课后教学活动列举出来，根据收集的相关音视频、文学评论等相关网络资源，确定用什么方式去组合更适合、从哪里切入进行思政教育更合理。英美文学进行课程思政教育并非改变其专业课的内容与性质，而只是为思政元素在英美文学课中找到一个载体。先把教学内容列出来，运用反向设计（backward design）明确要达到什么知识、能力、素质、育人目标，决定如何去设计教学内容。

五、育人元素实施案例

课程教学目标如表1所示。

表1　课程教学目标

课程名称	英国文学	授课对象	英语专业大三学生
授课内容	彭斯及其《一朵红红的玫瑰》	所属课程章节	Part Four，Chapter 15 Burns
教学目标	知识目标：了解诗人彭斯的主要作品及其苏格兰民谣的特点，理解作品《一朵红红的玫瑰》的词汇特征、修辞方法与主题思想 能力目标：能够运用诗歌欣赏的基本方法，赏析诗歌中的修辞美和民谣的音韵美 素质目标：理解彭斯诗歌《友谊地久天长》体现的国际友谊，加深学生对国际化、全球化背景下"共同体"趋势与现状的认识；通过类比中国古代文学中的诗词，增强文化自信		

课前准备： 提前发布与课程知识点相关的短视频，视频时间一般控制在10分钟之内，并设置自主学习任务点，作为"导学"（图2）。

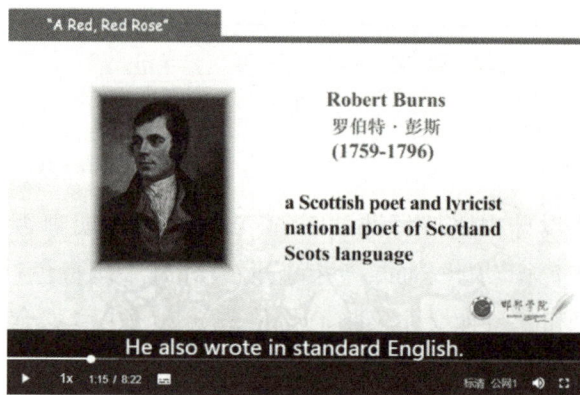

图2　"导学"短视频

（一）诗人彭斯简介

1.导入及教学目标出示

每节课开始列出清晰的内容导读图（guide map）和教学内容要点（class focus），每节课都有明确的学习内容和学习目标，让学生带着目标和任务学习（图3）。

Guide Map

Three Divisions of the 18th Century English Literature

1) Classicism (古典主义)
Steele, Addison, Alexander Pope, Samual Johnson
2) The modern novel
Daniel Defoe, *Robinson Crusoe*
Swift, *Gulliver's Travels*
Richardson, Fielding, *Tom Jones*
3) Pre-romantic poetry
Blake, Burns

图3　内容导读和教学内容要点

2. 课前自主学习反馈

根据教学实践经验，教学内容中相对简单的作家简介部分，完全可以交由学生自主学习。根据课前的自主学习和任务要求，学生汇报诗人彭斯的生平和诗歌特点，以课堂汇报的形式进行教学活动，培养其课堂参与意识。

3. 教师知识点介绍及补充

结合学生学习报告补充总结彭斯的基本情况：罗伯特·彭斯（1759—1796）是18世纪末英国最伟大的浪漫主义诗人，又称为苏格兰著名的农民诗人，苏格兰历史上最伟大的诗人之一。他的诗歌吸取了苏格兰民谣的优点，采用苏格兰方言来表现普通劳动人民的思想情感，朴实自然、简洁明快，具有鲜明的民族特色。

之后播放耳熟能详的经典电影《魂断蓝桥》的主题曲《友谊地久天长》（*Auld Lang Syne*），引起学生的兴趣，同时指出歌曲原词作者是罗伯特·彭斯，以此加深对诗人彭斯的记忆。以彭斯作品 *Auld Lang Syne* 为例（后改编为中文歌曲《友谊地久天长》），并通过观看宋祖英、郎朗、多明戈、周杰伦表演视频进一步体会民谣作为诗歌体裁之一的魅力。

Auld Lang Syne 作为一首以友谊为主题的诗歌，被翻译成多国语言，为世界各个国家的人们所传唱。友谊不是偶然的选择，而是志同道合的结果；友谊传承于密切的文化交流之中，友谊是各国人民所共同的内心追求。

（二）彭斯诗歌《一朵红红的玫瑰》分析

根据各部分知识难易程度之不同，采取多元化教学：简单内容学生汇报（如作家生平），较难内容采取启发式讲解与讨论相结合方式，使学生"会学"。

1. 介绍诗歌体裁：民谣

聆听往届英语专业学生诗歌朗读 *A Red Red Rose* 音频，拉近与诗歌的距离，感受诗歌优美的音韵、严正的格律及一定的音乐感。结合民谣的特点，理解《一朵红红的玫瑰》的诗节组成、押韵形式：以4行为1个诗节，每个诗节中的第2和第4行押韵。

对比欣赏王佐良先生的《一朵红红的玫瑰》中文翻译版本（图4），中译本的韵律舒展、自由、灵活，吸收了民歌的特点，采用口语使诗歌朗朗上口。可见汉语作为历史悠久的语言，极大地显示了其特色和魅力，读来让人感到诗中似乎有一种原始的冲动，一种原始的生命之流在流淌。

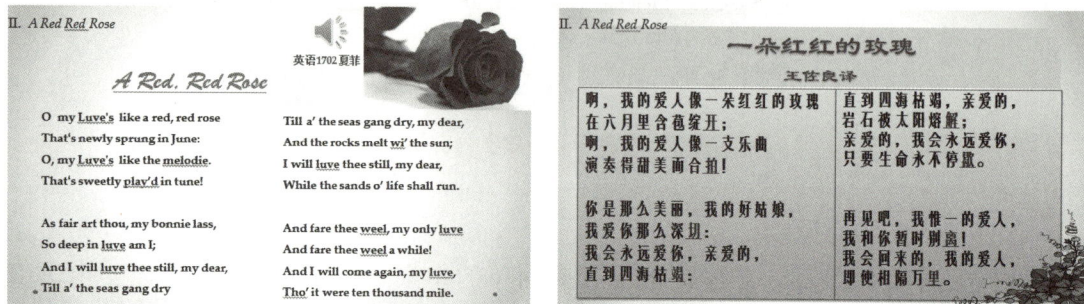

图4 《一朵红红的玫瑰》英文及中文版

2. 启发式讲解、讨论式教学

通过语音、词汇、修辞（比喻、夸张、反复、象征等）3个方面探讨分析《一朵红红的玫瑰》，并掌握诗歌赏析的基本方法。通过提问、小组讨论的形式，学生们探讨诗歌的主题和修辞对升华主题所起的作用。

《一朵红红的玫瑰》采用了苏格兰方言、古英语和缩写，如苏格兰方言Luve即标准英文中的love，gang即go，bonnie即美丽的、可爱的，lass即姑娘。此外诗歌用到不少缩写，如a'为all，wi'为will，Tho为Though等，用简洁的文字表达丰富的感情，体现了苏格兰民谣语言的清新、朴素。

《一朵红红的玫瑰》经久传唱的原因还在于诗中运用了比喻、重复、象征、夸张等修辞手法，讴歌了纯洁爱情这一古老而永恒的主题。

首先诗人把爱人比喻为红红的玫瑰，表现了正当青春的姑娘容颜之美；同时暗示诗人正感受到火一般的热烈爱情。其次诗人把爱人形容为乐曲，其律动美、气质美跃然纸上。通过对爱人的两个比喻，达到了"形"和"意"的完美结合。

在学生诵读诗歌时，提醒学生注意文中反复出现的关键词Luve，在短短16行的诗中出现了7次，Luve的反复出现给读者创造了一种循环往复、跌宕起伏的效果，强化了主题。"Fare thee weel"的重复表达了热恋中情人分别时的依依不舍之情，如泣如诉。

诗人还用了大量的象征手法，用具体可感的岩石、海洋、太阳和沙漏来象征坚贞不渝的爱情。更用夸张的手法，以海枯石烂和万古不变的沙漏作喻，歌颂爱情的坚贞，表达了诗人不仅渴求全心投入的爱，对爱情的永恒也同样充满了期待，更渴求 "沙漏式" 的相濡以沫的爱情。第三节中 "Till a' the seas gang dry, my dear, /And the rocks melt wi' the sun" 表达了诗人的爱情誓言。这样的表述让学生想起词语 "海枯石烂"，也联想到《上邪》中的 "山无棱，江水为竭，冬雷震震，夏雨雪，天地合，乃敢与君绝" 或是《菩萨蛮·敦煌曲子词》中的 "要休且待青山烂。/直待黄河彻底枯"。对比彭斯在18世纪后半期所写的《一朵红红的玫瑰》，《上邪》为汉乐府民歌（公元前202—公元220），在表达至死不渝的爱情上具有异曲同工之妙，言说了 "执子之手，与子偕老" 的坚定决心。然而两首诗在时间跨度上相差近2000年，汉语的《上邪》在《一朵红红的玫瑰》1000多年前就有了类似的爱意表述，足见我们的国家具有历史悠久的文明、光辉灿烂的文化。

诗歌的教育功能是一种审美的教育作用，这种功能是在审美认识的基础上形成的。其道德教育往往影响到学生的思想和精神面貌，陶冶他们的心灵情操。《一朵红红的玫瑰》情景交融、意境优美，能够唤起读者对甜美、纯真爱情的渴望，同时又给读者以强烈的艺术享受。

（三）总结及延伸

总结彭斯诗歌特点，理解《一朵红红的玫瑰》修辞美，通过类比中国古代文学中的诗词，增强文化自信；理解《友谊地久天长》体现的国际友谊。彭斯的诗歌翻译成多国语言传唱于各个国家，加深学生对国际化、全球化背景下 "共同体" 趋势与现状的认识。

六、特色及创新

（一）教学内容重构

教学内容由 "文学史精讲" 改进为 "文学史＋作品选读＋文本分析"，通过深耕文本挖掘育人元素，恰当地把一些思想政治元素融入英美文学课程教学中。

（二）教学模式改进

运用反向设计明确要达到的知识、能力、素质、育人目标，以及决定如何去设计教学内容；用3M结合法组织课程思政教学，对照社会主义核心价值观，在教学中融入思政元素，在教学中育人。

（三）考核形式优化

加大过程性评价的比重，多元化考查学生课前、课中、课后的学习效果。适当增加倡导正能量的文学主题评论，进行课堂汇报或合作学习，课后的文本分析、教学资源深化学习均纳入平时成绩考核。

（四）多课整合共进

将英国文学史、美国文学史、英文经典阅读多课整合，各门课从单兵作战转向互相合作，利用相关课程间的关联与渗透，使各课程与思政同向同行，形成协同效应。

七、教学效果

学生对于文学作品主题探讨和评论持有比较积极的思考，并进行了正面的表达；学评教结果保持在之江学院前列，有学生在评语处表达了对任课老师和课程的喜爱（图5）。教学团队教师以英国文学史为内容讲授课程，获2021年杭州师范大学之江学院教师教学创新大赛二等奖、青年教师教学技能比赛十佳。

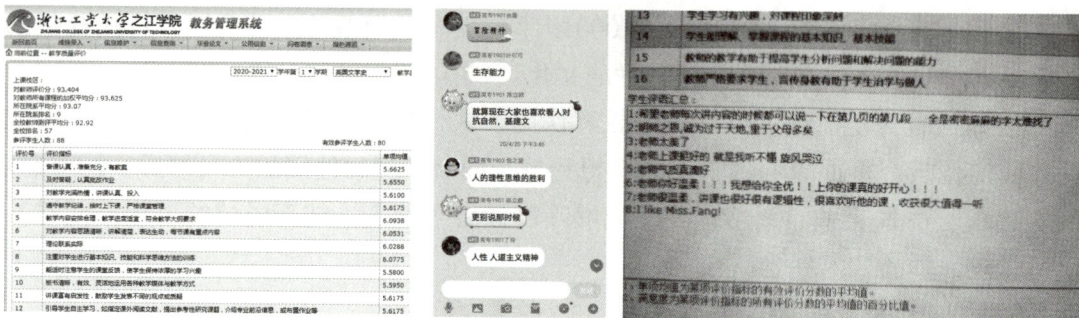

图5 学生对课程评语

管理学

何晓媛、王晓军、朱亚梅、王　路、杨彐伟

浙江理工大学科技与艺术学院　经济管理学院

一、课程概况

管理学是一门重要的学科基础课。目前在我院工商管理、市场营销等11个专业开设。一般安排在本科第一学年第一学期或第二学期。通过课程学习，在理论层面，使学生充分了解传统经典管理思想的精髓，厘清管理学理论发展的基本脉络，同时又紧跟时代发展，充分把握管理理论的最新进展。在实践层面，以古今中外鲜活的组织管理实践案例，揭示各种管理理念在组织中的具体应用，让学生充分领会到管理理论的科学性与艺术性。

多年来管理学主要以西方近现代管理理论体系为主，鲜有突破。随着我国经济发展、改革开放的进一步深入，学术界、企业界越来越深刻地感受到西方管理学的局限和不足。因此在管理学中融入更多中国本土的管理思想或者建立有中国特色的社会主义管理学理论体系日渐提上议事日程。近年来有很多学者致力于这方面的研究并取得了一定的成绩，在教学中我们也深刻感受到，学生对这方面知识的渴望，因此在"管理学"课程中进行思政改革与建设很有必要也很可行。

二、课程目标

本课程致力于在专业理论知识讲授过程中，加强思政元素与专业理论知识的有机融合，提高学生的专业素养，使学生更好地掌握国内外先进的管理理论与实践领域的科学知识。全面提高学生的理论思想水平、政治觉悟、道德品质、文化素养，牢固树立社会主义核心价值观。培养既具有牢固的基本理论素养、开阔的视野及辩证的管理观念，又能够主动汲取前沿理论，对战略层面的问题有宏观的思考和把握，具有实际操作能力及创新精神的新时代管理者。

（一）知识目标

要求学生掌握管理学的基本知识、普遍规律、基本原理及管理方法。知识目标的达成可考虑借助线上线下各类课程资源，培养学生自主探究的学习意识和学习能力。

（二）能力目标

要求学生具备团队合作与沟通能力，提高运用管理思维分析、解决实际问题的管理基本技能和适应环境变化的开拓创新能力。

（三）素质目标

管理者本身的综合素质往往超越了专业知识技术和业务能力等因素。品德素养：树立正确的世界观、人生观、价值观，将个人发展与企业发展、国家发展结合起来，成为能担当民族复兴大任的时代新人。个人素养：诚信、道德、责任与担当、创新创业精神、团队协作能力、良好思维。职业素养：敬业精神、科学精神、工匠精神、奉献精神、企业家精神。

三、思政元素

管理学课程中蕴含的思政元素如表1所示。

表1　管理学课程中蕴含的思政元素

思政元素分类	主要内容和观点
马克思主义哲学	唯物论、唯物辩证法、认识论、唯物史观
核心价值观	世界观、人生观、价值观
中华传统文化	中国古代杰出思想家、军事家、政治家关于国家管理、军事管理和经济管理思想中蕴含的管理智慧
当代中国管理实践	当代中国社会、经济、企业管理实践经验及成就中管理思想的总结与提炼
职业素养	敬业精神、科学精神、工匠精神、奉献精神、企业家精神
个人素质	诚信、道德、责任与担当、创新创业精神、团队协作能力、良好思维品质

四、设计思路

管理学课程培养对象是未来企业及其他组织的管理人才。管理者是在组织中能够凭借其职位权力和知识能力，对组织的行动和决策负责，通过人文及制度性管理，有效提高该组织的工作效能，并为组织做出突出贡献的人员。管理者处于组织的核心地位，是决策与管理的发出者，可以影响企业等经济组织的发展方向和命运。管理者的人文素养、个人品行修养会直接关系到其战略思维及决策内容。充分发掘其思政价值资源，培养学生正确的管理理念，提升学生社会责任感，树立学生为中国特色社会主义建设做贡献的理念，这不仅是其教学目标的应有之义，还是其课程开设的价值定位，同时也是其教学效能的最重要体现。部分课程章节思政元素的教学设计如表2所示。

表2 课程章节（部分）思政元素的教学设计

课程章节	重要思政元素	相关联的专业知识或教学案例
管理的含义与性质	马克思主义 唯物史观 唯物辩证法 文化自信	1. 案例导入——都江堰水利工程，管理犹如治水，疏堵结合。以此引出管理的含义、管理的核心与实质 2. 嵌入视频《八路军七亘村巧妙设伏击，出奇制胜》，12分钟。管理没有放之四海而皆准的真理，只有问题具体分析，理论与实践相结合，管理才能有效 3. 讨论：①如何对待规章制度？辩证分析和应用规章制度；②效率与效益的取舍 4. 故事：橘生淮南则为橘，生于淮北则为枳。良医用药，病万变，药亦万变。不可"唯制度论" 5. 课后阅读：周熙云等著《中国管理思想史》，经济管理出版社，2019年版 6. 收集整理改革开放40余年国家和各级组织管理的成就
中国管理思想发展	唯物史观 核心价值观 文化自信 制度自信 责任感使命感	1. 视频导入《中国史话——秦帝国的崛起》，25分钟，以此掀开中国管理思想的历史。儒家管理思想、道家管理思想、法家管理思想、兵家管理思想及近现代管理思想和当代管理思想 2. 嵌入案例：好莱坞电影 Gung Ho!（《喋血马金岛》）。美国特种兵鼻祖卡尔逊，根据八路军的战法和制度，创立了世界上第一支特种部队 3. 讨论：中外管理的根本区别，西方管理的法、理、情与中国管理的情、理、法 4. 事件："香港回归，'一国两制'"，管理思想的创新 5. 延伸阅读：《沈氏农书》中的经营之道 6. 课后观看：中国大学MOOC（慕课）网《国学与现代管理》（云南大学，晏缸等）
决策方法与类型	唯物辩证法 系统论 文化自信	1. 案例：毛泽东《论持久战》。毛泽东如何审时度势，在全面分析国内外形势后撰写了巨著《论持久战》，为中国抗战道路及最后的胜利指明了方向。由此引出决策的基本理论、决策的类型及理性的决策过程理论知识点 2. 学生讲解课前布置的作业，我国历代决策的成功与失败案例 3. 嵌入视频视频：《在磨难中砥砺复兴力量——中国抗击新冠疫情伟大斗争启示录》，20分钟 4. 故事：诸葛亮草船借箭。任何决策都是建立在对环境全方面分析的基础上，而非"拍脑门，想当然"。所以理性的决策过程在决策中至关重要 5. 讨论：战略与战术哪个更重要？ 6. 课后阅读：毛泽东《论诗久战》

续 表

课程章节	重要思政元素	相关联的专业知识或教学案例
决策的艺术	爱国主义 核心价值观 "四个自信" 责任与担当 文化认同 中国智慧	1. 网络资源：课前通过线上平台，引入慕课资源，录制微视频，引导学生加强基础知识学习与掌握，配合案例、讨论等巩固初阶知识 2. 课程回顾：回顾前次课程内容，总结前期课程的教学目的 3. 案例导入：通过案例"武汉封城"，引导学生思考，怎样在现实中做出正确的决策。分小组讨论：（1）如何看待和评价在新冠肺炎疫情面前中国和西方国家的不同举措？面临同样的疫情为什么中国和西方会有截然不同的决策？（2）学生代表发言。（3）简单总结，引出理论内容 4. 理论讲授：本章难点——决策是科学与艺术的有效结合 5. 嵌入案例：毛泽东"打过长江去，解放全中国"的统一国家决策和"抗美援朝"决策 6. 课程总结：总结本次课程，布置课后作业 7. 实践环节：沉浸式虚拟实践——沙漠掘金
目标确立与计划的制定	国家意识 民族自豪感 制度自信 道路自信 尊重科学规律	1. 事件导入：《中共中央关于制定国民经济和社会发展第十四个五年规划和二〇三五年远景目标的建议》，了解目标确立对组织发展的重要性，明确各类组织的宗旨与目标的关系等理论知识 2. 讨论：组织目标的确定应以经济目标还是社会目标为重？ 3. 嵌入视频：《中国第三届进口博览会》，10分钟，了解中国继续深化改革开放和"一带一路"倡议 4. 嵌入故事：《易经》的阴阳互补理论与最新的量子物理学之间的关系 5. 阅读延展："一带一路"倡议、中国制造2025、数字中国的现代管理理论
领导与激励	文化自信 奉献与担当 牺牲精神 理想信念 创新意识 民族自豪感	1. 案例导入：中国历史人物分析——往事越千年，从领导伦理角度，透视中国秦末汉初时期的四个重要历史人物 2. 视频：《中国史话——天下一统》，20分钟 3. 故事：秦始皇、项羽、刘邦、张良。通过分析这4个人的功过是非，可以看出领导力的决定因素、人物各自的人格魅力与缺陷 4. 讨论：数字中国背景下中国企业家领导力的变化 5. 激励机制：需要—动机—激励，马斯洛需求层次理论，一般来说低层次需要满足后，才会有高层次的需求，但是也有江姐、杨靖宇、邓稼先等两弹一星元勋、雷锋等新中国劳动者，为了革命、为了信仰、为了新中国，牺牲生命、忘我工作、报效祖国，全心全意为人民服务 6. 课后阅读：余胜海著《任正非：成就员工就是最好的人性管理》（广东人民出版社，2020年版）

五、育人元素实施案例

（一）教学案例

课程实施案例的教学设计如表3所示。

表3　实施案例：决策艺术

教学环节	教学内容设计	教学方法
回顾	回顾课前教学平台、慕课、微视频案例内容，以及和课堂教授内容的关系	讲授与互动
案例导入	导入"武汉封城"案例，通过新冠肺炎疫情期间武汉封城的正确决策，引出决策的影响因素。提问：为什么面对疫情东西方会做出截然不同的决策？	案例教学法（贯穿）问题教学法
小组讨论	针对案例所提出的问题分小组进行讨论；从发言中观察学生观点和思想动态，为理论讲授提供依据	小组讨论法聚焦延伸法
讲授	讲授影响决策的四个主要因素：判断问题的类型、环境制约、决策者的个性特点及正确运用直觉。穿插案例"出兵朝鲜，抗美援朝"；辅助案例"英雄机长刘传建"引入学术前沿知识，从理论上进行升华	案例教学法（嵌入）理论讲授法
沉浸式实践	情景式虚拟经营——沙漠掘金，提高学生在实践中运用决策理论解决实际问题的能力	角色扮演情景化教学
小结	从价值观、组织文化（中外传统文化对比）、信息的运用、管理者的个性特点等总结出：决策是科学与艺术的结合	归纳教学法
布置课后作业	在教学平台发布课后作业，结合学生反馈信息，改进课程的教学设计，为以后授课做准备	总结与反馈

（二）教学过程设计

按照"课前—课中—课后"三阶段基本逻辑展开教学。课前通过线上平台，引入慕课资源，录制微视频，提供思政视频链接，引导学生加强基础知识自学，配合案例、讨论等巩固初阶知识。课中主要分为两个部分，一是通过讲授，巩固课前吸收不到位、理解不透彻的知识点，贯穿思政优质案例，观看视频，引导思考和讨论，讲透难点；二是加强实践能力。运用沉浸式体验教学方法，提高学生实践应用能力。课后依托教学平台，对学生进行学习调研及课后反思，针对学生进行主客观相结合的综合评价。

六、特色及创新

（一）特色

（1）走出课程思政是思政元素简单嵌入课程的误区，采用案例嵌入、讲解嵌入和角色嵌入等教学模式实施教学，在达到教育目标的同时，又满足管理学科学性和艺术性的要求，实现思政元素与课程内容的有机融合。

（2）使用混合教学手段，依托现代化信息技术，提高学生的参与度和学习积极性，进一步提升课程思政的教学方式和教学效果。走出课程思政是对课程知识传授和能力培养功能消解的误区，实现全部课程的价值彰显。

（二）创新点

1.教学理念创新

注重培养学生的管理素养与价值观念，把立德树人作为中心环节。把思想政治工作贯穿"管理学"教学全过程，实现专业课程的全程育人和全方位育人。针对本校学生特点，加强理论实践一体化，提高课堂教学主体的学习积极性和主动性。

2.教学内容创新

将教材内容与红色案例相结合，国际国内时事、人物事迹、典型案例等思政元素应用到课堂教学中，强化对大学生的价值引导和激励。通过课堂研讨、实地走访等形式营造良好的教学环境，使学生在辩论中碰撞出智慧的火花，在实践中体会理论价值，激发学习兴趣。着重将网络资源与教材融合贯通，让学生在接触实践前沿的同时，提炼案例中所蕴含的思政元素，提升学生的政治思想素养。

3.教学方法与考核创新

变被动学习为主动学习，加强师生互动，更多地利用翻转课堂和沉浸式虚拟现实教学激发学生的积极性与主动性。改革考核方式，提高多样化、开放式过程考核在整个课程考核中的占比，形成客观全面的评价体系。

七、教学效果

经过两期课程思政的教学改革实践，课程建设取得了一定的成效，课程也多次被评为校优质课程，具体如下。

（一）学生学习积极性明显提高

课前阶段：课前准备充分，100%的学生通过章节测试，其中超过85%的学生预习知识点的理解和掌握程度为优秀。

课中阶段：教学团队引入新的教学思政案例，针对章节内容进行互动讨论，课堂的参与度明显提升，在探讨内容的深度上也有一定程度的提高。在实践阶段，团队精神、协作意识明显提高。

课后阶段：利用学习通进行总结和讨论反馈，学生思考问题的思路和逻辑更为清晰，讨论问题更具深度，解决问题的能力明显提高。

（二）学习总成绩稳步上升

改革考核方式，重视过程考核，学生平时课程参与的数量和质量都有明显提高，占比50%的过程考核成绩有较大幅度提高，期末总评成绩不断提高，2021年初的期末考试，平均成绩比改革之前高出3.5个百分点。

（三）学生评教和同行评价

学生对本课程一直有较好的评价，评教成绩逐年提高。2016—2020年学生对该门课程评教成绩如图1所示。

（a）

（b）

图1　2016—2020年课程评教成绩

同行也给予本课程较高评价：该课程受到领导和同行好评，同时作为优秀案例在全院推广、学习，有较好的示范作用。

统计学

卢俊峰、高菲菲、孙　怡 ——

浙江工商大学杭州商学院　经法学院

一、课程概况

统计学是一门关于数据收集、整理、分析和推断的科学，在自然科学、社会科学、工程技术、军事和工农业生产等领域中有着广泛的应用。统计学是高校经济管理类专业必修的专业基础课和核心课，课程内容包括总论，统计数据的收集、整理与显示，变量分布特征的描述，抽样估计，相关回归分析，时间数列分析和统计指数分析，总计48学时，3学分。

二、课程目标

课程团队立足学校培养高水平应用型人才的目标，旨在保留传统知识体系的前提下，降低理论难度，注重具体和使用。通过理论教学、实验训练和专业思政教学，使学生成为具备基本统计理论方法、数据分析能力、爱国敬业、求真务实的合格统计分析人才，具体目标如下。

（一）知识目标

（1）掌握统计学的基本原理和方法。

（2）掌握统计调查的设计、数据整理。

（3）掌握描述统计和推断统计分析基本知识和方法。

（二）能力目标

（1）具备开展统计调查，完成数据的收集和整理的能力。

（2）具备就经济管理领域的实际问题进行数据分析的能力。

（3）具备相关分析报告撰写的能力。

（三）价值目标

（1）引导学生深入社会实践、关注现实问题，培养学生的社会责任感。

（2）引导学生解决现实问题，采用科学的方法，培养学生精益求精工匠精神。

（3）引导学生收集数据要实事求是，培养学生良好的职业素养。

三、思政元素

统计学课程教学中注重有机融入以下三类思政元素。

（一）爱国情怀和社会责任

通过对我国社会经济现象进行统计数据分析，结合数据与经济社会相关政策，引导学生了解时事政治，研究中国问题，认识国情。通过中国杰出统计科学家的人物事迹介绍，激发学生的爱国精神。另外，通过统计数据案例收集和实践作业，引导学生深入社会实践、关注现实问题，培养学生的社会责任感。

（二）科学思维和工匠精神

通过统计推断的案例分享，说明采用非随机样本代替总体推断是不科学的，有效的结论是来之不易的。通过股票价格指数以及回归模型的构建案例，引导学生理解只有坚持实事求是的态度、采用科学的方法、秉持精益求精的工匠精神，才能找到发现问题所在，进而找到解决问题的方案。

（三）法治思维和职业素养

通过数据造假案例，结合统计法要求，说明数据收集、整理、上报过程中应注意数据来源合法性，实事求是、不出假数，应做遵纪守法的统计人。结合统计年鉴案例的分析，说明作为有职业素养的统计人在收集数据时要注意数据来源，关注数据的质量，才能保障分析成果的正确性和应用的有效性。

四、设计思路

针对授课对象，结合统计学课程特点，将思政元素融入课程建设全过程，各章节教学依靠巧妙的构思、科学的设计，将教学内容、教学方法和思政教育紧密结合，具体见表1。

表1　统计学课程章节思政元素的教学设计

课程章节	重要思政元素	相关联知识	教学案例	教学案例说明	教学方法
第一章 总论	科学精神	统计数据收集方法：实验数据	药效双盲实验案例	一个有效的结论来之不易，需要严格科学的实验过程保障，像江湖郎中给的药没有经过科学的实验，声称包治百病，就不可信了	案例分析法
第一章 总论	人文素养	统计史	推荐阅读：《世界统计名人传记》	一方面培养学生的人文素养，另一方面培养学生正确的人生观、世界观、价值观	文献阅读法
第一章 总论	爱国情怀	统计史	中国统计的一代宗师（许宝騄）人物事迹	介绍优秀统计学家热爱祖国、兢兢业业的人物事迹，激发学生的爱国情怀	人物事迹法

续 表

课程章节	重要思政元素	相关联知识	教学案例	教学案例说明	教学方法
第一章 总论	科学素养	指标体系	推荐文献1：《大学排名指标体系及影响研究》推荐文献2：《城市竞争力的概念和指标体系》	通过文献阅读，引导学生掌握科学设置具体指标的方法	文献阅读法
第一章 总论	科学素养	指标分类	统计年鉴指标	结合统计年鉴的指标介绍知识点的同时，引导学生收集数据要考虑数据来源的可靠性	案例分析法
第二章 数据收集、整理与显示	法治思维职业素养	统计调查方式：普查	天津市滨海新区临港经济案件	数据收集、整理、上报过程中应注意数据来源合法性，实事求是、不出假数，做一个遵纪守法的统计人	研讨启发法
第二章 数据收集、整理与显示	社会责任感	统计调查方案	1. 第十届"正大杯"全国市场调查大赛优秀视频作品展示 2. 经典问卷：郑州纯水工商的调研问卷案例 3. 优秀调查报告案例	通过本科组比赛优秀作品的展示，引导学生积极参加实践活动，关注民生和社会问题，提升社会责任感	案例分析法、文献阅读法、实践练习法
第三章 变量分布特征的描述	科学思维	集中趋势的应用	员工平均文化程度员工平均技能等级产品平均质量等级	通过集中趋势指标在人力资源管理和质量管理中的应用讲解，培养学生在解决实际问题时采用科学方法的思维方式	案例分析法
第四章 抽样估计	科学思维	抽样估计	美国大选民调历史上知名的故事	通过文学文摘和盖洛普在1936年美国大选中预测案例，介绍抽样估计中随机性地选择样本的重要性，培养学生在抽样估计时，要使用科学的方法，保障结果的有效性	案例讨论法
第五章 相关与回归分析	工匠精神	回归分析	年份与GDP的相关分析	尝试一元一次线性回归、一元二次线性回归、指数回归多种模型进行拟合，最终发现指数回归的效果最好，引导学生在解决实际问题时要精益求精，只有坚持工匠精神，才能取得最佳的效果	研讨启发法

续　表

课程章节	重要思政元素	相关联知识	教学案例	教学案例说明	教学方法
第六章 时间序列分析	逻辑思维	时间序列数据定义	案例：艾媒报告——2019年中国人工智能年度专题研究报告	通过介绍知名媒体的人工智能前沿报告，一方面引导学生关注科技前沿，另一方面引导学生经常阅读优秀的咨询报告，提升报告编写能力和逻辑思维能力	研讨启发法
第七章 统计指数	科学思维	统计综合指数	工业生产指数、生产价格指数、股票价格指数、商品零售物价指数	通过贴近学生生活的统计指数的介绍，引导理解统计指数的编制方法以及用途	案例分析法

五、育人元素实施案例

（一）结合统计调查实践，培养社会责任感

统计调查实践的教学案例流程如图1所示。

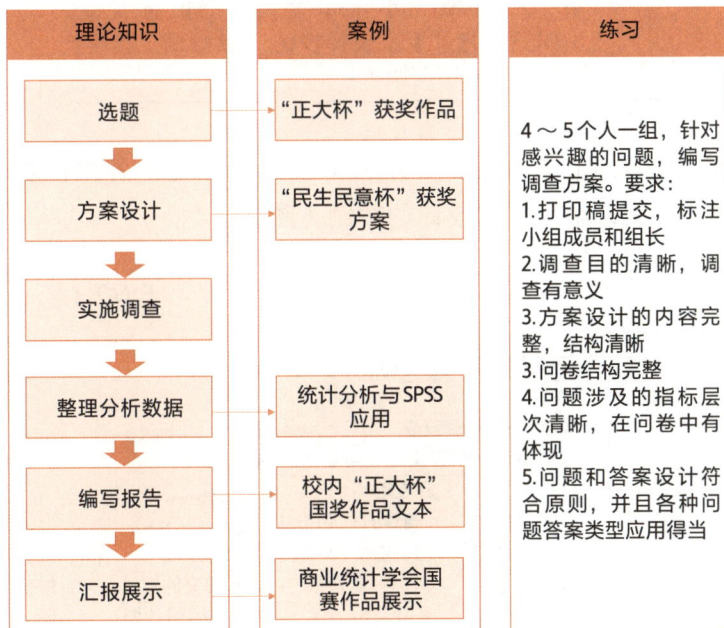

图1　统计调查实践的教学案例流程

　　首先，介绍统计调查选题相关理论知识，包括选题的重要性、选题的标准（重要性、创造性、可行性、合适性）、选题的途径（从现实社会生活中去找、从个人经历中去找、从文献中去找、从规划课题去找），然后给出"正大杯"获奖的名单，供学生参考选题的方向（表2）。

表2 "正大杯"获奖样品样例

地区	学校	作品名称	组员姓名	辅导老师姓名
江苏	南京邮电大学	快到我的"wan"里来——南京市女大学生完美日记产品消费情况的调查研究	宋君、李雪、刘影、谭素仪	孙建敏、雷晶
四川	西南交通大学	破解"墓地围城"，让生命回归自然——成都市生态殡葬消费者需求的调研与分析	王玉婷、龚英刚、杨心浩、冯璐瑶、蒋文轶	杨颖惠、赵春明
湖北	中南财经政法大学	正众食品Influencer Marketing的KOL、KOC营销趋势调研	孙习卿、梁颖俐、蔡雨希、吕凌宇	张虎、卢国祥
天津	天津财经大学	"小"鸡蛋，"大"乾坤——正大鸡蛋品牌健康调研	齐冠文、岳震、王柢捷、田浪、韦美灿	王健、程郁泰
安徽	安徽理工大学	牵手农文旅筑梦红老区——基于金寨、岳西农文旅融合脱贫模式调研	程敏、徐兴宇、聂贝贝、赵刘萍、季伟	方胜
浙江	浙江财经大学	"教育千万条，择校第一条"——杭州市小升初"公民同招"背景下家长择校的顾虑度与意愿度调查	张舒、俞沈悦、蔡姗珊、龚佳慧	李时兴

然后，结合5W2H的分析方法，介绍方案设计所涵盖的各个模块，以及针对每个模块应该包含的要素，给出方案设计的案例（图2）。

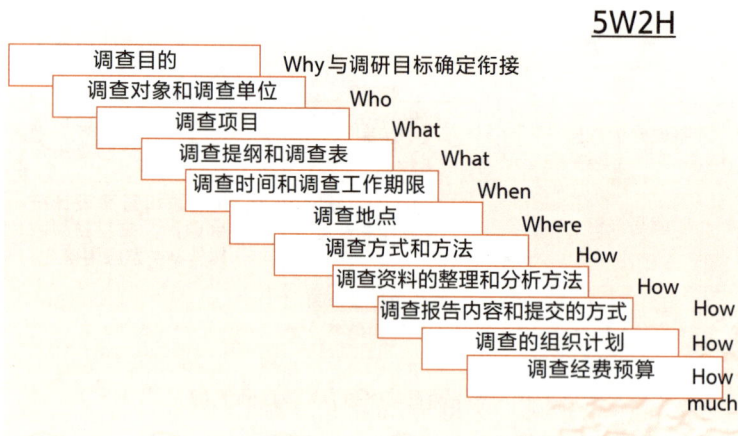

图2 统计调查方案的设计

接着，介绍实施调查质量控制注意的问题，以及整理分析的方法，给出推荐的书籍《统计分析与SPSS应用》和《基于SPSS Modeler的数据挖掘》。

最后，给出分析报告的结构和具体内容，并分享优秀获奖作品的分析报告案例和汇报展示的案例（图3）。

图3　市场调查大赛获奖作品案例

通过理论知识讲解、案例介绍，学生基本掌握如何准备调查方案编写、如何撰写调查分析报告，然后布置作业，要求学生分组完成。一方面，用项目实践的方法，促使学生掌握收集数据、分析数据的知识，具备进行统计调查的能力。另一方面，引导学生关注民生和社会问题，提升社会责任感。通过两方面锻炼，提升学生的团队协作意识，培养团队组长的领导力。

（二）结合案例分析，培养职业素养

在统计学课程的第一章介绍统计指标的分类知识点时，增加了指标分类的案例分析及练习（图4、图5），并且选择了统计年鉴的数据。通过对统计年鉴数据的介绍，培养学生在收集数据时注重数据来源的权威性，关注数据的指标定义等职业素养。

结构相对指标	2018年底我国就业人数77586万人，其中第一产业20258万人，第二产业21390万人，第三产业35938万人。则第三产业就业人数占总就业人数的比重：$\dfrac{35938}{77586} \times 100\% = 46.3\%$
比例相对指标	2019年，某企业职工总人数为30000人，其中，女性职工10000人，男性职工20000人，求该企业男女职工人数比例。男女职工人数比例 $= \dfrac{\text{男性职工人数}}{\text{女性职工人数}} = \dfrac{20000}{10000} = 2:1$
比较相对指标	2019年甲地区的地区生产总值为1066亿元，乙地区的地区生产总值为549亿元。2019年甲地区的生产总值是乙地区的1.94倍（$\dfrac{1066}{549}$）

图4　指标分类知识点案例

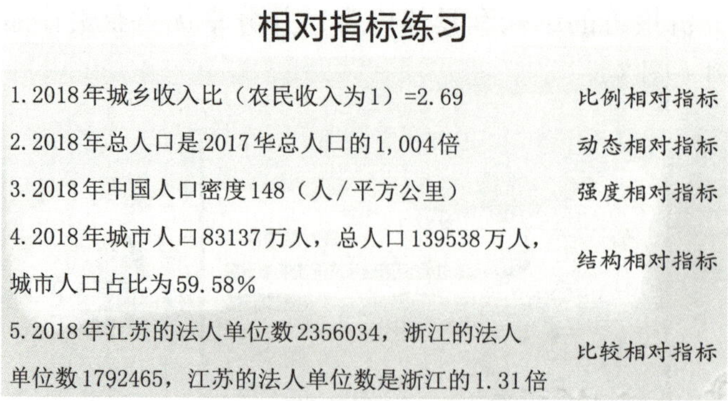

相对指标练习

1. 2018年城乡收入比（农民收入为1）=2.69 —— 比例相对指标

2. 2018年总人口是2017华总人口的1,004倍 —— 动态相对指标

3. 2018年中国人口密度148（人/平方公里） —— 强度相对指标

4. 2018年城市人口83137万人，总人口139538万人，城市人口占比为59.58% —— 结构相对指标

5. 2018年江苏的法人单位数2356034，浙江的法人单位数1792465，江苏的法人单位数是浙江的1.31倍 —— 比较相对指标

图5　指标分类练习案例

六、特色及创新

首先，统计学课程教学过程中融入课程思政元素，有助于扩大价值观培育的对象范围；其次，统计学也提供了各领域通用的数据分析方法，通过各领域实际案例融入丰富的思政元素，有助于增加价值观引导宽度；最后，统计学也是一门应用学科，通过选择贴近时代的热点问题进行讨论，有助于提高学生参与积极性，提升专业课程教学的温度。该课程思政建设中的特色及教学改革创新点体现在以下几个方面。

（一）全链条课程思政融入

从调研、课程目标设计、教学大纲修订、教学过程实施、教学效果评价及教学成果推广各环节出发，将课程思政融入统计学课程体系的建设全过程，并形成闭环体系、落在实处。

（二）多角度课程思政素材选取

课程团队以统计学课程培养人才的价值目标为中心和学生兴趣为出发点进行分析，认为素材选取应该遵循关注中国国情、贴近学生生活、结合社会热点、融合专业知识等理念，素材选取丰富多样。

（三）线上线下混合教学模式的开展

课程团队结合多年的教学实践，开展基于线上线下学习场景的混合教学。线上采用视频观看、资料共享、热点讨论等方式，线下恰当使用案例分析法、人物事迹法、文献精读法、研讨启发法、实践教学法等多种教学方法，通过线上线下有机融合，激发学生兴趣，引导学生思考，增加师生互动，发挥学生的主体地位，切实提高课程思政内涵融入课堂的教学水平，在知识的传授中潜移默化地渗透课程思政元素。

七、教学效果

通过多年的课程思政建设，统计学的教学及外溢效果显著，主要体现在学生学科竞赛和师生综合素质提升方面。

（一）学生学科竞赛项目

2021年浙江工商大学杭州商学院在"正大杯"全国市场调查大赛中成果丰硕，其中1组获国赛一等奖，1组获国赛二等奖，4组获国赛三等奖；7支队伍为省二等奖，2支队伍为省三等奖；另有1支队伍获企业组优秀论文奖，共计16支队伍获奖（表3）。

表3　第十届"正大杯"全国市场调查大赛获奖作品

作品名称	团队成员	指导教师	省级奖项（推荐）
"宅"焕新机——关于杭州市宅经济发展现状及市民融入意愿的调查	施晨阳、陈永芳、聂煜芊、叶赟、陈小伴	孙怡、卢俊峰	晋级国赛
新兴"他经济"，逐浪"新蓝海"——杭州市男性护肤美妆意愿和需求分析	肖波涛、王彬茹、周彬雁、陈诗慧、陈佳慧	高菲菲、汪劲松	晋级国赛
复工复"产"，生娃有"道"——关于杭州市适龄群体生育意愿及影响因素调查报告	甘佳琴、程美枝、肖伟杰、彭敬雅、刘彦成	孙怡、陈蒙洁	推荐国赛三等奖
"智"在人民，"能"赢未来——智能家居在中低端人群中消费现状及意愿分析	李欣苇、赖双丽、许金楠、罗诗言、骆千溶	高菲菲、孙怡	推荐国赛三等奖
点石成"金"，"基"不可失——基金热背景下青年人投资行为分析	杨介濠、詹添、胡倩芸、明宏伟、毛海月	梁燕、李哲	推荐国赛三等奖
"平安六和，善治杭州"——关于杭州市市域社会治理现代化现状和满意度调查	朱嘉豪、马希萌、赵梦瑶、叶宵婷、邵延	卢俊峰、孙怡	推荐国赛三等奖
成为修身养性的"精致"一族——当代大学生养生现状分析和倾向性调查	李丹、陈心怡、陈洪龙、冯启瑞、何嘉欣	陈蒙洁、陈思齐	省二等奖
幸福or深渊——杭州市居民婚姻满意度与期望度的调查	谢叶婷、王一歌、邱天姿、陈琳泓、李思颖	梁燕	省二等奖
"疫"往直前，从"行走"到"奔跑"的夜经济2.0——夜经济消费驱动因素分析	郭金婷、吴澎飞、张洁晶、吴艳、赖一安	汪劲松、宋毅	省二等奖
"述我华夏文明，兴我礼仪之邦"——关于杭州市中式婚礼传播度与制约因素分析	马锦超、李佳音、杨睿泽、郭锶佳	陈思齐、汪劲松	省二等奖
"异军"突起，市场何为——杭州市社区电商包容度及影响因素分析	沈敏霞、吴书琪、池晨宇	汪劲松、金欢欢	省二等奖
"疯狂的盒子"——Z世代消费形式下盲盒市场满意度调查	韩淇锦、黄文倩、徐颖、赵佳赟、鲍浩月	厉飞芹、汪劲松	省二等奖
基于"互联网＋医疗"背景下杭州市居民对该新模式了解程度与满意度调查报告	朱毅、易莹、谢蕊谦、夏彬豪、刘家煌	陈蒙洁、杨思晴	省二等奖

续　表

作品名称	团队成员	指导教师	省级奖项（推荐）
"家门口的最后一百米"——在杭消费者对当下社区团购的使用情况及影响因素调查报告	吴渝、黄彬彬、宋晓蕊、刘华蝶、陈俞安	陈镭、卢俊峰	省二等奖
"为城市扬起未来的帆"浙江省未来社区居民居住意愿调查报告——以杭州市为例	邬晨阳、杨礼健、孙琦、金文姗	孙怡	省二等奖
咖啡＋IP模式打造网红咖啡品牌	周含嫣、武姿羲、洪艺甄、徐欣茹、何舒颖	汪劲松、高菲菲、龚小庆	企业组优秀论文奖

（二）师生感受

从教师角度来看，一方面通过课程思政的融入和多样性教学方法的配合，课堂氛围活跃，学生参与性高。另一方面，通过丰富的案例引入，知识点的导入更加生动。同样的时间投入，教授给学生的不仅仅是知识，培养的不仅仅是能力，更重要的是传递正确的世界观、人生观、价值观。教师享受着制作一道美味知识大餐的过程，学生有滋有味地品尝，真正形成了正向循环，教师成就感也随之提高。从学生的角度来看，一方面结合案例进行学习，感受到知识点更易理解。另一方面，通过实践的练习，提升了统计分析的能力，学习的主观能动性和效果有较大提升。还有部分同学参加了学科竞赛，在一次次的模型优化、文案修改的过程中，不断自学新的分析方法并应用，学习能力和报告撰写能力得到显著提升。

女装结构设计

劳越明 —

绍兴文理学院元培学院　纺织服装与艺术设计分院

一、课程概况

女装结构设计是服装专业学生掌握服装结构纸样设计方法和实现女装设计成衣化所必修的一门专业核心课程。结合我院高级应用型人才培养目标，课程自2012年起，经历了校重点课程、校第一批"自主—合作学习"课程、市精品课程、校重点课程群等多个建设阶段。从2018年起进入互联网时代在线课程建设，开始省、市级精品在线开放课程建设，开展线上线下混合式教学，突出重点、强化难点、加强实践，将自主学习、合作探究有机结合，使学生在实践中感悟科技兴国，督促自身熟练掌握知识技能，提升实践能力与创新意识。课程于2020年被评为院级"互联网＋教学"金课，获得省本科高校"互联网＋教学"优秀案例特等奖，2021年获得省第一届高校教师教学创新大赛三等奖。

二、课程目标

（一）知识目标

（1）熟练掌握服装结构设计领域的技术标准和规范。

（2）掌握服装款式变化中结构设计的基本原理及工程实践知识。

（3）能应用所学知识正确应对服装款式变化中较复杂的问题。

（二）能力目标

（1）数据处理能力：具有结构制板中数据采用与处理的技术能力。

（2）二三维转变能力：具备独立完成从样板到样衣试制，并对试穿中出现的结果进行分析与评价的能力。

（3）工程实践能力：熟悉服装产品的生产流程，具有运用科学的结构设计方法解决服装产品生产和试制过程中样板与工艺设计的实际问题的能力。

（三）素质目标

（1）团队意识：通过小组合作，培养自主学习与合作意识。

（2）创新意识：通过实践练习，培养创新意识与进取精神。

（3）工匠精神：通过思政教育，培养追求极致的工匠精神。

（4）终身学习：通过素质教育，培养学习积极性与主动性。

三、思政元素

（一）爱国主义

通过了解中国服饰多样的款式、独特的风采、鲜明的色泽和精湛的工艺，了解中华民族博大精深的服饰文化发展轨迹，发掘中华服饰文化的底蕴，了解传承传统服饰文化的意义，形成强烈的文化自信和爱国主义热情。

（二）科技兴国

通过纺织服装行业的产能提升、科研攻关及生产先进性教育，使学生了解纺织服装行业生产研发的重要性，了解国内纺织服装行业产业升级需求，培养学生科学研究创新意识，树立实现中国梦的抱负，努力学习专业知识，实现专业创新，牢记科学技术现代化是实现中国梦的第一推动力。

（三）工匠精神

工匠精神是社会文明进步的重要尺度，是中国制造前行的精神源泉，通过企业实际案例和学生优秀作品，强化正向引导，要求学生以工匠精神严格要求自己，锻造学生不骄不躁的工作态度，追求卓越的创造精神、精益求精的品质精神。正如老子所说，"天下大事，必作于细"。通过实践环节，强调反复练习、精益求精。结合人工智能和大数据的科学思想，指导学生掌握相关技能和科学思想，树立大学生对职业的敬畏、对工作的执着态度。

（四）责任与担当

服装制板师在服装行业中是一个举足轻重的职业，教学过程中引导学生热爱这个职业，积极掌握结构设计专业知识，主动强化自身实践能力的培养。引导学生学会做人，学会做事，培育爱岗敬业意识，养成良好的职业素养；引导学生具有高度的社会责任感，早日做好职业规划，甘做"螺丝钉"，坚定理想信念，树立正确的世界观、人生观和价值观，知行合一，勇于担当。

四、设计思路

（一）育人元素切入方式

1.以身作则

教师在日常教学管理中，做到公平公正，不区别对待，并将平等的态度和做人原则渗透给学生；教学的平时作业和期末考核做到规则清晰、过程透明，向学生灌输坚持过程公正的理念并使之在今后工作和学习中坚持该项原则。实现立德与树人、育人与育才的有机结合。

2.拓展推荐

教学过程中要求学生去图书馆借阅服装结构设计类书籍，对比课堂教学内容，能主动把课本知识与课外书籍的知识点融会贯通。及时了解行业科技，不断更新自身知识。推荐观看纪录片《我在故宫修文物》，让学生了解什么是工匠精神，了解我国传统服饰中的工匠精神及其启示，了解现代服装高级定制的工匠精神是如何体现的。

3.作业引导

布置作业强调以学生发展为中心，注重培育学生独立思考能力、创新创业创造精神、学习和交流的能力，引导学生学会做人，学会做事。在前期原理学习中，每位学生的作业内容基本一致，需要多培养他们认真勤奋的学习态度，不盗用别人的作业，诚信学习、诚信做人。在后期应用学习中，作业难度加大，培养学生不怕困难、迎难而上的优秀品质。

4.强化实践

平时实践素材要求学生自行查找、收集、甄别、处理。内容要求积极向上，传播正能量。并将当下流行的服装款式融入课堂教学内容，要求学生能应用课堂所学完成结构设计。培养学生自觉把学习作为一种生活态度、一种工作责任、一种精神追求，加强对专业知识的学习，树立终身学习的理念；积极向书本学习、向实践学习，不断提高综合素质，增强创新能力。

5.团队锻炼

在教学组织上，培养学生团结协作的意识。将一个班级同学以 3 ～ 4 人分组进行练习，团队协作完成一个款式或者一个系列作品的结构设计及样衣制作。培养团队成员间互帮互助、共同奉献精神，懂得尊重同伴意见、包容同伴不足，发挥各自的长处，营造诚信友善的氛围，达到和谐友善的境界。

（二）课程思政内容

1.结构原理研究——爱国主义

目前女装结构设计使用的原型来自日本文化式原型，行业中使用的号型规格等有英国、美国、日本等优秀的案例，中国在这方面起步晚，但是一直在努力。教学过程中要求学生去查阅现有的文献，找到北京服装学院刘瑞璞教授提出的"北服原型"和上海东华大学张文斌教授等提出的"东华原型"。了解中国的服装文化界前辈为中国服装事业做出的贡献和努力，学习前辈孜孜以求、不断进取的精神，要求学生发挥主人翁意识，为中国的服装科学技术发展做贡献，加强爱国主义教育，为实现国家富强、民族振兴、人民幸福而努力奋斗。

2.旗袍与中山装——文化自信

通过旗袍的产生与发展，让学生了解旗袍是中国悠久的服饰文化中最绚烂的现象和形式之一，旗袍的演变史就是一部民族的融合史、文化的交融史。旗袍是中国女性着装文化的典型标志，它不仅在整体造型的风格中符合中国艺术和谐的特点，同时又将具有东方特质的装饰手法融入其中，其独特魅力在于它所包含的文化内涵，因此能在中国民族服装中独领风骚、久盛不衰，为中国民族服装的传承创新提供了新素材（图1）。

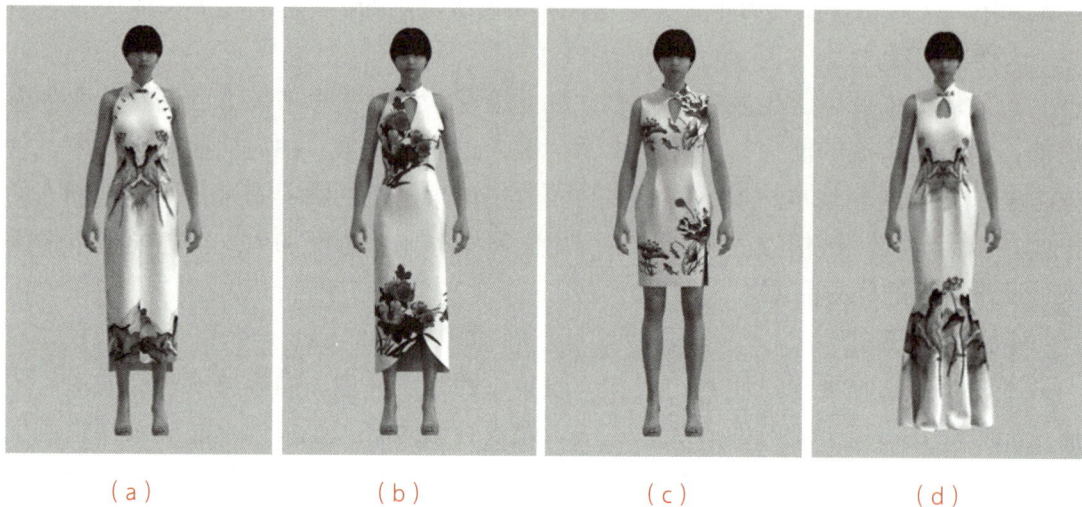

（a）　　　　　　（b）　　　　　　（c）　　　　　　（d）

图1　旗袍的传承与创新设计

通过中山装的产生与发展，让学生了解中国元素对国际服装设计的影响，弘扬中国文化。中山装具有中国民族的特点，穿着简便、舒适、挺括，曾一度被世界公认为中华人民共和国的"国服"。中山装作为中国人一度推崇的常式礼服，同时也承载着一种文化、一种礼仪、一份民族自尊和自豪感。要求学生掌握中山装与旗袍的结构设计，并进行创新设计。

3.新冠肺炎疫情——责任与担当

结合2020年新冠肺炎疫情，讲述防疫抗疫一线的感人事迹，融入思政元素，进行爱国主义情怀教育。在疫情狙击战打响之初，口罩、防护服等医用物资供应面临很大的缺口。全国各地口罩生产企业提前复工，想尽办法提高产能，支持武汉。不仅很多传统企业纷纷转产生产医用口罩和防护服，更有高校及科研机构积极研究医用口罩和防护服的产能提升及科研攻关，推动防疫创新成果产业化，开发穿着体验更佳的防护服，为奋战在疫情一线的英雄战士们提供了基本的生命安全保障。要求学生学习拓展医用防护服知识，分析防护服成衣穿用环境与要求，掌握疫情防控中出现的各种防护服结构，对现有防护服穿用过程中出现的问题进行结构研究。

4.现代服装产业发展——科技创新

当前和今后一个时期，是中华民族伟大复兴战略全局和世界百年未有之大变局的历史交汇期，针对当前"十四五"时期，讲好现代纺织服装产业集群发展故事。

利用现代纺织入选国家先进制造业集群试点示范名单之契机，绍兴科技创新取得重大进步，深入实施传统产业改造提升2.0版，利用中国轻纺城市场采购贸易方式试点等国家级平台，全面完成越城区印染、化工产业跨行政区集聚提升，纵深推进纺织、化工、金属加工等产业数字化、智能化、绿色化升级，大幅提升技术含量、价值含量、生态含量，加快在国际产业分工中占据关键地位、在未来竞争中赢得发展优势，打造现代纺织、绿色化工等世界级产业集群。考虑新时代行业流行新趋势，服装未来之走向和发展，引导学生讨论作褶放量设计、前后衣身平衡处理、风格匹配设计等，思考结构优化问题，认识到科技创新是实现中国梦的第一推动力。

五、育人元素实施案例

案例内容：成衣款式变化纸样分析结合新冠肺炎疫情防控课程思政

（一）预习导入

针对当前疫情，拓展医用防护服知识，分析防护服成衣的穿用环境与要求。讲述防疫抗疫一线的感人事迹，纺织服装企业纷纷转产复工加入防护服生产，融入思政元素，进行爱国主义情怀教育（图2）。

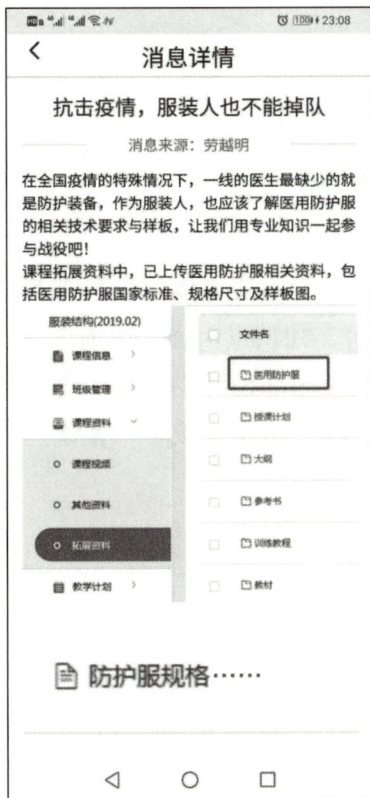

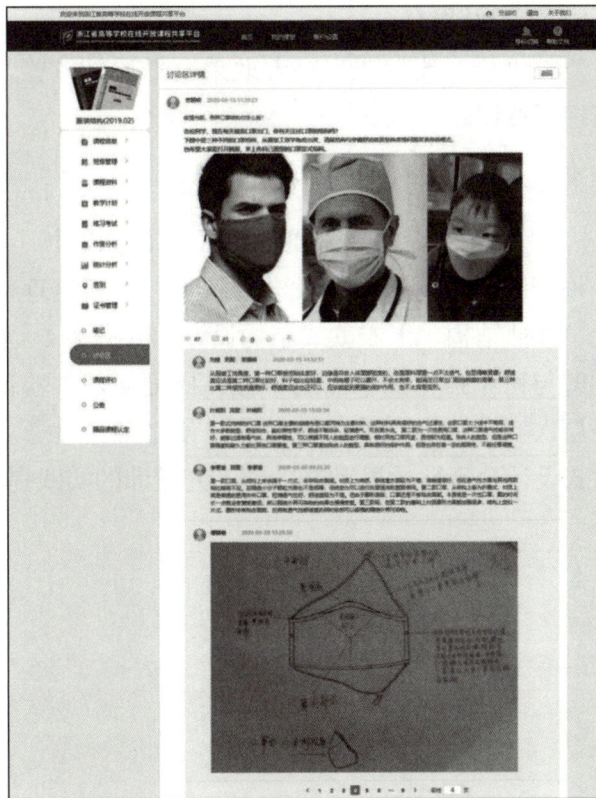

（a）　　　　　　　　　　（b）

图2　抗疫专题讨论及资料分享

（二）线上线下混合教学

使用浙江省在线平台，开展网络教学，分享资源，分析防护服款式特征，确定成衣纸样设计的基本思路，包括成衣的穿着方式、衣身廓型、款式松量、开身结构等，确立医用防护服成衣的结构纸样。讲好中国抗击疫情故事，融入思政元素，增强科技创新意识。

（三）课堂讨论

针对当前疫情环境下，医用防护服穿脱问题及长时间穿着对人体舒适度的影响，讨论放量设计、前后衣身平衡处理，省量与分割、褶皱的设计，领袖样板的匹配设计等。通过了解医护人员穿着防护服的体验与困境，思考结构、材料等优化问题，融入思政元素，使学生认识到科学技术现代化是实现中国梦的第一推动力。

（四）模拟制作

通过案例分析，强化学生对知识的掌握；通过互动，增强学习氛围，提高学生学习积极性。从结构设计到工艺设计进行讲授，包括扣合方式、不同缝纫工艺的做缝设计、里料衬料样板设计。要求学生团队协作制作成衣，每组成员协作来完成任务，增强学生之间的协作精神。

（五）总结提升

复核纸样，比较成衣穿着效果及舒适度体验，融入思政元素中的科技创新和责任与担当意识。

六、特色及创新

（一）理论结合实践，贯通款式与工艺设计

根据线上线下混合式教学的特点，重新梳理教学内容，从人体结构原理到省褶变化、领袖结构、上衣款式结构设计，共分为4大模块，知识点清晰。课前导学、课中讲解与讨论强化知识点的掌握，搭配从基本验证类、局部设计类，到综合设计类的三层次实践，串联前后知识点，使之融会贯通。通过结构设计教学，使学生形成对款式设计合理性的思考，带动工艺设计的实践提升（图3）。

（b）

（a）

（c）

图3 综合性实践教学设计

（二）开展线上线下混合式教学，注重贴近技术前沿

线上导学，提前开放网课在线预习；线下面授，讲解重难点，开展讨论及点评。利用互联网混合式教学优势，强化理论知识点的理解与应用，根据课程知识特点，注重教学与生产实际贴近，理论与流行趋势贴近，培养综合应用与创新设计能力，进而实现获取款式变化复杂问题解决能力的毕业目标的达成（图4）。

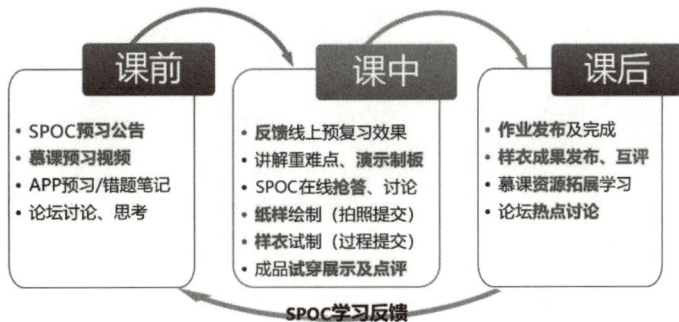

图4 线上线下混合式教学闭环设计

（三）坚持"理实一体"，实施分层项目化实战考核

结合服装结构研究特点，坚持"理实一体"，注重结构理论的整体设计应用实践，强调工匠精神与设计创新的重要性。根据学生层次，普通层完成一般期末综合

性实践，学优层则引入校企合作、竞赛、科研等项目，产出省、市级各类学科竞赛获奖及国家、省、市各级大学生科研创新项目（图5）。

图5　分层高阶性教学设计成果

七、教学效果

（一）学生反馈

问卷调查及学生点评结果可见，学生对课程学习所带来的技能提升，对课程教学组织、及时反馈、作业挑战度等方面，满意度均较高（图6、图7）。

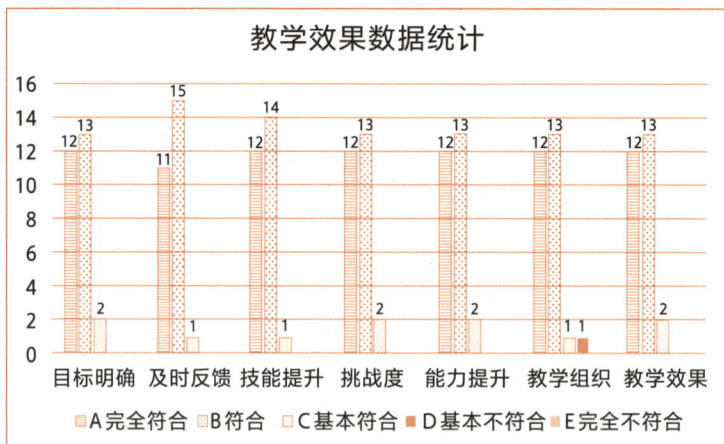

图6　课程问卷调查学生反馈统计

图7　学生在线上课程中的评价

（二）学生成果（课程项目化教学）

（1）"防驼背背心研发"项目获国家级、市级大学生创新创业训练计划项目，绍兴市大学生创新创业大赛二等奖。

（2）"孕妇装结构改良"获浙江省大学生工业设计竞赛三等奖。

（3）"乌毡帽结构设计创新"获浙江省大学生创业计划竞赛三等奖。

（4）"茶道服装结构研究与创新设计"获校级大学生创新创业训练计划项目。

（三）课程组教师建设成果

（1）承担服装结构课程教学，已建设为省、市级精品在线开放课程，绍兴市精品课程，校级核心课程。

（2）承担女装结构设计Ⅱ课程教学，获浙江省本科高校"互联网＋教学"优秀案例特等奖、浙江省线上线下混合式一流课程、校级"课程思政"示范课堂、校级"金课"称号（图8）。

（3）作为主要参与人（排名第2）建设"服装设计与工程专业"为省本科一流专业、省新兴特色专业。

（4）主持浙江省高校课程思政教学研究项目1项，负责的服装教研室获批浙江省高校课程思政示范基层教学组织1个。

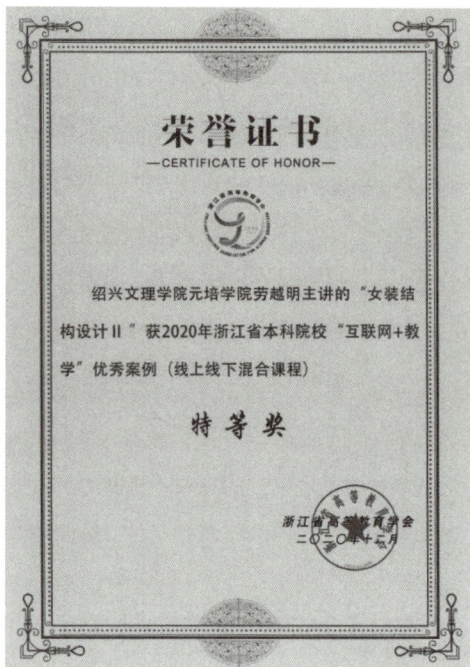

（a）

（b）

图8　课程荣誉证书

综合评价学

李 伟

浙江财经大学东方学院　信息学院

一、课程概况

　　综合评价学是面向数据科学与大数据技术专业开设的一门方法论课程，在自然、管理、社会、经济等领域应用十分广泛。该课程主要阐述对特定现象的多个方面数量表现进行高度抽象综合，进而以定量形式确定现象综合优劣水平与次序的基本理论和方法等内容。在教学过程中，本课程采用世情、国情、党情、民情等方面的实际案例，融汇思政元素，实现协同育人。

　　该课程由浙江财经大学东方学院信息学院开设，作为数据科学与大数据技术专业的一门专业必修课，2.5学分，共48学时，其中包括32个理论课时和16个实验课时，安排在第五个学期开课。

二、课程目标

　　本课程确立了"五知识、四思政、三能力、两素养"的培养目标（图1）。

　　（一）五个知识目标

　　（1）综合评价基本理论问题。包括综合评价的意义、基本过程、内容体系与应用等。

　　（2）综合评价指标体系理论。包括综合评价指标体系的构建原则、构建方法、测验或优化方法等。

　　（3）综合评价权数方法。包括综合评价指标体系值合成过程中的加权问题。

　　（4）指标无量纲化理论与方法。包括不同含义、不同数量级别、不同计量单位的指标如何转化为同一种尺度的指标用来评价。

　　（5）综合评价合成理论和技术方法。包括幂平均合成法、模糊综合评价、灰色系统综合评价等。

　　（二）四个思政目标

　　本课程以社会主义核心价值观为引领，形成四个维度的课程思政教学目标：

　　（1）培养学生"观大势、谋全局"的思想方法和工作方法。综合评价是基于多个因素（指标）来综合判断评价对象水平、状态或类型的认识过程，引导学生多角度认识世界发展大势，提高观大势、定大局、谋大事的能力。

（2）培养学生勇于创新的科学精神。综合评价由多个过程构成，各个过程有多个可选方法，导致综合评价存在多个结论。这就需要培养学生的批判精神，使其能客观地反映被评价对象的科学分析，塑造学生正确的价值观，潜移默化中提升学生科学精神。

（3）促进学生弘扬优秀传统文化。综合评价的思想与实践自古有之，"八观六验""望闻问切""八法治官府""三等八法"等，有着鲜明的中国特色，引导学生深刻理解中华优秀传统文化和传承中华文脉。

（4）引导学生坚定"四个自信"。在教学过程中借助我国各领域综合评价案例分析和实践，引导学生对世情、国情、党情、民情进行科学分析，坚定中国特色社会主义道路自信、理论自信、制度自信和文化自信。

（三）三个能力目标

（1）社会发展能力。包括获取新知识的自学能力、继续深造的潜能。

（2）创新实践能力。包括解决问题能力、竞争意识、创新能力和团队合作能力。

（3）统计分析能力。包括宏微观社会经济问题搜集、整理、综合评价分析能力。

（四）两个素养目标

（1）用统计语言讲述中国故事的专业素养。课程以案例教学为主，对世情、国情、党情、民情进行综合评价并结合现实进行分析，引导学生利用专业知识坚定"四个自信"。

（2）探索未知、追求真理的科学素养。注重科学思维方法的训练，激发学生科技报国的家国情怀和使命当担。

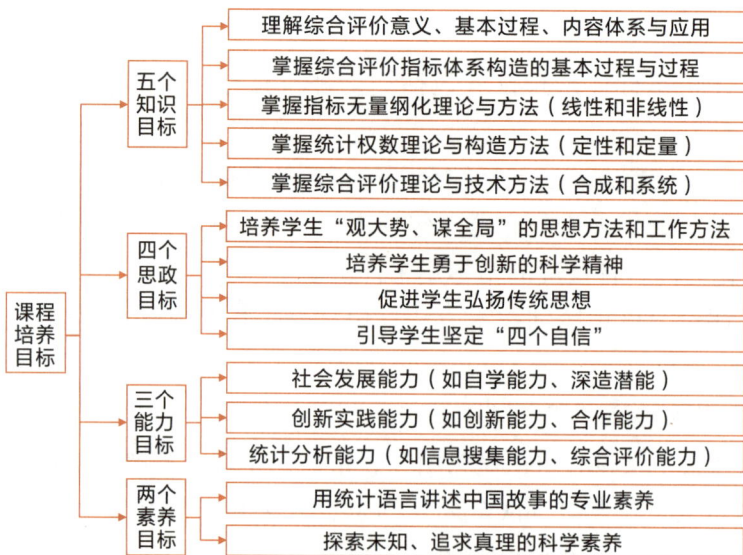

图1 课程培养目标

三、思政元素

本课程是一门统计方法论课程，广泛应用于社会经济各个领域。表1列出了综合评价学课程知识点及对应思政元素。

表1　综合评价学授课内容与对应思政元素

授课内容	对应思政元素
1. 导论：综合评价的意义、基本过程与应用、基本内容与方法构成	从课程导论引出自古有之的综合评价思想，体现中国传统文化和传统哲学的思维方法，引导学生深刻理解中华优秀传统文化和传承中华文脉
2. 综合评价指标体系的设计方法：指标体系设计的意义与原则、内容与过程、初构方法、优化方法	通过介绍构建综合评价指标体系的意义和原则，引导学生多角度认识世界发展大势，提高其观大势、定大局、谋大事的能力；以小康社会评价指标体系做案例分析，融入平等、文明、友善等社会主义核心价值观
3. 指标无量纲化方法：定义、线性方法、非线性方法	探讨不同无量纲化方法的优缺点，培养学生的批判精神和科学精神，激发创新意识；以基本实现社会主义现代化综合评价做案例分析，提升学生对我国经济发展的信心、责任感和使命感
4. 综合评价中的权数方法：权数的类型、层次分析法、熵权法、主成分分析法、专家群组构权法	不同指标在综合评价中起到的作用不同，研究权数有助于培养学生理性的认知、理解和判断，塑造正确的价值观；以生态文明建设综合评价做案例分析，加强学生的生态文明思想政治教育，促进其生态意识培养，加强生态道德、生态法治建设
5. 当量平均法：定义、幂平均合成方法	探索不同幂次进行平均合成对评价结果的影响，引导学生尊重客观事实，杜绝篡改事实达到个人目的的学术腐败等行为；以乡村振兴综合评价做案例分析，让学生切身体会国家政策，实现对学生政策教育
6. 模糊综合评价法：基本问题、模糊排序综合评价方法	基于模糊概念所具备的特征，包括思维的模糊性、语言表达的模糊性等，帮助学生坚持"适度""中和"和"至诚"的思想原则；以老年人主观福利测度做案例分析，引导学生着眼国家增进民生福祉，提升人民群众"获得感、幸福感、安全感"的进展
7. 灰色系统综合评价方法：概述、基于灰色系统白化权函数的综合评价技术、基于关联系数的灰色综合评价技术	运用精确的数学知识解决灰色的概念和综合评价问题，引导学生体会数学的真正魅力，培养学生科学精神；以数字经济统计测度做案例分析，鼓励学生了解国家经济发展大方向，理解数字经济运行规划和改革实践，思考如何适应社会发展和技术进步

四、设计思路

（一）"一核四维"，内化于心

在教学上设计"一个核心，四个维度"的思政目标，以社会主义核心价值观为引领，围绕培养学生"观大势、谋大局"的思想方法和工作方法，塑造学生正确的价值观，促进学生弘扬传统思想，引领学生坚定"四个自信"。

（二）课前课中课后"三化"设计，固化于制

课前做好教案"规范化"。规范化教案有利于将思政和专业教学有机结合，达到"师者也，教之以事而喻诸德也"之效果。教师应深入研究教学目标（教什么和学什么）、教学策略（如何教和如何学）、评价反思（教得怎样和学得怎样的关系）。

课中做好教学"精细化"。所谓"精"，是要高标准、高质量；所谓"细"，是要注重细节、细致。在教学过程中提高课堂效率，关注学生反映，及时批改作业，定时反馈问题，等等。

课后做好考核"多元化"。构建多元化的考核评价体系对于提高学生学习的主动性和积极性有非常重要的促进作用。多元化的考核评价体系包括线上学习成绩、线下理论成绩、实践成绩和平时成绩等。

（三）"二式五法"教学，实化于行

在教学方式上，采用"二式"："线上线下混合式"是指线上超星平台（"学习通"）和线下课堂教授相结合的方式，实现线上线下互动，调动学生学习积极性；"理论实践融合式"是要求学生随理论课程的进度，以小组（3~5人）形式对某社会经济现象进行选题，完成综合评价的全过程，最后完成小组课程论文，培养学生团队合作和实践能力。

在教学方法上，采用"五法"：以"实践案例法"为主，精心设计世情、国情、党情、民情方面的热点问题，使案例教学和思政教学充分渗透；其他四种方法为辅，其中以"教师讲授法"为教学基础，"问题启发法"引导学生带着问题和思考进课堂，"互动讨论法"培养学生团队合作和思辨能力，"学科竞赛驱动法"引导学生参加科研项目和学科竞赛，以高水平科学研究提高学生创新和实践能力。

五、实施案例

案例名称：用统计指标讲好中国小康故事

授课内容：综合评价指标体系的初构方法——分析法

课时时长：3学时

学情分析：本节内容理论上较为枯燥，不易引起学生兴趣。从专业学生学习风格来看，班级整体学习风格较为沉闷，课堂气氛不活跃。考虑到学生来源于不同省区市，在教学上设计省域社会经济分析案例，组织实行分组学习和研讨，尽量使得每个小组成员来自不同的地区，有助于学生了解不同地域的社会经济发展特色，充分调动学生的学习参与度，激发学生潜在的自我意识和自我表现欲望。这就要求任课教师将知识点、案例与课程思政元素深度融合，潜移默化地实现价值塑造、知识传授和能力培养三者融合。

教学内容和教学方式方法：本节围绕"综合评价指标体系的初构方法——分析

法"为主线,通过"提出问题—分析问题—解决问题—总结问题—后续思考"思路实施教学,通过"全面建设小康社会统计监测指标体系"案例使思政元素渗透教学过程的每个环节,实现课程思政教学目标。

第一阶段:情境引入,提出问题

时长: 15分钟

思政融入点: 从导问出发,引导学生挖掘学习资源,以小康社会评价指标体系做案例分析,融入平等、文明、友善等社会主义核心价值观。

授课内容:

(1)在线观看"学习强国"微视频《啥是"小康社会"?》(图2)。

(2)导问:"如何构建小康社会评价指标体系?"

教学方式方法: 线上学习、线下互动

(a)   (b)

图2 课堂观看微视频《啥是"小康社会"?》

第二阶段:理论阐述,分析问题

时长: 40分钟

思政融入点: 通过介绍构建综合评价指标体系的意义和原则,引导学生多角度认识世界发展大势,提高观大势、定大局、谋大事的能力。

授课内容:

(1)教师讲授知识点:综合评价指标体系构建原则;指标体系结构图(图3);构造流程;理论模型设计;分析法的基本步骤。

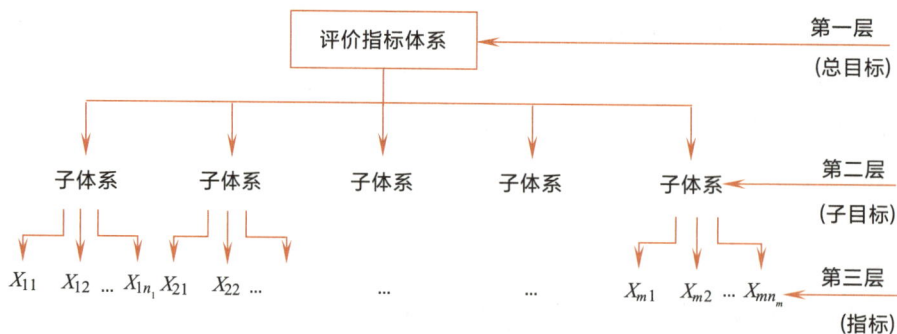

图3　综合评价指标体系结构图

（2）课堂练习：超星（"学习通"）课堂作业（图4）。

（3）讨论：构建小康社会指标体系的基本步骤。

教学方式方法： 教师讲授法、小组讨论法

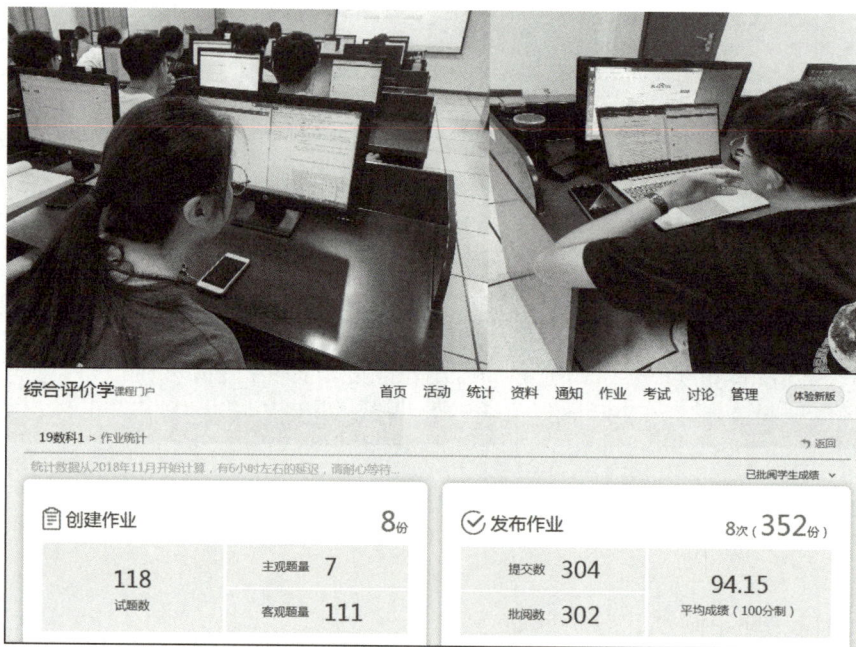

图4　完成线上课堂作业

第三阶段：案例分析，解决问题

时长： 35分钟

思政融入点： 提高学生的探究能力以及运用知识分析解决问题的能力，培养和引导学生进行思辨。

授课内容：

（1）案例分析："全面建设小康社会统计监测指标体系"（表2）。

（2）教师分析案例：解释该案例构建思路。

教学方式方法： 线下问题启发、师生互动

表2　案例分析：全面建设小康社会统计监测指标体系

监测指标	单位	权重（%）	标准值（2020年）
一、经济发展		29	
1.人均GDP	元	12	≥31400
2.研发经费支出占GDP比重	%	4	≥2.5
3.第三产业增加值占GDP比重	%	4	≥50
4.城镇人口比重	%	5	≥60
5.失业率（城镇）	%	4	≤6
二、社会和谐		15	
6.基尼系数	–	2	≤0.4
7.城乡居民收入比	以农为1	2	≤2.80
8.地区经济发展差异系数	%	2	≤60
9.基本社会保险覆盖率	%	6	≥90
10.高中阶段毕业生性别差异系数	%	3	=100
三、生活质量		19	
11.居民人均可支配收入	元	6	≥15000
12.恩格尔系数	%	3	≤40
13.人均住房使用面积	平方米	5	≥27
14.5岁以下儿童死亡率	%	2	≤12
15.平均预期寿命	岁	3	≥75
四、民主法制		11	
16.公民自身民主权利满意度	%	5	≥90
17.社会安全指数	%	6	≥100
五、文化教育		14	
18.文化产业增加值占GDP比重	%	6	≥5
19.居民文教娱乐服务支出占家庭消费支出比重	%	2	≥16
20.平均受教育年限	年	6	≥10.5
六、资源环境		12	
21.单位GDP能耗	吨标准煤/万元	4	≤0.84
22.耕地面积指数	%	2	≥94
23.环境质量指数	%	6	=100

第四阶段：梳理归纳，总结问题

时长： 45分钟

思政融入点： 引导学生研讨，启迪学生思考，从而提高学生团队协作能力和沟通能力。

授课内容：

（1）总结案例中构建指标体系的分析方法、理论模型、分析框架等。

（2）讨论：案例中指标体系优缺点。

（3）学生总结：对该案例有何补充？

教学方式方法： 线上分组讨论（图5）、生生互动、启发式教学

席祯云
09-23 22:58

我的家乡在云南楚雄。党的十八大以来，云南省坚持以人民为中心的发展思想，以满足人民日益增长的美好生活需要为根本目的，聚焦幼有所育、学有所教、病有所医、老有所养、住有所居、弱有所扶，切实解决群众关心关注关切的重点难点问题，持续增进民生福祉，人民群众获得感、幸福感和安全感不断提升。初步统计，自2018年以来，医保扶贫政策累计资助贫困人口参保2.3亿人次，惠及贫困人口就医5亿人次。同时，全省贫困人口符合转诊转院规范的住院费用报销比例由2016年的61.15%提高到2020年的89.4%。针对建档立卡贫困人口开展36种大病专项救治，全省因病致贫建档立卡贫困人口28.28万户112.49万人全部脱贫。居民健康水平持续提升。"十三五"期间，全省人均期望寿命从2015年的72.76岁提升到2020年的75.26岁。近年来，我省不断以丰富优质的公共文化产品和服务，不断满足人民群众对美好生活的新期待，让文化发展成为全面建成小康社会的精神动力。

倪洪婷
09-23 17:28

在高水平全面建成小康社会之际，在杭州我感受最深的是"数字""幸福""宜居"三个关键词。

1. "十三五"期间，杭州以数字赋能经济社会发展，数字经济核心产业年均增长15%以上，对全市经济增长贡献率保持在50%左右。

2. 作为全国唯一一座连续14年获得"中国最具幸福感城市"称号的城市，杭州着力打造人民的幸福城市，确保新增财力三分之二以上用于民生，确保每年完成10件民生实事。

3. 杭州深入践行"绿水青山就是金山银山"理念和社会主义核心价值观，统筹推进美丽城市、美丽城镇、美丽乡村建设，巩固"最美风尚"，融人文之美于山水之美。

温君宝
09-23 20:41

我们要建设的小康社会是一个城乡统筹协调发展的小康，是一个物质文明、政治文明、精神文明、社会文明、生态文明协调发展的小康，是一个社会全面进步全面发展的小康，是经济、政治、科教、文化、社会等方面于一体的全面进步的社会。

我的家乡在山西吕梁，就当前当地发展来讲，还不算全面建成了小康社会。通俗讲，社会中人首先要满足衣食住行自由的基本条件才能走向小康，目前当地人在国家精准扶贫政策下基本解决了衣食住行的基本条件，但还有一大部分家庭并没有出行自由，没有家用汽车。小康社会中物质是基本，精神方面的社会和谐、科教、文化还在发展，并没有达到小康水平。总体上，家乡仍然处于相对较低的社会发展水平，人民生活并没有全面小康，还需持续奋斗。

林琪琪
09-23 23:15

我的家乡是温州苍南，对我来说小康更多体现在出行变得越来越便捷。高中的时候在市区读书，每周末往返基本都是乘坐动车，当时苍南的动车站只有一层，很多基础设施还不完善，班次也少。现在呢，作为国内首个县级高铁始发站，苍南站改扩建工程新增了到发线1条，增设站台1座，并新建了地下室车库等。新建站房共分三层，第一层是旅客服务用房和商业配套，第二层和第三层是旅客候车厅和商业服务设施；并增设一站台、一股道、一天桥、一匝道，解决了旅客进出站分流问题和高铁站站前区交通管理问题。值得一提的是，苍南各项非物质文化遗产被融入新站房墙内石雕、吊顶等室内装修，充分体现出当地的文化气息。站内设施的人性化、智能化水平达到国内最新的第四代高铁站房水平，不仅增添了满满的科技感，也更加方便旅客的出行。欢迎来苍南~

图5 关于"小康社会"的线上讨论

第五阶段：课后思考，融会贯通

时长： 60分钟（课后）

思政融入点： 培养学生的批判精神和科学精神，激发创新意识。

课后作业：

（1）查找文献：搜索其他小康社会评价指标体系，总结不同来源指标体系的共同点和不同点。

（2）完成小组作业：自主选题，初构综合评价指标体系。

教学方式方法： 线上师生互动、小组讨论

六、特色与创新

（一）结合综合评价学课程理论内容，培养学生观大势、定大局、谋大事的战略思维

综合评价是基于多个因素（指标）来综合判断评价对象水平、状态或类型的认识过程，引导学生多角度认识世界发展大势，提高大局观念和全局意识。

（二）结合世情、国情、党情、民情方面的案例分析，引导学生将家国情怀和使命担当融入日常生活和学习

在教学过程中借助我国各领域综合评价案例分析和实践，引导学生坚定中国特色社会主义道路自信、理论自信、制度自信和文化自信。

（三）基于课程"理论＋实验"融合式教学，培养学生勇于创新的科学精神

课程要求学生从选题意义、评价方法及分析等多个步骤协同合作，激发学生追求创新精神，对内容精益求精，潜移默化中提升学生的科学精神。

七、教学效果及反思

（一）教学效果

总体上，通过"一核二式三化四维五法"的课程思政教学模式，引导学生掌握

方法论的同时，也对世情、国情、党情、民情现状有定量的认知，增强学生社会责任感和使命感。

（1）学生评价：学评教均为优秀（90分以上）。

（2）搭建线上教学资源：在超星平台（"学习通"）建设较为丰富的课程教学资源，包括相关视频、课件、作业等。

（3）指导学生团队参加学科竞赛和科研项目获多个奖项（图6）。

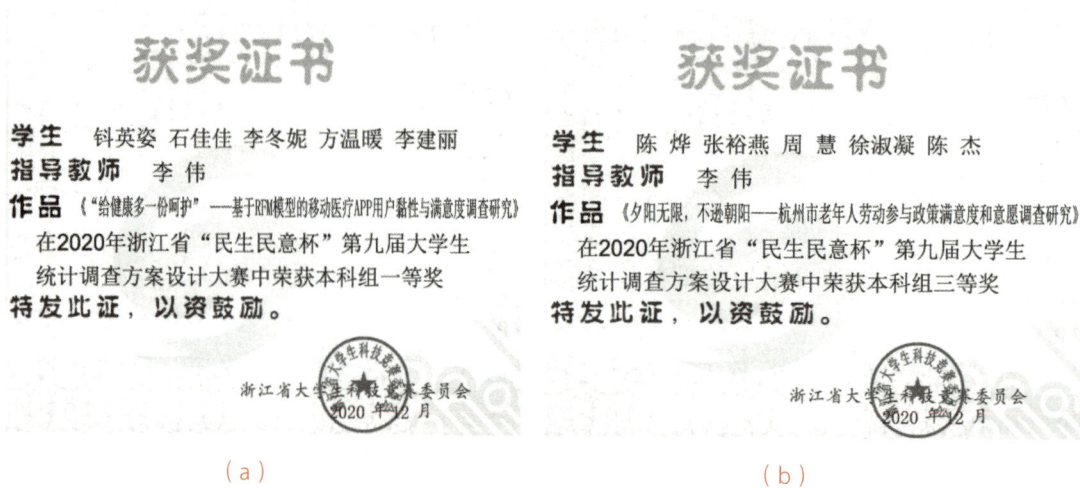

（a）   （b）

图6　学生团队参加学科竞赛和科研项目获奖证书

（二）教学反思

（1）继续挖掘课程思政元素，形成"点线面"思政教学体系。目前教学仍以思政"点"的形式贯穿于课程内容中，没有形成"线"和"面"的思政体系。课程团队教师要继续积极学习党的规章制度，了解国家政策，参与各种思政教学培训，交流研讨，形成"点线面"的思政教学体系。

（2）丰富扩展线上线下教学资源。本课程将持续紧跟国家发展变革，在课程教学和平台资源建设上不断挖掘并丰富综合评价思政案例库，使思政教学价值引领落到实处。

（3）改善教学方法，提高学生对理论内容学习的兴趣。相比较思政内容，学生对理论内容的学习兴趣有待进一步提高。课程团队将继续改善教学方式方法，完善课程体系和教学设计，调整教学内容的时长等。